创刊时间：2022 年 1 月

封面题字：郭沫若书法集字

社会科学文献出版社"CNI 名录集刊"及"优秀集刊"(2023)

社会科学文献出版社"优秀新创集刊"(2022)

中国人文社会科学学术集刊 AMI 综合评价期刊报告 (2022)"入库"期刊

JOURNAL OF CHINA ECONOMICS

2024 年第 3 辑（总第 11 辑）

中国社会科学院　主管

中国社会科学院数量经济与技术经济研究所　主办

社会科学文献出版社

SOCIAL SCIENCES ACADEMIC PRESS (CHINA)

中国经济学

Journal of China Economics

2024 年第 3 辑（总第 11 辑）

2024 年 9 月出版

新时代十年中国创新驱动发展之路

杨　骞　陈晓英　田　震　刘华军*

摘　要：本文聚焦新时代十年的中国创新发展，从理论渊源、理论解释和现实依据三个方面深入阐明新时代十年中国坚持创新发展的基本逻辑，围绕习近平总书记关于创新发展的重要论述和中国创新发展的战略举措系统梳理新时代十年创新发展的实践历程，基于客观翔实的数据真实立体展现新时代十年中国创新发展的重大成就，并结合党的二十大提出的新部署展望新征程上持续深入实施创新驱动发展战略的可行路径。进入新时代以来，在习近平总书记关于创新发展一系列重要论述指引下，中国围绕人才资源、自主创新、基础研究、新兴产业、创新高地、科技成果转化和体制机制等方面推出一系列重大举措，创新发展迈出坚实步伐。新时代十年，中国的创新投入持续增加，创新产出显著增长，创新环境日趋完善，创新效率不断提高，科技进步贡献率明显上升，数字经济加快发展，创新高地加速崛起，创新型国家建设取得重大进展，在全球创新版图的地位不断提升，向建设世界科技强国迈出重要步伐。面向构建新发展格局和推动高质量发展提出的新任务，中国应充分发挥新型举国体制优势、着力加快科技创新赋能高质量发展、推动研发和品牌两端发力、深化创新体制机制改革、

＊　杨骞，教授，山东财经大学经济学院、山东财经大学高质量发展研究中心，电子邮箱：yangqian4787@sina.com；陈晓英，博士研究生，南开大学经济学院，电子邮箱：17862327605@163.com；田震，博士研究生，上海财经大学城市与区域科学学院，电子邮箱：sdcjtz0632@163.com；刘华军（通讯作者），教授，山东财经大学经济学院、山东财经大学高质量发展研究中心，电子邮箱：huajun99382@163.com。本文获得国家社会科学基金重点项目（22AJY008）的资助。感谢《中国经济学》审稿快线点评专家的宝贵意见，文责自负。

加快人才和创新高地建设、推进科技对外开放，为新时期构建新发展格局和实现高质量发展提供更加有力的支撑。

关键词： 创新驱动发展战略　创新发展　科技强国

一　引言

惟创新者进，惟创新者强，惟创新者胜。党的二十大报告指出，必须坚持科技是第一生产力、人才是第一资源、创新是第一动力，深入实施科教兴国战略、人才强国战略、创新驱动发展战略，开辟发展新领域新赛道，不断塑造发展新动能新优势。从党的十八大到党的二十大的十年间，在以习近平同志为核心的党中央坚强领导下，中国持续深入实施创新驱动发展战略，坚定不移走中国特色自主创新道路，大力建设创新型国家和科技强国，中国科技事业发生历史性、整体性、格局性重大变化，中国成功进入创新型国家行列，走出了一条从人才强、科技强到产业强、经济强、国家强的发展道路。从党的十八大到党的二十大，中国特色社会主义新时代已经走过了十年，新时代中国式创新道路也走过了十年。中国坚持创新发展的基本逻辑是什么，围绕创新发展形成了哪些重要论断？十年来，中国是如何深入推进创新发展的，取得了哪些重大成就？面向构建新发展格局和推动高质量发展对创新发展提出的新任务，中国如何更加深入推进创新发展？系统回答好上述问题，不仅有助于展示新时代中国创新发展取得的重大成就，而且对于持续深入实施创新驱动发展战略、建设世界科技强国、全面建成社会主义现代化国家和实现第二个百年奋斗目标具有重要意义。

创新是学界关注的热点问题，大量研究围绕中国创新发展的基本逻辑、实践历程、成效评估和实现路径等多个方面进行了理论探讨。第一，关于中国创新发展的基本逻辑。现有研究围绕马克思主义创新思想、熊彼特创新理论等阐释了创新发展的理论渊源（郑烨和吴建南，2017；柳卸林等，2017），基于经济发展方式转变、人口红利减弱、全球价值链攀升、科技革命浪潮等视角考察了中国创新发展的现实逻辑（卫兴华，2013；蔡昉，2013；洪银兴和郑江淮，2020），但未有研究基于马克思主义创新思想进一步从宏观生产函数视角阐明创新发展理论。第二，关于中国创新发展的实践历程。既有研究多以改革开放以来、党的十八大以来、党的十八大到党的十九大为样本考察期回顾中国的创新发展历程（陈劲和张学文，2018；黄群慧等，2020；杨骞等，2022）。党的二十大指出，新时代十年的伟大变革，在党史、新中国史、改革开放史、社会主义发展史、中华民族发展史上具有里程碑意义。而聚焦新时代十年中国创新发展历程的文献相对较少。第三，关于中国创新发展的成效评估。已有研究多是采用构建指标体系的方法评价创新发展成效，如国家创新指数（中国科学技术发展战略研究院，2021）以及世界知识产权组织每年发布的全球创新指数等。也有文献利用DEA模型从创新效率层面考察中国创新发展成效（杨骞等，2021；王维国和王鑫鹏，2022）。少量文献尝试用原始数据评估中国创新发展成效（刘华军和田震，2023）。指标体系和全要素生产率为了解创新发展总体水平和演变态势提供了经验证据，但忽视了指数和效率值底层数据的原本特征。用原始数据可直观展现新时代十年中国创新发展取得的成就，是对已有研究的有益拓展。第四，关于中国创新发展的实现路径。洪银兴（2013）从加大创新投入、加强制度创新、推动创新环境建设三个方面提出了实现经济发展方式由要素驱动向创新驱动转变的可行路径。任平（2021）认为，坚持创新发展要以国家"导航"、以企业"引航"、以人才"起航"、以制度"护航"。陈劲和吴欣桐（2021）围绕创新发展新格局、新重点、新动力、新范式和新方向等，探索中国自主创新体系构建路径。面对党的二十大对创新发展提出的新要求，迫切需要针对创新发展中存在的困难与挑战，在新征程上持续深入实施创新驱动发展战略。

在全面建设社会主义现代化国家、实现第二个百年奋斗目标的新征程上，本文聚焦中国创新发展，系统开展以下三个方面的工作。第一，深刻回答新时代中国为什么坚持创新发展这一重大认识问题。围绕马克思主义创新思想，系统梳理新时代中国创新发展的理论渊源；借助宏观生产函数深入阐述创新发展的理论逻辑；基于习近平总书记关于创新驱动发展战略的"三个必然选择"重要论述，从国家战略高度深刻阐释创新发展的现实依据。第二，基于党的十八大以来习近平总书记关于创新发展的一系列重要论断，总结回顾新时代十年中国创新发展的战略思想和实践历程。从发展理念、战略位置、战略目标和战略任务四个方面深入阐释中国创新发展的战略思想。从人才资源、自主创新、基础研究、新兴产业、创新高地、科技成果转化和体制机制七个层面梳理新时代十年中国创新发展的实践历程。第三，运用客观翔实的原始数据和科学可靠的量化分析工具，从全球、全国、区域、创新高地等不同空间层面开展量化分析，真实立体地展现新时代十年中国创新发展取得的成就。在全球层面，采用世界知识产权组织发布的全球创新指数①考察中国在国际创新版图中的地位及其变化趋势。在全国层面，从创新投入、创新产出、创新环境、创新效率、科技进步贡献率②和数字经济核心产业增加值③六个维度对新时代十年中国创新发展的重大成就开展量化分析。在区域层面，从创新投入、创新产出、创新环境和创新效率四个维度出发，对四大板块④创新发展的重大成就进行量化分析。同时，围绕京津冀地区、长三角地区和粤港澳大湾区三大创新集聚区⑤的创新发展开展量化分析，深入考察新时代十年中国创新高地建设进展，并进一步对北京、上海和深圳三个中心城市的创新高地建设成就进行总结。基于此，面向构建新发展格局和推动高质量发展对创新发展提出的新要求，

---

① 数据来源：《全球创新指数报告》，https://www.wipo.int/global_innovation_index/zh/。

② 《中国科技统计年鉴》中对"科技进步贡献率"的定义为：广义技术进步对经济增长的贡献份额，反映为经济增长中资本、劳动力和科技三大要素的相对作用关系。其基本含义是扣除了资本、劳动力和科技等要素后对经济增长的贡献份额。

③ 《中华人民共和国国民经济和社会发展第十四个五年规划和2035年远景目标纲要》将数字经济核心产业增加值占GDP比重作为衡量创新驱动的主要指标之一，因此将数字经济核心产业增加值及其占GDP比重纳入衡量全国层面创新发展成就的多维度指标体系。

④ 四大板块分别为东部、中部、西部和东北地区。其中，东部地区包括北京、天津、河北、山东、江苏、浙江、上海、福建、广东、海南10个省份，中部地区包括山西、河南、安徽、江西、湖北、湖南6个省份，西部地区包括内蒙古、广西、重庆、四川、贵州、云南、陕西、甘肃、青海、宁夏、新疆11个省份，东北地区包括辽宁、吉林、黑龙江3个省份。

⑤ 参考中国科技发展战略研究小组等发布的《中国区域创新能力评价报告2021》，本文选取京津冀地区、长三角地区、粤港澳大湾区三大创新集聚区作为中国创新高地建设的考察对象。其中，京津冀创新集聚区包括北京、天津、河北3个省份；长三角创新集聚区包括江苏、浙江、上海、安徽4个省份；鉴于数据的可得性，粤港澳创新集聚区仅包括广东。

本文就新时期如何更加深入地推动创新发展提出政策建议，以期为建设世界科技强国提供有益参考。

二 新时代中国创新发展的基本逻辑

（一）新时代中国创新发展的理论渊源

奥地利经济学家熊彼特在《经济发展理论》中首次提出"创新"概念，但在许多学者对创新理论进行溯源时认为创新理论最早能够追溯到马克思的创新思想（保罗·斯威齐，1942；郑烨和吴建南，2017）。经济学家保罗·斯威齐（1942）认为，熊彼特的创新理论在于用生产技术和生产方法的变革来解释资本主义的基本特征和经济发展过程，这与马克思的理论有某些相似之处。现代创新理论的杰出代表弗里曼在《新帕尔格雷夫经济学大辞典》中提出，马克思恐怕领先于其他任何一位经济学家把技术创新看作经济发展与竞争的推动力。马克思主义理论体系蕴含着丰富且独特的创新思想，构成了新时代中国创新发展的理论渊源。

马克思没有明确对"创新"进行定义，但这并不影响马克思创新思想的丰富性。在马克思的经典论述中，机器、发明、科学技术等代表着科技，以机器为基础的生产方式变革、技术变革等表述蕴含着科技创新的思想，劳动生产率变化、资本有机构成变化则表示科技创新的进步程度。马克思高度重视科学技术和生产力之间的关系。他在《经济学手稿（1857~1858）》中提出了"生产力中也包括科学""另一种不费资本分文的生产力，是科学的力量"等创造性观点（马克思，1978；马克思和恩格斯，1980a）。马克思在对科技与生产力之间关系的进一步讨论中认为"劳动生产力是随着科学和技术的不断进步而不断发展的"（马克思和恩格斯，2009），强调科学技术决定了生产力发展水平。同时，马克思强调源自生产和社会的需求是科学技术不断进步的动力。马克思指出，"机器劳动这一革命因素是直接由于需求超过了用以前的生产手段来满足这种需求的可能性而引起的""社会一旦有技术上的需求，则这种需要就会比十所大学更能把科学推向前进"（马克思和恩格斯，1979a、1980b），这意味着经济社会发展会反过来促进科技创新。马克思创新思想不仅仅体现在科技创新方面，还体现为对制度创新的重视。马克思论述了协作、分工、工厂制度、信用制度等新的生产组织形式和制度变革对社会生产力和经济发展的推动作用（刘红玉和彭福扬，2009）。他指出，"这些制度——它们对国民经济的迅速增长的影响恐怕估价再高也不为过。……它们是'发展现代社会生产力的强大杠杆'。"（马克思和恩格斯，1979b）。马克思强调科技创新与制度创新的依存关系，提出了"随着一旦已经发生的、表现为工艺革命的生产力革命，还实现着生产关系的革命"等观点（马克思和恩格斯，1979a），从生产力和生产关系视角，生动反映了科学技术对制度创新的促进作用。马克思关于创新的一系列重要论述，为后续研究创新理论奠定了重要基础。

马克思创新思想是马克思主义的重要组成部分，中国共产党人将马克思主义创新理论与中国实践紧密结合，继承和发展了马克思主义的创新理论，形成了中国特色马克思主义创新思想。毛泽东同志发出"向科学进军"的号召，开启了中国科技创新事业的良好开端，具有里程碑意义；邓小平同志从马克思的"科学技术是生产力"论断出发，进一步提出了"科学技术是第一生产力"（邓小平，1993），对科学技术的重要性认识提升到新阶段，深刻揭示了科学技术对经济社会发展的重要作用；江泽民同志基于邓小平同志"科学技术是第一生产力"思想，指出科学技术是"先进生产力的集中表现和主要标志"（江泽民，2006），不断深化对科学技术和生产力的认识；胡锦涛同志确立了建设创新型国家的目标，并提出"要坚持走中国特色自主创新道路，把增强自主创新能力贯彻到现代化建设各个方面"（胡锦涛，2016）。党的十八大以来，习近平总书记将马克思主义创新理论和新时代中国特色社会主义实践相结合，围绕创新提出一系列重要论断，做出了许多原创性理论贡献。这是习近平总书记对马克思主义创新思想和马克思主义中国化规律的新把握、新认识，不仅极大丰富了马克思主义创新思想，而且实现了马克思主义创新理论中国化的重大突破，开辟了中国特色社会主义政治经济学新境界。

（二）新时代中国创新发展的理论解释

创新发展致力于促进经济发展方式由要素驱动转向创新驱动，马克思创新思想为其提供了坚实的理论基础。首先，马克思提出了两类社会再生产方式，分别是外延扩大再生产和内涵扩大再生产（马克思，2004），这为划分一国的经济发展模式提供了理论依据。其次，马克思明确了科技创新对生产资料效率提高的重要作用，认为机器的使用、新的生产方法的采用使得劳动生产力大大提高，从而推动经济发展，这种因"变革劳动过程的技术条件和社会条件"从而"变革生产方式本身以提高劳动生产力"的过程，后来被熊彼特称为"创新的过程"（刘红玉和彭福扬，2009）。最后，马克思强调了科技创新对经济长远发展的决定性作用，认为大工业发展进程中的财富创造更多地取决于在劳动时间内所运用的作用物的力量，而这种作用物自身取决于科学的一般水平和技术进步，或者说取决于这种科学在生产上的应用（马克思和恩格斯，1980a），这一系列重要思想为本文分析创新发展的必要性提供了理论源泉。

下文借助生产函数进一步对创新发展的理论进行解释。假设一个国家或地区的生产函数是 $y=l(x)$。该生产函数表示生产要素投入 x 和产出 y 之间的技术关系，满足 $l'(x)>0$，$l''(x)<0$。$l'(x)>0$ 表示该生产函数满足单调性，即产出随着生产要素投入的增加而增加。$l''(x)<0$ 表示边际报酬递减规律（The Law of Diminishing Marginal Return），即每增加一单位生产要素所带来的产出增量是减少的。

对于一个国家或地区来说，要素驱动发展在某一个阶段具有其历史意义，但长期依赖要素驱动的外延型增长模式难以持续。根据图1a，假定一个国家或地区的要素投入为 x_1，对应的产出是 y_1。在 $y=l(x)$ 技术水平的约束下，实现经济增长必须依靠要素投入增加，若要素投入从 x_1 增加至 x_2，对应的产出将从 y_1 增加至 y_2。y_1 对应着经济发展的初期产量，此时经济体量较小，随着要素投入增加，经济体量不断增大至 y_2。由于存在边际报酬递减规律，依靠要素投入增加扩大产出的效果是递减的。假定在上述两个不同的阶段增加相同投入量 Δx，即要素投入分别增加至 x_1' 和 x_2'，相应的产出分别增加至 y_1' 和 y_2'，产出增加量分别为 Δy_1 和 Δy_2，由于存在边际报酬递减规律，$\Delta y_1 > \Delta y_2$[①]。换言之，如果在 (x_1, y_1) 和 (x_2, y_2) 两个不同的阶段，想

---

① 由 $l''(x)<0$，得出 $l'(x_1)>l'(x_2)$ $(x_1<x_2)$，因为 $\Delta y_1=l'(x_1)\times\Delta x$，$\Delta y_2=l'(x_2)\times\Delta x$，所以产出增加幅度 $\Delta y_1>\Delta y_2$。

要通过增加要素投入获得相同的产出增加量，即 $\Delta y_1 = \Delta y_2$，那么 (x_2, y_2) 阶段下需要增加的投入量 $\Delta x'$ 远大于 (x_1, y_1) 阶段需要增加的投入量 Δx，即 $\Delta x' > \Delta x$。[①]若技术水平保持不变，对冲边际报酬递减规律只能通过依靠要素的过度投入来实现。上述分析表明，一个国家或地区经济体量较小时，边际报酬递减作用较弱，要素驱动型的增长方式可以为该国或地区经济发展带来较大的驱动力。从中国发展实践来看，改革开放以来依托人口红利和资源优势实现了经济快速增长，然而随着经济体量扩大、人口红利逐渐消退和资源环境问题日趋严峻，依靠要素驱动的外延型增长模式难以为继，迫切需要转变经济增长方式。

从要素驱动转向创新驱动是中国经济发展到一定时期后的必然选择。根据图 1b，在 $y=l(x)$ 技术水平的约束下，要素投入 x_1 对应的产出为 y_1。在要素投入不变的情况下，技术水平进步可以实现产出增加，即生产函数由 $y=l(x)$ 移动到 $y=m(x)$，此时产出增加至 y_1'，产出增加量为 $\Delta y'$。若技术水平进一步提高，产出将继续增加。假设生产函数由 $y=m(x)$ 移动到 $y=h(x)$，相应产出增加至 y_1''。相较于 y_1，此时的产出增加量为 $\Delta y''$，这意味着在要素投入不变的情况下，技术进步可以促进产出增加。不仅如此，当生产函数由 $y=l(x)$ 移动到 $y=m(x)$，要素投入由 x_1 减少至 x_2，相应的产出从 y_1 增加至 y_2。当生产函数继续由 $y=m(x)$ 移动到 $y=h(x)$，要素投入由 x_2 进一步减少至 x_3，相应的产出从 y_2 增加至 y_3。这意味着通过创新不断推动技术进步可以实现以更少的要素投入获得更多的产出。从中国的情况看，在边际报酬递减规律的作用下，高投入、高消耗的经济增长模式不可持续，同时，中国资源环境承载能力达到瓶颈，旧的生产函数难以为继。中国持续深入实施创新驱动发展战略，坚持创新驱动的内涵式增长模式，不仅有助于提高经济发展的质量和效率，而且能为经济发展提供取之不尽用之不竭的重要动力。

---

① 由 $l''(x) < 0$，得出 $l'(x_1) > l'(x_2)$（$x_1 < x_2$），因为 $\Delta y_1 = l'(x_1) \times \Delta x$，$\Delta y_2 = l'(x_2) \times \Delta x'$，所以要使产出增加幅度 $\Delta y_1 = \Delta y_2$，即 $l'(x_1) \times \Delta x = l'(x_2) \times \Delta x'$，那么一定有 $\Delta x' > \Delta x$。

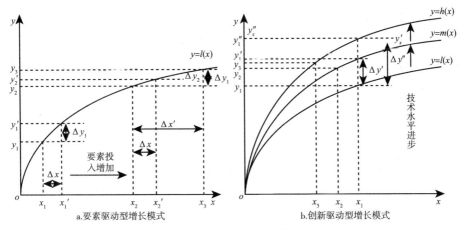

图1　要素驱动转向创新驱动的理论解释

（三）新时代中国创新发展的现实依据

2016年5月30日，习近平总书记在全国科技创新大会、两院院士大会、中国科协第九次全国代表大会的讲话中指出，实施创新驱动发展战略，是应对发展环境变化、把握发展自主权、提高核心竞争力的必然选择，是加快转变经济发展方式、破解经济发展深层次矛盾和问题的必然选择，是引领中国经济高质量发展的必然选择。习近平总书记立足党和国家事业发展大局，围绕创新驱动发展战略的"三个必然选择"，从国家战略高度把握新时代中国创新发展大势，深刻阐释了新时代中国创新发展的现实依据。

第一，实施创新驱动发展战略，是应对发展环境变化、把握发展自主权、提高核心竞争力的必然选择。从发展环境看，中国创新发展的机遇与挑战并存。当前，全球科技创新进入密集活跃期，以智能化、数字化、网络化为核心特征的新一轮科技革命和产业变革，正从导入期转变为拓展期（谢伏瞻，2019）。第五代移动通信（5G）、人工智能、物联网、大数据等新一代信息技术应用加快，经济活动的数字化、智能化使得劳动力、资本等传统生产要素的相对地位下降，技术、数据、人力资本等新生产要素成为促进新时期经济发展的重要力量和各国竞争的新战场（陈昌盛等，2020）。中国与前几次科技革命和工业革命失之交臂（见图2），处于技术辐射和技术扩散的外围区域（王一鸣，2020）。但经过改革开放40多年的快速发展，中国创新能力明显提升。面对新一轮科技革命和产业变革的重大机遇和挑战，中国在继续发挥好后发优势的同时，更要以"非对称"的策略加快在科技创新领域"换道超车"，抢占创新发展的战略制高点，实现高水平科技自立自强。

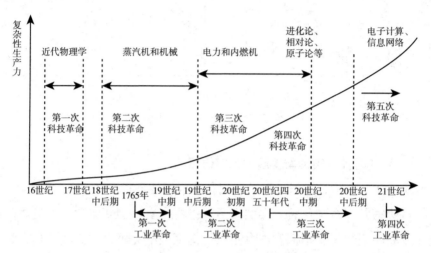

图2　科技革命和工业革命的历程演变

注：根据传统工业史研究提出的以工业"通用技术"突破为依据界定工业发展阶段。

资料来源：（白春礼，2013）。

从发展自主权看，中国关键核心技术亟待突破。作为世界第二大经济体，中国具有相对完备的产业体系，但现代产业体系中部分基础性、战略性和先导性的产业长期受制于人，严重威胁到产业链供应链的安全稳定。2018年《科技日报》推出的系列文章对制约中国工业发展的芯片、光刻机等35项"卡脖子"技术进行了连续报道（见图3）。以芯片产业为例，中国芯片消费量超过美洲和欧洲总和，约占全球的33%，但芯片自给比例仅为10%左右（韩振等，2021）。中国芯片大量依靠进口，2013年中国芯片进口费用达到2000多亿美元，超过石油进口额，特别是处理器、控制器、存储器等高端芯片的对外依赖程度较高（张百尚和商惠敏，2019）。作为芯片制造过程中最复杂和最昂贵的关键设备，光刻机生产也属于"卡脖子"领域。"十二五"科技成就展览上，上海微电子装备公司（SMEE）生产的光刻机加工精度为90纳米，而国外顶级光刻机可达十几纳米（高博，2018）。关键核心技术是"要不来、买不来、讨不来"的，必须走突破核心技术的自主创新之路，把科技命脉牢牢掌握在自己手中。2020年8月24日，习近平总书记在经济社会领域专家座谈会上提出，"我们更要大力提升自主创新能力，尽快突破关键核心技术"，从长远发展的视角为我国突破"卡脖子"技术难题指明了方向。

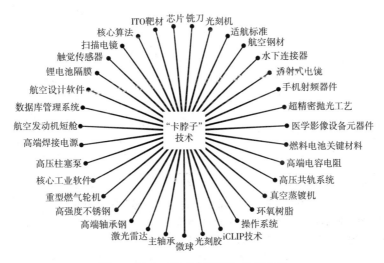

图3　中国35项"卡脖子"技术清单

资料来源：2018年《科技日报》系列报道。

从核心竞争力看，中国全球竞争力排名相对落后于经济体量排名。中国经济快速发展，与美国和日本相比，中国经济总量上升幅度最大，2010年成功超越日本，成为世界第二大经济体，此后仍然保持较快的增长速度，中美经济总量的差距进一步缩小（见图4），这意味着中国经济建设取得了重大成就。然而，中国经济体量逐渐增大的同时，在全球竞争力排名方面仍存在较大提升空间。如图4所示，相较于美国和日本，尽管中国的全球竞争力排名在2007~2011年有所上升，但仍有较大差距。国家竞争力不只是涉及经济领域，而是一个跨学科的范畴（裴长洪和王镭，2002）。Porter（1990）在《国家竞争优势》中指出，国家竞争力取决于其行业的创新和升级能力，科技创新是增强国家核心竞争力的决定性因素。2013年10月7日，习近平总书记在亚太经合组织工商领导人峰会上提出"要不断提高创新能力，用创新培育新兴产业，用创新发掘增长动力，用创新提升核心竞争力"，为中国增强国家核心竞争力提供了行动指南。

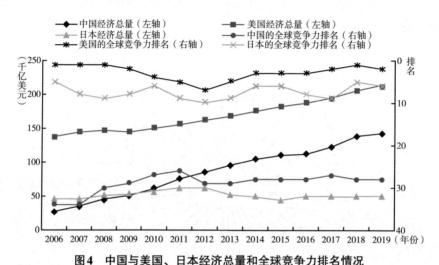

图4 中国与美国、日本经济总量和全球竞争力排名情况

资料来源：全球竞争力排名数据来源于世界经济论坛发布的《全球竞争力报告》；经济总量数据来源于世界银行官网，https://www.shihang.org/zh/home。

第二，实施创新驱动发展战略，是加快转变经济发展方式、破解经济发展深层次矛盾和问题的必然选择。一方面，过度依靠要素投入支撑经济增长的发展方式难以为继。改革开放40多年来，中国经济快速增长，但发展方式亟须转变的问题也凸显。一是人口红利逐渐消失（蔡昉，2010）。已有研究表明，中国人口抚养比每下降1个百分点，人均GDP增长率就会提高0.115个百分点（Cai和Wang，2005）。中国劳动年龄（15~64岁）人口数量在2012年后进入下降通道，面临劳动力供给收缩的挑战（见图5a）。同时，就业人员平均工资水平以10%的年均增长率上升，这意味着中国劳动力成本优势递减。二是经济发展与资源环境的矛盾日益凸显（张小筠和刘戒骄，2019）。从中国能源消费情况看，中国能源消费量保持着5.30%的年均增长速度，2009年成为世界第一大能源消费国（见图5b）。能源对中国经济增长的贡献不可忽视，但巨大的能源消费量造成碳排放量增加（Gregg 等，2008）。综上，以要素数量扩张方式驱动经济增长的问题突出。

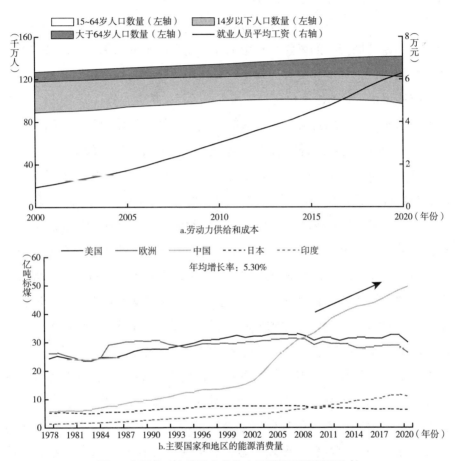

图5　中国劳动力结构变化和主要能源消费国际比较

资料来源：人口数量和就业人员平均工资数据来源于国家统计局官网，https://data.stats.gov.cn/；能源消费量数据来源于《BP世界能源统计年鉴》。

　　另一方面，中国制造业产品附加值低，经济大而不强、大而不优问题比较突出。改革开放以来，中国出口量呈增加态势，2009 年出口额约占世界出口总额的 1/10，成为世界第一大出口国。然而，中国的出口产品以加工贸易为主，凭借劳动力成本优势，嵌入全球价值链中加工组装等劳动密集型生产环节（王岚和李宏艳，2015）。根据全球价值链微笑曲线理论，组装和制造处于全球价值链低端，而研发设计、品牌服务则占据主导地位。以苹果手机为例，苹果公司通过自身研发、品牌优势和售后服务等多个方面价值把控，获取产品总价值的 42%，而中国依靠劳动力成本优势参与手机组装等环节，仅获得产品总价值的 1%。[①]不仅如此，中国还存在被掣肘于全球价值链"低端"的风险。从微笑曲线左端的研发情况看，以知识产权使用费用为例，日本和美国的知识产权使用费净收入远超中国，中国的知识产权使用费始终为净支出状态，净支出数额呈扩大态势（见图 6a），这意味着中国研发能力相对较弱。从微笑曲线右端的品牌建设看，中国在世界500 强品牌中数量占比较低，始终不超过 10%（见图 6b）。而美国在世界 500强品牌中数量占比接近一半，处于绝对优势地位。因此，实施创新驱动发展战略是新时期中国提高产品附加值、向微笑曲线两端移动的必由之路。

第三，实施创新驱动发展战略，是引领中国经济高质量发展的必然选择。新常态是中国经济发展到一定阶段后必然会出现的。新常态下，中国经济增长速度和结构、发展方式和动力等呈现出一系列新特征。从增长速度看，拉动经济增长的"三驾马车"发生变化，即消费需求升级、传统产业投资相对饱和、全球总需求疲软（赵昌文等，2015），经济增长由两位数转向个位数。中国迫切需要通过创新供给激活消费需求，通过创新投融资方式把握新的投资机遇，培育新的国际比较优势。从发展方式看，中国资源环境约束趋紧，创新驱动可以减少资源投入的同时推动经济增长（洪银兴，2013），中国亟须转向创新驱动的内涵型发展模式。从经济结构看，新时期要通过创新驱动产业结构升级，支持高技术产业和战略性新兴产业发展。从发展动力看，中国人口红利逐渐消失，引进国外先进技术遭遇阻力，致使要素的规模驱动力减弱（任保平和郭晗，2013）。中国迫切需要通过创新提高人力资本水平，让创新成为驱动发展的新引擎。总之，新常态下的经济是创新驱动型经济，必须将创新放在核心位置（梁达，2014）。

---

① 2017 年《世界知识产权报告》，https：//www.wipo.int/publications/zh/details.jsp？id=4225&plang=ZH。

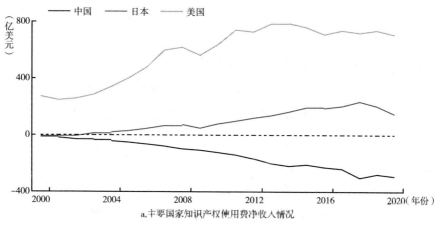

a.主要国家知识产权使用费净收入情况

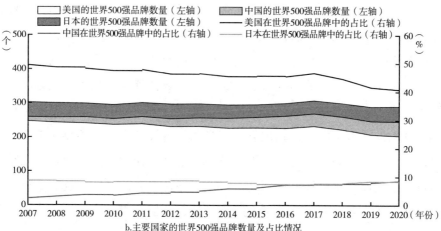

b.主要国家的世界500强品牌数量及占比情况

图6 基于品牌和研发的国际比较

资料来源：知识产权使用费净收入数据来源于世界银行官网（https://www.shihang.org/zh/home）；世界500强品牌数据来源于世界品牌实验室官网（http://www.worldbrandlab.com/)。

三 新时代十年中国创新发展的新论断和新实践

进入新时代以来，以习近平同志为核心的党中央高度重视创新，坚持把创新作为引领发展的第一动力，围绕创新发展提出了一系列重要论述，思想深邃，内涵丰富。在习近平总书记关于创新发展一系列重要论述的指导下，我国坚持实施创新驱动发展战略，围绕人才资源、自主创新、基础研究、新兴产业、创新高地、科技成果转化和体制机制等推出一系列重大举措，形成了从思想到战略再到行动的完整体系。

（一）习近平总书记关于创新发展的重要论述

党的十八大以来，习近平总书记基于历史和现实、理论和实践、国内和国际的高度，围绕创新发展提出了一系列新理念、新思想、新战略（见图7）。习近平总书记关于创新发展的一系列重要论述是习近平经济思想体系的重要组成部分，也是习近平新时代中国特色社会主义思想的重要组成部分，是马克思主义政治经济学在当代中国的最新成果，是新时代中国坚持创新发展、加快建设世界科技强国、实现高水平科技自立自强的科学指南。

第一，创新位于五大发展理念之首。面对复杂的国际形势和中国经济社会发展中出现的新问题和新挑战，2015年10月，习近平总书记在党的十八届五中全会上创造性地提出创新、协调、绿色、开放、共享的新发展理念，深刻回答了发展的目的、动力、方式、路径等一系列重大理论和现实问题，成为解决好新发展阶段发展不平衡不充分问题的行动指南。把创新摆在五大发展理念之首，强调创新在中国经济社会发展中的重要地位，是习近平总书记对马克思主义发展观的重大创新。作为五大发展理念之首的创新理念就像一根红线，使创新、协调、绿色、开放、共享这五个理念有机地联系在一起。习近平总书记强调，把创新摆在第一位，是因为创新是引领发展的第一动力。发展动力决定发展速度、效能、可持续性。抓住了创新，就抓住了牵动经济社会发展全局的"牛鼻子"。

第二，创新上升至国家战略高度并摆在国家发展全局的核心位置。党的十八大作出了实施创新驱动发展战略的重大部署，强调科技创新是提高社会生产力和综合国力的战略支撑，必须摆在国家发展全局的核心位置。这是党中央综合分析国内外大势、立足国家发展全局作出的重大战略抉择。2013年9月30日，习近平总书记在主持中共中央政治局第九次集体学习时从国家和民族前途命运的高度阐明了坚持创新发展的重要性和紧迫性。2020年10月，习近平总书记在党的十九届五中全会明确提出，坚持创新在我国现代化建设全局中的核心地位，把科技自立自强作为国家发展的战略支撑。2022年10月，习近平总书记在党的二十大强调，坚持创新在我国现代化建设全局中的核心地位，加快实施创新驱动发展战略、加快实现高水平科技自立自强，为发挥科技创新在现代化建设中的重要支撑作用指明了方向。

第三，完善创新发展目标。在新时期新形势下，围绕创新发展有了新目标新使命。2016年5月30日，在全国科技创新大会、两院院士大会、中国科学技术协会第九次全国代表大会上，习近平总书记强调了"面向世界科技前沿、面向经济主战场、面向国家重大需求"，明确了我国科技创新的基本导向。习近平总书记在党的十九大确立了到2035年跻身创新型国家前列的战略目标，党的十九届五中全会提出"科技自立自强"，对创新发展提出了更高要求。2018年5月28日，习近平总书记在中国科学院第十九次院士大会、中国工程院第十四次院士大会上提出"努力成为世界主要科学中心和创新高地""建设世界科技强国"，为创新发展指明了方向。2021年5月28日，在中国科学院第二十次院士大会、中国工程院第十五次院士大会和中国科学技术协会第十次全国代表大会上，习近平总书记将"三个面向"丰富为"四个面向"，新增的"面向人民生命健康"不仅是科技创新发展以人为本理念的集中体现，也是对建设世界科技强国战略目标的重大完善与提升。

第四，制定创新发展任务。2013年9月30日，习近平总书记在中共中央政治局第九次集体学习时从着力推动科技创新与经济社会发展紧密结合、着力增强自主创新能力、着力完善人才发展机制、着力营造良好政策环境、着力扩大科技开放合作五个方面提出了实施创新驱动发展战略的主要任务，从国家战略高度为新时期坚持创新发展勾勒了宏伟蓝图。从科技创新与经济社会发展结合看，创新是引领发展的第一动力，只有破解经济与科技"两张皮"的问题，才能更好地将科技转化为现实生产力。从自主创新看，只有牵住自主创新这个"牛鼻子"，把关键核心技术牢牢掌握在自己手中，才可以顺利攀登世界科技高峰。从人才发展机制看，人才是创新的根基，新时期迫切需要破除人才体制机制障碍，激发人才的创新创造活力。从政策环境看，创新离不开良好的政策环境，新时期要依靠基础设施等"硬件"支撑和制度等"软件"保障同时发力，营造良好的政策环境。从科技开放合作看，当今世界是开放的世界，任何国家都不可能依靠自己解决所有创新难题，开放合作创新是经济全球化的必然选择。

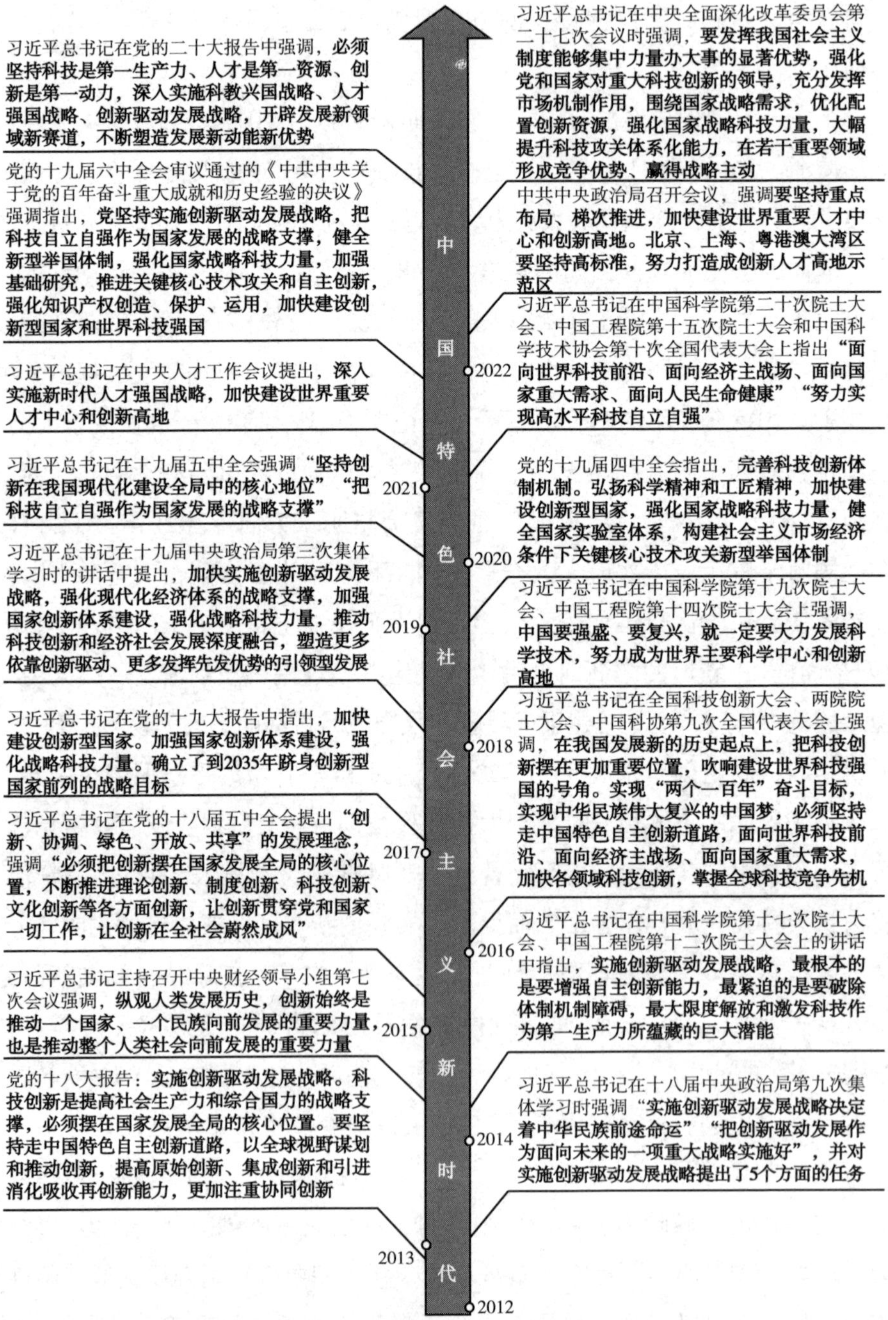

习近平总书记在党的二十大报告中强调，必须坚持科技是第一生产力、人才是第一资源、创新是第一动力，深入实施科教兴国战略、人才强国战略、创新驱动发展战略，开辟发展新领域新赛道，不断塑造发展新动能新优势

党的十九届六中全会审议通过的《中共中央关于党的百年奋斗重大成就和历史经验的决议》强调指出，党坚持实施创新驱动发展战略，把科技自立自强作为国家发展的战略支撑，健全新型举国体制，强化国家战略科技力量，加强基础研究，推进关键核心技术攻关和自主创新，强化知识产权创造、保护、运用，加快建设创新型国家和世界科技强国

习近平总书记在中央人才工作会议提出，深入实施新时代人才强国战略，加快建设世界重要人才中心和创新高地

习近平总书记在十九届五中全会强调"坚持创新在我国现代化建设全局中的核心地位""把科技自立自强作为国家发展的战略支撑"

习近平总书记在十九届中央政治局第三次集体学习时的讲话中提出，加快实施创新驱动发展战略，强化现代化经济体系的战略支撑，加强国家创新体系建设，强化战略科技力量，推动科技创新和经济社会发展深度融合，塑造更多依靠创新驱动、更多发挥先发优势的引领型发展

习近平总书记在党的十九大报告中指出，加快建设创新型国家。加强国家创新体系建设，强化战略科技力量。确立了到2035年跻身创新型国家前列的战略目标

习近平总书记在党的十八届五中全会提出"创新、协调、绿色、开放、共享"的发展理念，强调"必须把创新摆在国家发展全局的核心位置，不断推进理论创新、制度创新、科技创新、文化创新等各方面创新，让创新贯穿党和国家一切工作，让创新在全社会蔚然成风"

习近平总书记主持召开中央财经领导小组第七次会议强调，纵观人类发展历史，创新始终是推动一个国家、一个民族向前发展的重要力量，也是推动整个人类社会向前发展的重要力量

党的十八大报告：实施创新驱动发展战略。科技创新是提高社会生产力和综合国力的战略支撑，必须摆在国家发展全局的核心位置。要坚持走中国特色自主创新道路，以全球视野谋划和推动创新，提高原始创新、集成创新和引进消化吸收再创新能力，更加注重协同创新

习近平总书记在中央全面深化改革委员会第二十七次会议时强调，要发挥我国社会主义制度能够集中力量办大事的显著优势，强化党和国家对重大科技创新的领导，充分发挥市场机制作用，围绕国家战略需求，优化配置创新资源，强化国家战略科技力量，大幅提升科技攻关体系化能力，在若干重要领域形成竞争优势、赢得战略主动

中共中央政治局召开会议，强调要坚持重点布局、梯次推进，加快建设世界重要人才中心和创新高地。北京、上海、粤港澳大湾区要坚持高标准，努力打造成创新人才高地示范区

习近平总书记在中国科学院第二十次院士大会、中国工程院第十五次院士大会和中国科学技术协会第十次全国代表大会上指出"面向世界科技前沿、面向经济主战场、面向国家重大需求、面向人民生命健康""努力实现高水平科技自立自强"

党的十九届四中全会指出，完善科技创新体制机制。弘扬科学精神和工匠精神，加快建设创新型国家，强化国家战略科技力量，健全国家实验室体系，构建社会主义市场经济条件下关键核心技术攻关新型举国体制

习近平总书记在中国科学院第十九次院士大会、中国工程院第十四次院士大会上强调，中国要强盛、要复兴，就一定要大力发展科学技术，努力成为世界主要科学中心和创新高地

习近平总书记在全国科技创新大会、两院院士大会、中国科协第九次全国代表大会上强调，在我国发展新的历史起点上，把科技创新摆在更加重要位置，吹响建设世界科技强国的号角。实现"两个一百年"奋斗目标，实现中华民族伟大复兴的中国梦，必须坚持走中国特色自主创新道路，面向世界科技前沿、面向经济主战场、面向国家重大需求，加快各领域科技创新，掌握全球科技竞争先机

习近平总书记在中国科学院第十七次院士大会、中国工程院第十二次院士大会上的讲话中指出，实施创新驱动发展战略，最根本的是要增强自主创新能力，最紧迫的是要破除体制机制障碍，最大限度解放和激发科技作为第一生产力所蕴藏的巨大潜能

习近平总书记在十八届中央政治局第九次集体学习时强调"实施创新驱动发展决定着中华民族前途命运""把创新驱动发展作为面向未来的一项重大战略实施好"，并对实施创新驱动发展战略提出了5个方面的任务

中国特色社会主义新时代

2022
2021
2020
2019
2018
2017
2016
2015
2014
2013
2012

图7 习近平总书记关于创新发展的重要论述

（二）新时代中国创新发展的新实践

在习近平总书记关于创新发展一系列重要论述的指引下，中国抓好创新发展的顶层设计和任务落实，对创新的重视之高、政策密度之大、推动程度之强前所未有。从党的十八大到党的二十大的十年间，"十三五""十四五"规划将"创新"摆在极为重要的位置，特别是"十四五"规划中47次提及"创新"，将创新放在各项规划任务的首位，进行专章部署。国家出台《国家创新驱动发展战略纲要》等纲领性文件以及《"十三五"国家科技创新规划》《"十四五"国家科学技术普及发展规划》《科技体制改革三年攻坚方案（2021—2023年）》《企业技术创新能力提升行动方案（2022—2023年）》等专项规划方案，不断完善创新发展的战略规划体系。为更加深入实施创新驱动发展战略，党中央、国务院在全国8个区域部署开展全面创新改革试验，并在2017~2020年推广了三批支持创新的改革举措。

第一，着力夯实创新发展人才基础。人才是创新活动中最活跃、最积极的因素，国家高度重视人才。2016年3月，中共中央印发《关于深化人才发展体制机制改革的意见》，为最大限度激发人才创新创造活力提供了制度保障。随后，为破除人才发展的体制机制障碍，国家相继出台《关于进一步完善中央财政科研项目资金管理等政策的若干意见》《关于优化科研管理提升科研绩效若干措施的通知》等一系列优化科研经费管理的政策文件和改革措施。人才评价是人才资源开发管理和使用的前提，国家先后出台的《关于分类推进人才评价机制改革的指导意见》《关于深化项目评审、人才评价、机构评估改革的意见》加快了人才评价制度改革进程。2022年4月，中共中央政治局审议《国家"十四五"期间人才发展规划》，突出强调"牢固确立人才引领发展的战略地位""全方位培养引进用好人才"，为把我国加快建设为世界重要人才中心和创新高地进行战略布局。

第二，持续走好自主创新之路。提高自主创新能力是科学技术发展的战略基点。党的十八大以来，在习近平总书记关于创新发展重要论述的指引下，中国坚持走中国特色自主创新道路，加快实现高水平科技自立自强。2013年1月，国务院印发《"十二五"国家自主创新能力建设规划》，为指导全社会加强自主创新能力建设、加快推进创新型国家建设制定顶层设计。

2020 年 9 月，国家发展和改革委员会、科技部等四部门发布了《关于扩大战略性新兴产业投资 培育壮大新增长点增长极的指导意见》，聚焦"卡脖子"技术难题，提出要加快主轴承、IGBT、控制系统等核心技术部件研发，加快在光刻胶、高纯靶材等领域实现突破。为了加快提高自主创新能力，国家相继建成深圳、苏南、长株潭、天津、成都、西安等 19 个国家自主创新示范区，推进自主创新和高技术产业发展先行先试、探索经验，发挥自主创新示范区对推进创新驱动发展的引领、辐射、带动作用。

第三，持之以恒加强基础研究。基础研究是科技进步与科技创新的先导和源泉。党的十八大以来，一系列关于如何加强基础研究的政策文件和重要举措相继出台。2018 年 1 月，国务院发布《关于全面加强基础科学研究的若干意见》（以下简称《意见》），对新时期加强基础研究作出一系列重要部署，是推进基础研究的纲领性文件。为贯彻落实《意见》，2020 年科技部联合相关部门出台了《加强"从 0 到 1"基础研究工作方案》《新形势下加强基础研究若干重点举措》等系列文件。此外，《高等学校基础研究珠峰计划》《科技部　教育部关于共同推进高校加强"从 0 到 1"基础研究行动方案》等一系列配套文件相继发布，加强基础研究的政策体系逐渐形成。2021 年 12 月中央经济工作会议明确提出了"制定实施基础研究十年规划"，基础研究即将进入十年攻坚阶段。

第四，推动新兴产业蓬勃发展。新兴产业是现代化经济体系的重要组成部分，是新发展阶段我国科技实力和经济活力的集中体现。2020 年 7 月，国务院印发《关于促进国家高新技术产业开发区高质量发展的若干意见》，从六个方面总结了国家高新区发展的任务举措，走出了一条具有中国特色的高新技术产业化道路。2016 年 12 月，国务院印发《"十三五"国家战略性新兴产业发展规划》，对"十三五"期间国家战略性新兴产业发展目标、重点任务、政策措施等方面作出全面部署。2022 年 1 月，国务院印发《"十四五"数字经济发展规划》，明确了"十四五"时期推动数字经济健康发展的基本原则、发展目标和重点任务等方面内容。2021 年 9 月，广东省率先发布的《数字经济促进条例》，成为国内首个数字经济地方性法规。

第五，加快建设世界主要科学中心和创新高地。进入新时代以来，党中央深入把握创新区域高度集聚的客观规律,以京津冀、长三角、粤港澳大湾区等区域为重点,提升创新策源能力和全球资源配置能力。2016年7月,国务院批复《京津冀系统推进全面创新改革试验方案》,有力促进京津冀地区创新资源合理配置、开放共享与高效利用,推动形成京津冀协同创新共同体。2019年,中共中央、国务院先后印发《粤港澳大湾区发展规划纲要》《长江三角洲区域一体化发展规划纲要》,明确了长三角地区、粤港澳大湾区建设全球科技创新高地的战略定位。此外,2016年国务院先后印发《上海系统推进全面创新改革试验加快建设具有全球影响力的科技创新中心方案》《北京加强全国科技创新中心建设总体方案》,加快推动北京、上海建成国际科技创新中心。

第六,打通创新"最后一公里"。促进科技成果转化、加速科技成果产业化是实施创新驱动发展战略的内在要求。党的十八大以来,国家把促进科技成果转化放在重要位置进行谋划部署,加快打通科技创新成果转化之路。相继修订《促进科技成果转化法》,印发《实施〈中华人民共和国促进科技成果转化法〉若干规定》,制定《促进科技成果转移转化行动方案》,形成了从法律条款修订到具体任务部署的促进科技成果转化的"三部曲"。为健全科技成果评级体系,2021年8月国务院办公厅发布《关于完善科技成果评价机制的指导意见》,围绕"评什么""谁来评""怎么评""怎么用"完善科技成果评价机制。中国逐渐形成科技成果转化制度的"四梁八柱",极大地促进了科技成果转化为现实生产力。

第七,不断完善科技创新体制机制。开展科技体制改革攻坚,目的是从体制机制上增强科技创新和应急应变能力。党的十八大以来,党中央系统布局科技创新体制机制改革。2015年3月,中共中央、国务院印发《关于深化体制机制改革加快实施创新驱动发展战略的若干意见》,对深化科技体制改革作出全方位部署。2015年9月,《深化科技体制改革实施方案》出台,为打通科技创新与经济社会发展通道、整体推进科技创新体制机制改革描绘了详细施工图。2021年11月,中央全面深化改革委员会第二十二次会议审议通过《科技体制改革三年攻坚方案(2021—2023年)》,对新形势新要求下加快建立保障高水平科技自立自强制度体系、提升科技创新体系化能力进行布局。科研经费管理改革在深化科技创新体制机制改革中发挥着关键作用。2014 年 3 月，国务院印发《关于改进加强中央财政科研项目和资金管理的若干意见》，围绕预算编制、资金拨付、资金管理、预算管理等方面对科研项目资金管理进行了系统化改革。2021 年，《关于改革完善中央财政科研经费管理的若干意见》公布，围绕经费管理自主权、经费拨付机制、经费投入与支持方式、科研人员激励等方面提出指导意见。

四　新时代十年中国创新发展成就的量化分析

新时代十年，在以习近平同志为核心的党中央坚强领导下，中国深入实施创新驱动发展战略，取得了历史性成就。本部分基于多维度的指标和翔实的数据，从全球、全国、区域、创新高地 4 个空间层面真实立体全面展现新时代中国创新发展取得的重大成就。

（一）中国在全球创新版图中的地位

从党的十八大到党的二十大的十年间，中国的全球创新指数排名、创新投入次级指数排名以及创新产出次级指数排名均明显提高，中国在全球创新版图中的地位不断提升（见图 8）。根据 WIPO 发布的《全球创新指数报告》，中国的全球创新指数排名从 2012 年的第 34 位上升到 2022 年的第 11 位，排名不断上升，已经成为全球重要的创新型国家（马建堂，2018）。中国的全球创新指数与美国、日本、德国的差距不断缩小，2019 年超越日本，对发达国家的追赶势头强劲，正朝着"跻身创新型国家前列、建成世界科技强国"的目标奋进。党的十八大以来，中国的创新投入次级指数排名也呈现提升态势，由 2012 年的第 55 位上升到 2022 年的第 21 位，实现了 34 个名次的跨越，不断向美国、日本、德国等领先国家靠拢，是进步最快的国家之一。但由于制度创新指数等与发达国家存在差距，中国创新投入次级指数排名在提升至第 30 名后上升速度放缓，存在较大提升空间。进入新时代以来，中国的创新产出次级指数居全球前列，由 2012 年的第 19 位上升到 2022 年的第 8 位，领先于日本和德国，逼近于美国。特别是 2019 年，中国的创新产出次级指数超过美国、日本和德国等发达国家，居全球第 5 位。相较于创新投入次级指数，中国的创新产出次级指数在全球范围内的表现更加突出，这意味着中国将创新投入转化为创新产出的能力尤为突出。

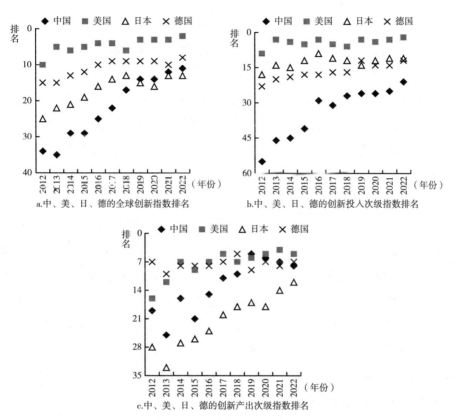

图8　中国创新发展的重大成就：基于全球创新指数的考察

资料来源：世界知识产权组织发布的《全球创新指数报告》。

（二）中国的创新发展成就：基于全国层面的考察

党的十八大以来，中国的科技创新按下"快进键"，一些关键核心技术实现突破，战略性新兴产业发展壮大，成功迈进创新型国家行列。中国创新发展取得了显著成效，为加快实现高水平科技自立自强奠定了坚实的基础。

从创新发展的各个维度指标看，进入新时代以来，中国创新投入持续增加，创新产出大幅攀升，创新环境日趋改善，创新效率不断提高，科技进步贡献率明显上升，数字经济快速发展，创新型国家建设取得了重大进步（见图9）。在创新投入上，党的十八大以来，中国R&D人员全时当量实现了6.94%的年均增长。其中，基础研究人员全时当量保持9.15%的年均增速，在三类研发人员中增速最快。R&D经费投入强度呈稳步上升态势，2022年达到2.54%。在创新产出上，进入新时代以来，中国专利申请授权量年均增长13.17%，特别是发明专利、实用新型专利年均增速分别为13.91%、17.25%。中国市场成交额由2012年的0.64万亿元攀升到2022年的4.78万亿元，年均增长22.20%，创新活力不断增强。在创新环境上，党的十八大以来，中国财政科技支出占财政总支出的比例保持在3.6%左右，呈波动上升态势。中国对企业研发费用的加计扣除比例不断提高且适用范围不断扩大，企业研发加计扣除减免额由2012年的250亿元上升到2022年的3980亿元。持续完善的创新环境为国家科技活动和科技发展提供了重要保障。在创新效率上，中国创新效率呈现波动上升趋势，由2012年的0.45上升到2020年的0.79，年均增长7.25%。在科技进步贡献率方面，党的十八大以来，中国科技进步贡献率呈稳定上升的态势，2020年达到60.20%，说明中国经济增长方式逐渐从要素驱动转向创新驱动。在数字经济发展方面，数字经济的核心产业规模增长迅猛，由2012年的3.58万亿元增长到2020年的7.96万亿元，年均增长10.50%。数字经济核心产业增加值占GDP比重逐年攀升，2020年达到7.84%。特别是数字技术应用业和数字要素驱动业增速最快，已经成为带动数字经济发展的关键力量。

（三）中国的创新发展成就：基于区域板块的考察

党的十八大以来，四大区域板块依靠自身特色和优势不断促进区域创新能力提升，在创新投入、创新产出、创新环境和创新效率等方面取得了不同程度的进展（见图10）。第一，东部地区R&D经费投入强度、R&D人员全时当量、专利申请授权量、技术市场成交额和财政科技支出占比均处于遥遥领先地位。其R&D经费投入强度由2012年的2.43%上升到2022年的3.26%，R&D人员全时当量由2012年的2.10百万人年上升到2022年的4.13百万人年。专利申请授权量、技术市场成交额分别由2012年的85.62万项、4290亿元上升到2022年的290.63万项、27390亿元，创新产出实现了倍数增长。财政科技支出占比由2012年的3.38%上升到2022年的4.17%，创新

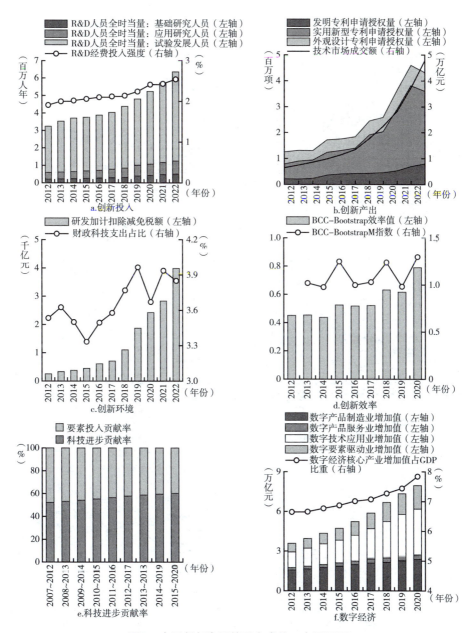

图9　中国创新发展的重大成就：全国层面

注：图9c中的2012~2015年的研发加计扣除减免税额为《工业企业科技活动统计年鉴》中规模以上工业企业研发加计扣除减免税额，2016~2022年为《中国科技统计年鉴》中规模以上企业研发加计扣除减免税额。图9d中的创新效率为采用Bootstrap-DEA方法测度创新的相对效率。

资料来源：国家发展和改革委员会、国家统计局编，2013~2016年；科学技术部战略规划司、国家统计局社会科技和文化产业统计司编，2017~2023年；鲜祖德、王天琪，2022。国家统计局官网，https：//data.stats.gov.cn/。

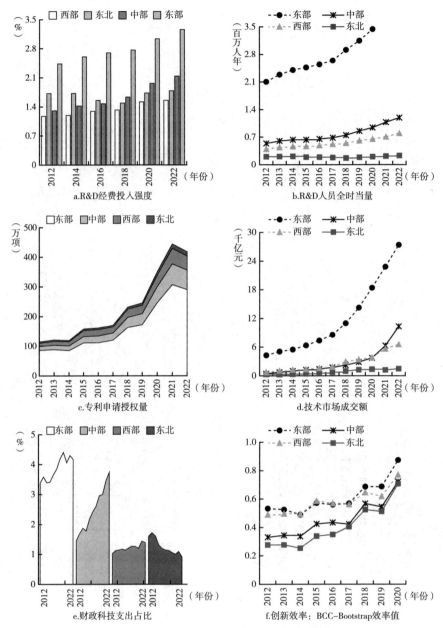

图 10 中国创新发展的重大成就：基于四大板块的考察

资料来源：同图 9。

环境优于全国平均水平。第二，中部地区 R&D 经费投入强度、R&D 人员全时当量、专利申请授权量、技术市场成交额和财政科技支出占比增长速度最快。特别是其 R&D 经费投入强度由 2012 年的 1.31% 上升到 2022 年的 2.14%，实现了对西部和东北地区的赶超。财政科技支出占比由 2012 年的 1.45% 上升到 2022 年的 3.74%，增长了 157.11%，远高于东部、西部地区 23.52%、35.20% 的增长幅度。第三，西部地区 R&D 经费投入强度、专利申请授权量、技术市场成交额和财政科技支出占比增长速度仅低于中部地区，高于东部和东北地区。特别是 2014~2016 年西部地区创新效率处于全国领先地位。第四，东北地区专利申请授权量、技术市场成交额、创新效率均实现较快增长，向好发展态势明显。其创新效率由 2012 年的 0.28 上升到 2020 年的 0.71，年均增长 12.45%，增速位居四大板块之首。受地理位置与资源禀赋影响，党的十八大以来东北地区 R&D 经费投入强度增速放缓，R&D 人员全时当量和财政科技支出占比呈现负增长，这意味着东北地区创新投入与创新环境有待进一步改善。

（四）中国的创新发展成就：基于创新高地建设的考察

党的十八大以来，创新要素快速在京津冀地区、长三角地区和粤港澳大湾区等区域集聚，形成了京津冀地区、长二角地区和粤港澳大湾区三大创新集聚区，为创新高地建设奠定了坚实基础。在三大创新集聚区基础上，北京、上海和深圳三个中心城市充分发挥各自优势，成为全国重要的创新策源地，在建设具有全球影响力的国际科技创新中心的道路上迈出重要步伐。

第一，三大创新集聚区为创新高地建设奠定了坚实的基础。创新的空间集聚现象是创新活动最重要的空间特征（孙瑜康等，2017）。党的十八大以来，中国遵循创新区域高度集聚的规律，不断推动区域创新能力提升，京津冀地区、长三角地区和粤港澳大湾区三大创新集聚区已成为中国增加创新投入、提高创新产出、完善创新环境、优化创新效率的开拓者和主引擎，创新高地加速发展（见图 11）。在创新投入上，三大创新集聚区 R&D 经费支出占全国比重由 2012 年的 57.08% 上升到 2022 年的 58.68%，R&D 人员全时当量占全国比重稳定保持在 56% 以上，为打造创新高地夯实了基础。

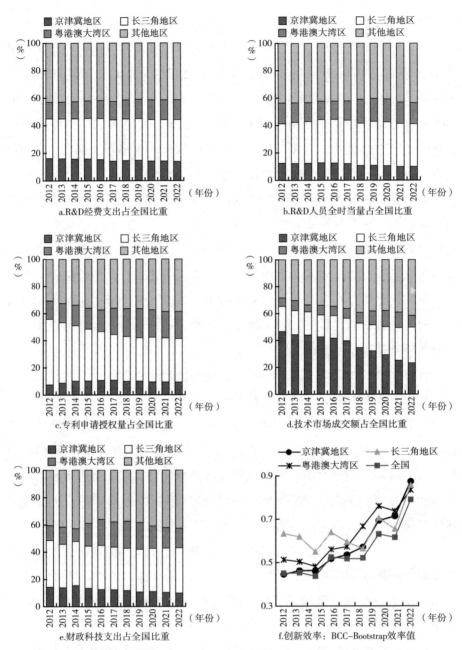

图11 新时代中国创新高地建设：基于创新集聚区的创新高地建设

资料来源：同图9。

得益于优越的地理位置和对外开放度，以及在人才生产、保有、吸引上的显著优势（聂晶鑫和刘合林，2018），长三角地区在创新投入方面具有领先优势，2022年R&D经费支出、R&D人员全时当量占全国比重分别达到30.50%、31.23%。在创新产出上，截至2022年，三大创新集聚区专利申请授权量、技术市场成交额占全国比重分别高达61.31%、58.44%，创新产出高地基本形成。其中，长三角地区专利申请授权量占全国比重虽然由2012年的48.38%下降到2022年的31.99%，但仍具有绝对领先优势，其下降占比基本被京津冀地区和粤港澳大湾区填补。技术市场成交额出现类似情况，京津冀地区技术市场成交额占比下降，长三角地区和粤港澳大湾区占比上升。粤港澳大湾区实现了专利申请授权量和技术市场成交额占全国比重的全面上升，成为全国重要的创新源。创新产出在三大创新集聚区内部呈现更均衡的分布态势。在创新环境上，党的十八大以来，三大创新集聚区财政科技支出占全国比重始终保持在60%左右，发挥着打造具有全球竞争力创新环境的主力军作用。尤其是长三角地区，2022年的财政科技支出占全国比重达到33.09%。粤港澳大湾区以国家自主创新示范区和全面创新改革试验试点省建设为引领，不断优化科技创新环境，其财政科技支出占全国的比重显著提升，由2012年的11.03%上升到2022年的14.45%。在创新效率上，党的十八大以来，三大创新集聚区一同引领中国创新效率的提升。2022年京津冀地区、长三角地区、粤港澳大湾区创新效率分别达到0.87、0.86和0.83，均明显高于全国平均水平（0.79）。特别是京津冀地区的创新效率由2012年的0.45上升到2022年的0.87，保持着8.80%的年均增速，实现从追赶者到领跑者的跨越。

第二，创新中心城市的地位日益凸显，在创新高地建设中发挥着重要的引领作用。城市是创新的重要载体，是创新动力的主要来源之一（吕拉昌等，2015）。党的十八大以来，北京、上海和深圳以建设具有全球影响力的科技创新中心为导向，科技创新能力持续引领全国，创新中心的核心功能不断强化，为中国跻身创新型国家前列、实现高水平科技自立自强、建设社会主义现代化国家新征程提供有力支撑。根据WIPO发布的《2022年全球创新指数报告》，北京、上海—苏州在全球科技城市集群榜单中分别排名第 3 位和第 6 位，深圳—香港—广州联合科技创新集群排名世界第 2 位，意味着北京、上海和深圳等城市的科技创新实力不断增强。从北京的创新表现看，2022 年北京 R&D 经费投入强度、技术市场成交额均居全国首位。其中，R&D 经费投入强度高达 6.83%，居国际创新城市前列。技术市场成交额高达 7947.51 亿元，占全国的 17.37%，且技术交易合同额中有 70% 输出到外地，表现出强大的创新辐射能力。此外，北京不断增加基础研究投入，2022 年基础研究经费占 R&D 经费的比例为 16.55%，远超全国平均水平（6.57%）。根据《2022 全球独角兽榜》[①]，2022 年中国拥有 312 家独角兽企业，北京拥有 90 家，在全球城市排名中位居第 3。从上海的创新表现看，进入新时代以来，上海 R&D 经费支出由 2012 年的 679.46 亿元增加到 2022 年的 1981.58 亿元，年均增长 11.30%。2022 年上海 R&D 经费投入强度为 4.44%，与纽约、东京等全球科技创新城市不相上下。上海高水平人才高地建设取得重大成效，根据《2022 上海科技进步报告》[②]，2022 年上海科学家在《科学》《自然》《细胞》发表论文 120 篇，占全国总数的 28.8%。从深圳的创新表现看，党的十八大以来，深圳 R&D 经费投入强度由 2012 年的 3.62% 增加到 2022 年的 5.81%。截至 2022 年，深圳专利授权量连续四年居北上广深首位，PCT 国际申请量连续 19 年保持领先地位。同时深圳的创新载体数量呈现裂变式增长，截至 2022 年底，深圳累计建设国家级、省级、市级创新载体 3223 家，成为提高深圳原始创新能力、建设国际科技创新中心的中坚力量。

五　结论与展望

（一）结论

从党的十八大到党的二十大的十年间，在习近平总书记关于创新发展一系列重要论述的指导下，中国围绕人才资源、自主创新、基础研究、新

---

① 《2022 全球独角兽榜》（Global Unicorn Index 2022）由胡润研究院与广州市商务局、广州市黄埔区联合发布。

② 上海市科学技术委员会发布《2022 上海科技进步报告》。

兴产业、创新高地、创新成果转化和体制机制改革等方面进行了深入实践，形成了从思想到战略再到行动的完整体系，探索出了一条具有中国特色的创新道路。十年来，中国在全球创新版图中的地位不断提升，创新投入持续增加，创新产出显著增长，创新环境日趋完善，创新效率不断提高，科技进步贡献率明显上升，数字经济加快发展。在区域层面，四大板块在创新投入、创新产出、创新环境和创新效率等方面均取得了不同程度的进展。京津冀地区、长三角地区和粤港澳大湾区三大创新集聚区成为中国增加创新投入、提高创新产出、完善创新环境、优化创新效率的开拓者和主引擎，中国创新高地加速发展。北京、上海和深圳三个创新中心城市的地位日益凸显，在创新高地建设中发挥着重要的引领作用。在以习近平同志为核心的党中央坚强领导下，中国的创新发展取得了历史性成就，创新型国家建设取得了重大进展，走出了一条从人才强、科技强到产业强、经济强、国家强的创新之路。

新时代十年中国创新发展取得的历史性成就绝非偶然，具有其深层次原因。第一，拥有坚强的领导核心。中国共产党的全面领导是创新驱动发展不断实现突破的根本政治保证。面对我国发展环境、发展阶段、发展条件的深刻变化，党中央敏锐把握住世界科技创新发展趋势，紧紧抓住新一轮科技革命和产业变革的机遇，适时提出深入实施创新驱动发展战略，在中国科技事业发展的关键节点作出一系列重大战略部署。第二，坚持人民至上的价值追求。我国在推动创新发展的进程中始终坚持"把满足人民对美好生活的向往作为科技创新的出发点和落脚点"，不断强化科技创新与人民需求的联系，这是大量科技成果成功落地转化的重要原因。第三，充分发挥制度优势。创新是一个系统性工程，具有涉及方面广、技术要求高、实现难度大等特征，往往需要举全国之力、聚四方之才。我国在大飞机制造、载人航天、探月探火等方面取得的重大成果无不体现着社会主义集中力量办大事的优势。第四，坚持人才为本。新时代十年是中国创新发展取得重大成就的十年，更是中国创新人才数量、质量、结构齐升的十年。十年间，国家着力破除人才发展障碍，激发人才创新活力、潜力，为创新驱动发展迈出坚实步伐提供了强有力支撑。

（二）展望

党的十八大以来，中国坚持创新在现代化建设全局中的核心地位，创新发展取得了历史性成就，但仍存在进一步提升的空间。一是科技创新与经济发展融合度有待提升。以高校为例，国家知识产权局发布的《2022 年中国专利调查报告》显示，2022 年高校发明专利产业化率仅为 3.9%，意味着科技创新与经济发展存在部分脱节，创新链与产业链、供应链未能形成高效对接。造成这一现象的重要原因在于基础研究活动中仍存在科研机制体制性障碍，以及产学研贯通机制存在阻碍因素，如"重论文、轻创新""轻基础、重应用"（张杰和白铠瑞，2022）。二是推进高质量发展还面临许多瓶颈。以 35 项"卡脖子"技术为代表的关键核心技术仍未实现全面突破，部分关键环节面临外国垄断压力，这带来了供应链、产业链断链风险。关键核心技术攻关过程具有高投入性和长期性的特点（张于喆等，2021），这就决定了中国突破发展瓶颈的艰巨性，必须保持创新驱动发展定力。三是科技管理体制仍需进一步完善。一方面，科技管理体系庞大以及管理部门交叉造成行政因素较多地影响科研工作（苏继成和李红娟，2021），不利于科研效率提高。另一方面，政府对重大科技项目布局的引导作用有待加强，完全靠市场竞争机制和企业主体行为在科技创新领域实现全面领先是不现实的（张杰和吴书凤，2021）。以上问题对继续走好中国的创新发展之路提出了更高要求。

第一，推动有效市场和有为政府共同发力，充分发挥新型举国体制优势。2023 年 3 月，中共中央、国务院印发《党和国家机构改革方案》，提出"重新组建科学技术部"，旨在进一步优化科技创新全链条管理，推动健全新型举国体制。在新型举国体制下，政府与市场进一步协调配合，既要发挥政府的资源组织调配作用，又要激发市场主体活力（李海舰等，2022）。一方面，要强化政府作为重大科研项目组织者的作用。加强前瞻布局，引导和支持高校、科研机构等对关乎国家发展和国家安全的重大科技创新领域和关键核心技术进行攻关，对周期长、风险大、难度高、前景好的基础研究和前沿研究进行探索。另一方面，要通过市场需求引导前端技术创新。支持科研机构、高等院校和企业多主体共同组建以市场需求为导向的科技创新平台，加快探索出产学研相结合的有效组织模式（亢延锟等，2022）。

第二，加快形成创新引领和支撑经济体系的发展模式，以科技创新赋能高质量发展。高质量发展是创新驱动的发展，创新是高质量发展的第一动力（刘鹤，2021）。目前中国科技创新对经济发展的支撑作用仍显不足，这在客观上决定了我国必须把创新摆在国家发展全局的核心位置。为此，要进一步通过科技创新，实现对传统生产要素的替代，改变要素组合方式，提高资源利用效率，推动中国经济从外延式扩张模式转为内涵式发展模式。同时，抓住科技创新与经济升级的结合点，推动先进科技成果向传统产业转移和面向市场商业化应用，加快科技创新成果向现实生产力转化。特别是要大力发展数字经济，推进数字产业化和产业数字化，推动数字经济和实体经济深度融合，打造出更多依靠创新驱动的经济增长点。

第三，既要注重"硬"技术创新，又要注重"软"技术创新，研发和品牌两端发力，提升自主创新能力。党的十八大以来，中国创新能力不断提高，但依旧存在被掣肘于全球价值链低端的风险，迫切需要向"微笑曲线"两端升级。一方面，中国部分关键核心技术仍需进一步突破。新时期要加强技术研发攻关，大力发展高技术产业，提高发展的独立性、自主性和安全性。基础研究跟不上是中国面临"卡脖子"技术问题的深层次原因，迫切需要加大基础研发投入。另一方面，通过科技创新不断塑造"中国制造"优质品牌形象。自主创新的目的之一就是创建新的品类品牌，进而提升我国的国际竞争力（孙曰瑶，2006）。同时品牌建设能够提高品牌的信用度，使得在价格提高的条件下需求量增加（刘华军，2007）。为此，需要不断加强品牌建设，提高产品附加值，提升国际竞争力，摆脱"价格战"怪圈，推动"中国制造"向微笑曲线品牌端延伸，实现"中国产品"向"中国品牌"转变。

第四，持续深化创新体制机制改革，不断营造更加良好的创新环境。中国创新体制机制改革在重点领域和关键环节取得了实质性进展，但与发达国家相比依旧存在短板。首先，新时代要不断完善知识产权保护制度，清除影响新技术新产品新模式发展的障碍，营造激励创新的公平竞争环境。其次，提高科研人员成果转化收益比例，保障科研人员的科技成果处置权与收益权，不断完善成果转化激励政策，充分调动科研人员创新的积极性。再次，构建包含基础教育和高等教育的创新人才培养模式，完善人才在事业单位与企业间的流动机制，面向全球实行具有竞争力的人才吸引制度，更好地培养、用好、吸引人才。最后，平衡好"松绑放弃"和"权责匹配"的关系，将技术路线决定权和经费使用权充分赋予科研人员。

第五，加快建设人才高地和创新高地，发挥人才引领发展战略作用。积极建设创新中心成为众多发达国家应对新一轮科技革命和产业变革的重要举措，而人才又是创新发展的根本，新时期中国要加快建设世界人才高地和创新高地。首先，高水平创新区域要先行。京津冀地区、长三角地区和粤港澳大湾区等创新集聚区要厚植高水平创新生态，提升人才和科技创新活力，发挥建设人才创新高地的"头雁效应"。其次，外围城市应加强与创新高地的技术交流，通过积极承接中心城市技术转移、主动与中心城市开展技术合作，逐步融入创新集群中心城市的技术体系（郑江淮等，2023）。最后，着力培养高层次创新人才。战略人才是支撑我国高水平科技自立自强的重要力量。各地区要坚持全方位培养具有国际竞争力的青年科技人才后备军，坚持深化人才发展体制机制改革，解决人才的后顾之忧，将人才个人发展与地区经济发展相结合，释放人才对科技创新的推动作用（许红梅和陆瑶，2022）。

第六，秉持人类命运共同体理念，加快科技创新对外开放，让全人类共享创新发展成果。科学技术是世界性的、时代性的。立足新发展阶段，中国要不断拓展科技创新对外开放的深度和广度，以全球视野拓宽中国创新发展之路。首先，要以"一带一路"创新共同体建设为依托，构建区域技术转移平台，努力打破制约知识、技术、人才等创新要素流动的壁垒，推动科技成果共享，将"一带一路"建成世界创新之路。其次，聚焦全球共同关注的粮食安全、人类健康等重大现实问题开展科技合作，共同应对全球性挑战，为构建人类命运共同体贡献中国力量。最后，以全球创新的跨界融合、协同联合、包容聚合为契机，把握创新发展大势，不断深化高科技领域的开放合作，积极主动融入全球科技创新网络，最大限度用好全球创新资源。

抓创新就是抓发展，谋创新就是谋未来。中国坚持创新发展，不仅有助于经济稳定增长，而且对于其他国家的创新发展具有借鉴意义。一方面，创新发展为中国构建新发展格局和推进高质量发展提供了强有力支撑。另一方面，中国的创新成为全球进步的新动力源，通过全球创新融合，助力全球经济复苏。同时，中国为其他国家提供了一条可借鉴的创新发展道路，为世界创新发展贡献了中国智慧和中国方案。在迈向全面建设社会主义现代化国家、实现第二个百年奋斗目标的新征程上，中国要始终坚持创新是引领发展的第一动力，深入实施创新驱动发展战略，推动中国创新发展之路再踏新征程，托举起中华民族伟大复兴的中国梦。

参考文献

［1］白春礼，2013，《世界正处在新科技革命前夜》，《科技导报》第7期。

［2］保罗·斯威齐，1942，《资本主义发展的理论（英文版）》，纽约牛津大学出版社。

［3］蔡昉，2010，《人口转变、人口红利与刘易斯转折点》，《经济研究》第4期。

［4］蔡昉，2013，《中国经济增长如何转向全要素生产率驱动型》，《中国社会科学》第1期。

［5］陈昌盛、许伟、兰宗敏、江宇，2020，《"十四五"时期我国发展内外部环境研究》，《管理世界》第10期。

［6］陈劲、吴欣桐，2021，《大国创新》，中国人民大学出版社。

［7］陈劲、张学文，2018，《中国创新驱动发展与科技体制改革（2012-2017）》，《科学学研究》第12期。

［8］邓小平，1993，《邓小平文选（第3卷）》，人民出版社。

［9］高博，2018，《这些"细节"让中国难望顶级光刻机项背》，《科技日报》4月19日。

［10］国家发展和改革委员会、国家统计局编，2013~2016，《工业企业科技活动统计年鉴》，中国统计出版社。

［11］国家统计局社科文司"中国创新指数（CII）研究"课题组，2014，《中国创新指数研究》，《统计研究》第11期。

［12］韩振、戴军、任浩，2021，《芯片技术反向外包影响因素分析及对策研究》，《同济大学学报（社会科学版）》第2期。

［13］洪银兴，2013，《论创新驱动经济发展战略》，《经济学家》第1期。

［14］洪银兴、郑江淮，2020，《创新驱动产业迈向全球价值链中高端》，高等教育出版社。

［15］胡锦涛，2016，《胡锦涛文选（第 2 卷）》，人民出版社。

［16］黄群慧、贺俊、杨超，2020，《创新发展理念与创新型国家建设》，广东经济出版社。

［17］江泽民，2006，《江泽民文选（第 3 卷）》，人民出版社。

［18］亢延锟、黄海、张柳钦、黄炜，2022，《产学研合作与中国高校创新》，《数量经济技术经济研究》第 10 期。

［19］科学技术部战略规划司、国家统计局社会科技和文化产业统计司编，2017~2023，《中国科技统计年鉴》，中国统计出版社。

［20］李海舰、朱兰、孙博文，2022，《新发展格局：从经济领域到非经济领域——加速启动"五位一体"新发展格局的构建》，《数量经济技术经济研究》第 10 期。

［21］梁达，2014，《以新常态视角看待经济增速的变化》，《宏观经济管理》第 12 期。

［22］刘鹤，2021，《必须实现高质量发展》，《人民日报》11 月 24 日。

［23］刘红玉、彭福扬，2009，《马克思关于创新的思想》，《自然辩证法研究》第 7 期。

［24］刘华军，2007，《品牌经济学的理论基础——引入品牌的需求曲线及其经济学分析》，《财经研究》第 1 期。

［25］刘华军、田震，2023，《新时代十年中国高质量发展之路——历程回顾、成效评估与路径展望》，《经济学家》第 7 期。

［26］柳卸林、高雨辰、丁雪辰，2017，《寻找创新驱动发展的新理论思维——基于新熊彼特增长理论的思考》，《管理世界》第 12 期。

［27］吕拉昌、梁政骥、黄茹，2015，《中国主要城市间的创新联系研究》，《地理科学》第 1 期。

［28］马建堂，2018，《中国发展战略的回顾与展望》，《管理世界》第 10 期。

［29］马克思，1978，《机器、自然力和科学的应用》，中国科学院自然科学史研究所/中共中央马克思恩格斯列宁斯大林著作编译局译，人民出版社。

［30］马克思，2004，《资本论（第二卷）》，中共中央马克思恩格斯列宁斯大林著作编译局译，人民出版社。

［31］马克思、恩格斯，1980a，《马克思恩格斯全集（第 46 卷）下》，中共中央马克思恩格斯列宁斯大林著作编译局译，人民出版社。

［32］马克思、恩格斯，2009，《马克思恩格斯文集（第 5 卷）》，中共中央马克思恩格斯列宁斯大林著作编译局译，人民出版社。

［33］马克思、恩格斯，1979a，《马克思恩格斯全集（第 47 卷）》，中共中央马克思恩格斯列宁斯大林著作编译局译，人民出版社。

［34］马克思、恩格斯，1980b，《马克思恩格斯全集（第39卷）》，中共中央马克思恩格斯列宁斯大林著作编译局译，人民出版社。

［35］马克思、恩格斯，1979b，《马克思恩格斯文集（第12卷）》，中共中央马克思恩格斯列宁斯大林著作编译局译，人民出版社。

［36］聂晶鑫、刘合林，2018，《中国人才流动的地域模式及空间分布格局研究》，《地理科学》第12期。

［37］裴长洪、王镭，2002，《试论国际竞争力的理论概念与分析方法》，《中国工业经济》第4期。

［38］任保平、郭晗，2013，《经济发展方式转变的创新驱动机制》，《学术研究》第2期。

［39］任平，2021，《全面塑造发展新优势——论坚持创新在我国现代化建设全局中的核心地位》，《人民日报》10月28日。

［40］苏继成、李红娟，2021，《新发展格局下深化科技体制改革的思路与对策研究》，《宏观经济研究》第7期。

［41］孙瑜康、李国平、袁薇薇、孙铁山，2017，《创新活动空间集聚及其影响机制研究评述与展望》，《人文地理》第5期。

［42］孙曰瑶，2006，《自主创新的品牌经济学研究》，《中国工业经济》第4期。

［43］王岚、李宏艳，2015，《中国制造业融入全球价值链路径研究——嵌入位置和增值能力的视角》，《中国工业经济》第2期。

［44］王维国、王鑫鹏，2022，《创新转化效率、要素禀赋与中国经济增长》，《数量经济技术经济研究》第12期。

［45］王一鸣，2020，《百年大变局、高质量发展与构建新发展格局》，《管理世界》第12期。

［46］卫兴华，2013，《创新驱动与转变发展方式》，《经济纵横》第7期。

［47］鲜祖德、王天琪，2022，《中国数字经济核心产业规模测算与预测》，《统计研究》第1期。

［48］谢伏瞻，2019，《论新工业革命加速拓展与全球治理变革方向》，《经济研究》第7期。

［49］许红梅、陆瑶，2022，《西部地区人才引进政策能够促进企业创新吗》，《中国经济学》第4期。

［50］杨骞、陈晓英、田震，2022，《新时代中国实施创新驱动发展战略的实践历程与重大成就》，《数量经济技术经济研究》第8期。

［51］杨骞、刘鑫鹏、孙淑惠，2021，《中国科技创新效率的时空格局及收敛性检验》，《数量经济技术经济研究》第12期。

［52］约翰·伊特韦尔，1996，《新帕尔格雷夫经济学大辞典》，魏尚进译，经济科学出

版社。

[53] 张百尚、商惠敏，2019，《国内外芯片产业技术现状与趋势分析》，《科技管理研究》第17期。

[54] 张杰、白铠瑞，2022，《中国高校基础研究与企业创新》，《经济研究》第12期。

[55] 张杰、吴书凤，2021，《"十四五"时期中国关键核心技术创新的障碍与突破路径分析》，《人文杂志》第1期。

[56] 张小筠、刘戒骄，2019，《新中国70年环境规制政策变迁与取向观察》，《改革》第10期。

[57] 张于喆、王海成、杨威、张铭慎、郑腾飞、程都，2021，《中国关键核心技术攻坚面临的主要问题和对策建议（笔谈）》，《宏观经济研究》第10期。

[58] 赵昌文、许召元、朱鸿鸣，2015，《工业化后期的中国经济增长新动力》，《中国工业经济》第6期。

[59] 郑江淮、陈喆、冉征，2023，《创新集群的"中心—外围结构"：技术互补与经济增长收敛性研究》，《数量经济技术经济研究》第1期。

[60] 郑烨、吴建南，2017，《内涵演绎、指标体系与创新驱动战略取向》，《改革》第6期。

[61] 中国科学技术发展战略研究院，2021，《国家创新指数报告2020》，科学技术文献出版社。

[62] Cai F., Wang D. W. 2005. *China's Demographic Transition: Implications for Growth*, Canberra: Asia Pacific Press.

[63] Gregg J. S., Andres R. J., Marland G. 2008. "China: Emissions Pattern of the World Leader in CO2 Emissions from Fossil Fuel Consumption and Cement Production." *Geophysical Research Letters* 35(8):L08806.

[64] Porter M. E. 1990. *The Competitive Advantage of Nations*, New York: The Free Press.

（责任编辑：李兆辰）

工业化进程与碳排放变迁：国际经验及对实现"双碳"目标的启示

李江龙　　孙士强　　林伯强[*]

摘　要：中国全面开展气候治理，正处于经济社会发展的关键历史节点，不仅需要理解中国过去碳排放增长的驱动来源，还需要从国际视角出发，对中国未来碳减排路径进行有效评估和合理判断。尽管发展阶段与具体国情不同，但发达国家碳达峰的实现历程，为中国积极稳妥推进碳达峰碳中和（简称"双碳"）提供了国际视野和借鉴参考。因此，从更宽视野分析不同国家处在不同工业化阶段，其碳排放的驱动方向和驱动程度可能存在的规律性特征，对于解析中国如何实现"双碳"目标的路径优化具有重要借鉴和启示。鉴于此，本文首先采用指数分解法与生产理论分解法相结合的综合分解框架对全球主要碳排放国家过去二十年的碳排放变化进行回顾性分解。结果表明，中国经济快速增长使得经济产出效应远超同期其他国家。资本能源替代承担了中国过去十余年的减排重任，但国际经验表明伴随工业化进程，资本能源替代效应逐渐减弱，亟须探索碳减排的新动力。随后，对中国2022~2060年碳排放演变路径进行模拟的结果表明，能源结构加速优化与生产技术绿色发展成为中国最有可能的碳减排动力来源，技术效率提升是碳达峰时间节点提前的关键，能源结构调整成为从碳达峰

---

*　李江龙，教授，西安交通大学经济与金融学院，电子邮箱：lijianglong@mail.xjtu.edu.cn；孙士强，博士研究生，西安交通大学经济与金融学院，电子邮箱：sunshiqiang@stu.xjtu.edu.cn；林伯强（通讯作者），教授，厦门大学管理学院中国能源政策研究院，电子邮箱：bqlin@xmu.edu.cn。本文获得国家社会科学基金重大项目（23ZDA109）、国家社会科学基金重点项目（22AZD096）、教育部哲学社会科学研究重大课题攻关项目（22JZD008）、国家自然科学基金面上项目（72173095）的资助。感谢匿名审稿专家的宝贵意见，文责自负。

迈向碳中和的主要推动因素。此外，2060 年可能仍然存在超过 20 亿吨的碳中和缺口，需要利用负碳技术做"减法"。积极稳妥实现"双碳"目标，需要因时制宜地采用碳减排对策，短期内应加强国际交流，加速低碳技术扩散与创新，长期则应从供需两侧逐步推动能源结构优化调整。

关键词：碳中和 碳达峰 IDA-PDA 工业化

一 引言

中国全面开展气候治理，正处于经济社会发展的关键历史节点，面临着巨大挑战。一方面，基于推动构建人类命运共同体的责任担当和实现可持续发展的内在要求，中国向世界庄重承诺力争于 2030 年前实现碳达峰，并努力争取于 2060 年前实现碳中和（以下简称"双碳"目标）。另一方面，中国作为全球最大的发展中国家，发展仍是第一要务，在 21 世纪中叶以前继续保持经济中高速增长的趋势对于实现第二个百年奋斗目标至关重要。"双碳"目标意味着在保持经济增长的同时，要在未来几年之内实现碳达峰，然后再用 30 年时间实现碳达峰向碳中和的转变。这意味着中国不仅要严格控制碳排放总量，还要在达峰后迅速实现碳排放持续下降，时间紧，任务重。正如党的二十大报告指出，实现碳达峰碳中和是一场广泛而深刻的经济社会系统性变革。因此，中国亟须创新治理路径，在发展的过程中积极稳妥推进碳排放与经济增长的彻底脱钩。

气候变化是国际社会共同面临的迫切难题，尽管发展阶段与具体国情不同，但发达国家碳达峰的实现历程，为中国积极稳妥推进碳达峰碳中和工作提供了国际视野和借鉴参考。据测算，全球已有 54 个国家的碳排放实现达峰，占全球碳排放总量的 40%，其中大部分是发达国家。一般而言，碳达峰的实现过程可以分为自然趋向达峰和政策驱动达峰两大类。从历史排放看，由于产业结构变化、能源结构调整、城市化完成、人口减少等因素，很多发达国家在上世纪后半期或本世纪初就自然实现了碳达峰。伴随的主要措施包括产业结构升级、清洁能源替代、能效技术进步、碳密集制造业跨国转移等。从这些国家碳排放路径看，碳达峰后往往会经历一段高原期，之后随着技术进步和设备更新以及碳捕集的推广应用，碳排放开始持续下降，步入良性循环。需要指出的是，与发达国家不同，中国提出的碳达峰碳中和目标是在经济增长目标硬约束的基础上，给未来40年施加严格的碳减排约束。这就要求我国用比发达国家短得多的时间实现从碳达峰到碳中和，完成全球最大幅度的碳强度下降。因此更需要注重发挥政策引导作用，把"双碳"目标纳入经济社会发展和生态文明建设整体布局，实现经济社会系统性变革。

由于经济社会发展阶段不同以及对应的工业化进程差异，不同阶段的碳排放表现出不同的变化趋势和内在机理。根据世界银行的数据，2006年欧盟碳达峰时，人均GDP为29073美元（2015年不变价）；2007年美国碳达峰时，人均GDP为54300美元（2015年不变价）；而中国2021年人均GDP仅为11188美元（2015年不变价）。[①]可以预见，即使在中高速经济增长背景下，中国2030年前碳达峰时距离欧盟和美国碳达峰时的人均GDP仍有很大差距。这意味着中国在人均收入偏低的阶段就面临史无前例的碳达峰碳中和考验。在这样的发展阶段，中国的工业化进程还在深入推进，产业结构中工业占比过早过快下滑不利于经济高质量发展。特别是在日趋尖锐复杂的国际矛盾交叠的背景下，工业对于产业链、供应链的安全性、可靠性、稳定性具有不可或缺的作用，是国民经济发展和现代产业体系的"压舱石"。但与其他产业相比，工业生产具有能源消耗强度高、碳排放量大等特点。事实上，中国碳排放的历史演变与工业化阶段的不同特征是紧密相关的（邵帅等，2017）。正因为如此，基于经济社会发展不同阶段下的工业化进程，因时制宜地制定碳减排政策，就显得尤为重要。探究不同工业化进程引致的碳排放阶段性特征，进而前瞻性地预判工业化进程变迁对未来碳排放走势的影响，并进行相应的政策设计，成为迫切需要研究的重要课题。

鉴于此，从更宽视野分析不同国家处在不同工业化阶段，其碳排放的驱动方向和驱动程度可能存在的规律性特征，对解析中国碳达峰碳中和路径具有重要借鉴和启示意义。世界各国的碳排放处于不同阶段：很多欧美

---

① https://data.worldbank.org/indicator/NY.GDP.PCAP.KD.

发达国家已经实现自然达峰；印度等新兴发展中国家碳排放量还在快速上升；还有大量的欠发达国家，伴随实现经济社会现代化的碳排放尚未完全启动（齐绍洲，2022）。与这些国家相比，中国的工业化进程处于深入推进过程，在过去及未来一段时间，与这些国家在工业化进程上存在重叠或相似之处。因此，对历经工业化初期、中期、后期以及后工业化阶段国家的碳排放驱动因素进行定量解读，可以为中国结合自身工业化进程的动态变化合理设定碳减排任务进而为优化碳排放路径提供有意义的参考。

本文首先研究全球主要碳排放国家的关键驱动因素，以及工业化不同阶段碳排放驱动因素的演化特征，然后基于不同工业化阶段的特征预测中国实现碳达峰碳中和的可能路径及对应的实现手段。近年来，学术界已开展了大量关于碳排放变化影响因素的指数分解研究（林伯强和杜克锐，2014），这有助于厘清不同因素对碳排放的驱动机理，但专门针对工业化进程下碳排放驱动因素变迁的跨国对比研究仍然较少。情景分析有助于进一步探索不同政策及经济情景下影响因素的潜在演变及对未来碳排放路径的差异性影响，进而量化探索未来碳减排目标的实现路径。准确识别不同工业化进程下的碳排放驱动因素变迁，并据此结合"双碳"目标选择合适的碳减排路径，进而针对性制定符合中国特定发展阶段的减排政策，是中国实现绿色低碳转型发展的必要条件。

二 文献综述

理解碳排放增长背后驱动力来源是实现碳减排的关键，也是近年来国内外学者对碳排放进行研究的重点。从研究方法出发，主要可归纳为两大类，第一类研究基于经济学理论构建计量经济学模型。环境库兹涅茨曲线（Environmental Kuznets Curve，EKC）表明，经济增长与环境污染之间可能存在倒"U"形关系。检验EKC是否存在的重要途径之一是将经济增长的度量指标（如人均收入）作为环境污染的核心解释变量探究经济增长与环境污染的关系（包群和彭水军，2006；王敏和黄滢，2015；严楷等，2023）。实证研究表明，随着经济增长，碳排放同样存在拐点，即经济增长与碳排放同样符合环境库兹涅茨曲线规律（Sarkodie 和 Strezov，2018；朱欢等，2020）。当到达 EKC 的转折点后，经济增长与环境质量改善将会同时出现，这种现象在 20 世纪 80 年代的西方发达国家中涌现。经济合作与发展组织（Organization for Economic Co-operation and Development，OECD）将其定义为"脱钩"，并提出 OECD 脱钩指数对脱钩程度进行量化。Tapio（2005）针对 OECD 脱钩指数的缺点引入了弹性概念对其进行改进，Tapio 脱钩指数已被广泛应用于探究经济增长与碳排放关系（Wu 等，2019；禹湘等，2020）。另一重要的理论是"污染天堂"假说，即环境监管严格的经济体将污染产业转移到环境监管宽松的经济体使东道国产业结构污染化，即外商直接投资（Foreign Direct Investment，FDI）与环境污染之间可能存在正向相关关系。与之相反的"污染光环"假说认为产业的跨国转移会带给东道国更环保的生产技术与生产标准，通过技术扩散减轻东道国的环境污染，即 FDI 与环境污染之间可能存在负向相关关系。FDI 与环境污染的关系关乎贸易政策的制定与国际贸易的发展，将 FDI 纳入环境污染计量模型验证"污染天堂"假说或"污染光环"假说是否成立具有重要的学术意义与现实意义（张宇和蒋殿春，2014；杨子晖和田磊，2017；刘朝等，2022；邵帅等，2022）。此外，近期的研究表明，碳排放还与人口迁徙（Gao 等，2021）、城市化（李治国等，2021）、产业结构（Feng 和 Wu，2022）、环境规制（杨友才和牛晓童，2023；华岳和叶芸，2023）、可再生能源（Sufyanullah 等，2022）、数字经济发展（王帅龙，2023；杨刚强等，2023）等因素有关。

从一系列文献来看，计量经济学模型为研究影响碳排放各种因素提供了灵活的选择，但也面临一些潜在威胁与挑战。首先，由于数据和样本时间不同，即使选取了相似的影响因素，研究结果往往也有较大差异，无法为政策制定提供统一的参考。其次，灵活多样的驱动因素选择意味着可能存在遗漏变量问题，引发部分研究的内生性偏误，从而对估计结果产生影响。最后，社会经济发展状况错综复杂，围绕碳排放关键影响因素构建计量模型必然存在残差项，无法提供合理的解释。

第二类研究基于碳排放恒等式使用分解分析（Decomposition Analysis，DA）对碳排放变化进行完全分解。分解分析是一种经济核算方法，通过将碳排放变化归因于几个预定义的驱动因素来避免回归分析的潜在威胁与挑战（Wang等，2017）。常见的分解分析方法有指数分解分析（Index Decomposition Analysis，IDA）与结构分解分析（Structural Decomposition Analysis，SDA）。从核算方式来看，IDA模型大多基于生产端碳排放核算，而SDA模型依赖于投入产出表，能够灵活分析生产端碳排放与消费端碳排放。[①]然而，尽管SDA模型能聚焦贸易导致的碳排放或能源消费转移（Ninpanit等，2019；Wu等，2020；林伯强和吴微，2020；Li等，2023），但其对数据要求较高，难以得到连续时段的结果。相比之下，IDA模型因数据获得性较好、分解过程简单等优点，在研究碳排放问题上得到了广泛应用。而在IDA模型的各类方法中，对数平均迪氏指数分解法（Logarithmic Mean Divisia Index Decomposition Method，LMDI）因具备可逆性、聚合性、零值稳健等良好性质被Ang（2005）认为是最优的方法。IDA模型的不足之处在于，无论是采用传统的三因素模型还是扩展模型，都无法为能源强度效应提供更深入的经济学解释。鉴于此，Wang（2007）使用数据包络分析（Data Envelopment Analysis，DEA）技术提出了基于生产理论的分解分析方法（Production-Theory Decomposition Analysis，PDA）。PDA模型能够将能源强度变化归因于多个具有经济学含义与政策意义的因素，相较于IDA模型，PDA模型的可解释性更强。但因结构成分在产出距离函数对称的特点，PDA模型分解结果无法体现产业异质性与能源异质性，进而在产业结构效应、能源结构效应等方面可能得到与现实相左的结论。为克服IDA模型和PDA模型的不足，林伯强和杜克锐（2014）将二者进行结合，提出了IDA-PDA综合分解法，并采用两阶段分解的方式对中国能源强度变化进行分解以验证该分解框架的合理性。李江龙和杨秀汪（2021）使用此方法对中国各省份三次产业的能源消费变化进行分解以探究新常态下能源消费增速下降的原因。受限于数据可得性，IDA-PDA分解往往应用于单个国家内的多区域，但是这可能会造成对生产前沿面的误判。本文尝试通过多种数据源收集数据来突破这一限制，将IDA-PDA模型应用于跨国数据以提高结果的可信度。

---

① Peters（2008）详细介绍了生产端碳排放与消费端碳排放的差异。

分解分析立足过去，探寻影响碳排放变化的驱动因素，而情景分析则尝试预测未来，探讨在不同政策与发展情景下碳排放演化路径的差异。现有研究大多参照相关政府文件、发展规划与经济能源发展状况，对GDP增长率、能源结构、能源消费增长率等指标进行情景设定，模拟得到中国未来碳排放趋势（史丹和李鹏，2021；张希良等，2022；邵帅等，2022）。众多文献还将情景分析与分解分析进行结合，以此探究中国实现"双碳"目标进程中各驱动因素的贡献程度。例如，邵帅等（2017）对中国2015~2030年制造业碳排放的潜在演化趋势进行动态情景分析，并使用广义迪氏指数分解模型对最有可能出现的碳排放情景进行分解。Zhang等（2017）对中国2015~2035年工业部门碳排放量与排放强度进行情景模拟与预测，并使用扩展LMDI方法比较不同情境下各驱动因素的贡献差异。Ang和Goh（2019）从技术方法上对此类研究进行了回顾，将"先预测再分解"的研究框架定义为前瞻性分解（Prospective Decomposition Analysis），将对历史碳排放数据分解的研究框架定义为回顾性分解（Retrospective Decomposition Analysis）。前瞻性分解基于各经济发展指标与碳排放的预测结果对各驱动因素未来的潜在贡献程度进行计算，但缺乏对回顾性分解结果的再利用。对相关文献梳理后我们发现，已有研究通常先进行回顾性分解，探究各驱动因素对历史碳排放的贡献。随后设定未来各经济变量的参数，进行前瞻性分解。这意味着回顾性分解和前瞻性分解是脱节的，在前瞻性分解的情景模拟过程中没有用到任何回顾性分解的信息，留下了研究空白。分解所得的各驱动因素包含了丰富的碳排放演化信息，这可能对碳排放路径预测提供帮助，因此，本文尝试从回顾性分解结果角度出发进行情景模拟。

解决这一问题的关键在于借鉴国际经验。事实上，发达国家碳排放演变路径能够为中国提供国际视野和借鉴参考。林伯强（2010）认为判断中国能源需求基本走势的最好办法就是观察发达经济体的阶段性经济发展规律。而碳排放与能源需求是密不可分的，因此，判断中国未来碳排放基本走势同样需要具备国际视野。随着工业化进程的推进，社会经济发展动态性特征会引起碳排放模式发生转变，工业化阶段对碳排放的影响不可被忽视。已有学者关注到不同工业化阶段国家碳排放驱动因素存在阶段性特征规律。佟新华等（2020）的研究表明，技术进步对处于工业化阶段的国家碳减排作用显著，而能源和产业结构调整对后工业化国家碳减排效果显著。碳排放驱动因素的阶段性规律能够为中国未来碳排放驱动因素提供参考，进而实现对中国碳排放演化路径的预测。目前尚未有研究从发达经济体碳排放驱动因素的阶段性特征出发，对中国碳达峰碳中和路径进行情景模拟与预测。

总体来看，学术界在碳排放驱动因素与情景分析方面开展了大量研究，这些研究为本文提供了重要的参考，但也存在不足。首先，在碳排放分解方面，过往研究大多采用 IDA 模型或 SDA 模型，这些模型会得到难以从经济学角度进行解释的驱动因素，很少有文献采用 IDA-PDA 综合方法探究中国碳排放的驱动因素。其次，限于跨国数据的可获得性，目前 IDA-PDA 方法的应用也仅局限于国内省级层面，缺乏从国际视角出发对中国碳排放驱动因素的相关研究。最后，在结合情景模拟与分解分析方面，过往研究集中于使用前瞻性分解框架分析中国碳排放量的演化趋势，缺乏对历史驱动因素阶段性规律的重视。然而，发达工业化阶段国家碳排放历史驱动因素能够为中国未来碳排放演化提供重要参考。基于此，本文采用 IDA-PDA 综合分解框架，对世界主要碳排放贡献国家 2000~2017 年碳排放变化进行回顾性分解，并借鉴发达经济体驱动因素阶段性特征，对中国未来碳排放演化趋势进行情景模拟与预测。

本文可能的贡献在于：首先，对多个数据库进行整合，建立了一个覆盖主要碳排放来源的多国家—多部门—多能源品种的碳排放数据集和包含投入产出要素的生产数据集，以解决多源跨国数据获取的困难，并通过适当的数据处理方法尽可能减少因统计口径不一致而引起的误差。其次，在已有文献基础上引入能源—碳排放因子构建多区域碳排放 IDA-PDA 分解模型，将碳排放变化分解为能从经济意义上进行解释的多个驱动因素，以解决常见分解模型中驱动因素难以解释的问题。再次，在多时间点上划分各国工业化阶段，聚焦碳排放驱动因素随工业化进程变迁的规律，剖析工业化不同阶段碳排放驱动因素的内在机理。虽然已有文献关注到了碳排放驱动因素的阶段性特征，但并未采用分解模型，本文则聚焦于这一点。最后，不同于已有文献的前瞻性分解框架，本文将碳排放驱动因素的工业化阶段演化特征作为起点，对中国实现"双碳"目标进程中各驱动因素路径进行情景模拟与预测，进而得到中国碳排放路径。本文开辟了一个情景模拟的新思路，赋予回顾性分解结果新含义，这也是本文最大的边际贡献。

三　研究方法与数据

IDA-PDA综合分解法可追溯到范丹（2013）对中国碳排放变化驱动因素的研究以及林伯强和杜克锐（2014）对中国能源强度变化驱动因素的研究。范丹（2013）利用DEA中基于能源投入的谢泼德距离函数（Shephard Distance Function）对经典碳排放恒等式进行扩展，提出PDA碳排放恒等式，并在此基础上使用IDA对碳排放变化进行分解。林伯强和杜克锐（2014）提出IDA-PDA综合分解法。该方法分两阶段展开：第一阶段使用IDA中最常用的LMDI分解方法将地区能源强度变化分解为强度效应、产业结构效应和能源结构效应；第二阶段将难以进行解释的强度效应通过Wang（2007）提出的PDA方法进行进一步的分解。上述两篇文献虽然在引入PDA的方式上有所不同，但本质相同。本文借鉴林伯强和杜克锐（2014）的两阶段分解过程对碳排放变化进行分解，并重点分析中国碳排放较为刚性而部分国家已经实现经济增长与碳排放脱钩的原因。

（一）第一阶段：IDA分解法

在IDA分解中，碳排放变化的驱动因素完全由碳排放恒等式决定。因此，在进行分解分析前，首先需要确定碳排放恒等式。常用的方法是对传统的三因素模型、Kaya恒等式或其他能源消费恒等式的基础进行扩展延伸（Wang等，2017）。本文在李江龙和杨秀汪（2021）使用的多部门、多能源品种的能源消费恒等式的基础上，引入能源—碳排放因子构建地区碳排放恒等式。

考虑在一个有N个地区的经济系统中，每个地区由I个产业部门组成，且每个产业部门使用J种能源。使用C_t^n表示地区n在时期t基于能源消费的碳排放总量；$C_{ij,t}^n$表示地区n产业部门i在时期t使用能源j所产生的碳排放量；$E^n_{ij,t}$ 表示地区 n 产业部门 i 在时期 t 对能源 j 的使用量；$E^n_{i,t}$ 表示地区 n 产业部门 i 在时期 t 对所有 J 种能源的使用总量；$Y^n_{i,t}$ 表示地区 n 产业部门 i 在时期 t 的产出。对于地区 n 而言，时期 t 的碳排放量存在下列恒等式：

$$C^n_t = \sum_{i=1}^{I} \sum_{j=1}^{J} C^n_{ij,t} = \sum_{i=1}^{I} \sum_{j=1}^{J} \frac{C^n_{ij,t}}{E^n_{ij,t}} \frac{E^n_{ij,t}}{E^n_{i,t}} \frac{E^n_{i,t}}{Y^n_{i,t}} \frac{Y^n_{i,t}}{Y^n_t} Y^n_t$$
$$= \sum_{i=1}^{I} \sum_{j=1}^{J} CE^n_{ij,t} \times ES^n_{ij,t} \times EI^n_{i,t} \times YS^n_{i,t} \times Y^n_t \tag{1}$$

其中，$CE^n_{ij,t} = \dfrac{C^n_{ij,t}}{E^n_{ij,t}}$ 表示产业部门 i 使用单位能源 j 所产生的碳排放量，定义为排放因子。$ES^n_{ij,t} = \dfrac{E^n_{ij,t}}{E^n_{i,t}}$ 表示第 j 种能源消费占产业部门 i 总能源消费的比重，定义为能源结构。$EI^n_{i,t} = \dfrac{E^n_{i,t}}{Y^n_{i,t}}$ 表示产业部门 i 单位产出的能源消费，定义为能源强度。$YS^n_{i,t} = \dfrac{Y^n_{i,y}}{Y^n_t}$ 表示产业部门 i 产出占地区 n 总产出的比重，定义为产出结构。

本文采用 IDA 模型中应用最为广泛的 LMDI 对式（1）进行分解，具体而言，根据 Ang（2005）对地区 n 从 t_1 期到 t_2 期的碳排放变化进行如下分解：

$$\triangle C^n_{t_1,t_2} = C^n_{t_2} - C^n_{t_1} = \sum_{i=1}^{I} \sum_{j=1}^{J} L(C^n_{ij,t_2}, C^n_{ij,t_1})\ln\left(\frac{CE^n_{ij,t_2}}{CE^n_{ij,t_1}}\right)$$
$$+ \sum_{i=1}^{I} \sum_{j=1}^{J} L(C^n_{ij,t_2}, C^n_{ij,t_1})\ln\left(\frac{ES^n_{ij,t_2}}{ES^n_{ij,t_1}}\right)$$
$$+ \sum_{i=1}^{I} \sum_{j=1}^{J} L(C^n_{ij,t_2}, C^n_{ij,t_1})\ln\left(\frac{EI^n_{i,t_2}}{EI^n_{i,t_1}}\right) \tag{2}$$
$$+ \sum_{i=1}^{I} \sum_{j=1}^{J} L(C^n_{ij,t_2}, C^n_{ij,t_1})\ln\left(\frac{YS^n_{i,t_2}}{YS^n_{i,t_1}}\right)$$
$$+ \sum_{i=1}^{I} \sum_{j=1}^{J} L(C^n_{ij,t_2}, C^n_{ij,t_1})\ln\left(\frac{Y^n_{t_2}}{Y^n_{t_1}}\right)$$
$$= \triangle C^n_{CE} + \triangle C^n_{ES} + \triangle C^n_{EI} + \triangle C^n_{YS} + \triangle C^n_Y$$

其中，$L(\cdot,\cdot)$ 为权重函数，具体形式为：

$$L(x,y) = \begin{cases} \dfrac{x-y}{\ln x - \ln y}, & x \neq y \\ x \text{或} y, & x = y \end{cases} \qquad (3)$$

式（2）将碳排放变化分解为五个因素：排放因子效应（$\triangle C_{CE}^{n}$）、能源结构效应（$\triangle C_{ES}^{n}$）、能源强度效应（$\triangle C_{EI}^{n}$）、产业结构效应（$\triangle C_{YS}^{n}$）以及经济产出效应（$\triangle C_{Y}^{n}$）。排放因子效应是指各类能源的排放因子变化所引起的碳排放变化；能源结构效应是指各类能源占部门总能源消费的份额变化所引起的碳排放变化；能源强度效应是指部门能源强度变化所引起的碳排放变化；产业结构效应是指各部门占地区总产出比重变化所引起的碳排放变化；经济产出效应是指地区总产出变化所引起的碳排放变化。

（二）第二阶段：PDA分解法

能源强度效应可能来自技术进步、技术效率的变化以及能源与其他要素投入的替代，从经济学意义上无法对能源强度变化的原因进行准确的解释。因此，需要借助PDA分解法对能源强度变化进行进一步的分解。

PDA分解法通过数据包络分析，引入谢泼德距离函数建立分解模型。本文将每个地区的每个产业部门都视为一个决策单元（Decision-Making Unit，DMU），地区n产业i作为DMU在时期t以资本（$K_{i,t}^{n}$）、劳动力（$L_{i,t}^{n}$）和能源（$E_{i,t}^{n}$）作为投入要素，以产业增加值（$Y_{i,t}^{n}$）作为期望产出。考虑到不同产业部门可能存在的生产特征差异，生产技术集中仅包含同一产业部门的生产技术。产业部门i在时期t的生产技术集可表示为：

$$T_{i,t} = \{(K_{i,t}^{n}, L_{i,t}^{n}, E_{i,t}^{n}, Y_{i,t}^{n}):(K_{i,t}^{n}, L_{i,t}^{n}, E_{i,t}^{n}) \text{可以生产} Y_{i,t}^{n}; n=1,2,\cdots,N\} \quad (4)$$

从宏观角度来看，技术总是在进步或至少保持不变，但在传统的距离函数定义里，生产前沿面仅由当期所有DMU的生产技术决定，这将不可避免地导致"技术退步"现象发生，此时，考虑了历史技术的序贯DEA（Sequential-DEA）将会是更好的选择（Oh和Heshmati，2010）。在序贯DEA中，产业部门i在时期t的生产技术集可表示为：

$$\bar{T}_{i,t} = \{(K_{i,s}^{n}, L_{i,s}^{n}, E_{i,s}^{n}, Y_{i,s}^{n}):(K_{i,s}^{n}, L_{i,s}^{n}, E_{i,s}^{n}) \text{可以生产} Y_{i,s}^{n}; n=1,2,\cdots,N, s \leq t\}(5)$$

进而，地区n产业部门i在时期t的谢泼德产出距离函数可定义为：

$$D_{i,t}^n\left(K_{i,t}^n, L_{i,t}^n, E_{i,t}^n, Y_{i,t}^n\right) = inf\left\{\theta | (K_{i,t}^n, L_{i,t}^n, E_{i,t}^n, Y_{i,t}^n) \in \bar{T}_{i,t}\right\} \tag{6}$$

上式中，产出距离函数的倒数 $1/D_{i,t}^n(\cdot)$ 表示地区 n 产业部门 i 在给定投入要素和生产技术水平下产出的最大扩张比例，因此，距离函数本身可视为决策单元的技术效率。若 $D_{i,t}^n(\cdot)$ 的值为 1，表明地区 n 产业部门 i 在时期 t 处在生产可能性边界上，产出的最大扩张比例为 1，即投入要素得到了有效的利用，技术效率最高。

参照 Wang（2007），以时期 t_2 的生产技术作为基准，对地区 n 产业部门 i 从时期 t_1 至时期 t_2 的能源强度相对变化 $EI_{i,t_2}^n/EI_{i,t_1}^n$ 进行分解：

$$
\begin{aligned}
\frac{EI_{i,t_2}^n}{EI_{i,t_1}^n} &= \frac{D_{i,t_1}^n(K_{i,t_1}^n, L_{i,t_1}^n, E_{i,t_1}^n, Y_{i,t_1}^n)}{D_{i,t_2}^n(K_{i,t_2}^n, L_{i,t_2}^n, E_{i,t_2}^n, Y_{i,t_2}^n)} \\
&\times \frac{D_{i,t_2}^n(K_{i,t_1}^n, L_{i,t_1}^n, E_{i,t_1}^n, Y_{i,t_1}^n)}{D_{i,t_1}^n(K_{i,t_1}^n, L_{i,t_1}^n, E_{i,t_1}^n, Y_{i,t_1}^n)} \\
&\times \left[\frac{D_{i,t_1}^n(k_{i,t_2}^n, l_{i,t_2}^n, 1, 1)}{D_{i,t_1}^n(k_{i,t_1}^n, l_{i,t_1}^n, 1, 1)} \times \frac{D_{i,t_2}^n(k_{i,t_2}^n, l_{i,t_2}^n, 1, 1)}{D_{i,t_2}^n(k_{i,t_1}^n, l_{i,t_1}^n, 1, 1)}\right]^{\frac{1}{2}} \\
&\times \left[\frac{D_{i,t_1}^n(k_{i,t_2}^n, l_{i,t_2}^n, 1, 1)}{D_{i,t_1}^n(k_{i,t_2}^n, l_{i,t_1}^n, 1, 1)} \times \frac{D_{i,t_2}^n(k_{i,t_1}^n, l_{i,t_2}^n, 1, 1)}{D_{i,t_2}^n(k_{i,t_1}^n, l_{i,t_1}^n, 1, 1)}\right]^{\frac{1}{2}}
\end{aligned} \tag{7}
$$

$k_{i,t}^n = \dfrac{K_{i,t}^n}{E_{i,t}^n}$ 表示资本能源比，$l_{i,t}^n = \dfrac{L_{i,t}^n}{E_{i,t}^n}$ 表示劳动能源比。式（7）的右侧第一项可以视为技术效率变化对能源强度相对变化的影响，记为 TEC_i^n。同理，可将后面三项分别视为生产技术变化、资本能源替代变化、劳动能源替代对能源强度相对变化的影响，分别记为 $TC_i^n(t_1)$、KE_{i,t_2}^n、LE_{i,t_2}^n。使用这些符号可将式（7）重新表达为：

$$\frac{EI_{i,t_2}^n}{EI_{i,t_1}^n} = TEC_i^n \times TC_i^n(t_1) \times KE_{i,t_2}^n \times LE_{i,t_2}^n \tag{8}$$

同理，以时期 t_2 的生产技术作为基准，可将地区 n 产业部门 i 从时期 t_1 至时期 t_2 的能源强度相对变化 $EI_{i,t_2}^n/EI_{i,t_1}^n$ 进行如下分解：

$$\frac{EI_{i,t_2}^n}{EI_{i,t_1}^n} = TEC_i^n \times TC_i^n(t_2) \times KE_{i,t_1}^n \times LE_{i,t_1}^n \tag{9}$$

为了避免主观选取生产技术基准期所导致的结果偏误，本文对式（8）与式（9）取几何平均数建立分解模型：

$$
\begin{aligned}
\frac{EI_{i,t_2}^n}{EI_{i,t_1}^n} &= TEC_i^n \times \left[TC_i^n(t_1) \times TC_i^n(t_2) \right]^{\frac{1}{2}} \\
&\times \left[KE_{i,t_2}^n \times KE_{i,t_1}^n \right]^{\frac{1}{2}} \times \left[LE_{i,t_2}^n \times LE_{i,t_1}^n \right]^{\frac{1}{2}} \\
&= TEC_i^n \times TC_i^n \times KE_i^n \times LE_i^n
\end{aligned}
\tag{10}
$$

将式（10）代入式（2）可得到IDA-PDA两阶段综合分解法的分解结果：

$$
\begin{aligned}
\triangle C_{t_1,t_2}^n &= \triangle C_{CE}^n + \triangle C_{ES}^n + \triangle C_{YS}^n + \triangle C_Y^n \\
&+ \triangle C_{TEC}^n + \triangle C_{TC}^n + \triangle C_{KF}^n + \triangle C_{LE}^n
\end{aligned}
\tag{11}
$$

其中，式（11）右端前四项驱动因素的定义与式（2）一致，后四项驱动因素为能源强度效应（$\triangle C_{EI}^n$）的PDA分解结果，分别定义为：技术效率效应（$\triangle C_{TEC}^n$）、技术进步效应（$\triangle C_{TC}^n$）、资本能源替代效应（$\triangle C_{KE}^n$）、劳动能源替代效应（$\triangle C_{LE}^n$）。

式（11）后四项的具体形式可见式（12）：

$$
\begin{aligned}
\triangle C_{TEC}^n &= \sum_{i=1}^{I} \sum_{j=1}^{J} L(C_{ij,t_2}^n, C_{ij,t_1}^n) \ln(TEC_i^n) \\
\triangle C_{TC}^n &= \sum_{i=1}^{I} \sum_{j=1}^{J} L(C_{ij,t_2}^n, C_{ij,t_1}^n) \ln(TC_i^n) \\
\triangle C_{KE}^n &= \sum_{i=1}^{I} \sum_{j=1}^{J} L(C_{ij,t_2}^n, C_{ij,t_1}^n) \ln(KE_i^n) \\
\triangle C_{LE}^n &= \sum_{i=1}^{I} \sum_{j=1}^{J} L(C_{ij,t_2}^n, C_{ij,t_1}^n) \ln(LE_i^n)
\end{aligned}
\tag{12}
$$

技术效率效应与技术进步效应共同反映了全要素生产率的变动对碳排放的影响。资本能源替代效应反映了资本能源比的变化对碳排放的影响，而劳动能源替代效应反映了劳动能源比的变化对碳排放的影响，二者均为相对替代效应。通过资本能源比（或劳动能源比）的变化来间接捕捉资本（劳动）与能源的替代关系，容易证明，资本能源比（或劳动能源比）与碳排放之间存在反向变动关系。以资本能源替代为例，当资本能源替代效应为负时，资本能源比是上升的，这意味着生产活动中更少地使用能源，林伯强和杜克锐（2014）认为这代表着资本对能源产生了替代。能源与资本的替代关系最早是由 Berndt 和 Wood（1975）提出的，他们从理论上构建了包含资本、能源、劳动力的生产函数，要素之间可以相互替代，并使用数据进行了实证检验。赫永达等（2017）研究了资本替代能源的节能减排效应。

（三）加法分解与乘法分解结果转化

在分解形式上，LMDI 分解法又可分为加法分解与乘法分解。LMDI 加法分解对碳排放量的绝对变化（$C_{t_2}^n - C_{t_1}^n$）进行分解，进而得到绝对驱动因素，而 LMDI 乘法分解则是对碳排放量的相对变化 $\left(\dfrac{C_{t_2}^n}{C_{t_1}^n}\right)$ 进行分解，进而得到相对驱动因素。二者在方法上是统一的，即绝对驱动因素与相对驱动因素能够相互转化。以排放因子效应为例，记 LMDI 加法分解中的排放因子效应为 $\triangle C_{CE}^n$，记 LMDI 乘法分解中的排放因子效应为 D_{CE}^n，根据定义，$\triangle C_{CE}^n$ 与 D_{CE}^n 的关系如式（13）所示

$$D_{CE}^n = \exp\left[\frac{\triangle C_{CE}^n}{L(C_{t_2}^n, C_{t_1}^n)}\right] \tag{13}$$

绝对驱动因素便于在国家和时间层面进行加总，而相对驱动因素便于对不同排放规模的国家的各个驱动因素进行横向对比。本文使用式（11）LMDI 加法分解模型进行分析，必要时通过式（13）将加法分解模型结果转化为乘法分解模型结果。最后，需要注意的是，本文所使用的分解模型式（11）是基于式（1）的生产端碳排放恒等式得来的。因此，所有的驱动因素均在包含贸易在内的总生产概念框架下。

（四）数据来源与处理

本文采用世界主要碳排放国家①的分部门、分能源品种的碳排放数据与部门投入产出要素的生产数据进行 IDA-PDA 综合分解。考虑到数据的可获

---

① 本文所研究的主要碳排放国家包括澳大利亚、比利时、加拿大、丹麦、芬兰、法国、以色列、日本、卢森堡、荷兰、挪威、西班牙、瑞典、英国、美国、德国、捷克共和国、爱沙尼亚、匈牙利、意大利、墨西哥、希腊、立陶宛、奥地利、斯洛文尼亚、斯洛伐克、葡萄牙、中国以及印度。

得性，在时间跨度上，本文选取2000~2017年作为研究样本期。[①]在产业部门的划分上，选取第一、第二、第三产业作为具体的产业部门，即I的取值为3。在终端能源消费种类上，按照煤炭、石油、天然气和电力四类能源进行分类，即J的取值为4。

第一阶段IDA分解所需数据包括各国三次产业的产出数据、分能源种类的能源消费数据以及基于能源的碳排放数据。国家层面的产出数据来自佩恩表（Penn World Table）提供的各国购买力平价GDP数据（按照2017年美元购买力进行不变价调整），再结合世界银行（World Bank）的国家内各产业产出占比计算得到三次产业的产出数据；能源消费数据来自国际能源署（International Energy Agency，IEA）的世界能源平衡表（World Energy Balances），我们将多部门合并至三次产业，将多种类能源合并至煤炭、石油、天然气和电力；碳排放数据以未加总合并的多种能源消费数据为基准，使用能源碳排放因子计算各能源的碳排放数据，然后再加总至四类能源上。对于电力，我们根据每个国家电力生产过程所消耗的能源比例，结合各类电源碳排放因子计算单位电力消费的碳排放。能源碳排放因子数据来源于《2006年IPCC国家温室气体清单指南》。

第二阶段PDA分解所用数据除第一阶段所用的产出数据与能源消费数据外，还包括各国三次产业的劳动数据和资本存量数据。我们从佩恩表中获取各国人口数据，再结合世界银行的各国各产业就业人员数量占比以及就业人员数量占总人口的比重计算得到各国三次产业劳动数据；对于资本存量数据，我们首先从OECD数据库、CEIC数据库、中国国家统计局等途径收集OECD国家、中国、印度等国家以不变价格计算的三次产业资本形成数据。随后采用"永续盘存法"对各国资本存量进行估算，即$K_t = I_t + (1 - \delta_t) \times K_{t-1}$，其中，$K_t$与$K_{t-1}$分别表示当期与上一期的资本存量，$I_t$表示当期的资本形成，$\delta_t$为当期折旧率。参照张军等（2014），本文使用基期资本形成除以10%作为基期资本存量数据（$K_0 = I_0 \div 10\%$），折旧率取常数9.6%（$\delta_t = 9.6\%$）。为尽可能减少资本存量估算结果误差，我们使用各国资本形成数据

可获取的最早年份作为基期。至此，本文得到了各国三次产业的资本存量数据，但这些数据大多以本国货币计价，而PDA分解需要使用统一货币单位的资本数据，使用汇率进行换算可能产生汇率误差。本文将各国三次产业资本存量比例关系与佩恩表内各国资本存量数据进行结合并计算，得到统计口径统一的三次产业资本存量数据，以减少数据统计口径不一致对结果造成的影响。

四　实证结果与分析

（一）工业化阶段划分

考虑到数据的可获得性，本文以中国、印度、美国等29个国家作为研究对象，以2000~2017年作为研究时段，其中，中国的碳排放轨迹与驱动因素是分析的重点。根据钱纳里工业化阶段理论可知，工业化在推动了经济发展的同时也带来了环境污染，这可能会导致碳排放模式与碳排放驱动因素在不同工业化阶段的国家之间存在差异。为了解不同工业化阶段的碳排放驱动力，本文结合工业化各阶段的特征和工业化阶段理论，将整个工业化过程分为前工业化阶段、工业化初期、工业化中期、工业化后期和后工业化阶段五个阶段。参照陈佳贵等（2006），从经济发展水平、产业结构、就业结构和城市化水平四个方面对样本中29个国家的工业化水平进行综合评价。本文选取人均GDP作为经济发展水平的评价指标；选取三次产业结构关系作为产业结构的评价指标；选取第一产业就业人员数量占比作为就业结构的评价指标；选取人口城市化率作为城市化水平的评价指标，具体评价标准见表1。根据表1对每个国家2000~2017年各评价指标所处的工业化阶段进行划分。然后，根据四项评价指标的工业化阶段综合评价该国家所处的工业化阶段。

根据以上步骤，对29个国家的工业化阶段划分情况如表2所示。从工业化阶段的综合评价结果来看，本文选取的29个国家中有20个国家处于后工业化阶段，7个国家处于工业化后期阶段，这27个国家的工业化阶段并没有随着时间而改变，而中国和印度这两个国家都经历了工业化阶段的转变。

其中，中国经历了从工业化中期（2000~2008年）到工业化后期（2008~2017年）的变化过程，可将中国在研究时间段内的工业化阶段记为工业化中期—后期阶段。类似的，印度经历了工业化前期（2000~2008年）到工业化中期（2008~2017年）的变化过程，可记为工业化前期—中期阶段。

表1　工业化阶段划分与评价标准

评价指标	前工业化	工业化初期	工业化中期	工业化后期	后工业化
经济发展水平：人均GDP（2005年美元PPP）	745~1490	1490~2980	2980~5960	5960~11170	>11170
产业结构：三次产业结构关系	A>I	20%<A<I	A<20%，且A<I	A<10%，且I>S	A<10%，且I<S
就业结构：第一产业就业人员数量占比	>60%	45%~60%	30%~45%	10%~30%	≤10%
城市化水平：人口城市化率	≤30%	30%~50%	50%~60%	60%~75%	>75%

注：A代表第一产业比重，I代表第二产业比重，S代表第三产业比重。PPP表示购买力平价。

表2　29个国家工业化阶段划分情况

国家	经济发展水平	产业结构	就业结构	城市化水平	工业化阶段
澳大利亚	V	V	V	V	后工业化阶段
比利时	V	V	V	V	
加拿大	V	V	V	V	
丹麦	V	V	V	V	
芬兰	V	V	V	V	
法国	V	V	V	V	
以色列	V	V	V	V	
日本	V	V	V	V	
卢森堡	V	V	V	V	
荷兰	V	V	V	V	
挪威	V	V	V	V	
西班牙	V	V	V	V	
瑞典	V	V	V	V	

续表

国家	经济发展水平	产业结构	就业结构	城市化水平	工业化阶段
英国	V	V	V	V	
美国	V	V	V	V	
德国	V	V	V	IV+V	
捷克共和国	V	V	V	IV	
爱沙尼亚	V	V	V	IV	
匈牙利	V	V	V	IV	
意大利	V	V	V	IV	
墨西哥	V	V	IV	IV+V	工业化后期阶段
希腊	V	V	IV	IV+V	
立陶宛	IV+V	V	IV+V	V	
奥地利	V	V	V	III+IV	
斯洛文尼亚	V	V	V	III	
斯洛伐克	IV+V	V	V	III	
葡萄牙	V	V	IV+V	III+IV	
中国	III+IV+V	III+IV+V	II+III+IV	II+III	工业化中期—后期阶段
印度	II+III	II+III	II+III	I+II	工业化初期—中期阶段

注：I 表示前工业化、II 表示工业化初期、III 表示工业化中期、IV 表示工业化后期、V 表示后工业化。阶段相加表示在2000~2017年该指标出现了工业化阶段变更。例如，在研究时间段内，印度经济发展水平为 II+III 意味着印度部分年份的人均GDP符合工业化初期标准，其余年份的人均GDP符合工业化中期标准。

（二）各国碳排放变化及其驱动因素（2000~2017 年）

21 世纪以来，全球碳排放总量高速增长。2000年全球范围内与能源相关的碳排放总量为233亿吨，在世界经济快速发展的推动下，2017年增加到329亿吨，增长幅度达41.2%。[①]其中，发展中国家的工业化进程是碳排放增长的主要推动力来源。中国作为最大的发展中国家，与能源相关的碳排放量从2000年的31亿吨增长到2017年的93亿吨，排放规模扩大了2倍。此外，印度的排放规模也扩大了近2.5倍。图1展示了29个样本国家碳排放量

① 数据来源：https://www.iea.org/data-and-statistics。

的变化情况。大部分后工业化阶段国家的碳排放增长率维持在0附近。其中，美国、丹麦、瑞典等国家实现了碳排放的负增长，这些国家在碳达峰之后持续减排，已然降至21世纪初水平之下。人均GDP较低的一些后工业化阶段国家与工业化后期阶段的国家碳排放增长率超过了10%，而中国和印度的碳排放变化与前文叙述一致。

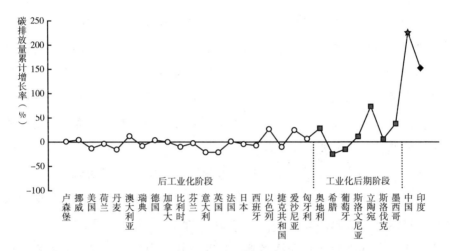

图1　工业化阶段与碳排放量累计增长率（2000~2017年）

注：同一工业化阶段内的国家按照人均GDP的年均值从高到低进行排序。

使用已构建的IDA-PDA分解模型对每个国家2000~2017年碳排放量变化进行分解。图2报告了整个样本期的结果，从分解结果来看，2000~2017年，除少量工业化后期阶段国家外，经济产出效应是大部分国家碳排放增长最主要的因素，而技术进步效应（TC）与资本能源替代效应（KE）是大部分国家减排的主要驱动力。与图1进行对比可以发现，排放量变化相似的国家，其碳排放驱动因素的方向与大小也极为相似。

对于中国而言，资本能源替代效应在减排方面发挥的作用比其他国家更显著，2000~2017年累计减少超过30亿吨碳排放，相当于中国2000年全年的碳排放总量。普遍而言，资本替代能源指的是节能技术的使用。产出既定情况时，引入节能技术会增加资本并降低能源消费，企业仅需更少的能源就能驱动相同量的资本（机器）。在这种情况下，资本能源比上升，对应了 IDA-PDA 模型中资本能源替代效应为负（资本替代能源，减少了碳排放）。李江龙和杨秀汪（2021）认为，资本存量较低的地区承接产业转移也会使得资本能源比上升，进而观测到资本能源替代效应为负。因此，对此可能的解释是，中国经济与技术的初始发展水平落后于其他工业化发达国家，在新千年之后，中国经济飞速发展，不断引入和学习国外的先进生产技术，在生产过程中使用资本替代能源并提高能源的利用效率与资源配置效率，进而在给定产出的情况下能大量减少碳排放。但是，由于资本和能源之间不是完全的替代关系，技术追赶的红利也会随着技术逐渐成熟而消失，这种减排效应的显著程度并不一定能够维持下去。对于处在更高层级后工业化阶段的大部分国家而言，资本能源替代效应几乎没有为碳减排做出实质性的贡献，他们减排的驱动力主要来源于能源排放强度的下降、能源结构的调整、技术进步等因素。

另一个值得注意的结果是，中国作为人口大国，其劳动与能源的替代反而推动了碳排放量增长。我们给出了两个可能的解释。首先，从必要投入的角度来看，能源必要投入与劳动力必要投入的比值不断增加。一方面，随着中国工业化的推进，三次产业均向自动化、电气化迈进，能源在生产过程中的重要性日益凸显，这意味着能源必要投入量增加。另一方面，机器设备等资本对劳动力实现了部分替代，在产出既定情况下，劳动力的必要投入量降低。王永钦和董雯（2020）的研究表明，中国工业机器人渗透率每提高 1%，企业对劳动力的需求就会下降 0.18%。其次，从相对价格的角度来看，劳动力的价格上升幅度远大于能源价格的上升幅度，企业可使用相对价格更低的能源替代相对价格攀升的劳动力。以煤炭为例，2017 年底中国煤炭价格指数为 158.5，可计算得到 2006~2017 年的年均几何增长率为 3.91%，而同时段城镇单位就业人员平均工资年均几何增长率高达 12.13%。[①]追求利润最大化的企业会投入更多能源以延长设备使用时间或更多采用低成本的低能效技术，因此劳动能源比会下降。这些可能的渠道共同造成能源对劳动实现了相对替代，进而增加了碳排放量。

---

① 中国煤炭价格指数于 2006 年 1 月开始发布，数据来源于 CCTD 中国煤炭市场网。城镇单位就业人员平均工资数据来源于国家统计局。

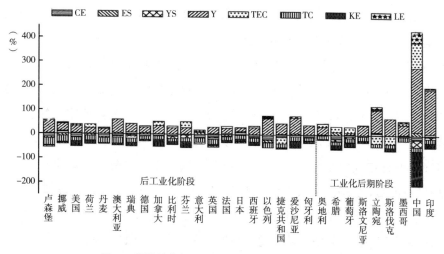

图2 碳排放变化驱动因素分解（2000~2017年）

注：同一工业化阶段内的国家按照人均GDP的年均值从高到低进行排序。CE表示排放因子效应，ES表示能源结构效应，YS表示产业结构效应，Y表示经济产出效应，TEC表示技术效率效应，TC表示技术进步效应，KE表示资本能源替代效应，LE表示劳动能源替代效应。

在研究期内，中国实现了从工业化中期到工业化后期的转变。为进一步探究工业化阶段转变前后碳排放驱动因素的变化规律，我们按照中国工业化阶段评价指标变动情况与中国经济发展的阶段化特征对2000~2017年进行阶段划分，详细见表3。

表3 中国工业化阶段划分情况

阶段	经济发展水平	产业结构	就业结构	城市化水平
第一阶段 2000~2004年	Ⅲ	Ⅲ	Ⅱ	Ⅱ
第二阶段 2004~2008年	Ⅲ+Ⅳ	Ⅲ	Ⅱ+Ⅲ	Ⅱ
第三阶段 2008~2012年	Ⅳ	Ⅳ	Ⅲ	Ⅱ+Ⅲ
第四阶段 2012~2017年	Ⅳ+Ⅴ	Ⅴ	Ⅲ+Ⅳ	Ⅲ

注：Ⅰ表示前工业化、Ⅱ表示工业化初期、Ⅲ表示工业化中期、Ⅳ表示工业化后期、Ⅴ表示后工业化。阶段相加表示该指标出现了工业化阶段变更。

第一阶段为2000~2004年，此阶段中国的经济发展水平与产业结构处在工业化中期，就业结构与城市化水平处于工业化初期；第二阶段为2004~2008年，此阶段中国的经济发展水平实现了从工业化中期到工业化后期的转变，就业结构实现了从工业化初期到工业化中期的转变，产业结构与城市化水平与上一阶段相同；第三阶段为2008~2012年，此阶段中国的经济发展水平维持在工业化后期，产业结构升级到工业化后期水平，就业结构维持在工业化中期水平，城市化水平实现了从工业化初期到工业化中期的转变；第四阶段为2012~2017年，中国在此阶段步入了经济发展的新常态，经济发展水平和就业结构都实现了工业化阶段转变，产业结构在2013年就已经达到了后工业化水平，城市化水平保持在工业化中期阶段。

将国家逐年分解结果在上述四个阶段层面进行时间聚合，得到如图3所示各国分阶段碳排放驱动因素。虽然后工业化和工业化后期的国家在研究时段内没有工业化阶段改变，但碳排放驱动因素的时间特征十分突出，尤其是经济产出效应、资本能源替代效应与劳动能源替代效应。以下将逐一进行分析。

首先，在各阶段，经济产出效应总是推动国家碳排放增长的主要因素。这是因为产出增长是所有国家追求的目标之一，而产出的增长通常伴随着能源消耗和碳排放的增加。从分解表达式来看，经济产出效应的作用方向只与总产出的大小有关，而作用大小受权重因子的加总与总产出两个因素影响。因此，当国家追求高速的经济增长时，经济产出效应必定会对碳排放起到正向推动的作用。如果国家可以在确定经济增长目标后，对排放结构进行合理调整，经济产出效应的效果将会减弱。以中国为例，在前三个阶段中，中国是受经济产出效应影响最大的国家。中国经历了10余年的粗放式经济增长，随着经济步入新常态之后，经济产出效应的驱动力明显减弱，对此有两个可能原因。第一，自2012年开始，中国经济增速下降从整体上减缓了能源消费增长，进而抑制了碳排放增长势头。根据国家统计局数据，2000~2011年，中国国内生产总值年均增速超过10%，而在经济步入新常态之后年均增长率为7%左右。第二，减少碳排放需要平衡经济发展和环境保护的关系，中国越来越强调经济的可持续发展，致力于不断优化排放结构，推进绿色低碳经济发展。

其次，与生产技术相关的驱动因素阶段性特征明显。技术在国家之间的扩散是导致生产技术具有阶段性特征的一个重要因素。技术的创新和发展通常始于一些先进的国家或地区，然后通过技术转移、合作和知识共享逐渐传播到其他国家。以资本能源替代效应为例，节能技术通常会出现在部分经济发达的后工业化国家，促使产业部门的设备升级，并降低碳排放量（第一阶段与第二阶段），随着时间的推移，这种技术逐步传导至其他后工业化国家与工业化后期国家（第二阶段与第三阶段），并最终扩散至工业化水平相对较低的中国和印度（第三阶段与第四阶段）。这一技术传导机制与我们的预期相符，并证实了前文所述观点，即资本能源替代的减排效应长期来看难以维持。因此，虽然中国在第四阶段的减排动力主要源于资本能源替代，但我们预测，在接下来的一段时期内，该减排效应可能会逐渐减弱。若没有新技术出现，资本能源替代效应最终会失去其负向驱动力，这将与第四阶段中发达的工业化国家所呈现的情况一致。

最后，劳动能源替代效应的正向驱动力随着时间的推移而逐渐减弱，直至在部分国家产生减排效应。具体而言，在第一阶段，劳动能源替代效应是推动各国碳排放量增长的主要因素之一，在中国尤为明显。一个可能的解释是，在此阶段，工业化的推进使企业由劳动密集型转向资本、能源密集型，企业在生产过程中广泛采用自动化和机械化技术，导致企业电力需求增加（Wang等，2022）。而电力的生产过度依赖于化石燃料的燃烧，进而造成碳排放大量增加。随着能源价格的上涨和环境问题的日益突出，世界各国都逐渐认识到了节能减排的重要性。在第二阶段，劳动能源替代效应的推动作用在发达工业化国家中几乎消失，仅推动了工业化程度较低的国家排放增加。而在第三阶段与第四阶段，工业化程度较高的国家开始发展节能技术，例如使用高效节能的机器设备、使用节能照明系统、优化建筑隔热和通风设施等。虽然节能技术是资本能源替代效应的主要渠道，但在产出既定情况下，节能技术的使用可以在不影响生产质量和效率的情况下，显著降低生产过程中的能耗，使能源在生产要素中的占比下降。这意味着劳动能源比提升。因此，节能技术发展也可能是劳动能源替代效应为负的一个支撑因素。通过此途径，劳动能源替代效应开始在这些国家减排进程中起到不容忽视的作用。需要指出的是，由于劳动能源替代效应的作用方向发生了改变，第一、第二阶段的正向效应与第三、第四阶段的负向效应相互抵消，使得在图2中大部分国家劳动能源替代总效应较微弱。

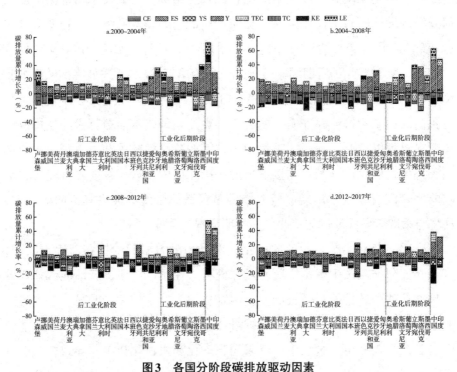

图3 各国分阶段碳排放驱动因素

注：同一工业化阶段内的国家按照人均GDP的年均值从高到低进行排序，其他同图2。

（三）情景模拟与预测（2022~2060年）

不同工业化阶段的国家所面临的经济社会环境存在差异，先进技术的出现和使用在国家之间存在时间差异，这些因素都导致了碳排放驱动因素在不同工业化阶段存在差异。处在落后工业化阶段的国家能够借鉴发达工业化国家的发展经验，模仿学习先进的生产技术，因此碳排放驱动因素在不同国家之间有规律可循。这一结论是预测中国碳排放驱动因素的未来趋势、模拟中国碳排放路径的重要实证基础。将工业化后期阶段的所有国家称为工业化后期经济体。同理将后工业化阶段的所有国家称为后工业化经济体。一个可能的方式是，观测工业化后期经济体和后工业化经济体的驱动因素变化情况，然后对中国未来发展情景进行设置。但由于样本中29个国家碳排放量差异显著，根据工业化阶段进行聚合可能导致预测结果出现较大偏差。

较为合理的方式是，寻找与中国经济体量相似且能代表先进工业化的经济体。相较于其他经济体，美国和欧盟的碳排放历史可以为中国实现碳达峰碳中和目标提供参考和经验，因而选择美国和欧盟作为先进工业化的典型经济体，原因如下：从分解结果来看，美国是后工业化阶段最具代表性的国家，其各因素的大小与方向能够代表后工业化阶段最典型的特征。而欧盟国家在碳排放驱动因素变动上保持一致，在加总时不失一般性。从历史背景来看，美国和欧盟先于中国经历了工业化发展过程。它们在制定和实施碳减排战略、政策和技术等方面的经验可以为中国提供重要的参考。从面临的挑战来看，美国、欧盟和中国都是主要碳排放贡献国。它们在平衡经济增长与碳减排、减少对化石燃料的依赖，以及转向更清洁、可持续的能源结构等方面面临相似的挑战。从技术创新来看，美国和欧盟在低碳和清洁能源技术（如风能和太阳能发电、电动汽车和碳捕获及封存）上拥有可以借鉴的经验和专业知识，以期加速中国在清洁能源领域的技术创新。从低碳政策来看，美国和欧盟已经积累了实施和调整碳减排政策的经验，例如配额交易、碳税和可再生能源补贴。通过这些政策，可以有效推动以节能为目的的设备升级改造，引导资本能源替代，并探索更适合中国自身国情的有效政策。

与加法分解所得到的绝对驱动因素相比，乘法分解所得到的相对驱动因素兼具跨个体可比性与年份聚合性特点，因此，本文使用式（13）将上文得到的中国、美国与欧盟的碳排放绝对驱动因素转换为相对驱动因素。随后，对各经济体碳排放逐年相对驱动因素进行累乘，得到如图4所示的碳排放驱动因素变化路径。结果表明，驱动因素的路径呈现出明显的趋势变化，且这种趋势与经济体的发展状况密切相关。对于发达经济体美国与欧盟而言，经济产出效应、技术效率效应、劳动能源替代效应等多个碳排放驱动因素的变化路径几乎重合，其他未重合的驱动因素路径也在两个经济体中保持了相同的趋势。而中国部分碳排放驱动因素路径与美国、欧盟相似，本文根据其历史特征对未来情景进行设定。总的来说，八个因素可划分为两类。一类是不随情景设定变动的因素，称为既定驱动因素，包括排放因子效应、产业结构效应、经济产出效应、资本能源替代效应以及劳动能源替代效应。另一类是随情景设定变动的因素，也是未来碳减排政策的作用对象与关注重点，本文将之称为非既定驱动因素，包括能源结构效应、技术效率效应与技术进步效应。以下将逐一说明原因。

1.既定驱动因素

（1）排放因子效应。在本文中，特定能源（如焦炭）的排放因子不随时间推移而改变，而四大类能源（煤炭、石油、天然气、电力）的排放因子由其涵盖/生产的特定能源加权平均得到，因此，排放因子效应可以看作是内部能源清洁化的实现。即使中国以煤炭为主的能源结构在短期内不会发生根本性改变，清洁煤的推广也能推动碳排放量降低。同样地，更多地使用可再生清洁能源进行电力生产也会降低电力的排放因子，从而达到碳减排的政策目标。从逐年分解的结果来看，中国的排放因子效应虽然在个别年份有所波动，但路径总体呈指数下降趋势。①其经济含义是，推动降低加权排放因子的政策易受外部环境的冲击，面对迫切的能源需求变化，难以在清洁与非清洁能源之间做出理性调配，因此短期政策效果存在波动，但长期来看，由于政策的长期稳定性，长期平均效果平稳，排放因子效应的减排效应的相对驱动力固定不变。此外，从发达经济体美国和欧盟过去的发展路径来看，排放因子效应的指数下降路径是可持续的，因此，本文假定中国未来的排放因子效应路径将会呈指数下降趋势。

（2）产业结构效应。考虑到排放强度更低的第三产业不能无限制扩张、产业结构优化存在上限的事实，且从欧美产业结构效应路径来看，产业结构的调整存在拐点。中国在21世纪初，产业结构经历了一段时期的重工化过程，我们推测这可能是因为中国承接了来自欧美的高排放产业转移。根据图4，在中国加入WTO之后的几年内（2002~2007年），美国和欧盟的产

---

① 对于持续下降的因素，本文假设其真实路径呈指数形式的下降，以确保不会出现累计变化为负的情况。

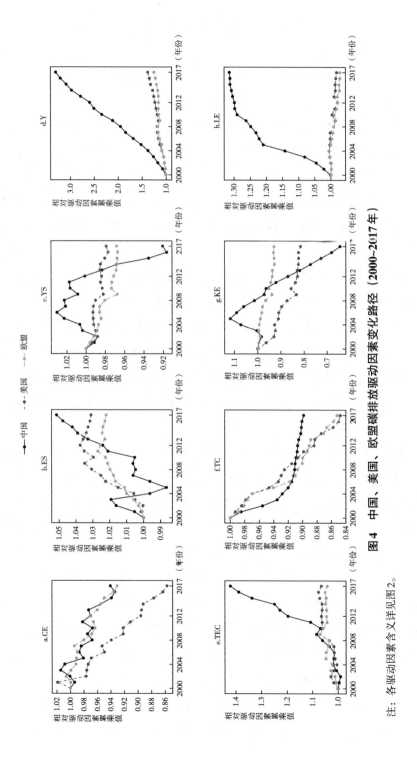

图4 中国、美国、欧盟碳排放驱动因素变化路径（2000~2017年）

注：各驱动因素含义详见图2。

业结构效应对碳排放造成负向影响，即实现了碳减排。其背后一个可能的渠道是高排放产业从美国和欧盟转出，产业结构向低碳方向转型。在此期间，中国的产业结构效应路径呈上升走势，对碳排放造成正向影响，即碳排放增加。其背后一个可能的渠道是高排放产业从国外转入中国，中国的产业结构不断恶化。综合来看，我们可以认为高排放产业是由美国和欧盟向中国转移。但在国际金融危机后，中国的产业结构开始优化。特别是经济进入新常态之后，产业结构经过了大幅调整优化，而 2017 年有所反弹。基于此，本文假设中国已跨过产业结构优化的拐点，未来几十年内中国的产业结构还将继续优化，但速度放缓，与欧美 2009 年之后的优化速度保持一致。

（3）经济产出效应。作为碳排放增长最主要的驱动因素，经济产出效应的路径在中国、美国、欧盟都呈现出线性上升趋势。其背后的经济含义是，经济产出的增加对碳排放的正向推动力随时间的推移而逐渐下降，一方面是由于经济增长率随着经济规模的扩大而降低，另一方面则是由于随着经济发展水平提高，环境问题得到重视，经济发展质量由低转高，产出效应的权重系数下降。因此，本文假定中国未来经济产出效应路径将会一直维持线性上升趋势。

（4）资本能源替代效应。资本能源替代是 2005 年以来中国最主要的减排来源。但这一过程依赖于新技术新设备的使用，当技术水平与发达工业化经济体基本持平后，资本能源替代的减排效应将逐渐放缓，直至与发达经济体保持一致。因此，本文假设未来几十年内，中国的资本能源替代效应仍保持指数下降路径，但其减排作用将减弱。

（5）劳动能源替代效应。自 2000 年以来，中国的劳动能源替代始终起到增排作用，从路径来看，可以基于两次拐点将其分为三段。从美国与欧盟的历史路径来看，在节能技术等因素的共同作用下，劳动能源替代实现了减排效应。但对中国而言，即使是在未来不断引入节能技术，也无法扭转劳动能源替代效应的增排作用。这主要是因为在中国人口老龄化的大背景下，节能技术对能源投入量的减少可能会被劳动力供给不足所抵消。因此，本文假设劳动能源替代效应路径将延续 2010 年之后的线性增长趋势，即能源对劳动的替代逐年减弱，对碳排放的促进作用趋向于0。

2.非既定驱动因素

（1）能源结构效应。能源结构效应反映了一个国家向清洁能源转变的过程，从分解结果来看，中国的能源结构变动曾朝向减排方向优化，但由于长期以煤炭为主的能源结构难以改变，能源结构总效应呈现较微弱的促排效应。近年来，中国大力实施煤改电、煤改气等能源结构优化政策，但这些政策的效果并没有被回顾性分解捕捉到。考虑到目前能源结构优化大背景的变化以及未来对能源结构优化的重视程度，本文为中国未来的能源结构效应路径设置了基准情景、稳步优化情景以及加速优化情景。基准情景：从图4可以看出，第四阶段也就是2012~2017年，欧美的能源结构效应同时呈现出指数下降路径，本文假设在基准情景中，中国将仿照欧美第四阶段能源结构优化进程对自身能源结构进行调整。中国的能源结构基础与欧美的完全不同，因此能源结构效应具有更大的减排潜力，在基准情景基础上，中国能源结构优化速度加快，根据能源结构相对驱动力是否固定，可分为稳步优化情景和加速优化情景。稳步优化情景：在此情景中，国家更加重视能源结构优化，假设能源结构效应同样呈指数下降路径，但下降速度为基准情景的平方。加速优化情景：随着电力系统灵活性不断提高、能源结构政策深入推进、可再生能源技术突破，能源结构的优化可能会随时间的推移而速度加快，在此情景中，能源结构效应初始值与基准情景相同，随着时间的推移，能源结构优化将逐渐加速，直至实现碳中和。

（2）技术效率效应与技术进步效应均与全要素生产率的变化有关，因此二者的情景设定需保持一致。根据未来中国可能的生产技术变化，本文首先设置基准情景与技术突破情景。基准情景：技术效率效应与技术进步效应均延续过去的变化趋势，即技术效率效应呈现线性形式上升路径，技术进步效应呈现指数下降路径，其经济含义是，中国仍模仿国外先进生产技术，且倾向于能源技术进步，与技术前沿面的差距将不断扩大。技术突破情景：在此情境下，中国在节能减排的生产技术方面将取得重大突破，成为新技术的扩散起始点。具体表现是，在第一期，中国离生产前沿面的距离将保持不变，生产技术效应值为1，随后，中国朝向节约能源投入绝对量的方向进行生产技术的改进，将逐渐追赶生产技术前沿面。在这一情景的设定下，技术效率效应不再增排，而是起到了逐年增加的减排作用，朝前沿面靠近的速度与中国偏离生产前沿面的速度类似。同时假定技术进步效应仍呈现指数下降路径，减排作用相较于基准情景得到了提升，延续本文分解结果中欧盟与美国的历史平均路径。此外，本文还设定了介于基准情景与技术突破情景之间的两种温和绿色发展情景，分别称为绿色发展情景1与绿色发展情景2。在绿色发展情景下，中国每年的技术效率效应与技术进步效应由基准情景和技术突破情景的加权平均计算得到。

表4   2023~2060年中国碳排放驱动因素路径设定

驱动因素类型	驱动因素名称	路径设定说明
既定驱动因素	排放因子效应（CE）	指数下降路径，参考中国历史路径
	产业结构效应（YS）	指数下降路径，参考美国与欧盟历史路径
	经济产出效应（Y）	线性上升路径，参考中国历史路径
	资本能源替代效应（KE）	指数下降路径，参考中国、欧盟、美国历史路径
	劳动能源替代效应（LE）	线性上升路径，参考中国历史路径
非既定驱动因素	能源结构效应（ES）	基准情景（ES1）：效应值为常数，累乘曲线呈指数下降路径，参考欧盟、美国历史路径
		稳步优化情景（ES2）：效应值为常数，累乘曲线呈指数下降路径，参考欧盟、美国历史路径
		加速优化情景（ES3）：效应值指数下降，累乘曲线呈指数下降路径，参考欧盟、美国历史路径
	技术效率效应（TEC）	基准情景（T1）：效应值递减，累乘曲线呈线性上升路径，参考中国历史路径
		绿色发展情景1（T2）：效应值为基准情景与技术突破情景的加权平均
		绿色发展情景2（T3）：效应值为基准情景与技术突破情景的加权平均
		技术突破情景（T4）：初始效应值为1，随后呈线性下降，累乘曲线呈指数下降路径，参考中国历史路径

续表

驱动因素类型	驱动因素名称	路径设定说明
	技术进步效应（TC）	基准情景（T1）：指数下降路径，参考中国历史路径 绿色发展情景1（T2）：效应值为基准情景与技术突破情景的加权平均 绿色发展情景2（T3）：效应值为基准情景与技术突破情景的加权平均 技术突破情景（T4）：指数下降路径，参考欧盟、美国历史路径

各驱动因素的路径设定在表4中进行说明。将能源结构情景和全要素生产率情景进行组合，本文提供了12种可能的未来发展路径。尽管2019~2022年中国的碳排放已经发生，且IEA公布了这些年份能源燃烧和生产过程的碳排放数据，但这与本文基于能源消费的三次产业碳排放数据统计口径不一致。为提高预测的精准度，本文根据2017年与2018年IEA能源燃烧和生产过程的碳排放数据与本文所用数据的比例关系对2019~2022年基于能源消费的三次产业碳排放总数据进行推算。经计算，2019~2022年中国三次产业由能源消费带来的碳排放总量分别为71.04亿吨、72.30亿吨、75.80亿吨、75.66亿吨。在此基础上，计算各情景设定下2023~2060年各相对驱动因素的数值，然后利用乘法分解定义得到未来每年的碳排放相对变化率。随后，以2022年作为初始年份，逐年累乘变化率可得到中国2023~2060年碳排放总量。本文绘制了12种不同情景下中国碳排放演化趋势，如图5所示。

在能源结构与生产技术都处于基准情景时，中国的碳排放从2023年起持续大幅增长，直至2050年才能实现碳达峰，峰值约为105.43亿吨二氧化碳。这表明，如果中国模仿欧美的能源结构优化路径并延续自身过去的生产技术变化趋势而不加大对节能减排政策的推进力度，则无法实现2030年碳达峰目标。因此，中国为实现"双碳"目标，需要采取比基准情景下更加有力的政策措施，推动能源结构优化和转型，并加大对节能减排技术的推进力度。

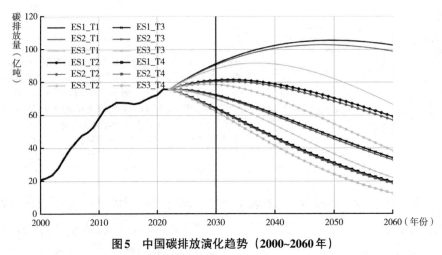

图5 中国碳排放演化趋势（2000~2060年）

注：上述数值表示与能源相关的碳排放总量。图例中ES1至ES3以及T1至T4的具体含义见表4。

如果仅依靠严格的能源结构优化政策，中国也无法按时实现2030年碳达峰目标。当生产技术处于基准情景时，即使能源结构处在加速优化情景，中国也只能在2048年实现能源消费碳达峰，此时三次产业由能源消费所导致的碳排放约为102.74亿吨。在逐年加速的能源结构优化政策背景下，预计中国将在2037年实现能源消费碳达峰，此时三次产业由能源消费所导致的碳排放约为91.54亿吨。可见，在政府采取更加积极的能源结构优化政策后，三次产业能源碳排放的快速增长能够得到有效抑制。但由于能源结构的调整是一个长期且较为缓慢的过程，其对中国未来碳排放趋势变化并不能起到决定性作用。

生产技术情景的设定会对碳排放趋势产生实质性影响，这意味着只有通过促进技术突破和推广低碳生产技术才能有效减少碳排放，进而实现碳达峰目标并推动向碳中和的长期目标迈进。在绿色发展情景2和技术突破情景下，无论能源结构优化政策的推进速度如何，中国的碳排放都将超额完成碳达峰目标，在2023年达到峰值，随后迅速减少。然而，需要注意的是，这两种情景的设定意味着中国将从过去的落后状态迅速转变为低碳生产技术的领导者，即前沿推动者，暗示了技术突破能够在短期内大规模实现，从而使得碳达峰时间提前。但技术的发展通常需要经历多个阶段和漫长的时间跨度，技术突破并不会立即发生。本文对绿色发展情景2和技术突破情景的设定旨在探索中国未来碳减排的潜在可能性。

在四种生产技术路径设定中，最符合中国政策目标与现实情况的是绿色发展情景1，在此情景下，中国将以更快的速度接纳新的低碳生产技术，提高能源利用效率，减少对高碳能源的依赖，成功遏制能源投入的增加势头，同时避免了绿色发展情景2和技术突破情景下不合理的技术突破。根据设定的能源结构优化情景不同，基准情景下的碳达峰时间节点为2032年，稳步优化情景下为2031年，加速优化情景下为2028年，这些时间节点均位于2030年附近。峰值为2022年碳排放的102.91%~106.11%，该比例与现有文献的预测相差不大（史丹和李鹏，2021；蔡博峰等，2022；张希良等，2022；江深哲等，2024）。这表明在合理的情景设定下，从驱动因素历史阶段性特征出发对碳排放未来演化路径进行预测具备可行性。本文设定能源结构处于加速优化情景时，能源结构效应的减排潜力将逐渐增加，从现实层面而言，这种设定是较为合理的。这意味着随着新能源技术的迅速发展，太阳能、风能、生物能等可再生能源的成本降低与效率提高使得其在能源供应中的比重逐渐增加。同时，能源存储技术、智能电网等领域也可能取得重大突破，为能源结构优化提供更高的可能性。

根据对2060年碳排放量的预测结果，即使在能源结构加速优化与技术突破的情景下，中国也无法达到碳中和的目标。这是因为本文所研究的碳排放源自三次产业的能源消费，尚未考虑负碳技术（如碳捕集与封存、直接空气捕集、生物质能碳捕获、矿化碳捕获、植树造林）对减排的作用。负碳技术可以降低能源消费中产生的碳排放量，还可以进一步移除二氧化碳并永久储存或转化为有用产品。负碳技术发展的关键是对储备量进行评估。将本文的研究结果与负碳技术现有储备量进行比较和分析，对推动和引导负碳技术的未来发展具有重要意义。这种比较和分析将为政策决策者与市场投资者提供规划技术准备和投资的参考和依据，以确保在实现碳中和目标的过程中有充足的负碳技术储备量，确保持续减排且经济可持续发展。

结合以上分析，加速优化情景—绿色发展情景是中国未来最有可能的碳排放演化路径，符合中国政策目标与现实情况的一致性。在此情景下，三次产业基于能源消费的碳排放将在 2028 年达到峰值，此后迅速下降，2060 年碳排放总量达 38.36 亿吨，这也是中国为实现 2060 年碳中和目标需要的负碳技术储备量。为探究此路径下中国碳排放绝对驱动力的来源及其与基准情景下的贡献差异，本文进一步利用加法分解与乘法分解的转换式对 2022~2060 年基准情景—基准情景（ES1_T1）和加速优化情景—绿色发展情景 1（ES3_T2）下三次产业碳排放绝对驱动因素进行计算，并对 2022~2030 年、2030~2040 年、2040~2050 年以及 2050~2060 年的结果进行时间聚合，结果如图 6 所示。

在这两种情景下，各因素对碳排放的影响方向是一致的，但在影响程度上存在明显的差异，特别是在非既定驱动因素方面。能源结构效应、技术效率效应与技术进步效应的差异主要来自情景设定不同。相较于基准情景—基准情景，技术效率大幅提高成为在加速优化情景—绿色发展情景 1 下中国更早实现碳达峰目标的关键。碳达峰之后，加速优化的能源结构将发挥巨大的减排潜力，2049~2050 年达到最大减排量，约为 0.92 亿吨，累积减排量为 28.01 亿吨，是基准情景的 7 倍。五个既定驱动因素在不同情景的差异则来自能源使用效率和清洁能源利用率提升所带来的权重因子变化。能源使用效率的提升促使企业和产业部门在能源使用方面更加节约和高效，产出与能源消耗的比例得到优化。这使得同样的经济产出可以用更少的能源消耗来实现，从而减少碳排放。

尽管我们降低了资本能源替代效应的预期作用，但它仍然是未来最主要的减排驱动力。在基准情景—基准情景下，2023~2060 年，资本能源效应累计碳减排贡献为 108.58 亿吨，在加速优化情景—绿色发展情景 1 中这一数值为 71.78 亿吨。这意味着一旦资本能源替代进程受阻，中国实现"双碳"目标将会更加困难。提高对碳排放增长的预期是必要的，为应对更加严峻的碳减排挑战，应提高负碳技术储备量预期，实施更积极的减排政策、促进低碳技术创新，使生产技术变革朝技术突破情景发展。此外，还应充分发掘经济产出效应、排放因子效应等其他既定驱动因素的减排潜力。在对经济产出效应路径的设定中，虽然中国、美国以及欧盟均呈直线上升路径，但中国的经济产出效应路径明显更陡峭，这是由中国过去十余年粗放式经

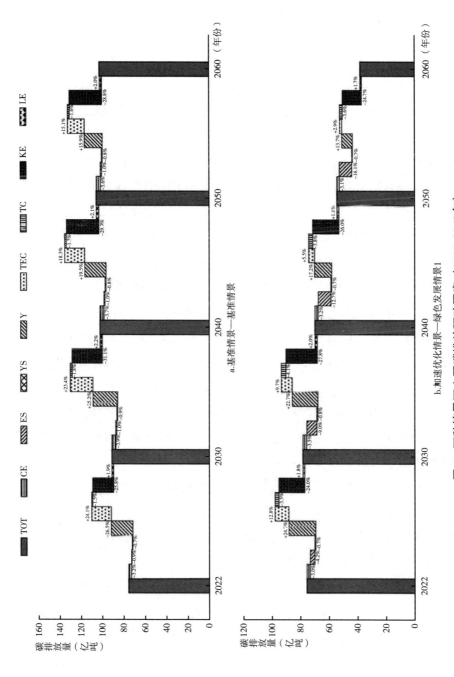

图 6　两种情景下中国碳排放驱动因素（2022~2060 年）

注：TOT 表示与能源相关的碳排放总量，其他同图 2。

济增长所决定的。随着中国经济增长方式不断优化及经济向高质量方向转变，经济产出效应路径的斜率有望降低。

五 结论与政策建议

中国作为经济大国、人口大国以及碳排放大国，实现"双碳"目标需要比其他国家尤其是发达国家付出更多的努力。这要求我们不仅要理解中国过去碳排放增长的驱动来源，还需要从国际视角出发，对中国未来的碳减排路径进行合理有效的评估和判断。只有全面了解中国特有的挑战，才能制定出适合中国国情的碳减排政策，为全球气候治理贡献更大的力量。本文首先采用 IDA-PDA 综合分解法对 2000~2017 年世界 29 个国家的碳排放变化进行了分解，并重点分析讨论了中国碳排放变化的驱动因素。随后，基于各驱动因素的工业化阶段性特征对中国 2022~2060 年碳排放潜在演变路径进行情景模拟与预测，并进一步比较了碳达峰碳中和过程中各驱动因素的贡献差异，主要结论如下：第一，对所有国家而言，经济产出效应是碳排放增长的首要驱动因素。中国过去十几年的粗放式经济增长使得经济产出效应远超同时期其他国家，这是中国碳减排面临的最大挑战。第二，生产技术相关驱动因素表现出阶段性特征，其中最典型的是资本能源替代效应。在分阶段结果中，资本能源替代技术在第一阶段与第二阶段推动后工业化阶段国家实现碳减排，资本能源替代效应成为美国、英国等国家碳达峰的关键驱动因素。随着技术扩散，资本能源替代在第二与第三阶段推动工业化后期国家碳减排进程，在第三和第四阶段减缓了工业化水平相对较低的中国和印度的碳排放增长势头。第三，不同情景下中国碳排放演化路径差异明显。限于能源结构调整缓慢的历史规律，先进生产技术的应用更易于改变中国碳轨迹。如果延续过去保守的减排政策，2030 年碳达峰目标将很难实现。在最有可能发生的情景下，中国将于 2028 年实现碳达峰，峰值为 2022 年碳排放量的 102%，而碳中和则需要配套的负碳技术支持，结果表明，此情景下，在 2060 年至少需要 38.36 亿吨负碳技术储备量才能实现三次产业的碳中和。即使我们假设采取激进的技术突破设定，仍存在约 20 亿吨碳中和缺口。第四，绿色发展情景中技术效率提升是碳达峰时间节点提前到来的关键，而能源结构的调整成为从碳达峰迈向碳中和的主要促降因素。在降低资本能源替代技术预期作用后，资本能源替代效应仍承担大部分减排责任，这对于中国实现"双碳"目标而言并非有利条件。为应对碳减排的挑战，还应发掘排放因子效应、经济产出效应的减排潜力，需要经济发展向提质增效转变，同时推动清洁能源使用、提高能源效率、推动电源结构节能清洁化以降低各类能源排放因子。

基于上述研究结果，我们提出如下政策建议。

第一，鼓励企业加强国际合作，加快引进和吸收国外先进低碳技术，积极开展低碳技术创新。中国在技术效率和技术进步方面仍与先进工业化国家存在差距，且此差距正在扩大。由于技术扩散并非一蹴而就，存在一定的时间滞后性，这意味着中国需要更长的时间才能达到先进国家的技术水平，实现经济的高效、低碳发展。为此，一方面应加强国际合作，促进技术转移和共享。通过引进和消化吸收先进技术，可以加速技术扩散和减排进程。另一方面，在"双碳"目标下，中国还应推动自身低碳技术的发展，以实现技术突破情景下的碳排放演化路径。然而，碳排放的外部性特征阻碍了低碳技术创新，使节能减排难以被融入企业利润最大化的目标函数中。因此，政府需要采取有效的激励政策措施将环境外部性内部化。首先，可以通过设立碳排放交易市场、完善碳定价机制和碳审计机制来明确碳排放成本，确保碳排放的真实成本能够被纳入企业的生产决策考量中。其次，可以通过对低碳技术研发和应用给予资金、研发税收减免和津贴等优惠政策支持，降低低碳技术的研发成本，激励企业进行低碳技术创新。

第二，优化能源结构，发挥能源结构减排潜力。中国目前以煤炭为主的能源结构是由"富煤、缺油、少气"的能源禀赋所决定的。这种能源结构在短期内很难大幅改变，因此能源结构效应的碳减排短期驱动力相对较弱。但长期来看，优化能源结构是实现"双碳"目标的关键。释放能源结构的减排潜力需要从能源供需两侧同步推进政策措施。在供给侧，政府应继续加大对清洁能源项目的投资力度，促进风能、太阳能等可再生能源的发展，推动能源结构持续优化。此外，还需要通过市场手段对能源之间的相对价格进行调整，进而间接引导终端能源消费由高碳能源转向低碳能源。在需求侧，政府和企业可以通过"碳足迹标签"等间接性能源政策措施，鼓励消费者增加对清洁低碳产品的消费，进而通过"倒逼机制"增加企业对低碳能源的需求。

第三，提高电力系统的灵活性。在碳中和背景下，中国经济高质量发展不仅要与化石能源脱钩，还应与能源电力脱钩，即实现"双脱钩"（林伯强，2022）。中国未来的电源结构将以风能与太阳能为主，预计2060年风电和光伏占能源结构的60%~75%。随着中国电源结构更加清洁，电力排放因子将降低，从而推动碳排放下降。然而，可再生电源比例上升也给电力系统带来了更大的波动性和不确定性。为实现"双脱钩"，中国的电力系统必须具备更高的灵活性和适应性以应对这些挑战。首先，需要不断深化电力市场改革，通过引入市场化机制，提高电力资源配置效率。其次，健全和完善电力市场的消纳机制，确保在新能源占比不断提高的情况下，电力供需能够保持平衡。这包括推进储能技术发展，优化电网调度，提高电力系统的调节能力。此外，还需鼓励分布式能源的发展，提高电力系统的自主调节能力，降低对集中式电网的依赖。

第四，实现碳中和目标需要结合低碳、零碳技术与负碳技术。低碳、零碳技术在减少碳排放方面发挥"减法"作用，而负碳技术则在碳移除方面起"加法"作用。要实现碳中和的长期目标，必须"加减结合"，综合运用减排和增汇措施。然而，目前负碳技术的发展面临着关键技术待突破、整体投资成本高、商业化程度低等难题。有研究表明，即使中国于2030年开始对碳捕集与封存技术进行大规模商业化部署，到2060年也将面临3~31吨二氧化碳的排放，这部分需要依靠生态系统碳汇方式来吸收。因此，提高生态系统碳汇储备是实现碳中和目标不可或缺的关键措施。中国已承诺2030年森林蓄积量比2005年增加60亿立方米以提高森林碳汇，同时还应统筹发展其他碳汇方式，加强对草原、湿地、海洋、土壤等固碳技术的重视。此外，政府还应制定相关政策，鼓励社会各界参与生态系统保护与恢复活动，提高生态系统的总体碳汇能力，从而为实现碳中和目标提供坚实的保障。

参考文献

［1］包群、彭水军，2006，《经济增长与环境污染：基于面板数据的联立方程估计》，《世界经济》第11期。

［2］蔡博峰、吕晨、董金池、汪旭颖、郑逸璇、李新、王雪松、李冰、何捷、李永亮、吴立新、邵朱强、丁焰、徐伟、雷宇、严刚，2022，《重点行业/领域碳达峰路径研究方法》，《环境科学研究》第2期。

［3］陈佳贵、黄群慧、钟宏武，2006，《中国地区工业化进程的综合评价和特征分析》，《经济研究》第6期。

［4］范丹，2013，《中国能源消费碳排放变化的驱动因素研究——基于LMDI-PDA分解法》，《中国环境科学》第9期。

［5］赫永达、刘智超、孙巍，2017，《资本替代能源的节能减排效应研究》，《产业经济研究》第1期。

［6］华岳、叶芸，2023，《绿色区位导向性政策的碳减排效应——来自国家生态工业示范园区的实践》，《数量经济技术经济研究》第4期。

［7］江深哲、杜浩锋、徐铭梽，2024，《"双碳"目标下能源与产业双重结构转型》，《数量经济技术经济研究》第2期。

［8］李江龙、杨秀汪，2021，《聚焦"新常态"：中国能源需求变化的驱动因素分解》，《厦门大学学报（哲学社会科学版）》第4期。

［9］李治国、王杰、车帅，2021，《土地城市化推进的空间减排效应：内在机制与中国经验》，《统计研究》第12期。

［10］林伯强，2010，《危机下的能源需求和能源价格走势以及对宏观经济的影响》，《金融研究》第1期。

［11］林伯强，2022，《碳中和进程中的中国经济高质量增长》，《经济研究》第1期。

［12］林伯强、杜克锐，2014，《理解中国能源强度的变化：一个综合的分解框架》，《世界经济》第4期。

［13］林伯强、吴微，2020，《全球能源效率的演变与启示——基于全球投入产出数据的SDA分解与实证研究》，《经济学（季刊）》第2期。

［14］刘朝、吴纯、李增刚，2022，《中国对"一带一路"沿线国家直接投资的碳排放效应》，《中国人口·资源与环境》第1期。

［15］彭水军、张文城，2013，《中国居民消费的碳排放趋势及其影响因素的经验分析》，

《世界经济》第 3 期。

［16］齐绍洲，2022，《中国式现代化视角下的碳达峰与碳中和》，《经济评论》第 6 期。

［17］邵帅、范美婷、黄辉，2022，《中国城市化进程与碳排放达峰路径：1995～2035》，《中国经济学》第 1 期。

［18］邵帅、张曦、赵兴荣，2017，《中国制造业碳排放的经验分解与达峰路径——广义迪氏指数分解和动态情景分析》，《中国工业经济》第 3 期。

［19］史丹、李鹏，2021，《"双碳"目标下工业碳排放结构模拟与政策冲击》，《改革》第 12 期。

［20］佟新华、周红岩、陈武、段志远、徐梦鸿、段海燕，2020，《工业化不同发展阶段碳排放影响因素驱动效应测度》，《中国人口·资源与环境》第 5 期。

［21］王敏、黄滢，2015，《中国的环境污染与经济增长》，《经济学（季刊）》第 1 期。

［22］王帅龙，2023，《数字经济之于城市碳排放："加速器"抑或"减速带"？》，《中国人口·资源与环境》第 6 期。

［23］王永钦、董雯，2020，《机器人的兴起如何影响中国劳动力市场？——来自制造业上市公司的证据》，《经济研究》第 10 期。

［24］严楷、郭逸婷、王红建、黄细嘉，2023，《旅游业发展的工业污染减排效应与空间效应——基于"两山"理论的实证研究》，《统计研究》第 6 期。

［25］杨刚强、王海森、范恒山、岳子洋，2023，《数字经济的碳减排效应：理论分析与经验证据》，《中国工业经济》第 5 期。

［26］杨友才、牛晓童，2023，《社会信任对环境规制碳减排效果的影响——基于中国 281 个地级市的面板数据》，《中国人口·资源与环境》第 4 期。

［27］杨子晖、田磊，2017，《"污染天堂"假说与影响因素的中国省际研究》，《世界经济》第 5 期。

［28］余东华、张明志，2016，《"异质性难题"化解与碳排放 EKC 再检验——基于门限回归的国别分组研究》，《中国工业经济》第 7 期。

［29］禹湘、陈楠、李曼琪，2020，《中国低碳试点城市的碳排放特征与碳减排路径研究》，《中国人口·资源与环境》第 7 期。

［30］张军、吴桂英、张吉鹏，2004，《中国省际物质资本存量估算：1952—2000》，《经济研究》第 10 期。

［31］张希良、黄晓丹、张达、耿涌、田立新、范英、陈文颖，2022，《碳中和目标下的能源经济转型路径与政策研究》，《管理世界》第 1 期。

［32］张宇、蒋殿春，2014，《FDI、政府监管与中国水污染——基于产业结构与技术进步分解指标的实证检验》，《经济学（季刊）》第 2 期。

［33］朱欢、郑洁、赵秋运、寇冬雪，2020，《经济增长、能源结构转型与二氧化碳排

放——基于面板数据的经验分析》，《经济与管理研究》第11期。

［34］ Ang B.W.2005."*The LMDI Approach to Decomposition Analysis: a Practical Guide.*"*Energy Policy* 33（7）：867-871.

［35］ Ang B. W., Goh T. 2019. "Index Decomposition Analysis for Comparing Emission Scenarios: Applications and Challenges."*Energy Economics* 83：74-87.

［36］ Berndt E. R., Wood D. O. 1975. "Technology, Prices, and the Derived Demand for Energy."*The Review of Economics and Statistics* 259-268.

［37］ Feng Y., Wu H. 2022. "How Does Industrial Structure Transformation Affect Carbon Emissions in China: The Moderating Effect of Financial Development." *Environmental Science and Pollution Research* 1-12.

［38］ Gao C., Tao S., He Y., Su B., Sun M., Mensah I. A.2021."Effect of Population Migration on Spatial Carbon Emission Transfers in China."*Energy Policy* 156：112450.

［39］ Li J., Sun S., Sharma D., Ho M. S., Liu H. 2023. "Tracking the Drivers of Global Greenhouse Gas Emissions with Spillover Effects in the Post-Financial Crisis Era." *Energy Policy* 174：113464.

［40］ Ninpanit P., Malik A., Wakiyama T., Geschke A., Lenzen M.2019."Thailand's Energy-Related Carbon Dioxide Emissions from Production-Based and Consumption-Based Perspectives."*Energy Policy* 133：110877.

［41］ Oh D., Heshmati A. 2010. "A Sequential Malmquist-Luenberger Productivity Index: Environmentally Sensitive Productivity Growth Considering the Progressive Nature of Technology."*Energy Economics* 32（6）：1345-1355.

［42］ Peters G. P. 2008. "From Production-Based to Consumption-Based National Emission Inventories."*Ecological Economics* 65（1）：13-23.

［43］ Sarkodie S. A., Strezov V.2018."Empirical Study of the Environmental Kuznets Curve and Environmental Sustainability Curve Hypothesis for Australia, China, Ghana, and USA." *Journal of Cleaner Production* 201：98-110.

［44］ Sufyanullah K., Ahmad K. A., Ali M. A. S.2022,"Does Emission of Carbon Dioxide Is Impacted by Urbanization? An Empirical Study of Urbanization, Energy Consumption, Economic Growth, and Carbon Emissions – Using ARDL Bound Testing Approach." *Energy Policy* 164：112908.

［45］ Tapio P.2005."Towards a Theory of Decoupling: Degrees of Decoupling in the EU and the Case of Road Traffic in Finland Between 1970 and 2001." *Transport Policy* 12（2）：137-151.

［46］ Wang C.2007."Decomposing Energy Productivity Change: A Distance Function Approach."

79

Energy 32(8):1326–1333.

[47] Wang H., Ang B. W., Su B. 2017. "Assessing Drivers of Economy-Wide Energy Use and Emissions: IDA versus SDA." *Energy Policy* 107:585–599.

[48] Wang Y., Liu Y., Huang L., Zhang Q., Gao W., Sun Q., Li X. 2022. "Decomposition the Driving Force of Regional Electricity Consumption in Japan from 2001 to 2015." *Applied Energy* 308: 118365.

[49] Wu S., Li S., Lei Y., Li L. 2020. "Temporal Changes in China's Production and Consumption-Based CO_2 Emissions and the Factors Contributing to Changes." *Energy Economics* 89:104770.

[50] Wu Y., Tam V. W., Shuai C., Shen L., Zhang Y., Liao S. 2019. "Decoupling China's Economic Growth from Carbon Emissions: Empirical Studies from 30 Chinese Provinces (2001-2015)." *Science of the Total Environment* 656:576–588.

[51] Zhang X., Zhao X., Jiang Z., Shao S. 2017. "How to Achieve the 2030 CO_2 Emission-Reduction Targets for China's Industrial Sector: Retrospective Decomposition and Prospective Trajectories." *Global Environmental Change* 44:83–97.

（责任编辑：唐跃桓）

我国中小企业高质量发展的制度逻辑
与政策效应评价

曾雪云　杜　晟　杨菁菁[*]

摘　要：在数字经济时代下，中小企业高质量发展及其支持政策作为新的时代命题正在成为全球共识。本文围绕1978~2022年中央政府部门颁布的中小企业支持政策，搭建"政策时域—政策工具类型—府际关系—生命周期取向"分析框架，展开政策文本量化分析，探究我国中小企业发展的制度逻辑和政策着力点，从中萃取中国经济增长特色和规律性。结果表明，我国中小企业发展的制度逻辑在于"先发展后支持"，凸显"政策窗口效应"和"政策红利效应"。政策效应评价方面，供给型和环境型政策工具整体过溢，但科技和人才支持不足，以及存在需求型政策工具不足的总体结构失调；府际关系网络关联性与一致性持续增强，但核心部门的政策主导作用仍显不足；基于生命周期模型的分析显示过半政策工具为全周期导向，更可能作用于成长期和成熟期中小企业，凸显了"扶强"理念，也表明政策精准性有待提升。进一步分析中小企业的五种发展模式后，提出了生命周期取向、数字技术赋能、长效稳态机制的政策建议，以及该制度逻辑对于解释中国经济高增长和经济结构再平衡及未来政策取向的重要意义。

* 曾雪云（通讯作者），教授，博士生导师，北京邮电大学经济管理学院，电子邮箱：zengxueyun@bupt.edu.cn；杜晟，硕士研究生，北京邮电大学经济管理学院，电子邮箱：dsaiting@163.com；杨菁菁，硕士研究生，华威大学统计系，电子邮箱：1830068793@qq.com。本文获得国家自然科学基金面上项目（71872020）的资助。感谢匿名审稿专家的宝贵意见，文责自负。

关键词： 中小企业 政策工具 高质量发展 政策效应

一 引言

近年来，中小企业从经济边缘走进经济话题中心正在成为全球共识。Wisuttisak（2021）指出，中小企业在亚洲各国的生产力发展中占据着重要地位，不仅构成了企业总数的 96%，吸纳了超过 50% 的就业人数，同时还贡献了 1/3 以上的 GDP 产出。同为亚洲国家的日本，早在 1949 年就颁布相关法律积极为中小型企业提供商贸机会，在 20 世纪 50 年代建立中小企业咨询制度并出资建立多个金融公库（刘小川和王盛，2002）。此后，日本推行中小企业经济政策，先后颁布《中小企业基本法》《中小企业现代化促进法》等法案，通过"共同行为"政策，促进企业间的合作协同以及非研发创新（田正，2021）。欧美各国对中小企业的发展均给予了多样化的支持。尽管各国对于中小企业的划型标准不尽相同，但其重要性和政策支持的必要性毋庸置疑。例如，英国在 2010~2015 年实施了公共采购政策，以增加中小企业的贸易机会，并通过简化行政流程和优化营商环境，为企业的发展提供便利（Loader，2018）。德国更是将中小企业视为由国家担保的公共品（李以所，2012），实施技术创新支持、信贷补助等名目繁多的支持政策（裘元伦，1998）。各国都在思考如何保障和经由中小企业促进本国经济的高质量发展。党的二十大报告明确提出，支持中小微企业发展，支持专精特新企业发展，促进数字经济和实体经济深度融合。2023 年 7 月，《中共中央 国务院关于促进民营经济发展壮大的意见》更是提出了 31 条举措，促进以中小企业为主体的民营经济做大做优做强。以上顶层设计均彰显了在推进中国式现代化背景下，中小企业发展及其支持政策作为新时代命题的重要性和紧迫性。

我国中小企业作为国民经济的生力军，整体上经历了从集体所有制乡镇企业到市场经济主体的重大转变。截至 2022 年末，我国中小微企业数量已经超过 5200 万户，占比超过企业总数的 97%。[①] 尽管中小企业的重要性日益凸显，但整体来说其在高质量发展上仍面临了较多困境。根据央行发

---

① 工业和信息化部网站，https://wap.miit.gov.cn/xwdt/gxdt/ldhd/art/2023/art_513ef5f49f53415fb872dd8103dc16ab.html。

布的《中国小微企业金融服务报告》，中国中小企业平均寿命在3年左右，与美国的8年和日本的12年相差甚远，并且普遍面临信息不对称和规模不经济带来的融资约束，平均在成立4年零4个月后才获得第一次贷款。

在中小企业支持政策的研究方面，已有文献大多集中于通过实证方法检验单一支持政策的实施效果。在创新政策方面，汪合黔和陈开洋（2022）基于双重差分模型，评估了"专精特新"政策支持对于企业研发投入及经营绩效的影响，研究发现专精特新"小巨人"企业研发投入短期出现了显著提升，并未对经营绩效产生显著影响。张璠等（2022）分析了省级支持政策对中小企业"专精特新"转型的有效性，并基于政策工具视角，检验得出供给型和环境型政策工具显著促进了中小企业的转型升级，但需求型政策效力不足。在政府补贴方面，曹虹剑等（2022）基于固定效应模型及倾向得分匹配等方法，发现科技型中小企业技术创新基金对中小企业的创新质量具有显著的政策激励效应。孙一等（2021）探究了政府补贴对中小企业成长的作用机制，结果表明政府补贴通过影响外部融资及内部研发投入，促进中小企业当期或远期成长性水平的提升。在信贷政策方面，郭娜（2013）基于中小企业的问卷调查数据进行实证分析，得出在解决中小企业融资难问题上，发展担保机构、完善信用评级机制的"市场手段"相较于政府补贴、担保等"政府手段"及银行更加有效。谢婷婷和李嘉辉（2021）研究认为财政金融协同以及单独的财政服务比传统金融服务能更好地缓解中小企业面临的融资约束。

随着政策文本量化分析的兴起、政策评估范式不断丰富，研究者们除了关注对某一项或某一类中小企业政策效应的解读外，同时也开始以整体、系统、协同的视角关注长周期、大样本政策文本后的特征演化及价值表达，以在政策制定的"源头"和"路径"上审视政策内涵并提出具体的治理策略。在创新政策方面，章文光和闫蓉（2017）利用政策文本计量分析了改革开放以来中央层面出台的中小企业创新政策，认为合作网络和政策主题随着阶段性变迁愈发复杂和多元，基于创新政策的特征，从完善政策体系、深化合作机制、丰富政策工具等角度提出了改进建议。在政府采购政策方面，王东（2015）运用内容量化分析法对中央与省市级中小企业政府采购政策编码分析，探明了相较于发达国家我国政府采购政策体系中存在功能性缺失，进一步借助Lowi（1964）政策类型结构模型发展出的四分类框架，提出了完善各类政策工具使用的方法，以加强政府采购促进中小企业发展的效能。以上研究拓新了中小企业政策效应评估的分析域。在此基础上，立足于新时代，随着高质量发展时代的到来，关于中小企业何以走近经济议题中心及其支持政策的演化逻辑，正越来越成为一个亟须求得"全解"的重要问题。回望改革开放 40 余年以来我国中小企业支持政策的演进脉络，分析中小企业发展的规律性，可以更好地评估和掌握国家施策的精准性和科学性，具有积极且重要的历史意义。

对促进我国中小企业高质量发展的制度逻辑①和政策效应展开分析评估，有助于客观地把握我国企业发展的规律和施策点，进而制定更科学有力的支持政策，坚持"有为政府"与"有效市场"理念在中国特色市场经济建设中的辩证统一。在此背景下，本研究采用政策文本量化分析工具，融合政策工具理论、府际关系理论和生命周期理论，构建"政策时域—政策工具类型—府际关系—生命周期取向"分析框架，针对 1978~2022 年中央政府发布的中小企业支持政策展开理论诠释和实证分析。分析显示，自改革开放以来，促进我国中小企业发展的制度逻辑在于"先发展后支持"，凸显出"政策窗口效应"和"政策红利效应"两种制度作用。改革开放以来，政策侧重点因宏观经济发展需要和随着经济体制改革的节奏而快速更迭主管部门、政策内容和政策工具，作为支持对象的中小企业群体能否受益及哪些企业受益与"政策窗口"强相关，可称为"政策窗口效应"。并且，多数中小企业的发展是在宏观经济政策赋能机制下依靠市场内生动能实现的"自成长"，而非直接支持，这种以经济体制改革为推动力、以市场经济发展为内驱力的政策驱动模式可表述为"政策红利效应"。这个双重政策效应凸显了我国经济发展的逻辑在于政策引导性和经济变革性两个特征。这种基于不确定性的外生政策环境压力强化了中小企业整体的市场竞争机制和市场抉择机制，经由淘汰后进企业和市场出清，有力地支持了

---

① 制度逻辑（Institutional Logic）这一理论视角来自组织社会学的新制度理论，最早由 Friedland（1991）引入组织和管理理论分析之中。根据 Friedland（1991）的理论，制度逻辑可定义为：在特定社会环境中，不同制度秩序（如家庭、政府、宗教、市场、社群、职业、企业）所对应的价值观、信念和期望，以及对行动所进行的规范性指导。基于此，"中小企业高质量发展的制度逻辑"可定义为：在不同历史发展阶段，政府部门针对"支持中小企业高质量发展"这一政策议题的资源分配动机及核心价值取向。

中国经济的高增长。

本研究的学术价值和贡献性体现在三个方面。一是提炼了1978~2022年我国中小企业发展的制度逻辑在于"先发展后支持",并挖掘隐性因素,得到"政策窗口效应"和"政策红利效应"两个学理解释,深化了对中小企业政策效应的解释。二是基于政策文本量化分析的理论工具和方法工具,刻画了中小企业支持政策的演进历程,做出了较为完整的政策效应评价,弥补了自改革开放以来政策效应整体评价的缺失,提炼出中小企业的发展逻辑并提出政策改进建议,对于精准施策、疏通堵点、释放活力具有重要的政策涵义。三是从中小企业发展的微观视角解释了中国经济高增长现象,并创新性地以政策文本分析研究宏观政策与微观企业互动关系的范式,从中萃取了局部视角下中国经济增长的特色和规律性。

二 研究设计

(一)基础理论

在全球化背景下,国家的公共政策发挥着为重要资源引流和调节市场规制的作用。政策信息透明度的提升,提供了对政策文本量化分析以评估政策效应的基础素材。不同于以双重差分、断点回归、匹配法、合成控制法等展开的企业样本量化研究,偏重于检验某项政策实施后的"效率"或"效果"(尚虎平和刘俊腾,2023),对政策文本的量化分析可基于长周期、大样本的宏微观经济政策样本,通过规范测量政策文本固有的重要特征变量,解析政策建构的"前因",以及进一步结合政策对象评估各类政策机制在设计上是否足够科学合理(Yang和Huang,2022;Wang等,2021;江亚洲和郁建兴,2020;黄萃等,2015)。具体而言,政策文本量化分析是基于共词分析和社会网络分析法的量化分析范式,可以揭示政策背后的主题演化逻辑、府际关系变迁和政策工具组合,亦能够推断政策背后的施政意图和实际效果。与现有政策文本量化研究方法保持一致,本文也将从政策主体、政策内容、政策对象三个维度,建构政府部门间的府际关系、政策工具类型和生命周期取向三维理论框架。以下是本文的理论分析工具。

1. 府际关系理论

府际关系术语最早由 Snider（1937）提出，但其概念由 Anderson（1965）首次给出，用于指政府之间的关系网络。国内学者对府际关系的讨论莫衷一是，但随着研究主题的深入和定量分析工具的日益成熟，当前正试图突破认知与逻辑思辨的文字约束而开启基于数理模型的量化研究范式。本文也将采用社会网络分析法和图谱化分析，展示中小企业支持政策文本背后府际关系的演化趋势，并基于府际关系理论来分析评估政府合作网络对应的政策效果。

2. 政策工具理论

政策工具是将政策目标转化为某种具体行为的路径机制，也是人们为解决某一社会问题或达成政策目标所采纳的具体方式（许坚，2000）。针对政策工具的功能和效果，Schneider 和 Ingram（1990）将政策工具分为学习、激励、训诫、能力建设和权威五类。按照政府干预强度的高低，Howlett 等（2009）将政策工具分为自愿性工具、强制性工具和混合性工具三类。根据政策工具的作用形式，Rothwell 和 Zegveld（1984）将政策工具划分为供给型、需求型和环境型三类，该分类框架也因其形象地刻画了政策工具对政策对象的推动、拉动及整体影响，所以被普遍应用于政策工具的分类中。在政策工具的释义上，供给型政策工具主要涉及对生产要素（如技术、资金、人才、信息）的直接供给；需求型政策工具通过政府采购、外包、贸易管制和国际交流等手段创造和扩大市场需求；环境型政策工具则是通过目标规划、信贷支持、公共服务、社会资本、税费优惠、法规管制等方式，为政策对象提供间接支持。

3. 生命周期理论

鉴于政策工具不能映射其作用于政策对象的具体效能，因此，本文将进一步引入生命周期理论框架，以评估政策工具能否精准触达作用对象。依据 Miller 和 Friesen（1984）的生命周期模型，企业在生命周期的各个阶段存在普遍不同的资源需求。他们用 54 个变量来表示这些独特需求，包括创新意愿、研发能力、员工规模、业绩控制、风险偏好等维度，并将这种现象称为量子变化，以强调企业的生命周期差异性是一种全方位多变量的高度转变。此后，Kazanjian（1988）以及 Kazanjian 和 Drazin（1989）都有采用简化的生命周期模型以提升预测能力。本文采用得到普遍认可的四阶段生命周期理论，划分政策取向为种子期、初创期、成长期、成熟期。

（二）实证设计

1.实证建模

本部分依据政策文本的特征要素展开实证建模，从1978~2022年自然形成的数据中得到观察结论，从而贴近客观现实。考虑到2022年10月16日召开了党的二十大，具有继往开来的意义，故此样本时间截至2022年。本文基于扎根理论分析建模过程，如图1所示。第一步，确定文本分析维度，X轴（时间）描述不同时点上的政策频数，Y轴（空间）描述政策的联动性，Z轴（内容）描述政策工具类型，T轴（对象）指代企业生命周期。时间维度、空间维度和内容维度构成的政策场域，共同作用于某个生命周期阶段的企业，形成了四维耦合框架；第二步，进行政策文本的信息提取、形成四个政策分析主题，"X-Y"刻画政策主体的府际合作网络变迁，"X-Z"描述政策内容的工具类型演变，"X-T"分析政策客体的生命周期取向，"Z-T"是政策工具类型与政策对象生命周期的联立分析。

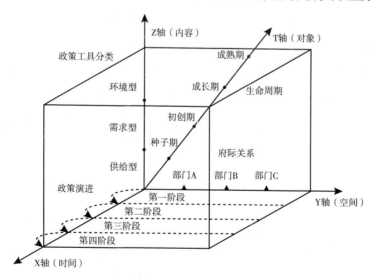

图1　四维分析框架

2.数据处理

本文以1978~2022年为样本时间，以中央政府部门印发的中小企业支持政策作为研究对象。在确定样本时间后，数据处理过程分为以下两步。第一步，数据文本采集和样本建构。①在北大法宝、国务院以及各部门官网政策文件库中，以"中小企业""小微企业""乡镇企业""孵化器"进行关键词检索，得到自1978年改革开放以来中央政府颁布的中小企业发展相关的政策文本482份；②通过中国中小企业年鉴、学术期刊及其他网络渠道，补充政策文件57份；③对全部539份政策文本进行筛选，排除重复收集、信函和批复，保留专用政策和通用政策文本，最终得到有效政策文本489份。第二步，进行政策文献编码和分析单元划分，利用质性分析软件Nvivo12，在"时间—空间—内容—对象"分析框架下，对中小企业支持政策的结构要素、政策场域和生命周期进行判定，形成中小企业支持政策编码表。为保证编码结果的准确性及可信度，本研究邀请了两位研究助理进行独立编码检验，并对编码一致性①进行测算。测算结果显示，一致性系数为0.84。根据Viney（1983）的研究，该一致性系数有较高信度，因此本文编码结果具有可靠性。

三 我国中小企业发展的制度逻辑

本文依据重大历史事件、标志性政策以及支持政策的变化，将我国中小企业的发展历程划分为如图2所示的四个阶段。

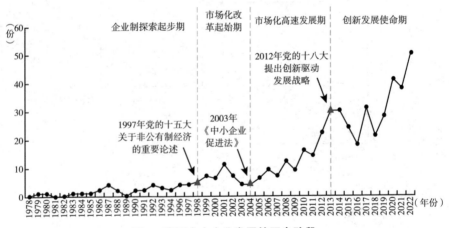

图2 我国中小企业发展的四个阶段

---

① 编码一致性计算公式为：$2M/(N_1+N_2)$，N_1 和 N_2 分别是两位编码者的单位编码数，M 为一致的编码数。

（一）企业制探索起步期：1978~1996 年

1.多种所有制经济共同发展

自 1978 年开始，中央政府部门对如何"下放经济管理权力"进行了探索。政府支持政策的作用对象有乡镇企业、城镇集体企业、私营企业和外商投资企业四类。对于集体企业和乡镇企业，1979 年党的十一届四中全会通过《中共中央关于加快农业发展若干问题的决定》，赋予农民自主经营权，标志着乡镇企业发展的开端。此后，1983 年《国务院关于城镇集体所有制经济若干政策问题的暂行规定》，授予了城镇集体企业经营自主权；1986 年《关于深化企业改革增强企业活力的若干规定》，规定集体所有制企业由利润留成改为自负盈亏，提高了集体企业的生产积极性。在 1986 年的"星火计划"支持政策中，第一次出现"中小企业"的表述。此后相当长的时间内，中小企业都是非公有制经济（私营企业、个体经济、民营企业等）的主要成分，当时的政策重点是推进商事制度建立。如，1979 年《中外合资经营企业法》和 1988 年《私营企业暂行条例》的颁布，支持了外商投资企业和私营企业的迅速发展，1993 年党的十四届三中全会通过《中共中央关于建立社会主义市场经济体制若干问题的决定》，鼓励多种所有制经济共同发展，自此私营企业开始在市场经济中萌芽。

2.按所有制划分支持对象

第一阶段制度逻辑的鲜明特征是按所有制划分支持对象。虽然政策面也在探索企业性质的多样性，但国家支持政策的重点是集体经济下的乡镇企业。乡镇企业是这一时期中小企业的主要构成。据《中国中小企业发展年鉴（1996—1997）》记载，按照 1988 年的《大中小型工业企业划分标准》，至 1994 年底，中小企业 87% 的构成均为集体所有制乡镇企业。在主导型支持政策中，科学技术部在 1986 年实施的"星火计划"和 1988 年实施的"火炬计划"，带动了大批乡镇企业的兴办。同时，乡镇企业将农业富余劳动力从土地中转移出来，促进了农村经济的改革与发展。免征乡镇企业奖金税，由财政发放低息贷款支持乡镇企业技术改造等一系列政策条款，也有力推进了乡镇企业的发展。

（二）市场化改革起始期：1997~2002 年

1. 鼓励非公有制经济

第二阶段的首要特征在于，国家开始倡导和引导非公有制经济的发展，并且，非公有制中小企业也在市场化进程中超预期地发挥了吸纳就业和活跃市场的强劲作用，引起了中央政府的重视，进而跃升为宏观经济议题。1997年，党的十五大提出，非公有制经济是中国社会主义市场经济的重要组成部分，对个体、私营等非公有制经济要继续鼓励、引导，使之健康发展。这项政策对市场经济发展产生了重大影响。在这一政策导向下，据全国工商联统计，1997年非公有制中小企业直接吸收了40%的劳动力再就业。中小企业成为市场经济的主力。1998年中央经济工作会议提出，高度重视发展小企业，采取更加有效的政策措施，为各种所有制小企业特别是高新技术企业的成长创造必要的条件。从这一年开始，中央开始强调发展中小企业是国家的大政策，中小企业正式跃升为宏观经济议题。

2. 制度环境重大改善

在"放小与扶小"相结合的国家政策导向下，中小企业生存与发展的制度环境得到改善。为应对亚洲金融危机冲击，中央政府密集出台了多项中小企业支持政策和法规，中小企业发展的制度环境得到改善。1998年，中国人民银行制定的《关于进一步改善对中小企业金融服务的意见》，是第一份指向全体中小企业的金融支持政策。2000年，国务院发文出台鼓励和促进中小企业发展的若干政策，强调"放小与扶小"相结合，鼓励各省区市培育中小企业。随后，《中小企业国际市场开拓资金管理办法》《中华人民共和国政府采购法》等34份支持政策出台，为中小企业的发展提供政策保障和制度环境。经济体制的深化改革与政策支持释放了中小企业的发展活力。截至2002年，以产权性质划分的非公有制企业占中小企业的99%，从而实现了由乡镇办企业的小规模发展到举国兴办个体经济的重大突破。

3. "抓大放小"政策红利

1997年，党的十五大对国有经济战略做出重大调整，提出国有企业改革坚持"抓大放小"方针。绝大多数中小型实体以民营企业、合资企业、合作企业等所有制成分为主导，由此形成了多种产权制度并存的社会主义市场经济格局。为解决冗员、低效、重复建设问题和提升经济运行质量，中小型国有企业基本完成了产权转制改革，大型国有企业则实行现代企业制度改革。"抓大放小"产生了两个政策效应：一是通过"两非"（即非主业和非优势产业）和"两资"（即低效资产和无效资产）的清退，民营中小企业广泛参与各个产业，激发了中小企业的成长活力；二是在改革初期，尽管中小企业面临财务资源、技术水平、劳动者素质、管理能力不足，以及业务基础薄弱、政策信息缺乏等多重挑战（陈佳贵和黄群慧，2002），但也培育了中小企业的生存韧性。中小企业实现了"自足式"发展，有效助推了该阶段我国经济全要素生产率的显著提升（Hsieh和Song，2015）。

（三）市场化高速发展期：2003~2011年

1.制定《中小企业促进法》

第三阶段以2008年国际金融危机为分水岭，我国中小企业在前半段迎来了前所未有的增长，规模和质量超越以往，后半段则暴露出长期粗放发展的弊端并再次陷入困境。据《2007年中国中小企业年鉴》，当年GDP增速上升至11.9%，国民经济增长总量达2.3万亿元，其中93%来自中小企业的贡献。在政策支持方面，2003年《中小企业促进法》出台确立了中小企业的法律地位，为其合法经营和正当权益提供了法律保护；国家统计局发布《中小企业标准暂行规定》，首次界定了中小企业进行规模划定的标准，为提升施策效应提供了基础和标准。但这一时期的中小企业发展主要来自市场动力，"内功"还很不足，表现为资源禀赋较弱、技术水平较低以及创新能力不足，导致过度依赖市场。面对国际金融危机的冲击，众多中小企业倒闭关张。为此，政府部门加大了政策支持力度，降低贷款担保收费标准，加大担保服务力度，建立中小企业金融服务专营机构，以缓解中小企业融资困境；同时，降低市场准入门槛，扩大政府采购，以帮助中小企业应对危机。

2.支持科技创新能力

加强中小企业抗风险能力的根本在于科技创新和产业升级。在此背景下，2009年，国务院印发《关于进一步促进中小企业发展的若干意见》，要求加快中小企业技术进步和结构调整，鼓励中小企业向科技研发、工业设计、技术咨询等以资本和知识为主的生产性服务业发展。这在当时是与资本要素和技术要素一并提出的，是鼓励民间资本参与投资。在创业投资的助力下，大量市场主体"抢滩"种子期和初创企业风险投资。《关于创业投资引导基金规范设立与运作指导意见的通知》和《关于鼓励和引导民间投资健康发展的若干意见》中也都有强调。在多重支持政策的作用下，市场门槛下降、要素供给增加，加之有国内市场经济的韧性支撑，因此在短暂的经济低迷后，大量新创企业集中涌现，中小企业再次迎来蓬勃发展。

3.规范中小企业划型标准

需要看到，前期支持政策体系存在较多的对象不明、功能重叠问题，这与当时的企业划型标准较粗放、各部门对中小企业的划型标准不一有关，使得支持政策对大部分中小企业存在"看得见、摸不着"的突出问题。工商联发布的《2011年中国中小企业调研报告》显示，财政补贴政策对象以中型高科技企业为主，很难惠及年销售额在1000万元以下的小型微型企业。针对这一严重堵点，2011年工信部等部委联合发布了新的《中小企业划型标准规定的通知》并废止了2003年划型标准，新增了微型企业在人员、营业收入和资产规模上的标准，并明确各部门"不得制定与本规定不一致的企业划型标准"。这一新的划型标准为国家支持政策的有效性和针对性提供了基础保障。

（四）创新发展使命期：2012~2022 年

1.双创政策赋能创新发展

随着经济转型，中国经济亟待迎来新动能。在党的十八大指引下，创新驱动成为新时代中小企业发展的核心主题。创新发展要求实现知识与技术的二元协同，推进科技成果研发和成果转化，发挥中小企业作为创新活力源的作用。在这一战略方针下，微型企业首次被纳入国家政策支持体系。2014年，可以称为小型微型企业创新发展的政策元年。《关于扶持小型微型企业健康发展的意见》发布，做出了系统性布局，鼓励建立创业基地，设立专项创业投资基金，鼓励高等院校与科研机构协同发展，形成高素质创业群，要求优化营商环境、降低市场门槛，改革工商登记制度，对创新创业基地给予税收优惠。这一系列重大改革推动了创业企业和小微企业的技术创新。2015年政府工作报告更是将"大众创业，万众创新"作为经济发展新引擎，进一步激发了人民群众的创造力和创新活力。大量依托新经济创设的互联网平台企业、现代邮政服务和信息服务商、金融科技企业等，成长为新兴行业的开拓者和传统行业的替代者，成为助推经济增长的强劲动力。

2.修订《中小企业促进法》

为破除与大型企业竞争的隐性壁垒，助力中小企业在公平的环境下成长，2017年修订《中小企业促进法》，新增关于中小微企业的融资、财税、创新创业等方面的十六条普惠性政策，其中规定"国家鼓励互联网平台向中小企业开放技术、开发、营销、推广等资源，加强资源共享与合作，为中小企业创业提供服务"。此外，混合所有制改革也得到推行。在政策的合力作用下，中小企业加快发展。截至2020年底，国内市场主体总数共1.4亿户，中小微企业户数比重达到95.68%，创造了60%以上的国内生产总值，贡献了65%以上的发明专利，提供了60%以上的税收，并吸纳了80%以上的城乡就业岗位，这充分说明了中小型和微型企业在经济发展与社会进步中的重要性。

3.新的困境接踵而至

突发公共卫生事件使中小企业再度面临严峻考验，政府部门迅速反应并及时出台20余份支持政策提供兜底保障，通过财政补贴、减税降费、信贷支持等政策工具缓解了部分中小企业面临的流动性危机。未来，在新兴科技引领数字经济发展的背景下中小企业高质量发展是亟待研究的重大现实课题。

四　我国中小企业支持政策效应评价

（一）基于政策工具理论

本部分采用Rothwell和Zegveld（1984）提出的三重分类框架，进行内容分类，提取共同含义，得到如表1所示的政策工具分析谱。分析显示，我国中小企业是在响应国家政策和环境变化的过程中发展起来的，宏观经济政策和体制改革赋予了中小企业发展契机，而非国家政策直接支持了中小企业的发展，从而凸显了政策红利效应。从积极面看，环境政策工具和供给型政策工具使用频率很高，主要有财税金融支持、基础设施建设和公共服务政策工具应用。政府部门在"强效供给，整体作用"的部署下，倾向于扩大资源供给的牵引型策略和改善环境的拉动型策略。这种"重供给、轻需求"的政策导向，形成了环境型政策工具的过溢特征，同时也带来了三个方面政策工具的不足：一是环境型政策工具中的科技支持、人才政策工具明显不足；二是需求型政策工具的使用尤为不足（仅占8.33%）；三是对中小企业的内在需求关注不足。基于以上政策工具评价，未来政策取向可着力于政策工具需求侧的牵引力和供给侧的科技与人才供给，这三个方面还有很大的优化空间。各政策工具效应评价分述如下。

供给型政策工具的重点在于公共服务、资金投入与基础设施建设，表明政府重视中小企业公共服务体系以及产业基地等基础设施建设。但不足在于，一是整体过溢，二是从实践结果来看，科技创新支持、资金投入、科技人才的供给数量仍相对不足。科技创新与科技人才是支持中小企业发展的关键因素，但该类供给型政策工具使用频率是最低的，分别仅有7.63%与5.99%。

环境型政策工具的亮点在于税费优惠频次较高，主要通过降低和减免税费支出以增强财务支持。但不足在于，信用担保、贷款贴息等财务类政策工具的实际应用效果不理想。多数中小企业都是非上市公司，其治理规范性、财务规范性、信息透明度和资产规模较难契合银行信贷条件，加之信贷歧视和担保能力不足，因此信贷政策工具在解决融资难融资贵问题以及降低融资约束上的实际效果欠佳。此外，法规管制政策工具的重点逐步从行为规制转向权益保护，初期集中为在市场经济体制下建立规范的商事制度，后期则专注于知识产权等权益保护，反映出中小企业发展的政策支持从行政管理向产权保护转变。

需求型政策工具的亮点在于支持国际经贸交易，说明政府部门在促进中小企业与国际市场需求对接、深度融入全球产业链方面发挥了重要作用，涌现出一些知名的对外贸促会，如中国国际中小企业博览会、中欧国际合作项目，彰显了政府支持外向型经济的有力举措。另一个亮点在于政府采购工具虽使用频数少，但辐射面与带动作用突出。中国政府采购网的数据显示，2020~2021年政府采购份额中超七成均授予了中小微企业。以政府采购为主的需求型政策工具不仅通过缓解需求不足保障了突发公共卫生事件期间中小微企业的生存空间，也为高质量发展阶段中小微企业创新能力的提升提供了必要的资源支持①。

表1　中小企业发展的政策工具分析（1978~2022年）

单位：条，%

政策工具类别	政策内容分类	第一阶段（1978~1996年）	第二阶段（1997~2002年）	第三阶段（2003~2011年）	第四阶段（2012~2022年）	占比
供给型（45.54%）	公共服务	2	10	16	71	14.08
	科技创新支持	3	4	6	35	7.63
	基础设施建设	2	5	15	44	8.80
	资金投入	2	7	12	50	9.04
	人才培养	3	4	7	28	5.99
环境型（46.13%）	目标规划	1	1	1	8	1.41
	信贷支持	4	17	36	71	16.55
	社会资本	0	3	5	16	3.29
	税费优惠	3	3	3	66	10.92
	法规管制	20	13	7	49	11.85
	信息统计	0	1	5	3	2.11
需求型（8.33%）	政府采购	0	1	1	9	2.23
	贸易管制	0	5	0	1	0.70
	国际交流	0	1	10	21	4.11
	外包	0	1	1	6	0.94
	东西合作	2	0	1	0	0.35

资料来源：笔者整理。

---

① 中国政府采购网，http://www.ccgp.gov.cn/news/202307/t20230705_20199566.htm.

（二）基于府际关系理论

本部分通过异质性政策子网数量和密度分析展开府际关系评价。通过Python提取共现矩阵，使用Ucinet 6.0绘制可视化图谱，解构出如图3所示的演变历程。综合来看，府际关系从零星的弱联系到形成核心政策网络，政策目标的针对性和政策合力都有所增强，政府部门的互动关系日益紧密。以下引入社会网络理论（Social Network Theory）的三个指标，以解析政府部门间的关系。①网络密度，用于衡量部门群体结构形态，主要分为紧密状态或疏离状态，可以反映主体间的合作和支持力度。②网络中心度（Network Centrality），用于衡量网络集中性和向心性，反映节点之间的紧密程度，取值越大，说明网络中心节点的主导作用越大。③特征路径长度，代表网络内任意两部门节点间最短路径的平均值，用于衡量政策网络信息交流的速度和效率，数值越小，意味着网络中的信息流动越迅速，传递效率越高（熊尧等，2019）。

1978~1996年，政府支持政策的部际关联性较弱。表2显示，合作网络整体密度仅为0.23，网络中心度为27.37%，特征路径长度为2.27。图3a显示，农业部在整体政策中的网络中心度为26.32%，占15%，处于相对中心位置，其他次中心节点还有国家发展和改革委员会、财政部和农牧渔业部。这一时期府际关系尚不紧密，功能性子网尚未形成，政策效应较为单一。

表2　中小企业支持政策的政府合作网络效应

时域划分	联合发文数（份）	网络密度	网络中心度（%）	特征路径长度	总联系数（条）
第一阶段（1978~1996年）	10	0.23	27.37	2.27	70
第二阶段（1997~2002年）	11	0.28	29.24	1.75	74
第三阶段（2003~2011年）	51	0.30	32.41	2.09	152
第四阶段（2012~2022年）	130	0.52	51.72	1.49	1370

资料来源：笔者整理。

1997~2002年，支持政策网络的府际关系有所加强，但整体仍偏弱，突出的不足在于中小企业管理体制并未理顺。表2显示，整体网络密度小幅上升至0.28，网络中心度为29.24%，特征路径长度下降至1.75。由图3b聚类分析可见，该时段形成了科技政策子网、招商引资政策子网、乡镇企业现代化政策子网和公共服务政策子网四簇子网。重要变化是随着经济发展的深入，国家经济贸易委员会取代了农业部处于中心位置（点度中心度为25.93，占比18.90%），成为政策网络的中心枢纽。不足在于，职能分割较为严重，政府部门间的紧密合作还未形成。管理体制上，存在所有制差别、城乡差别和行业分割，私营企业、乡镇企业及科技型中小企业的主管部门分别对应国家工商行政管理总局、农业部乡镇企业局与科学技术部，政策待遇上有明显差别。由于管理体制尚未理顺，同一管理职能存在多个主管部门，而经济又在高速发展，政出多门、职能交叉、衔接不上等问题凸显。

2003~2011年，中小企业支持政策网络的府际关联仍较稀疏，变革重点在于重构管理体制。表2显示，第三阶段整体网络密度为0.30，网络中心度上升至32.41%，特征路径长度上升至2.09，政策网络协同性有所改善，关键职能由专管走向共担。图3c显示，主要有科技部主导的科技型中小企业支持政策网络、国家发改委主导中小企业金融服务政策网络、财政部主导的中小企业财税与公共服务体系政策网络。在此期间，工业和信息化部得以组建，中小企业司成为新的中小企业主管部门，建设了中小企业普惠性政策体系。子网聚类中还出现了以国家知识产权局为主导的政策组群，负责规范中小企业知识产权管理，彰显国家对中小企业作为创新活力源的战略定位。这一管理体制形成于2008年的"大部制"改革。党的十七大指出，中国行政管理体制要"加大机构整合力度，探索实行职能有机统一的大部门体制，健全部门间协调配合机制"。当政府部门间的协调成本过大时，大部制优于非大部制（皮建才，2011），有助于构建协同型政府（刘伟，2008）和提升政府治理能力。得益于国家治理体制改革的深化，中小企业管理体制得以理顺，政府促进中小企业发展的战略定位也清晰起来。

　　2012~2022年，政策支持的府际协同性和一致性明显增强，府际协作机制常态化。由表2可知，网络中心度上升至51.72%，特征路径长度降至1.49，府际交流合作的协同性明显增强。该时期共有130份联合发文，总联系数升至1370条，整体网络密度增加到0.52，表明部门间合作一致性显著提升，其原因之一在于，突发公共事件期间部门跨职能协作频次增加且常态化，比如，工业和信息化部等十七部门联合发布《关于健全支持中小企业发展制度的若干意见》和中国人民银行等部门发布《关于进一步强化中小微企业金融服务的指导意见》；另一个重要原因在于，国家治理体制改革的持续深化，外加服务型政府的功能定位，推动了促进中小企业高质量发展的政策协调机制的建立。

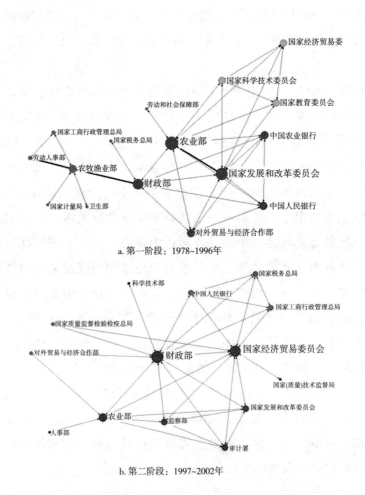

a. 第一阶段：1978~1996年

b. 第二阶段：1997~2002年

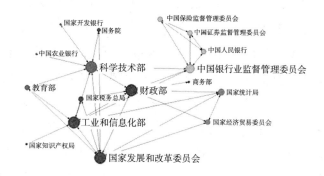

c.第三阶段：2003~2011年

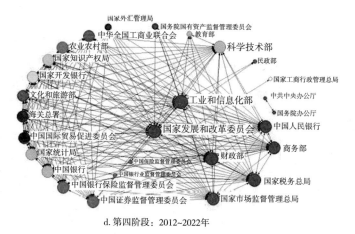

d.第四阶段：2012~2022年

图3 中小企业支持政策的府际关系分析

（三）基于生命周期理论

1.现有支持政策的生命周期指向

长期以来，我国中小企业支持政策的生命周期指向较为模糊，多数政策工具并未针对特定生命周期阶段。而全周期政策下的受惠对象基本为成长期和成熟期企业。至于种子期和初创期企业，限于资产规模、盈利能力、较高的研发费用（成海燕等，2017），客观上难以达到支持政策的条件。故此，在实际效应上，受限于政策可及性，国家的支持政策通常难以惠及需要帮扶的中小型市场主体。表3报告了各时段支持政策的生命周期取向，在总共722条编码片段中，全生命周期标记数占76.87%（555条），种子期标记数占9.14%（66条），初创期标记数占7.89%（57条），成长期和成熟期标记数占6.09%（44条）。这表明，先验性地假定中小企业是一个整体或以成熟期企业为对象制定政策，会减损实际的政策效应。但伴随着信息统计工具的应用频次增加，政府部门在第三、第四阶段针对种子期、初创期与成长期的中小企业施策更加明确，支持政策生命周期取向模糊的问题有所缓解。具体而言，2011~2022年，国家统计局两次修订中小微三类企业划型标准，各部门也积极推动建立中小企业梯度培育管理体系与信息统计平台。这些举措不仅为针对不同规模和不同阶段的中小企业精准施策奠定了基础，也为确保政策有效实施以及政策效果的评估反馈提供了重要支持。

表3 不同时域下支持政策的生命周期指向

单位：条，%

生命周期	第一阶段 （1978~1996年）	第二阶段 （1997~2002年）	第三阶段 （2003~2011年）	第四阶段 （2012~2022年）	总计	占比
全生命周期	30	55	110	360	555	76.87
种子期	2	11	16	37	66	9.14
初创期	3	6	14	34	57	7.89
成长期	4	3	4	22	33	4.57
成熟期	3	1	2	5	11	1.52

资料来源：笔者整理。

2. 生命周期视角下的政策效应评估

考虑到处于生命周期不同阶段的中小企业，其对应的经营活动、主要风险、政策需求各不相同。因此，进一步以"政策工具—生命周期"的二维分析框架做评估（见图4）。

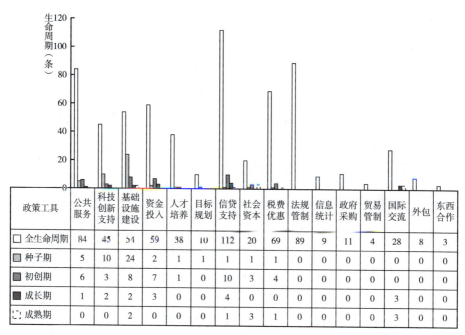

政策工具	公共服务	科技创新支持	基础设施建设	资金投入	人才培养	目标规划	信贷支持	社会资本	税费优惠	法规管制	信息统计	政府采购	贸易管制	国际交流	外包	东西合作
□ 全生命周期	84	45	54	59	38	10	112	20	69	89	9	11	4	28	8	3
▨ 种子期	5	10	24	2	1	1	1	1	1	0	0	0	0	0	0	0
▦ 初创期	6	3	8	7	1	0	10	3	4	0	0	0	0	0	0	0
■ 成长期	1	2	2	3	0	0	4	0	0	0	0	0	0	0	0	0
⬚ 成熟期	0	0	2	0	0	0	1	3	1	0	0	0	0	3	0	0

图4　"政策工具—生命周期"二维分析

就种子期企业而言，政府支持方略主要是公共服务、基础设施建设及科技创新支持。通过开放实验室促进初创企业科技成果转化，通过建设孵化器基础设施以加强针对性以及税费优惠和信贷支持的指向性，减轻企业成本负担，并直接提供科技资源以降低技术转化风险。但实施"双创"政策后市场主体急骤增加，孵化器基础设施容量有限，因此只有孵化器内的种子期企业能够享受支持政策的优惠（李梓涵昕和周晶宇，2020），多数企业实际上难以被政策惠及。另外，孵化器考核目标规划中仅纳入了数量指标，如《国家科技企业孵化器"十三五"发展规划》提出的创业孵化载体、国家级孵化器、众创空间数量，而未对孵化器运作与用资情况进行过程考核，因此容易在操作层面产生运行效率不高和支持作用不佳的问题。

就初创期企业而言，政策工具的重点在于围绕创客基地、众创空间等创业设施建设完善公共服务，包括创业投资对接、人才引进和科技成果转化。如图4所示，政府使用了多种政策工具以加大财务支持力度，包括税费优惠、信贷工具，以及创新信贷担保方式，譬如要求将小微贷纳入对银行绩效评估体系中，以破解中小企业与银行之间的信贷壁垒。但还有以下三个方面问题亟待解决。一是银行融资渠道难以支撑初创期企业的资金需求。依据公司金融理论，初创期企业与银行信贷的稳健理念并不适配，很难缓解中小企业与银行之间的信贷矛盾，故而政府希望引流银行资金的政策难以达到预期效果。二是为数众多的小微企业并不在创业园区，其在利用信贷资金方面的信息能力和知识能力仍有明显不足。三是政府采购与外包等需求型政策工具对初创期企业的支撑仍较为缺乏。

就成长期企业而言，由于自身市场竞争力提升，其在竞争政府稀缺资源方面有较大的优势。在资金支持方面，政府大量使用信贷工具，通过发放贴息和低息贷款方式，帮扶成长期企业以知识产权质押方式获得信贷支持，但由于融资渠道较为单一，仍面临较大资金约束。在技术革新方面，政府运用科技创新支持工具，打造产学研合作平台，鼓励成长期企业与科研机构形成协同创新机制，并且也会采用法规管制和目标规划工具，以保护知识产权和防止不当竞争导致的权益损害。

就成熟期企业来说，由于已具备一定的生存能力和资源基础（林毅夫，2002），因此无须过多帮助（张继彤和蒋伏心，2010），但从政策效应来看，成熟期中小企业实际上享有较充分的支持政策。如图 4 所示，我国成熟期企业是全生命周期政策支持工具的主要受益者。面向成熟期企业的政策工具是比较丰富的，既以培育多层次资本市场和鼓励上市融资为重要渠道，也鼓励国有大中型企业将科技研发项目与重点工程外包给成熟型中小企业，同时还鼓励混合所有制改革，推动大中小企业走产业集群式发展道路，以实现创新集成与打造现代化产业联盟。所以，从学理上解释，我国中小企业支持政策的理念在于"扶强"而非"扶小""扶早"。这一政策导向，反映了政府部门对"有效市场"与"有为政府"的有机结合，既充分尊重市场机制对于中小企业的自由筛选，又积极协同大企业通过产业链和供应链的融通互惠，形成培育中小企业"个转企""小升规""规做精""优上市"的发展格局。

五 结论、讨论与政策建议

（一）制度逻辑及理论涵义

本文就1978~2022年中央政府部门发布的中小企业支持政策文本进行量化分析，引入生命周期模型理论工具，构建四维耦合分析框架，展开实证分析和学理诠释，得到如下研究结论：从支持政策的演进路线来看，我国中小企业发展的制度逻辑在于"先发展后支持"，凸显"政策窗口效应"和"政策红利效应"。其一，"先发展后支持"政策演进逻辑在于，国家政策面从准许私营经济发展，到随着市场经济改革的深入而鼓励非公有制中小企业的发展，再到随着中小企业的社会贡献度和经济重要性的提升而加大支持力度和赋能创新发展的转折过程。这反映了我国中小企业支持政策的行径路线在于，"准许发展—鼓励发展—帮扶发展—赋能发展"，也即从"准做"到"给机会"，再从"给政策"到"给资源"的演进历程。其二，"政策窗口效应"在于，改革开放以来的政策侧重点因宏观经济发展需要和随着经济体制改革的节奏而快速更迭主管部门、政策内容和政策工具，作为支持对象的中小企业群体能否受益及哪些企业能受益与"政策窗口"强相关，这凸显了政效引导性和经济变革性两个特征。此举一方面增加了中小企业个体层面的政策环境不确定，另一方面作为外生政策环境压力优化了中小企业整体的市场竞争机制和市场抉择机制，经由淘汰后进企业和市场出清，有力支持了中国经济的高增长。其三，"政策红利效应"在于，政策总体呈现"先发展后支持"和"政策窗口效应"，因此我国绝大多数中小企业的成长并非直接来自政策支持，而是在市场内生动能下的自足式发展；但市场的内生动能又与宏观经济政策推力机制有强相关性，故此中小企业间接受益于国家经济政策，谓之"政策红利效应"。上述主要结论共同解释了我国中小企业发展的制度逻辑，从中小企业发展的微观视角解释了中国经济高增长现象，并以政策文本分析研究宏观政策与微观企业互动关系的范式，从中萃取了中国经济增长的特色和规律。

就理论涵义而言，中小企业支持政策的"先发展后支持"特征及其

"政策窗口效应"和"政策红利效应"，是改革开放的制度逻辑，支持了中国经济的增长。对于这一历史轨迹，需要一分为二地看待其作用。一方面，要辨识规模经济理论的局限性。亚当·斯密在《国富论》中较为深刻地阐述了机器生产下专业化分工与劳动生产率的关系，这对后来的经济理论产生了长远影响。随着产业资本的扩张，全球范围内企业规模都在扩大，人们愈加相信大规模生产方式，形成了规模效益的认知定势，也导致了中小企业的曲折发展（陈乃醒，2000）。20 世纪 90 年代中后期，中小企业成为国民经济的重要组成力量，是"与大企业共同构成国民经济发展的两翼"，必须从战略高度重视中小企业的发展（陈永杰，1997；国务院发展研究中心《促进中小企业发展》课题组，1998）。另一方面，这一制度逻辑也展示了鲜明的中国特色，符合"自助者、天助之"的人文理念，体现了国家资源配置的一贯原则，并且也符合市场规律。故此，强调中小企业的重要性并不意味着未来政策取向就要舍弃"先发展后支持"的制度逻辑；相反，我国市场经济主体的总量和国家总体资源的有限供给，鼓励中小企业的竞争式和自强式发展，政府进行间接资源供给，这始终具有战略意义和政策价值。

就政策涵义而言，从"准许发展、鼓励发展、帮扶发展"到"赋能发展"的制度逻辑演进，当前正处在从以大企业为主导的规模经济向以活力和创新为特色的新经济转换的历史时期。为夯实微观经济基础，我国中小企业发展的制度逻辑正转变为基于产业链、技术链、资金链实现融通发展和协同创新的生态式发展，以及政策驱动下的民营科技创新领军企业、"小巨人"企业、专精特新企业、创新型中小企业的高质量发展。换言之，新时代下的内生动力是未来的主旋律，提升中小企业科技实力和市场竞争力、促进以中小企业为主体的民营经济发展壮大是历史必然。

（二）政策效应及优化建议

我国中小企业的危与机伴生于市场经济浪潮，反映了市场化改革的历史道路。就政策效应而言，一方面，相关支持政策主要针对成熟型中小企业、规模以上中小企业、有盈利能力的中小企业，客观上中小企业整体支持力度不足；另一方面，现有政策也为中小企业生存发展构建了制度环境，并且我国中小型企业已经探索出多渠道式的发展道路。一是国际经贸发展线。面对"入世",中小企业通过参与经济全球化下的分工协作体系获得发展（许坚，2000）。民营中小企业相较于国有大型企业经营机制更具灵活性和适应性，因而更易融入全球市场并与世界经济接轨。二是地区集群式发展线。在浙江、广东、福建等东南沿海地区，中小企业实现了集群式实现，形成了战略联盟和地域集群（陈佳贵和黄群慧，2002；吴德进，2004）。集群内部企业之间有高度专业化的分工、协作、信任、支持关系，因地理位置临近而容易建立信誉机制且降低交易成本，加速知识和信息的流动，形成内生增长动力。三是国企伴生式发展线。这主要体现在以央企为产业轴心的供应商发展模式和承建式发展模式，其资金支持和业务增长高度依赖于轴心企业。四是风险资本发展线。以腾讯、阿里、美团、滴滴等为代表的平台型科技企业，在创业早期有着巨大的资金需求和经营不确定性，其主要是在风险资本的支持、科技的助力下迅速成长和超越内生局限。五是民族品牌发展线。华为公司和海尔集团等民族品牌，通过"苦练内功"，发展成为国际知名企业。总之，我国中小企业的发展反映了政府的管理意图，也体现了中华文化自立自强的发展理念。

我国中小企业支持政策的不足在于，一是环境型政策工具和供给型政策工具占据主导地位，但其中科技支持和人才工具仍有明显不足，并且需求型政策工具缺乏，契合中小企业发展之需的政策工具仍有较大空白。二是从市场化改革起始的"政出多门"和"职能交叉"，到"大部制"改革后的网络协同机制建成，现今府际关系的关联性与一致性增强，但核心部门的政策主导作用仍有待加强。三是此前超半数支持政策的作用对象为全周期中小企业，存在生命周期取向不明的突出问题。虽然上述问题已得到明显改善，但中小企业在划型标准和孵化器容量限制等方面的约束仍较多，需要融合数字经济的新场景进行适当调整。

统揽全文，提出政策优化建议如下：第一，管理体制方面，可强化工信部在统领中小企业管理与政策制定上的核心地位，提高整体性、协同性和联通性；也可以考虑设置独立的中小企业发展与促进主管机构，以加快中小企业的能力建设和现代企业制度建设。第二，政策工具方面，可加快拟定种子期、初创期与成长期中小微企业的相关标准，明确政策工具的生命周期指向性，避免发生实际资源供给与预设对象的错配情况，减轻政府支持资源的低效迭加，并可利用数字技术提升政策对象的精准性和政策工具的靶向性。第三，政策对象方面，可嵌入数字技术和信息技术，做好"企业画像"、动态分析、定点支持，同时还需借助智能化政务体系将政策信息传送到服务对象，以扩大信息供给面和提高信息透明度，从以政策性服务为特色向以信息服务和资源服务为特色的数字支持系统服务转型。第四，创新孵化方面，可以引入数字虚拟政策措施，破除物理园区限制，营造虚拟创业园，让更多初创型企业受益于国家的支持政策。比如，政府可由资源配置主体转变为资源配置协调人，通过数字技术实现更有效的市场配置，促进大中小企业三类市场主体实现联动和交互，形成开放式创新和协作式发展，产生学习效应和集聚效应，锻造新型高精尖产业。第五，建立政策工具的长效稳态机制。长期效能的本质在于保持政策和标准的整体稳定性，以持续修订的方式优化相关政策，避免推倒重来式的政策断层、政策堆叠和政策割裂。目前，真正实现长期效能的政策工具还较为少见，仅《中小企业促进法》和《中小企业划型标准规定》自出台后有多次修订和持续可用。以《中小企业划型标准规定》为例，自 2003 年发布后，在2011 年新增了微型企业的分类，明确了对小微企业的施政依据，2017 年细化了特定行业的划分，2022 年《中小企业划型标准规定（修订征求意见稿）》中增加了对中小企业关联关系的定性判定，以防止大中型企业挤占小微企业的政策资源；同时，企业判定标准由营业收入"或"人员数量/资产规模的可选划型改为"且"的必备划型，此举可通过减少由单一指标判定导致的偏误[1]，增强适用政策条件的可比性和促进支持效能的精准传导。

参考文献

[1] 曹虹剑、张帅、欧阳峣、李科，2022，《创新政策与"专精特新"中小企业创新质

---

① 数字经济时代，大量中小微企业的员工人数或资产总额相对较少，但有远超单一划型标准下的营业收入规模。

量》，《中国工业经济》第11期。

[2] 陈佳贵、黄群慧，2002，《我国中小企业发展的几个问题》，《经济管理》第2期。

[3] 陈乃醒，2000，《认识和利用规律促进中小企业发展》，《中国工业经济》第2期。

[4] 陈永杰，1997，《西方国家中小企业发展经验及其借鉴》，《管理世界》第2期。

[5] 成海燕、徐治立、杨洋，2017，《科技企业发展阶段的创新特征及政策需求——基于企业生命发展周期理论视角》，《科技管理研究》第12期。

[6] 杜宝贵、王欣，2019，《科技企业孵化器政策变迁研究——基于政策文本的量化分析》，《中国科技论坛》第2期。

[7] 郭娜，2013，《政府？市场？谁更有效——中小企业融资难解决机制有效性研究》，《金融研究》第3期。

[8] 国务院发展研究中心《促进中小企业发展》课题组，1998，《必须从战略高度重视中小企业的发展——中小企业的健康发展是发展与改革目标实现的根本保证》，《管理世界》第5期。

[9] 黄萃、任弢、李江、赵培强、苏竣，2015，《责任与利益：基于政策文献量化分析的中国科技创新政策府际合作关系演进研究》，《管理世界》第12期。

[10] 江亚洲、郁建兴，2020，《重大公共卫生危机治理中的政策工具组合运用——基于中央层面新冠疫情防控政策的文本分析》，《公共管理学报》第4期。

[11] 李以所，2012，《德国"担保国家"理念评介》，《国外理论动态》第7期。

[12] 李梓涵昕、周晶宇，2020，《中国孵化器政策的演进特征、问题和对策——基于政策力度、政策工具、政策客体和孵化器生命周期的四维分析》，《科学学与科学技术管理》第9期。

[13] 林毅夫，2002，《自生能力、经济转型与新古典经济学的反思》，《经济研究》第12期。

[14] 刘伟，2008，《论"大部制"改革与构建协同型政府》，《长白学刊》第4期。

[15] 刘小川、王盛，2002，《日本政府的中小企业扶持政策透视》，《现代日本经济》第1期。

[16] 皮建才，2011，《中国大部制改革的组织经济学考察》，《中国工业经济》第5期。

[17] 裘元伦，1998，《德国中小企业政策》，《世界经济》第7期。

[18] 尚虎平、刘俊腾，2023，《公共政策全过程科学评估：逻辑体系、技术谱系与应用策略》，《学术研究》第3期。

[19] 盛东方、尹航，2020，《基于政策文本计算的突发公共事件下中小企业扶持政策供需匹配研究——以新冠肺炎疫情为例》，《现代情报》第8期。

[20] 孙一、牟莉莉、陈广山，2021，《政府补贴如何促进中小企业成长——外部融资及内部研发投入的中介作用》，《新疆社会科学》第6期。

［21］田正，2021，《日本中小企业非研发创新政策支持体系研究——以"机振法"产业政策体系为例》，《现代日本经济》第 5 期。

［22］汪合黔、陈开洋，2022，《创新支持政策对企业研发投入和经营绩效的影响——来自专精特新"小巨人"企业的微观证据》，《南方金融》第 11 期。

［23］王东，2015，《政府采购促进中小企业发展的政策研究》，中央财经大学。

［24］吴德进，2004，《论我国中小企业的集群化发展》，《农业经济问题》第 9 期。

［25］谢婷婷、李嘉辉，2021，《财政金融协同发展缓解中小企业融资约束之效应——基于上市中小企业数据的研究》，《金融理论探索》第 6 期。

［26］熊尧、徐程、习勇生，2019，《中国卫生健康政策网络的结构特征及其演变》，《公共行政评论》第 6 期。

［27］许坚，2000，《经济全球化与中小企业分工协作体系——兼谈加入 WTO 后南京中小企业发展的模式选择》，《南京社会科学》第 1 期。

［28］张璠、王竹泉、于小悦，2022，《政府扶持与民营中小企业"专精特新"转型——来自省级政策文本量化的经验证据》，《财经科学》第 1 期。

［29］张继彤、蒋伏心，2010，《基于时间、空间与产业维度的中小企业政策探索》，《中国工业经济》第 9 期。

［30］张文魁，2022，《我国企业发展政策的历史逻辑与未来取向》，《管理世界》第 12 期。

［31］章文光、闫蓉，2017，《基于政策文本计量的中国中小企业创新政策变迁研究》，《湘潭大学学报（哲学社会科学版）》第 5 期。

［32］赵筱媛、赵勇、赵康，2017，《政策文本计量视角下中美两国中小企业政策对比研究》，《科学学与科学技术管理》第 12 期。

［33］Anderson T. J. 1965. "Pressure Groups and Intergovernmental Relations." *The Annals of the American Academy of Political and Social Science* 359(1)：116–126.

［34］Friedland R. 1991. "Bringing Society Back In：Symbols, Practices, and Institutional Contradictions." *The New Institutionalism in Organizational Analysis* 232–263.

［35］Grimmer J., Stewart B. M. 2013. "Text As Data：The Promise and Pitfalls of Automatic Content Analysis Methods for Political Texts." *Political Analysis* 21(3)：267–297.

［36］Howlett M., Ramesh M., Perl A. 2009. *Studying Public Policy: Policy Cycles and Policy Subsystems*. Oxford：Oxford University Press.

［37］Hsieh C. T., Song Z. M. 2015. "Grasp the Large, Let Go of the Small：The Transformation of the State Sector in China." NBER Working Paper 21006.

［38］Kazanjian R. K. 1988. "Relation of Dominant Problems to Stages of Growth in Technology-Based New Ventures," *Academy of Management Journal* 31(2)：257–279.

［39］Kazanjian R. K., Drazin R. 1989. "An Empirical Test of a Stage of Growth Progression Model." *Management Science* 35(12)：1489–1503.

［40］Loader K. 2018. "Small and Medium-sized Enterprises and Public Procurement：A Review of the UK Coalition Government's Policies and Their Impact." *Environment and Planning C: Politics and Space* 36(1)：47–66.

［41］Lowi T. J. 1964. "American Business, Public Policy, Case-studies, and Political Theory." *World Politics* 16(4)：677–715.

［42］Miller D., Friesen P. H. 1984. "A Longitudinal Study of the Corporate Life Cycle." *Management Science* 30(10)：1161–1183.

［43］Pahnke A., Welter F. 2019. "The German Mittelstand：Antithesis to Silicon Valley Entrepreneurship?" *Small Business Economics* 52(2)：345–358.

［44］Rothwell R., Zegveld W. 1984. "An Assessment of Government Innovation Policies." *Review of Policy Research* 3(3)：436–444.

［45］Schneider A., Ingram H. 1990. "Behavioral Assumptions of Policy Tools." *The Journal of Politics* 52(2)：510–529.

［46］Snider C. F. 1937. "County and Township Government in 1935–1936." *American Political Science Review* 31(5)：884–913.

［47］Viney L. L. 1983. "The Assessment of Psychological States Through Content Analysis of Verbal Communications." *Psychological Bulletin* 94(3)：542.

［48］Wang X., Huang L., Daim T., Li X., Li Z. 2021. "Evaluation of China's New Energy Vehicle Policy Texts with Quantitative and Qualitative Analysis." *Technology in Society* 67：101770.

［49］Wisuttisak P. 2021. "Comparative Study on Regulatory Frameworks for Promotion of Startup Businesses and SMEs in Japan, Republic of Korea, Malaysia, and Thailand." *Investment in Startups and Small Business Financing* 3–32.

［50］Yang C., Huang C. 2022. "Quantitative Mapping of the Evolution of AI Policy Distribution, Targets and Focuses over Three Decades in China." *Technological Forecasting and Social Change* 174：121188.

（责任编辑：张容嘉）

城市收缩的经济后果：基于2845个县级市的证据

陈启斐　袁　杰　张　赛　岳中刚[*]

摘　要： 本文利用2001~2019年中国2845个县级市数据，匹配2000~2013年中国工业企业数据，考察城市收缩对经济增长的影响。研究发现，第一，城市收缩显著地抑制经济增长。数据显示，城市收缩导致经济增长下滑6.91%。细分行业后发现，收缩城市的第一产业增加值下降11.8%，第二产业增加值下降17.8%，第三产业增加值下降30.2%。这意味着，人口流出不仅影响农业部门和工业部门的增加值，而且对于服务部门的负面冲击更大。第二，2008年之后，城市收缩对经济增长的负面冲击进一步强化，城市收缩导致GDP增长下滑12.3%，高于样本期内的平均水平。第三，机制研究表明，城市收缩会通过阻碍全要素生产率的提升，减少研发投入、抑制企业进入、提高企业退出率，最终抑制经济增长。但是，城市收缩不会抑制居民消费。此外，本文还进行了多种稳健性检验，实证结果均不会改变。研究表明，人口流出会造成经济下行，需要统筹城乡发展，推进区域经济均衡增长。

关键词： 收缩型城市　经济增长　全要素生产率　研发投入

---

* 陈启斐（通讯作者），副教授，南京财经大学，电子邮箱：chennpl@126.com；袁杰，研究生，南京财经大学，1539059725@qq.com；张赛，研究生，南京财经大学，电子邮箱：664490559@qq.com；岳中刚，教授，南京邮电大学，电子邮箱：yuezg@njupt.edu.cn。本文获得国家自然科学基金项目（72173062）、国家社会科学基金项目（23BJL078）、教育部人文社会科一般项目（21YJC790014）的资助。感谢匿名审稿专家的宝贵意见，文责自负。

一　引言

城镇化已经成为中国经济增长最重要的内生动能。大量研究表明，城镇化促进了人口净流入地区的研发创新、经济增长以及福利水平提升（雷潇雨和龚六堂，2014；叶文平等，2018；周敏慧等，2017）。随着地区户籍限制的放宽，城镇化发展加速，在强化产业和人口双重集聚的同时也造成了部分地区的人口流出和经济萎缩（陆铭，2021；魏后凯，2014）。现有研究鲜有关注人口流出地区的经济增长问题。2019年3月，国家发改委发布的《2019年新型城镇化建设重点任务》（以下简称《任务》）中提及"收缩型城市"，这是官方文件首次出现关于城市收缩的提法。《任务》明确指出，要瘦身强体，转变惯性增量规划思维，严控增量、盘活存量，引导人口和公共资源向城区集中。2020年4月，国家发改委发布《2020年新型城镇化建设和城乡融合发展重点任务》，提出有序推进"县改市""县改区""市改区"，稳妥调减收缩型城市市辖区，审慎研究调整收缩型县（市）。地理区位差异和非均衡政策必然导致地区经济发展差异，随着人口流动壁垒的消除，城市扩张和收缩成为发展中国家的常态（魏守华等，2018）。城市收缩是经济发展的必然，是调整经济地理格局、优化空间形态的体现。无论是资源枯竭还是产业结构调整都会导致城市收缩。许多发达国家都经历过城市收缩，许多地区现仍在受城市收缩的影响。美国的底特律、匹兹堡，德国的莱比锡，英国的利物浦等城市都是收缩型城市的代表。研究收缩型城市的经济增长问题，对于促进发展中国家经济高质量发展具有重要意义。

中国的城市格局处于新时代蝶变的奇点，正从主动分散的中小城市化走向大都市圈化。人口的迁移不仅促进大城市经济发展，也造成中小城市经济放缓。这又进一步加剧人口迁移倾向，造成区际发展失衡。现有关于城市化的研究主要存在以下不足：一方面，只关注人口净流入地区，忽视对人口净流出地区的研究。学者主要关注人口净流入地区的经济增长、研发、创业和农民工生存及其子女教育等问题（蔡昉，2013；段巍等，2020；王丽莉和乔雪，2020）。缺少对收缩型城市经济发展问题的研究。另一方面，研究多基于地级市数据，缺乏对县域层面的研究。地级市层面的数据是高度加总的，不便于分析人口迁移的深层次影响。《中国城市统计年鉴》中的数据口径是全市或者市辖区，缺乏县级数据。三、四线城市即使有人口迁出，还可以从下辖的县级市吸收部分人口。中国人口流出主要发生在公共基础设施相对薄弱、教育医疗资源相对缺乏的县级市。

本文从以下方面扩展现有研究：第一，相较于现有研究，本文关注人口流出地区，采用2001~2019年中国2845个县级市的数据，更加细致地考察收缩型城市的经济增长问题。实证结果显示，城市收缩后经济增长下滑6.91%。农业、工业和服务业的增加值都有所下降，并且对服务业负面冲击最大。城市收缩会伴随工业部门的衰落，从而无法支撑金融、信息、研发等高端服务业的发展；同时，人口流出导致本地化特征明显的消费性服务业需求不足，其发展被抑制。分时间段研究发现，人口流出对经济增长的抑制和产业的冲击主要发生在国际金融危机之后。第二，本文从人均资本、全要素生产率、研发投入和消费需求等方面考察城市收缩对经济增长的内在影响机制。城市收缩抑制内陆地区的人均资本提升，但是会促进沿海地区人均资本的提升。这种异质性的影响，也造成了内陆地区全要素生产率下滑和沿海地区全要素生产率上升两种现象并存。进一步，城市收缩会导致研发投入不足，妨碍长期的经济增长。从需求侧的研究发现，城市收缩不影响消费水平提升，这主要是源于中国人的"故土情结"，即使流出人口不在本地常住，但主要收入仍留于本地消费（蔡昉，2013）。第三，企业动态的进入和退出是影响经济绩效的重要原因（Baccini等，2019；Brandt等，2017；Carballo等，2018；Feenstra和Weinstein，2017；Gopinath和Neiman，2014）。本文将县级市数据和中国工业企业数据库相匹配，探讨城市收缩对企业进入退出决策的影响。研究发现，城市收缩引致企业进入和退出决策的动态调整是影响地区经济增长的重要渠道。随着城市收缩，进入企业数量减少，同时退出市场的企业逐步增加。两者叠加，导致企业不断减少；随着企业减少，就业岗位进一步萎缩，迫使人口进一步流出，最终抑制当地经济增长。为了保证实证结果的可靠性，本文进行了多种稳健性检验，实证结果均保持高度的一致性。

本文余下部分的安排如下：第二部分介绍收缩型城市类型和研究综述。第三部分介绍实证策略，交代数据来源。第四部分对城市收缩和经济增长之间的关系进行实证分析。第五部分对实证结果进行稳健性检验。第六部分进一步探讨城市收缩影响经济增长的内在机理。第七部分，总结全文并提出相关政策建议。

二　收缩型城市类型和研究综述

（一）城市收缩的类型

目前，我国收缩型城市主要有以下四种类型，也在一定程度上反映了人口迁移的原因。

第一，资源枯竭型城市。鹤岗是资源枯竭型城市的代表。鹤岗作为我国重要的煤炭基地，别称"煤城"。随着煤炭资源的枯竭，人口大规模流出，城市人口老龄化严重。2018年，鹤岗人口已不足百万，与十年前相比，人口净流出率达5%。此外，阜新、玉门、伊春、鸡西等资源型城市都出现了较为严重的收缩问题。2008年3月，国家发改委确定了国家首批资源枯竭型城市，共有12个城市被列入。包括阜新、伊春、辽源、白山、盘锦、石嘴山、白银、个旧（县级市）、焦作、萍乡、大冶（县级市）、大兴安岭。2009年和2012年，国家发改委又确立了两批资源枯竭型城市，三批次共确定69个资源枯竭型城市。

第二，产业结构调整型城市。改革开放以来，我国制造业嵌入全球价值链，实现长足的增长。但是随着全球经济上行周期的终结，产能过剩的问题日益突出。许多工业基地都面临结构转型的阵痛，造成人口流出。鞍山、马鞍山、攀枝花、本溪、抚顺等钢铁城市都面临结构调整的问题。

第三，相对区位劣势型城市。城市的地理区位也是人口流动的重要因素。靠近公路、铁路和港口的城市，得益于低交通成本；资源丰裕度较高的城市则可以发展特色产业。但是也有一些城市既不是交通枢纽，又远离城市群，本身资源匮乏。比如，如东县虽然靠近海边，但是临海地区都是滩涂，无法建设优质港口，自身产业也缺乏特色；同时，交通条件差。而南通六县，通州和海门已经"县改区"，启东、如皋和海安也都"县改市"，只有如东还停留在县。同时，如东也是南通唯一没有通高铁动车的地区。此外，中国纬度最高的城市——呼伦贝尔，年平均温度–5℃，号称"中国冷极"，年封冻期200天以上，极端的气候特征也使得呼伦贝尔成为收缩型城市。

第四，城市群周边城市。还有一类城市，区位条件尚可、气候适宜，但是由于靠近区域增长极，面临虹吸效应进而成为收缩型城市。这些城市大多处于东部较为发达的地区，靠近都市圈，由于历史、文化和生活习惯近似，人口逐步迁移到城市群的核心城市。比如巢湖市，自身缺乏经济增长点，2011年经国务院批准，安徽省人民政府正式宣布撤销地级巢湖市，设立县级巢湖市，并对部分行政区划进行调整，原地级巢湖市所辖的一区四县分别划归合肥、芜湖、马鞍山三市管辖。此外，镇江市的句容县毗邻南京市栖霞区，语言、生活习惯都极为接近，随着宁镇扬一体化战略的实施，句容县人口持续流向南京市。

（二）研究综述

首先，学者重点分析城镇化的原因。朱江丽和李子联（2016）发现户籍改革降低了农村劳动力迁移成本。"核心—边缘"格局形成后，中心地区集聚程度会先上升后下降。叶文平等（2018）将异质性社会个体与企业家创业的职业选择假设引入到垂直联系的自由企业家模型，分析人口流动对城市创业的作用机理。他们发现，市场规模、知识溢出与低中间品价格会吸引人口流入，进而提升城市创业活跃度。王丽莉和乔雪（2020）构建人口流动摩擦的一般均衡模型发现，城市劳动力进入壁垒导致城市化滞后，城市规模分布呈现城市扁平化的特征。此外，行政区划调整是推动城市化的重要政策，唐为和王媛（2015）通过分析2000~2010年人口普查数据发现，撤县设区的城镇常住人口数显著增加，主要是来自本县和外省的人口迁入；并且东部地区和市场潜能更大的城市表现出高集聚效应。魏守华等（2018）利用中国646个县级市数据，验证Zipf定律和Gibrat定律在中国城市规模分布的适用性，以及对人口迁移的影响。

其次，余华义（2015）利用1998~2013年省级面板数据证实城镇化使城市公共服务需求增加，可能导致公共财政支出增加。李猛（2016）探讨人口流入城市对其公共债务的影响。人口流入导致财政支出重心从生产率较高的建设性项目转向生产率较低的社会性项目，财政支出缺口扩大。周敏慧等（2017）研究农村人口迁入对城市创新的影响。其进城之后会更倾向于从事企业家型的创业活动。雷潇雨和龚六堂（2014）通过分析中国176个城市的数据发现，城镇化提高了城市消费水平，并且中部城市比东部城市更容易通过扩大人口规模来提高自身生产能力和消费增速。魏守华等（2016）分析城市化对生产率的影响。他们利用1997~2013年中国286个城市数据发现，城市化对生产率的影响不显著；而多中心集聚则显著提高了城市生产率。这说明，低水平的城市扩展无法支撑生产率的提升。经济发展始终面临着经济增长与区域平衡的双重目标，陆铭和向宽虎（2014）认为增强劳动力的流动性可以实现效率和平衡。中国的经济活动和人口的空间分布正在进行巨大的调整，人口逐步向大城市和周边都市圈迁移。陆铭（2021）认为偏远地区应该发展农业、旅游业和资源型产业。

同时，学者们还关注人口流动及其影响。中国自20世纪80年代以来出现了快速的城市化进程，同步城市萎缩现象长期存在。李郇等（2017）指出"城市收缩"研究中面临的主要问题。第一，城市收缩应该如何理解？第二，城市收缩能否为短期现象？第三，城市收缩与存量规划的关系。第四，如何区分城市收缩的现象与成因机制？第五，城市收缩的指标与识别问题。龙瀛和吴康（2016）指出，收缩城市是城市的一种，西方语境下的"收缩城市"与中国差异较大。要研究中国的收缩城市，首先应该探究城市定义的本源，否则会造成研究对象是收缩的区域而不是城市，也有可能遗漏样本。孟祥凤等（2021）利用百度慧眼2016年11月至2018年11月200 m格网的常住人口数据发现，常住人口减少的实体城市共1506个，占实体城市总量（3022个）的49.8%，其将常住人口减少的城市定义为收缩型城市。龙瀛和吴康（2016）利用城市建设用地数据、人口密度数据等识别城市收缩问题。Tombe和Zhu（2019）分析货物市场和劳动力市场摩擦对生产率的影响。两位学者利用国际和国内贸易摩擦数据，以及区域和部门的移民数据分析贸易和移民的成本，2000年成本达到最高值，随后开始下降。成本下降导致36%的劳动生产率上升（2000~2005年）。量化分析表明，户籍限制放宽，人均GDP上升13%，福利上升46%。Imbert等（2022）利用2000~2006年中国制造业企业的纵向数据，对农业收入冲击诱发的城乡人口迁移外生变异进行识别。研究发现，当移民增加时，制造业生产趋于劳动密集型，劳动生产率下降。分析专利申请和产品信息调查生产重组发现，城乡人口迁移既会导致以劳动力为导向的技术变革，也会导致劳动密集型产品的品种增加。人口迁移导致劳动力成本下降，就业扩大，劳动生产率下降。同时，移民还会使低生产率的企业获益，移民进入高生产率地区，对要素均等化有重要作用。张少华和陈洁仪（2022）从"资源错配"新视角出发，利用2010~2019年287个地级市及以上的数据，系统分析了中国收缩城市和非收缩城市的资源配置情况。收缩城市的资源错配问题严重，既存在资本配置过剩，也存在劳动力配置过剩。An等（2024）基于中国2014年的户籍改革，研究了劳动力市场变化。研究发现，2014年的户籍改革政策实施后，非特大城市（人口数低于500万的城市）农民工的工资相对特大城市下降了2.6%~7.9%。相比之下，该政策对非特大城市本地人的工资没有负面影响。此外，还有学者考察了人口流动对贸易的影响。Liu等（2023）构建了一个多部门空间一般均衡模型，以异质企业和工人的区位选择为特征，利用三种政策变化（中国的进口关税、针对中国出口的关税和国内人口流动壁垒）来解释1990~2005年中国出口激增的现象。关税和户籍政策共同贡献了中国出口增长的30%。同时利用经验数据发现，关税和户籍政策存在积极的相互作用。伴随着户籍政策改革，中国产业出口导向更强，在开放贸易的背景下，中国实现更快的出口增长。

最后，学者会关注城镇化和社会公平的关系。万广华（2013）基于泰尔指数，研究城镇化和社会不均等的关系。利用《中国统计年鉴》中的数据发现，1978~1994年，城镇化加快的同时社会不均等加剧；1995年后贫富差距缩小。罗知等（2018）认为城镇化应该兼顾效率和公平。他们利用中国省级面板数据发现，关注收入分配的省市的城镇化水平会高出不关注的地区2个百分点。随后，学者针对推动城镇化纷纷提出建议。蔡昉（2013）

认为以农民工市民化推动城镇化发展，通过改革户籍制度，让农民工留在城市。苏红键和魏后凯（2013）利用中国地级市数据考察城市密度效应和最优城市人口密度，中国城市的密度效应呈现倒U形特征。针对近三十年来中国不同等级城市人口增长的显著差异，魏守华等（2020）阐释了城市发展政策对城市人口增长差异及城镇体系演变的影响。将国家级开发区和撤县设区作为代理指标，发现城市规模越大，对人口增长的带动能力越强。段巍等（2020）拓展Rosen-Roback模型构建中国城镇居民福利变动的核算框架，分析城镇化对居民福利的影响，通过分析2000~2017年271个地级市数据发现，样本期内中国城镇居民福利增长370.92%。

以上研究主要关注人口迁入以及人口流动的整体经济和贸易效应，虽然已有对人口迁出地，即城市收缩问题的相关考察，但仍主要停留在溯源与识别阶段，未有针对城市收缩的经济后果的研究。

三　实证策略与数据介绍

（一）计量模型

根据本文的样本特征，本文借鉴Baccini等（2019）以及叶文平等（2018）的实证方法，构建如下计量模型：

$$\ln pgdp_{it} = \alpha + \beta \times shrinking_{it} + \eta \times \sum Z_{it} + \delta_i + \mu_t + \varepsilon_{it} \tag{1}$$

其中，$pgdp_{it}$表示城市的经济增长。$shrinking_{it}$是收缩型城市的虚拟变量，如果该城市为收缩型城市，则赋值为1，否则为0。Z_{it}表示一系列影响经济增长的控制变量，μ_t表示年份固定效应，δ_i表示城市固定效应，ε_{it}是随机误差项。本文关心的核心变量是β，如果该变量为正，则表明城市收缩会促进经济增长；如果该变量为负，则表明城市收缩会抑制经济增长。

式（1）可能存在内生性问题。第一，城市收缩内生于经济增长，内生性问题导致计量结果出现偏误。第二，固定效应的最小二乘法在本文的估计中效率偏低。第三，部分极端城市的干扰。一方面，人口有向大城市集聚的动态特征，导致城市扩张具有自增强特征。另一方面，部分特大城市存在主动调整的情况。因此，在计量中需要解决这些异常值。针对以上问题，进行如下稳健性检验。其一，本文更换估计方法，采用泊松极大似然估计方法进行检验提高估计效率。其二，调整样本，将北京和上海等主动收缩的城市从样本中剔除。其三，采用工具变量解决内生性问题。其四，基于户籍改革政策的外生冲击，对结果进行稳健性识别。

（二）变量说明

1. 被解释变量：经济增长（*pgdp*）

本文的被解释变量是城市 GDP 增长率，采用每个县级市真实人均 GDP（经过 GDP 平减指数调整）增长率。图 1 给出样本期内，中国县级市人均 GDP 的增长率。自中国加入 WTO 之后，GDP 快速增长，2013 年前后达到峰值，随后 5 年在高水平徘徊。2019 年受到全球经济不确定性的影响，GDP 增长率所有下降。

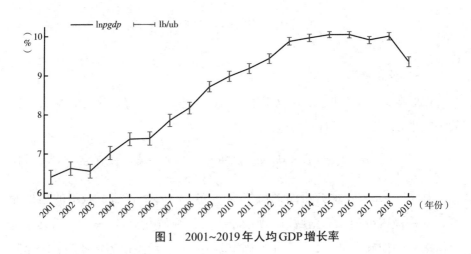

图1 2001~2019年人均GDP增长率

2. 解释变量：收缩型城市（*shrinking*）

城市收缩并非中国特有的问题，德国鲁尔、法国洛林和美国的休斯敦等地区，都经历过城市收缩的阶段，主要体现在人口流出、产业衰退、城市空间和公共设施闲置等方面。在我国，还有常住人口少于户籍人口现象。本文根据孟祥凤等（2021）、张少华和陈洁仪（2022），以及"城市世界研究网络"（Shrinking City International Research Network， SCIRN）的研究，将收缩型城市定义为：人口数超过1万人，连续两年人口持续流出的城市。我们利用县级市的常住人口流出情况测度收缩型城市。

3.控制变量

本文还对其他影响地区经济增长的因素进行控制，主要有：第一，信息化水平（inter），随着模块化的兴起和产业结构日趋柔性化，信息化对经济发展的重要性愈发突出。因此，本文在计量方程中引入信息化程度，以宽带接入用户数衡量信息化水平。第二，政府能力（tax），在经济体量较小的县级市，政府对于经济发展有重要的影响。有为政府可以实施积极的产业政策，支持朝阳企业，带动就业，促进经济增长。因此，本文在计量方程中引入政府能力，用地区税收收入衡量政府能力。第三，金融发展程度（finance），金融业对于现代经济增长有不可替代的作用，金融业发达的地区一般经济发展水平也较高。但是过度金融化也可能反噬实体经济。因而在计量方程中引入金融发展程度，用金融机构人民币各项贷款余额作为金融发展程度的衡量指标。第四，社会保障水平（social），随着分工的深化，现代经济体系相互依赖程度越高，越需要完善的社会保障体系以维持经济运转。突发性的公共安全事件可能在短期对经济造成巨大冲击。因此，社会保障体系是保证经济长期稳定增长的关键。本文用城市医疗卫生机构床位数衡量社会保障水平，控制其对经济增长的影响。

（三）统计性描述

本文的样本来源于《中国城市统计年鉴》，剔除部分数据质量较差的地区，保留2845个县级市。样本期为2001~2019年。为了更加直观地展示数据特征，表1给出数据的统计性描述。

表1 统计性描述

变量	观测值	均值	标准差	最小值	最大值
lnpgdp	54036	10.001	1.051	6.460	15.691
lnfirst	51016	12.887	1.308	4.615	19.980
lnsecond	54035	12.370	1.674	0.337	17.881
lnthird	54036	12.437	1.462	7.372	18.095

续表

变量	观测值	均值	标准差	最小值	最大值
shrinking	54036	0.181	0.385	0.000	1.000
ln*inter*	54045	0.189	0.611	0.001	4.881
ln*tax*	54038	3.690	5.179	1.486	15.395
ln*finance*	54039	4.262	6.272	1.609	18.886
ln*social*	54041	3.546	3.674	2.565	10.403

注：ln*first*、ln*second* 和 ln*third* 分别表示第一产业增加值、第二产业增加值和第三产业增加值，这三个指标并没有出现在基准回归中，而是用于分行业考察。

四 实证分析

（一）基准回归

首先，本文采用双固定效应考察城市收缩的经济后果，实证结果见表2，可以得到如下结论。

表 2 全样本回归

变量	(1) ln*pgdp*	(2) ln*pgdp*	(3) ln*pgdp*
shrinking	0.030	−0.107***	−0.069**
	(0.037)	(0.037)	(0.030)
ln*inter*	0.271***	0.207***	−0.186***
	(0.024)	(0.024)	(0.023)
ln*tax*	0.098***	0.071***	0.007*
	(0.003)	(0.004)	(0.004)
ln*finance*	−0.004	−0.001	−0.063***
	(0.003)	(0.003)	(0.003)
ln*social*	0.274***	0.232***	0.151***
	(0.005)	(0.005)	(0.006)
Constant	7.148***	7.476***	8.529***
	(0.026)	(0.030)	(0.031)
年份固定效应	否	是	是

变量	(1)	(2)	(3)
	ln*pgdp*	ln*pgdp*	ln*pgdp*
城市固定效应	否	否	是
观测值	54035	54035	54035
R^2值	0.169	0.200	0.647

注：*、**、***分别表示在10%、5%、1%水平上显著，括号中的数字为稳健的标准误。

表2的第（1）列是不控制固定效应的回归结果，*shrinking*的偏回归系数不显著。第（2）列是控制年份固定效应的回归结果，此时*shrinking*的偏回归系数显著为负，表明考虑其他时变因素后，城市收缩会显著抑制经济增长。第（3）列进一步控制城市固定效应，*shrinking*的偏回归系数的绝对值变小，这说明有不可观测的地区层面因素影响回归结果，双固定效应的结果优于单一固定效应。并且偏回归系数在1%的显著性水平上通过检验，表明城市收缩的经济效应是真实存在的。在第（3）列中，*shrinking*的偏回归系数为-0.069。这意味着，城市发生收缩后经济增长下滑6.9%。收缩型城市经济增长放缓的原因主要有：第一，资源枯竭。鹤岗、鸡西、双鸭山、七台河、伊春、大庆、吕梁、阜新等资源枯竭型城市都是收缩型城市。这类城市的产业结构主要依附于当地特色资源，传统的煤炭、石油、森林等资源的枯竭导致传统支柱产业无法支撑城市经济发展，导致经济增速下滑。第二，传统产品需求不足。国际金融危机之后，以钢铁、水泥为代表的传统制造业需求疲软，产品价格不断走低。以鞍山（鞍钢）、攀枝花（攀钢）、邯郸（邯钢）和马鞍山（马钢）为代表的部分重工业城市结构转型缓慢，以重化工业为支柱的城市无法适应产业转型升级趋势，再加上国有经济体制转型迟滞且成本较高，不得不面临产业衰退和人口外流的双重危机。第三，虹吸效应。一方面，随着新型城镇化的推进，大量人口涌入就业机会多、工资高、公共设施完备的一、二线城市。另一方面，为了集中资源强化都市圈发展，部分地区也希望通过撤县设市和拆分城市等方式增强城市群的增长极效应。大城市承担虹吸和溢出双重效应。城市群中心城市吸收了城镇化的主要红利，而周边城市如果不能及时有效地承接中心城市的产

业转移，将面临经济下滑的风险。

（二）分行业

收缩型城市大多是资源导向型城市和重工业城市，这是否意味着城市收缩的影响集中体现在第一产业和第二产业？目前，中国正处于产业结构转型的关键时期。2020年，第三产业增加值比重为54.5%。城市收缩是否会对服务业产生冲击？针对该问题，本文用式（1）对不同行业的附加值进行实证分析，实证结果见表3。

表3　城市收缩对不同行业的影响

变量	（1）全样本	（2）沿海地区	（3）内陆地区	（4）全样本	（5）沿海地区	（6）内陆地区	（7）全样本	（8）沿海地区	（9）内陆地区
	ln*first*	ln*first*	ln*first*	ln*second*	ln*second*	ln*second*	ln*third*	ln*third*	ln*third*
shrinking	−0.118***	0.016	−0.135***	−0.178***	0.018	−0.201***	−0.302***	−0.249***	−0.177***
	(0.033)	(0.067)	(0.035)	(0.032)	(0.068)	(0.033)	(0.027)	(0.030)	(0.053)
ln*inter*	−0.210***	−0.382***	−0.214***	−0.174***	−0.397***	−0.211***	0.073***	0.059*	−0.246***
	(0.024)	(0.037)	(0.039)	(0.024)	(0.038)	(0.037)	(0.021)	(0.034)	(0.030)
ln*tax*	0.011***	0.065***	−0.023***	0.009***	0.049***	−0.016***	0.021***	−0.016***	0.073***
	(0.004)	(0.006)	(0.004)	(0.004)	(0.006)	(0.004)	(0.003)	(0.004)	(0.005)
ln*finance*	−0.043***	−0.053***	−0.036***	−0.025***	−0.028***	−0.021***	−0.005	0.014***	−0.021***
	(0.003)	(0.006)	(0.004)	(0.003)	(0.006)	(0.004)	(0.003)	(0.004)	(0.005)
ln*social*	0.071***	0.215***	−0.026***	0.084***	0.198***	0.006	0.033***	−0.037***	0.139***
	(0.006)	(0.011)	(0.007)	(0.006)	(0.011)	(0.006)	(0.005)	(0.006)	(0.008)
Constant	11.340***	10.790***	11.640***	10.600***	10.290***	10.800***	6.000***	6.010***	6.043***
	(0.027)	(0.061)	(0.028)	(0.026)	(0.061)	(0.025)	(0.022)	(0.023)	(0.047)
年份固定效应	是	是	是	是	是	是	是	是	是
城市固定效应	是	是	是	是	是	是	是	是	是
观测值	51016	17859	33157	54035	18810	35225	54036	35226	18810
R^2值	0.714	0.676	0.754	0.728	0.668	0.786	0.679	0.729	0.622

注：ln*first*、ln*second*和ln*third*分别表示第一产业、第二产业和第三产业的取对数的增加值，其余同表2。

中国内部的人口迁移主要从内陆地区流向沿海地区，城市收缩对"胡焕庸"线两侧产业发展存在差异性影响。因此，我们将样本划分为沿海地区和内陆地区，分别考察收缩型城市对三次产业增加值的影响。表3的列（1）、列（4）和列（7），分别是城市收缩对第一产业增加值、第二产业增加值和第三产业增加值的影响。数据显示，城市收缩导致第一产业增加值下降11.8%，第二产业增加值下降17.8%，第三产业增加值下降30.2%。这意味着，人口流出影响农业部门、工业部门和服务部门的增加值；其中对于服务部门的负面冲击最大，显著高于其他两个部门。金融服务、信息服务、研发服务和ICT技术等服务行业是现代服务业的核心部门，是后工业化时代、经济的新增长点。而收缩型城市基本属于工业化转型滞后的地区，工业体系衰败，无法孕育高技术密集和高知识密集的高端服务业，因此城市收缩会严重阻碍服务业发展。

表3的列（2）、列（5）和列（8）分别是城市收缩对沿海地区第一产业增加值、第二产业增加值和第三产业增加值的影响。对比可以发现，城市收缩对沿海地区的影响主要集中在服务业，对农业和工业的影响不显著。列（3）、列（6）和列（9）分别是城市收缩对内陆地区第一产业增加值、第二产业增加值和第三产业增加值的影响。在内陆地区，农业、工业和服务业的增加值都会随城市收缩而下降。这说明，城市收缩对沿海地区和内陆地区的影响存在明显差异，人口流出会造成内陆地区三次产业全面萎缩，对沿海地区而言只有服务业会受到冲击。这从侧面说明，沿海地区工业化水平较高，已跳出劳动要素驱动模式，逐步实现集约式发展。但是服务业依旧依赖于劳动要素投入。人口的持续流出直接影响消费性服务业的发展；同时工业部门萎缩又间接抑制生产性服务业发展。双重叠加效应加剧了服务业产出的下降。

（三）分时间段

2008年，美国次贷危机爆发，终结了自20世纪90年代以来的全球增长周期。危机后，世界经济步入深度调整期，全球贸易和生产率处于双降状态（Constantinescu等，2019；Fernández和Palazuelos，2018）。经历国际金融危机后，经济内在调整机制发挥作用，不同经济体的稳态产出差距进一步拉大（Furceri 和 Loungani，2018；Gopinath 和 Neiman，2014）。作为全球第二大经济体，中国的城市收缩是否也受到国际金融危机的冲击？针对该问题，我们将样本期划分为2001~2007年和2009~2019年进行实证分析，结果见表4。

表4　城市收缩的时间异质性

变量	(1)	(2)	(3)	(4)	(5)	(6)	(7)	(8)
	2001~2007年				2009~2019年			
	ln$pgdp$	ln$first$	ln$second$	ln$third$	ln$pgdp$	ln$first$	ln$second$	ln$third$
$shrinking$	0.016	0.035	0.041	−0.023	−0.123***	−0.105***	−0.171***	−0.376***
	(0.046)	(0.048)	(0.046)	(0.056)	(0.031)	(0.029)	(0.035)	(0.049)
ln$inter$	0.122	−0.588***	−0.428***	−0.106	0.159***	0.185***	0.153***	0.607***
	(0.144)	(0.140)	(0.135)	(0.166)	(0.028)	(0.022)	(0.027)	(0.038)
lntax	−0.016**	0.116***	0.112***	0.093***	0.007**	0.020***	0.012***	0.005
	(0.008)	(0.007)	(0.007)	(0.009)	(0.004)	(0.003)	(0.004)	(0.005)
ln$finance$	−0.006	0.010	−0.003	0.015*	−0.003	0.028***	0.044***	0.091***
	(0.010)	(0.008)	(0.007)	(0.009)	(0.004)	(0.004)	(0.004)	(0.006)
ln$social$	0.026*	0.164***	0.127***	0.115***	0.194***	0.159***	0.145***	0.073***
	(0.014)	(0.012)	(0.011)	(0.014)	(0.007)	(0.006)	(0.007)	(0.010)
Constant	7.022***	9.351***	8.894***	7.882***	8.557***	11.360***	10.850***	9.839***
	(0.050)	(0.030)	(0.029)	(0.036)	(0.047)	(0.038)	(0.045)	(0.063)
年份固定效应	是	是	是	是	是	是	是	是
城市固定效应	是	是	是	是	是	是	是	是
观测值	11675	17909	19908	19908	24129	27802	28440	28440
R^2值	0.864	0.915	0.910	0.890	0.683	0.809	0.768	0.734

注：同表2。

表4中，第（1）～（4）列是2008年之前的实证结果，第（5）～（8）列是2008年之后的实证结果。对比发现，城市收缩的影响主要发生在2008年之后，前4列中，$shrinking$ 的系数均不显著；而后4列中，系数均显著为负。2008年之后，全球经济政策不确定性增加，国际贸易量萎缩、投资减

少，经济下行压力不断增加（Baker 等，2016；Crowley 等，2018；Dibiasi 等，2018；Feng 等，2017）。实证结果显示，国际金融危机之后，城市收缩导致GDP增长下滑12.3%，高于样本期内的平均水平。这说明，国际金融危机强化了城市收缩对经济增长的负面冲击。进一步，城市收缩导致第一产业增加值下降10.5%，第二产业增加值下降17.1%，第三产业增加值下降37.6%。该结果和整体保持一致，受城市收缩影响最严重的是服务业，工业次之，农业最弱。

五　稳健性检验

上文对城市收缩和经济增长之间的关系进行深入的分析，得到有益的结论。虽然我们尽可能地采用固定效应控制各种不可观测因素的影响，但是实证结果仍可能存在内生性问题。下文将采用多种方法进行稳健性检验。

（一）稳健性检验：调整计量方法

前文采用双固定效应的最小二乘法进行回归。本部分我们引入目前学界较为新颖的固定效应泊松极大似然估计方法，对城市收缩和经济增长的关系进行再考察。该方法同时兼顾最大似然估计和固定效应，估计结果更加稳健（Fauceglia 等，2018；Gervais，2018）。在估计中，我们同时控制城市固定效应和年份固定效应，实证结果如表5。

表5　泊松极大似然估计结果

变量	（1） ln$pgdp$	（2） ln$first$	（3） ln$second$	（4） ln$third$
$shrinking$	−0.006*	−0.009***	−0.014***	−0.041***
	(0.003)	(0.003)	(0.003)	(0.005)
ln$inter$	−0.026***	−0.023***	−0.023***	−0.006**
	(0.002)	(0.002)	(0.002)	(0.003)
lntax	−0.001*	−0.001***	−0.002***	−0.000
	(0.001)	(0.000)	(0.001)	(0.001)
ln$finance$	−0.008***	−0.004***	−0.003***	−0.002***
	(0.000)	(0.000)	(0.000)	(0.000)

续表

变量	(1) ln*pgdp*	(2) ln*first*	(3) ln*second*	(4) ln*third*
ln*social*	0.017***	0.003***	0.004***	0.0019**
	(0.001)	(0.004)	(0.001)	(0.001)
Constant	2.223***	2.530***	2.482***	2.442***
	(0.005)	(0.004)	(0.004)	(0.005)
年份固定效应	是	是	是	是
城市固定效应	是	是	是	是
观测值	52469	48679	51242	48697

注：同表 2。

表 5 第（1）~（4）列分别是城市收缩对经济增长率、第一产业、第二产业、第三产业的影响结果。表 5 的回归结果和基准回归保持高度一致，城市收缩显著地抑制经济增长；并且对服务业的抑制作用最强，工业次之，农业最弱。因此，本文的回归结果不会受到不同估计方法的影响。

（二）稳健性检验：调整样本

部分极值会影响研究的实证结果，例如，北京市为了解决城市功能过于集中的问题，主动向周边城市分散人口。上海市的普陀区和青浦区，在部分年份也存在户籍人口减少的情况。这种主动"瘦身"可能会干扰我们的实证结果。为了解决该问题，本部分将剔除这些情况的干扰，进行稳健性检验，实证结果见表 6。

表 6　调整样本的回归结果

变量	(1) 剔除北京 ln*pgdp*	(2) 剔除上海 ln*pgdp*	(3) 同时剔除北京和上海 ln*pgdp*
shrinking	−0.071**	−0.069**	−0.072**
	(0.030)	(0.030)	(0.030)

续表

变量	(1) 剔除北京 ln*pgdp*	(2) 剔除上海 ln*pgdp*	(3) 同时剔除北京和上海 ln*pgdp*
ln*inter*	−0.189***	−0.187***	−0.190***
	(0.023)	(0.023)	(0.023)
ln*tax*	0.009**	0.003	0.005
	(0.004)	(0.004)	(0.004)
ln*finance*	−0.067***	−0.063***	−0.067
	(0.003)	(0.003)	(0.003)
ln*social*	0.148***	0.149***	0.146***
	(0.006)	(0.006)	(0.006)
Constant	8.542***	8.623***	8.637***
	(0.032)	(0.032)	(0.032)
年份固定效应	是	是	是
城市固定效应	是	是	是
观测值	49548	49548	49244
R^2值	0.647	0.631	0.631

注：同表2。

第（1）列是将北京剔除后的实证结果，第（2）列是将上海剔除后的实证结果，第（3）列是同时剔除北京和上海后的实证结果。我们发现剔除这些主动"瘦身"的样本后，城市收缩依旧会显著地抑制经济增长。因此，本文的实证结果不受极值的影响，是稳健可靠的。

（三）稳健性检验：工具变量

中国改革开放以来，大力发展加工贸易，嵌入GVC，实现经济增长。人口迁移一般从欠发达地区流向发达地区。因此，城市到海外市场的地理距离可以作为本文的第一个工具变量。本文参考黄玖立和李坤望（2006）海外市场接近度指标的处理方法，基于每个县级市的经纬度数据，采用半正矢距离公式，运用Python软件计算县级市到十大港口加权距离。考虑到地理距离不随时间的推移而变化，为了体现动态特征采用2000~2019年官方名义汇率进行调整，本文第一个工具变量是海外市场接近度和官方汇率的乘积：

$$iv_1 = \frac{\sum_{i \in 10} D_i}{10} \times exchange_t \qquad (2)$$

此外，海拔相对较低的地区，气候适宜，经济条件较好，能够吸引人口流入。因此，我们利用城市的海拔，计算县级市距离海平面的距离。同样和官方汇率相乘。本文的第二个工具变量如下：

$$iv_2 = altitude_i \times exchange_t \qquad (3)$$

表 7 给出工具变量的回归结果。

表7　工具变量回归结果

变量	(1) 港口距离加权 lnpgdp	(2) 港口距离加权+海拔 lnpgdp
shrinking	−2.456***	−2.261***
	(0.497)	(0.490)
ln*inter*	−0.164***	−0.165***
	(0.025)	(0.025)
ln*tax*	−0.007	−0.006
	(0.005)	(0.005)
ln*finance*	−0.066***	−0.065***
	(0.004)	(0.004)
ln*social*	0.168***	0.167***
	(0.007)	(0.007)
Anderson 检验	167.675	168.107
	(0.000)	(0.000)
Cragg-Donald 检验 F 值	156.362	78.382
Stock-Yogo 检验值	16.380	19.930
观测值	49852	49824
R^2 值	0.150	0.122

注：同表2。

第（1）列是地理距离的工具变量回归结果。Anderson 检验 F 值对应的 P 值为 0；Cragg-Donald 检验 F 值大于 Stock-Yogo 检验值，因此地理距离工具变量不存在过度性识别和弱工具变量问题，表明工具变量是合理的。回归结果和基准回归保持一致，城市收缩显著地降低经济增速。第（2）列是同时考虑地理距离和海拔高度工具变量的回归结果，弱工具变量检验和过度性识别检验都通过检验。考虑到海拔之后，shrinking 的偏回归系数有所下降，但是依旧在1%的显著性水平上通过检验。这说明城市收缩的确对经济增长造成负向冲击。

（四）稳健性检验：基于户籍改革政策的冲击

为了调整城市规模，实现区域经济协调发展，2014年中国进行了户籍政策改革。2014年7月，国务院发布了《关于进一步深化户籍制度改革的指导意见》，积极扩大小城市规模，适度扩大中等城市规模，严格限制大城市规模。该政策根据城市的人口规模设置不同要求。第一，50万人口以下的小城市取消所有城镇户口的限制。第二，50万~100万人口的中等城市的城镇户口限制被大幅取消。第三，100万~500万人口的大型城市城镇户口依然受到控制；并且300万~500万人口的户籍限制高于100万~300万的人口规模的城市。第四，500万人口以上的特大城市的户口发放依然有严格的限制。

户籍政策的变化与城市的收缩和扩张高度相关，因此将该政策作为外生冲击变量，检验实证结果是否稳健。将2014年及之后年份的时间虚拟变量（year）设为1，之前为0。为了保证识别结果无误，实验组和对照组必须满足平行趋势检验。为此，借鉴范子英和赵仁杰（2019）的事件分析法进行稳健性检验，构建如下方程：

$$\ln gdp_{it} = \alpha + \sum_k \beta_k \times shrinking_{it} + \eta \times \sum Z_{it} + \delta_i + \mu_t + \varepsilon_{it} \qquad (4)$$

其中，k 是相对于城市发生收缩的前三年和后四年虚拟变量，平行趋势如图2。

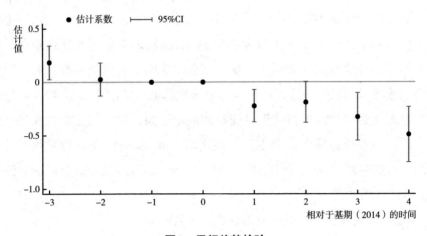

图 2　平行趋势检验

从图 2 中可以发现，城市发生收缩前，实验组和对照组的经济增长不存在显著差异；收缩后，实验组的经济增速明显低于对照组。因此，本文的实证分析通过平行趋势检验。这说明我们可以采用双重差分方法考察户籍改革的政策冲击。实证结果见表 8。

表 8　户籍改革政策冲击的回归结果

变量	（1） ln*gdp*	（2） ln*gdp*	（3） ln*gdp*
City×year	−0.583***	−0.470***	−0.470***
	(0.079)	(0.074)	(0.069)
year	1.807***	0.513***	0.513***
	(0.042)	(0.044)	(0.040)
City	0.229***	0.182***	0.182***
	(0.053)	(0.049)	(0.052)
ln*inter*		0.286***	0.286***
		(0.024)	(0.013)
ln*tax*		0.091***	0.091***
		(0.003)	(0.003)

变量	(1)	(2)	(3)
	lngdp	lngdp	lngdp
ln*finance*		0.000	0.000
		(0.003)	(0.003)
ln*social*		0.253***	0.253***
		(0.005)	(0.006)
Constant	8.172***	7.079***	7.079***
	(0.023)	(0.027)	(0.033)
观测值	39866	39866	39866
R^2值	0.054	0.172	0.172

注：同表2。

表8中第（1）列是双重差分方法的回归结果，可以发现双重差分项系数显著为负。这意味着，户籍改革之后，城市收缩依旧会显著地抑制经济增长。第（2）列是加入协变量后的回归结果。我们发现，引入协变量后，双重差分项的回归系数绝对值有了下降，但是依旧显著为负。第（3）列是在第（2）列基础上重复500次的回归结果，回归系数值大小没有变化，标准误有所下降。因此，政策冲击不会影响本文的回归结果，城市收缩对经济增长的抑制作用不随户籍政策的改变而改变。

六　机制分析

前文的分析表明，随着城市收缩，经济增长速度会显著下降。本部分将进一步考察这种影响的内在作用机理，分别从人均资本、全要素生产率、研发投入、消费需求、企业进入和退出五个方面进行考察。

（一）人均资本

在新古典增长理论中，人均资本是影响经济增长的重要因素。比较优势、专业化和资本积累是提高经济绩效的关键（Connolly和Yi，2015；

Ishise，2016）。Pierce 和 Schott（2018）分析贸易自由化对国内投资的影响，发现进口竞争导致行业投资下降。随着人口的持续流出，短期人均资本会上升；经济增长潜能下降，投资也会随之调整，人均资本可能会下降。因此，我们将考察城市收缩对人均资本的影响。资本数据源于每个县级市的固定资产投资。采用永续盘存法计算资本存量，折旧率设定为 9.6%。利用资本存量除以地区人口数获得人均资本（*pk*）。实证结果如表9。

表9　城市收缩对人均资本的影响

变量	(1) 全样本 ln*pk*	(2) 内陆地区 ln*pk*	(3) 沿海地区 ln*pk*
shrinking	0.040	−0.197***	0.418***
	(0.039)	(0.047)	(0.067)
ln*inter*	−0.166***	0.379***	−0.381***
	(0.030)	(0.054)	(0.038)
ln*tax*	0.097***	0.183***	−0.002
	(0.005)	(0.006)	(0.007)
ln*finance*	0.008**	−0.022***	0.022***
	(0.004)	(0.006)	(0.006)
ln*social*	0.171***	0.279***	0.072***
	(0.008)	(0.011)	(0.011)
Constant	3.478***	3.021***	4.073***
	(0.041)	(0.052)	(0.069)
年份固定效应	是	是	是
城市固定效应	是	是	是
观测值	49852	28702	21150
R^2值	0.698	0.724	0.684

注：同表2。

第（1）列是对全样本的回归结果，城市收缩对人均资本的影响不显著。这意味着，人口流出并非通过人均资本影响经济增长。第（2）列和第（3）列分别是对内陆地区和沿海地区的影响。我们发现城市收缩对两个地区存在明显的异质性：城市收缩抑制内陆地区的人均资本提升，但是会促进沿海地区人均资本提升。两种相反方向的影响导致总样本的影响不显著。

（二）全要素生产率

全要素生产率的增长是促进经济增长最重要的机制之一，随着生产效率提升，经济加快增长（程名望等，2019；李兰冰和刘秉镰，2015；唐未兵等，2014）。进一步考察城市收缩对全要素生产率的影响。首先，需要测度县级市的全要素生产率，参考 Gopinath 和 Neiman（2014）的处理方法，构建如下核算方法：

$$\Delta \ln TFP_{it} = \Delta \ln Y_{it}^{VA} - s_{L_i} \Delta \ln L_{it} - s_{K_i} \Delta \ln K_{it} \tag{5}$$

其中，$\ln Y_{it}^{VA}$ 表示地区 i 在 t 年的增加值，L_{it} 和 K_{it} 分别表示城市的劳动力和固定资本存量。利用盘存永续法计算城市固定资本。s_{L_i} 和 s_{K_i} 分别表示劳动力和资本的份额，分别取 0.7 和 0.3。随后，采用双固定效应进行分析，实证结果见表 10。

表 10　城市收缩对全要素生产率的影响

变量	(1) 全样本 lntfp	(2) 内陆地区 lntfp	(3) 沿海地区 lntfp
shrinking	-0.002***	-0.004***	0.001**
	(0.000)	(0.000)	(0.001)
lninter	-0.001***	0.000	-0.001***
	(0.000)	(0.001)	(0.000)
lntax	0.001***	0.002***	0.000***
	(3.98e-05)	(5.34e-05)	(6.15e-05)

续表

变量	（1）全样本 lntfp	（2）内陆地区 lntfp	（3）沿海地区 lntfp
lnfinance	−5.76e−05	−0.000***	0.000***
	(3.76e−05)	(5.05e−05)	(5.77e−05)
lnsocial	0.002***	0.002***	0.002***
	(6.50e−05)	(8.40e−05)	(0.0001)
Constant	2.494***	2.499***	2.486***
	(0.000)	(0.000)	(0.001)
年份固定效应	是	是	是
城市固定效应	是	是	是
观测值	54036	35226	18810
R^2值	0.743	0.772	0.679

注：同表2。

表10中第（1）列是对全样本的回归结果，城市收缩会显著地抑制全要素生产率，但是影响程度较小。数据显示，收缩城市的全要素生产率约下降0.2%；并且这种影响主要是由内陆地区全要素生产率下降引起的。一旦内陆地区的城市收缩，tfp 将下降0.4%。但是沿海地区城市收缩，会提高tfp。沿海地区经济发展水平较高，逐步走出劳动要素驱动的状态。北京、上海、深圳等城市都实施了严苛的户籍政策。此时，人口流出会带动人均资本提升，促进经济增长。

（三）研发投入

研发投入是经济保持长期增长的重要因素（刘乐淋和杨毅柏，2021；Basile等，2018；Steinberg等，2017）。因此，本文的第三个机制将考察城市收缩对研发投入的影响，分析研发投入是否随着城市收缩而下降，并最终抑制经济增长。研发投入数据来自各个县级市的统计年鉴，采用双固定效应，实证结果见表11。

表11　城市收缩对研发投入的影响

变量	（1）全样本 lnrd	（2）内陆地区 lnrd	（3）沿海地区 lnrd
shrinking	−0.337***	−0.128***	−0.486***
	(0.025)	(0.025)	(0.051)
lninter	1.369***	2.127***	0.564***
	(0.019)	(0.028)	(0.029)
lntax	0.164***	0.120***	0.212***
	(0.003)	(0.003)	(0.005)
lnfinance	0.033***	0.041***	0.019***
	(0.003)	(0.003)	(0.005)
lnsocial	0.030***	0.018***	0.057***
	(0.005)	(0.005)	(0.008)
Constant	0.665***	0.296***	1.574***
	(0.020)	(0.019)	(0.046)
年份固定效应	是	是	是
城市固定效应	是	是	是
观测值	54033	35225	18808
R²值	0.674	0.673	0.679

注：同表2。

第（1）列是全样本的回归结果，实证结果显示：城市收缩后，当地研发投入下降33.7%。我们认为，城市收缩通过以下两个方面影响研发投入。①直接机制。在发展中国家，研发弹性较高，随着人口持续流出，研发投入会大幅度减少。②间接机制。人口流出导致经济增长的不确定性上升，而研发对于经济政策不确定性高度敏感（Baker等，2016）。第（2）列和第（3）列的研究结果表明，城市收缩对内陆地区和沿海地区的研发投入影响相同，并且沿海地区研发投入对城市收缩的弹性更高。这是由于沿海地区经济发展水平较高，创新驱动逐步显现。因此，城市收缩对沿海地区研发投入的负向影响更大。

（四）消费需求

超大国内市场需求是经济内循环的基础，也是经济保持长期增长的关键。消费需求越旺盛，对产业发展的拉动力越强，进而促进经济增长（郭克莎和杨阔，2017；侯成琪和肖雅慧，2022）。城市人口流出是否会导致需求不足，进而影响经济增长？针对该问题，本文将分析城市收缩对消费需求的影响。将社会消费品零售总额作为被解释变量，采用双固定效应计量方程考察城市收缩对消费需求的影响，实证结果见表12。

表12　城市收缩对消费需求的影响

变量	(1) 全样本 lndemand	(2) 内陆地区 lndemand	(3) 沿海地区 lndemand
shrinking	0.215***	0.220***	0.258***
	(0.039)	(0.041)	(0.080)
lninter	−0.250***	0.172***	−0.650***
	(0.030)	(0.046)	(0.045)
lntax	0.034***	0.048***	0.031***
	(0.004)	(0.005)	(0.008)
lnfinance	0.028***	−0.030***	0.067***
	(0.004)	(0.005)	(0.007)
lnsocial	0.134***	0.050***	0.238***
	(0.007)	(0.008)	(0.013)
Constant	9.206***	9.189***	9.480***
	(0.032)	(0.031)	(0.072)
年份固定效应	是	是	是
城市固定效应	是	是	是
观测值	54036	35226	18810
R^2值	0.690	0.778	0.543

注：同表2。

表12中第（1）列是全样本的回归结果，实证结果显示：城市收缩不仅不会抑制消费，还会促进当地消费。我们猜测这主要是由于中国人的"故土情结"，许多人到经济发达地区工作后，大多不会选择在当地定居，而是将收入寄回家，或者过年回到家乡消费（蔡昉，2013）。这就导致城市人口流出反而会促进当地消费。这和中国二元经济结构高度相关。进一步，我们将样本划分为内陆地区和沿海地区之后发现，这种"提振消费"效应不存在地域差异，无论是沿海地区还是内陆地区，城市收缩都可以显著促进当地消费。

（五）企业进入和退出

企业动态的进入和退出是影响经济绩效的重要现象（Baccini等，2019；Brandt等，2017；Carballo等，2018；Feenstra和Weinstein，2017；Gopinath和Neiman，2014）。人口的动态变化是否会改变企业进入和退出决策？针对该问题，利用2000~2013年中国工业企业数据库数据进行分析。由于2010年数据质量较差，参考谭小芬和张文婧（2021）的处理方法，将2010年数据删除；参照钟宁桦等（2016）的做法，对数据异常值进行剔除。一是删除明显不符合会计准则的观测值，如总资产或总负债小于0的值；二是剔除关键财务指标缺失的数据；三是剔除职工人数少于10人的企业。将本年度出现而上年度未出现的企业，设定为新进入企业；将本年度出现而下年度未出现的企业设定为退出企业。为了更好地测试不同趋势的动态差异，本文采用一系列城市收缩前后的虚拟变量替代$shrinking_{it}$，构建如下计量方程：

$$entry_{it}/exit_{it} = \sum_k \beta_k \times shrinking_{ikt} + \eta \times \sum Z_{it} + \delta_i + \mu_t + \varepsilon_{it} \qquad (6)$$

其中，被解释变量$entry_{it}/exit_{it}$表示新进入企业和退出企业的产值占比，$shrinking_{ikt}$表示城市收缩前后K期的虚拟变量。本文将k值设定为2。图3和图4展示了实证结果。

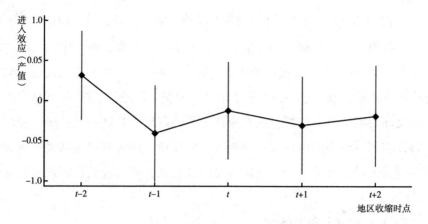

图 3　城市收缩对企业进入的影响

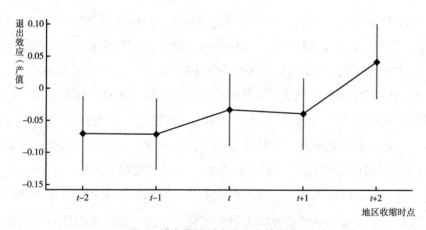

图 4　城市收缩对企业退出的影响

　　从图 3 和图 4 可以发现，城市收缩会显著地改变企业动态进入和退出的决策。随着城市收缩，企业进入数量会逐步下降，同时退出市场的企业数量逐步增加。二者叠加，导致企业数量不断减少；随着企业数量减少，就业岗位进一步萎缩，迫使人口进一步流出，最终抑制当地经济增长。

　　随后，按照企业性质，进一步将样本划分为国有企业、民营企业和外资企业，分别考察城市收缩对三种不同性质企业进入和退出的影响，结果见图 5~图 10。

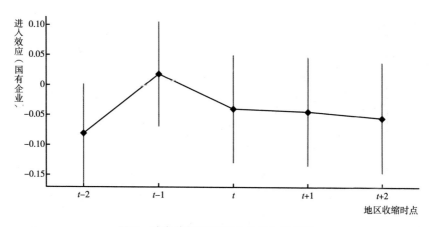

图5　城市收缩对国有企业进入的影响

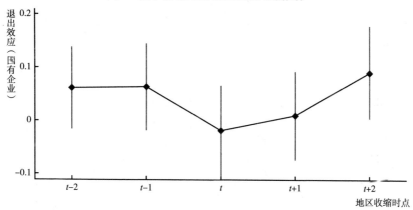

图6　城市收缩对国有企业退出的影响

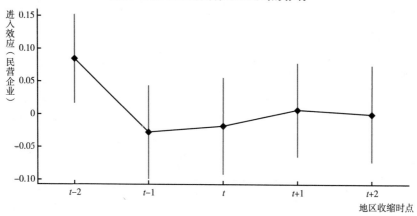

图7　城市收缩对民营企业进入的影响

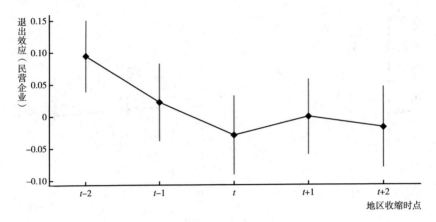

图8　城市收缩对民营企业退出的影响

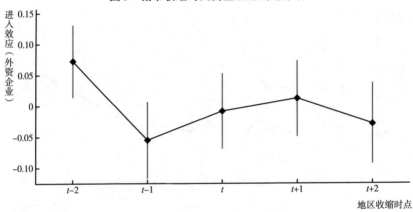

图9　城市收缩对外资企业进入的影响

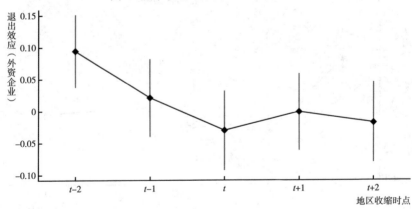

图10　城市收缩对外资企业退出的影响

可以发现不同性质企业应对城市收缩存在显著区别。从进入视角，城市收缩不会改变国有企业的进入策略，即国有企业不会因为城市收缩而延迟进入时点；但是城市收缩会显著地减少民营企业和外资企业的进入。国有企业肩负着不同于民营企业和外资企业的责任——吸纳就业、维持地方经济稳定（Zhu，2012）。因此，国有企业不会因城市收缩而放弃进入。从退出视角，城市收缩会加速民营企业和外资企业的退出，但是不会影响国有企业的决策。即国有企业极有可能为保持城市的经济稳定，而选择继续服务于当地。本文的研究结果和Baccini等（2019）的研究保持一致，国有企业对市场的反应缺乏灵敏度，信贷支持可能是出现该现象的重要原因。

七　结论和政策建议

第七次全国人口普查数据显示，我国城镇常住人口数为9.02亿人，占总人口数比重为63.89%。自2010年以来，有16436万人成为城市人口。城镇化促进大城市经济增长，拉动内需，提升整体研发和创新能力，最终提高国民总体福利。现有研究主要关注人口流入地区经济发展情况，而忽视人口流出地区的经济发展。本文利用2001~2019年中国2845个县级市的数据，匹配中国工业企业数据库，探讨城市收缩的经济后果及其影响机制。

研究发现，首先，城市收缩后，经济增长下滑6.91%。城市收缩后，农业、工业和服务业的增加值都有所下降，并且对服务业的冲击最大。其次，城市收缩抑制内陆地区的人均资本提升，但是会促进沿海地区的人均资本提升。这种异质性的影响也造成内陆地区全要素生产率下滑和沿海地区全要素生产率上升两种现象并存。进一步，城市收缩会导致研发投入不足，妨碍经济的长期增长。对需求侧的研究发现，城市收缩不会抑制消费水平。最后，城市收缩引致的企业进入和退出决策的动态调整是影响地区经济增长的重要渠道。随着城市收缩，进入企业数量逐步减少，同时退出市场的企业数量逐步增加。二者叠加，导致企业数量不断减少；随着企业数量减少，就业岗位进一步萎缩，迫使人口进一步流出，最终抑制当地经济增长。

此外，我们还采用四种稳健性方法检验实证结果，有效地保证研究结论的可靠性。

本文对收缩型城市的研究启示在于：第一，城市收缩后，经济增速会下降。因此，对于收缩型城市要制定适宜的发展方案，因地制宜，发展当地特色产业。人口总量的减少不代表城市没有发展空间，需要结合当地特色。比如昆山市，发挥毗邻上海的优势，经历"农转工"和"内转外"两次变迁后，以科技创新为内生增长动力，吸引了大量高科技企业入驻，成为百强县之首。因此，人口收缩型城市需要依托周边城市群，嵌入区域性产业集群，差异化发展特色产业。同时结合自身的要素禀赋优势，发展特色产业，进而带动经济增长。

第二，发展新业态。"绿水青山就是金山银山"。对于工业禀赋优势不突出的地区，可以利用产业结构服务化的阶段性特征，定位于特色服务业。许多收缩型城市都富含生态要素，景色秀丽，"绿水青山就是金山银山"——要利用好山水生态优势，发展绿色经济，构建低碳产业体系。可以借鉴博鳌镇的经验，发展博鳌论坛，通过新业态发展经济。还可以借鉴平遥市的经验，以古镇为特色，创办平遥电影节，这是继上海国际电影节、中国长春电影节、北京国际电影节、丝绸之路国际电影节之后，第五个获得国家批准的国际电影展。这些已经成为蜚声国内外的特色产业，有效带动了当地经济发展。

第三，以人文特色为品牌，发展数字经济。将传统城市人文和数字经济相结合，发展朝阳产业。乌镇是其中的佼佼者，政府独具匠心打造的世界互联网大会和乌镇戏剧节两大品牌活动，将城市人文特色和数字经济有效融合，戏剧节为互联网的发展注入文化特色，极大地丰富了城市内涵式发展。利用互联网、移动应用等平台，推广和营销城市的文化旅游产品，提高城市的知名度和吸引力。地方政府应当鼓励和支持文旅企业数字化转型，提升服务效率和质量；同时加强数字技术在文化旅游领域的应用，如通过大数据分析游客行为，提供个性化的旅游服务。

第四，城市收缩往往伴随着总需求的提升。因此，治理城市收缩的关键在于需求侧发力。一方面，通过实施激励需求的相关政策，从需求端发力，重构收缩型城市的经济发展模式。另一方面，丰富服务品的种类以及提高收缩型城市的服务业质量，通过改善当地的医疗、养老、教育和公共服务等条件，解决居民的后顾之忧，从而提高边际消费倾向。结合居民消费发展趋势（如科技驱动下的数字化消费、注重品质与健康的消费升级、个性化需求引领消费变革等），开发符合市场需求的新服务品种。大力发展新兴服务业，如文化创意、健康养生、智慧旅游等，丰富服务品种类。鼓励企业跨界合作，融合不同行业的特点，创造出新的服务形式。

参考文献

[1] 蔡昉，2013，《以农民工市民化推进城镇化》，《经济研究》第3期。

[2] 程名望、贾晓佳、仇焕广，2019，《中国经济增长（1978—2015）：灵感还是汗水？》，《经济研究》第7期。

[3] 段巍、王明、吴福象，2020，《中国式城镇化的福利效应评价（2000—2017）——基于量化空间模型的结构估计》，《经济研究》第5期。

[4] 范子英、赵仁杰，2019，《法治强化能够促进污染治理吗？——来自环保法庭设立的证据》，《经济研究》第3期。

[5] 郭克莎、杨阔，2017，《长期经济增长的需求因素制约——政治经济学视角的增长理论与实践分析》，《经济研究》第10期。

[6] 侯成琪、肖雅慧，2022，《住房价格与经济增长：基于中间品需求渠道及其乘数效应的分析》，《经济研究》第4期。

[7] 黄玖立、李坤望，2006，《出口开放、地区市场规模和经济增长》，《经济研究》第6期。

[8] 雷潇雨、龚六堂，2014，《城镇化对于居民消费率的影响：理论模型与实证分析》，《经济研究》第6期。

[9] 李郇、吴康、龙瀛、高舒琦、李志刚、罗小龙、张学良、王德起、杨东峰、邬艳丽、李裕瑞、杨振山、周恺、胡毅、宋涛、戚伟、李昊，2017，《局部收缩：后增长时代下的城市可持续发展争鸣》，《地理研究》第10期。

[10] 李兰冰、刘秉镰，2015，《中国区域经济增长绩效、源泉与演化：基于要素分解视角》，《经济研究》第8期。

[11] 李猛，2016，《人口城市化的财政代价及其形成机理——1960年以来的大国经验》，

《中国工业经济》第10期。

[12] 刘乐淋、杨毅柏，2021，《宏观税负、研发补贴与创新驱动的长期经济增长》，《经济研究》第5期。

[13] 龙瀛、吴康，2016，《中国城市化的几个现实问题：空间扩张、人口收缩、低密度人类活动与城市范围界定》，《城市规划学刊》第2期。

[14] 陆铭，2021，《从分散到集聚：农村城镇化的理论、误区与改革》，《农业经济问题》第9期。

[15] 陆铭、向宽虎，2014，《破解效率与平衡的冲突——论中国的区域发展战略》，《经济社会体制比较》第4期。

[16] 罗知、万广华、张勋、李敬，2018，《兼顾效率与公平的城镇化：理论模型与中国实证》，《经济研究》第7期。

[17] 孟祥凤、马爽、项雯怡、阚长城、吴康、龙瀛，2021，《基于百度慧眼的中国收缩城市分类研究》，《地理学报》第10期。

[18] 苏红键、魏后凯，2013，《密度效应、最优城市人口密度与集约型城镇化》，《中国工业经济》第10期。

[19] 谭小芬、张文婧，2021，《财政分权、地方政府行为与企业杠杆率分化》，《经济研究》第6期。

[20] 唐为、王媛，2015，《行政区划调整与人口城市化：来自撤县设区的经验证据》，《经济研究》第9期。

[21] 唐未兵、傅元海、王展祥，2014，《技术创新、技术引进与经济增长方式转变》，《经济研究》第7期。

[22] 万广华，2013，《城镇化与不均等：分析方法与中国案例》，《经济研究》第5期。

[23] 王丽莉、乔雪，2020，《我国人口迁移成本、城市规模与生产率》，《经济学（季刊）》第1期。

[24] 魏后凯，2014，《中国城镇化进程中两极化倾向与规模格局重构》，《中国工业经济》第3期。

[25] 魏守华、陈扬科、陆思桦，2016，《城市蔓延、多中心集聚与生产率》，《中国工业经济》第8期。

[26] 魏守华、孙宁、姜悦，2018，《Zipf定律与Gibrat定律在中国城市规模分布中的适用性》，《世界经济》第9期。

[27] 魏守华、杨阳、陈珑隆，2020，《城市等级、人口增长差异与城镇体系演变》，《中国工业经济》第7期。

[28] 叶文平、李新春、陈强远，2018，《流动人口对城市创业活跃度的影响：机制与证据》，《经济研究》第6期。

[29] 余华义，2015，《城市化、大城市化与中国地方政府规模的变动》，《经济研究》第10期。

[30] 张少华、陈洁仪，2022，《中国城市收缩研究：基于资源错配的视角》，《中国经济学》第2期。

[31] 钟宁桦、刘志阔、何嘉鑫、苏楚林，2016，《我国企业债务的结构性问题》，《经济研究》第7期。

[32] 周敏慧、Arcand J.L.、陶然，2017，《企业家精神代际传递与农村迁移人口的城市创业》，《经济研究》第11期。

[33] 朱江丽、李子联，2016，《户籍改革、人口流动与地区差距——基于异质性人口跨期流动模型的分析》，《经济学（季刊）》第1期。

[34] An L., Qin Y., Wu J., You W. 2024. "The Local Labor Market Effect of Relaxing Internal Migration Restrictions: Evidence from China." *Journal of Labor Economics* 42 (1): 161-200.

[35] Baccini L., Impullitti G., Malesky E. J. 2019. "Globalization and State Capitalism: Assessing Vietnam's Accession to the WTO." *Journal of International Economics* 119: 75-92.

[36] Baker S. R., Bloom N., Davis S. J. 2016. "Measuring Economic Policy Uncertainty." *The Quarterly Journal of Economics* 131(4):1593-1636.

[37] Basile R., Parteka A., Pittiglio R. 2018. "Export Diversification and Economic Development: A Dynamic Spatial Data Analysis." *Review of International Economics* 26 (3):634-650.

[38] Brandt L., Biesebroeck J., Wang L., Wang L. 2017. "WTO Accession and Performance of Chinese Manufacturing Firms." *American Economic Review* 107(9):2784-2820.

[39] Carballo J., Handley K., Limão N. 2018. "Economic and Policy Uncertainty: Export Dynamics and the Value of Agreements." NBER Working Paper 24368.

[40] Connolly M. P., Yi K. M. 2015. "How Much of South Korea's Growth Miracle Can Be Explained by Trade Policy?" *American Economic Journal: Macroeconomics* 7(4):188-211.

[41] Constantinescu C., Mattoo A., Ruta M. 2019. "Does Vertical Specialization Increase Productivity?" *The World Economy* 42(8):2385-2402.

[42] Crowley M. A., Meng N., Song H. S. 2018. "Tariff Scares: Trade Policy Uncertainty and Foreign Market Entry by Chinese Firms." *Journal of International Economics* 114:96-115.

[43] Dibiasi A., Abberger K., Siegenthaler M., Sturm J. 2018. "The Effects of Policy Uncertainty on Investment: Evidence from the Unexpected Acceptance of a Far-Reaching Referendum in Switzerland." *European Economic Review* 104:38-67.

[44] Fauceglia D., Lassmann A., Shingal A., Wermelinger M. 2018. "Backward Participation in Global Value Chains and Exchange Rate Driven Adjustments of Swiss Exports." *Review of World Economics* 154(3):537–584.

[45] Feenstra R. C., Weinstein D. E. 2017. "Globalization, Markups, and US Welfare." *Journal of Political Economy* 125(4):1040–1074.

[46] Feng L., Li Z., Swenson D. L. 2017. "Trade Policy Uncertainty and Exports: Evidence from China's WTO Accession." *Journal of International Economics* 106:20–36.

[47] Fernández R., Palazuelos E. 2018. "Measuring the Role of Manufacturing in The Productivity Growth of the European Economies (1993–2007)." *Structural Change and Economic Dynamics* 46(9):1–12.

[48] Furceri D., Loungani P. 2018. "The Distributional Effects of Capital Account Liberalization." *Journal of Development Economics* 130:127–144.

[49] Gervais A. 2018. "Estimating the Impact of Country-level Policy Restrictions on Services Trade." *Review of International Economics* 26(4):743–767.

[50] Gopinath G., Neiman B. 2014. "Trade Adjustment and Productivity in Large Crises." *American Economic Review* 104(3):793–831.

[51] Imbert C., Seror M., Zhang Y., Zylberberg Y. 2022. "Migrants and Firms : Evidence from China." *American Economic Review* 112(6):1885–1914.

[52] Ishise H. 2016. "Capital Heterogeneity as A Source of Comparative Advantage: Putty-Clay Technology in a Ricardian Model." *Journal of International Economics* 99:223–236.

[53] Liu C., Ma X. 2023. "Migration, Tariffs, and China's Export Surge." *Journal of International Economics* 140: 103696.

[54] Pierce R., Schott P. 2018. "Investment Responses to Trade Liberalization: Evidence from U.S. Industries and Establishments." *Journal of International Economics* 115:203–222.

[55] Steinberg P. J., Procher V. D. 2017. "Urbifg D. Too Much or Too Little of R & D Offshoring: The Impact of Captive Offshoring and Contract Offshoring on Innovation Performance." *Research Policy* 46(10):1810–1823.

[56] Tombe T., Zhu X. 2019. "Trade, Migration, and Productivity: A Quantitative Analysis of China." *American Economic Review* 109(5): 1843–1872.

[57] Zhu X. D. 2012. "Understanding China's Growth: Past, Present, and Future." *The Journal of Economic Perspectives* 26(4):103–124.

（责任编辑：许雪晨）

用能权交易制度提升城市绿色全要素能源效率：
理论分析与中国实践

郭四代　文　洋　雷高文　袁子寒*

摘　要： 提升绿色全要素能源效率是破解能源短缺与环境污染问题、推进生态文明体系建设的重要途径。本文基于2010~2020年中国271个地级及以上城市的面板数据，利用非期望SBM模型综合测算了各个城市的绿色全要素能源效率，并构建双重差分模型全面考察用能权交易制度对绿色全要素能源效率的影响及作用机制。研究显示，用能权交易制度能够显著提升城市绿色全要素能源效率，在经过平行趋势、安慰剂和工具变量法等一系列稳健性检验后该结论仍然成立。影响机制分析发现，用能权交易制度对绿色全要素能源效率的影响主要通过资源配置效应来实现，但命令控制型环境规制会削弱用能权交易制度的政策红利。异质性分析表明，用能权交易制度能够有效提升非资源型城市、衰退型和再生型资源型城市、省会都市圈内城市的绿色全要素能源效率，但对成长型和成熟型资源型城市、非省会都市圈内城市的影响不显著。在未来推动能源革命的进程中，应基于各类城市特征不断深化改革用能权交易市场机制，探索有效市场和有为政府的结合，推动能源要素高效配置与合理使用。

关键词： 用能权交易制度　资源配置　绿色全要素能源效率　命令控制型环境规制

---

*　郭四代，教授，西南科技大学经济管理学院，电子邮箱：guosidai@126.com；文洋（通讯作者），硕士研究生，西南科技大学经济管理学院，电子邮箱：482885002@qq.com；雷高文，博士研究生，中国科学技术大学管理学院，电子邮箱：1052661835@qq.com；袁子寒，硕士研究生，西南科技大学经济管理学院，电子邮箱：2998187468@qq.com。本文获得国家社会科学基金项目（批准号：20XJL013）的资助。感谢匿名审稿专家的宝贵意见，文责自负。

一　引言

能源是社会主义现代化建设的重要物质基础和动力源泉，深入推进能源革命，加快构建现代化能源体系对我国实现能源"双控"目标和绿色发展具有重要的现实意义。国家统计局数据显示，2020 年我国煤炭消费占比约为 56.8%，相较于 2010 年下降了 19.7%；而煤炭消费总量却达到 28.29 亿吨标准煤，相较于 2010 年增长 27.9%。可见，我国推动能源结构转型方面取得了显著成效，但仍未摆脱以化石能源尤其是以煤炭为主的能源消费结构，不利于我国全面绿色低碳转型（林伯强和吴微，2020）。同时，煤炭消费总量的持续攀升，也给我国应对全球气候变化和环境污染问题带来了前所未有的挑战。为此，"十四五"规划纲要明确指出推动能源消费革命，加快推动能源绿色低碳转型，全面提高资源利用效率。事实上，提高绿色全要素能源效率已成为应对能源和气候变化问题的重要手段之一。现有研究认为，绿色全要素能源效率的提高可以在实现相同产出目标的同时，减少二氧化硫、二氧化碳等非期望产出，有效减少气候变化和环境污染问题的影响（史丹和李少林，2020；Zhang 等，2021；张琨和蔡树勋，2022）。党的二十大报告强调，深入推进能源革命，加强煤炭清洁高效利用，加强能源产供储销体系建设，确保能源安全。因此，深入推进能源革命、提升绿色全要素能源效率正成为中国协同实现能源"双控"目标和绿色发展亟待解决的重大问题之一。

自 20 世纪 80 年代起，我国政府就开始采取大量环境规制措施推进能源体系变革，到 2017 年我国万元 GDP 的能源消费量下降了 93.5%（刘险峰，2019）。传统的环境规制政策以命令控制型为主，可以在短期内有效控制能源消费，提升能源利用效率，但难以激发企业等用能主体实施节能减排战略的内生动力，还极有可能滋生权力寻租等现象，最终造成更严重的环境污染事故（张小筠和刘戒骄，2019）。随着全面深化改革的稳步推进，2015 年《生态文明体制改革总体方案》中首次提出建设用能权交易制度，推动中国节能管理政策市场化改革。与碳排放权交易、排污权交易等市场激励型环境规制措施强调的末端治理不同，用能权交易要求在要素投入阶段规范企业的生产经营行为，发挥市场的资源配置效应，将企业产生的外部成本内部化，进而实现节能减排目标。为进一步落实用能权交易制度的建设工作，2016 年《用能权有偿使用和交易制度试点方案》（以下简称《方案》）宣布在四川省、浙江省、河南省和福建省四个地区先行启动用能权交易制度试点，并提出"引导能源向优势产业、企业等流动、集聚"的要求，奠定了用能权交易制度在"十四五"期间的总体发展基调。

用能权交易制度作为市场化的环境规制工具，能否发挥市场机制的资源配置效应，提升绿色全要素能源效率，从而实现节能减排和经济发展的同生共赢？该问题尚未有确切答案。理论上而言，古典经济学认为，环境规制会提升企业生产经营成本，挤占节能减排技术的研发投入，对绿色全要素能源效率提升产生不利影响（Kasper，2015）。而"波特效应"假说认为，适当的环境规制能够发挥创新补偿效应，促进企业绿色技术创新，抵消由环境规制带来的成本挤占效应，进而实现兼顾发展和环境保护的双重目标（张平淡和屠西伟，2023）。新凯恩斯主义学者也认为，适当的环境规制有利于改善管理者的租金占用和现期偏好等问题，加强管理者创新支出激励，提升全要素生产效率（Ambec 和 Barla，2006）。从中国用能权交易市场的实践效果来看，统计数据和研究结果均表明用能权交易制度具有较好的节能减排效应（薛飞和周民良，2022；李少林和毕智雪，2022；黄和平和谢云飞，2023），能够有效地促进企业绿色创新（罗晓梅和张佳，2021），这与"波特效应"假说一致。同时，也有学者发现用能权交易制度不仅能有效降低污染物排放总量和强度，还对经济增长具有促进作用，从而产生经济红利（宋德勇等，2022；张宁和张维洁，2019）。

从体制机制改善中提升资源配置效率，是实现中国经济长效增长的关键路径（蔡昉，2013）。但正如前文所述，虽然已有文献围绕我国用能权交易市场的环境后果和经济效应进行了深入探讨，但是该市场导向型环境规制是否能适应"引导能源向优势产业、企业等流动、集聚"的要求，促进绿色全要素能源效率提升，尚未有研究对此进行回答。基于上述考量，本文试图以覆盖全国大部分地区的 271 个地级及以上城市为研究对象，就用能权交易制度对绿色全要素能源效率的影响及其内在机理进行深入研究和剖析。研究发现，用能权交易制度能够显著提升城市绿色全要素能源效率。并且用能权交易制度可以通过改善资源配置效应提高城市绿色全要素能源效率，而命令控制型环境规制则会阻碍用能权交易制度发挥其政策红利。异质性分析显示，用能权交易制度有助于提升非资源型城市、衰退型和再生型资源型城市以及省会都市圈内城市的绿色全要素能源效率，而对成长型和成熟型资源型城市、非省会都市圈内城市的影响不显著。

本文的边际贡献主要体现在三个方面。①拓展了用能权交易制度的研究边界。用能权交易制度自 2015 年被正式提出，至今约十年的实践探索对推动我国能源体系现代化转型产生了不可忽视的影响，已有文献虽对用能权交易制度的经济和环境后果进行了考察（薛飞和周民良，2022；宋德勇等，2022），但仍旧缺乏城市绿色全要素能源效率视角的分析和检验。本文从绿色全要素能源效率的具体视角拓展了用能权交易制度发挥政策红利的关键着力点，有助于加深对用能权交易制度的理解，为相关政策制定和制度完善提供了经验证据。②丰富了关于用能权交易制度发挥政策红利的渠道研究。本文将用能权交易制度纳入生产函数，构建了用能权交易制度对绿色全要素能源效率影响的理论模型，理清了用能权交易制度、资源配置、绿色全要素能源效率三者之间的内在联系，并进一步考虑了命令型环境规制和用能权交易制度对绿色全要素能源效率的协同作用，拓展和丰富了现有文献的研究。③考察了用能权交易制度在城市资源禀赋和空间集聚上的异质性效应。已有研究主要从省份和企业两个维度考察用能权交易制度的政策效应。本文将样本扩展到地级及以上城市，并将城市按类型划分为资源型城市（成长型、成熟型、衰退型和再生型）、非资源型城市以及省会都市圈城市、非省会都市圈城市，以检验城市资源禀赋和空间集聚的差异性对用能权交易制度政策效应的影响，丰富了用能权交易制度对不同类型城市的影响研究，为中国因地制宜地释放用能权交易制度的政策红利提供了经验证据和政策建议。

二 制度背景和文献回顾

（一）制度背景

"十四五"规划纲要提出，积极应对气候变化，完善能源消费总量和强度双控制度，重点控制化石能源消费。事实上，为应对能源短缺问题，我国从20世纪80年代就开始推行各种节能相关的环境规制政策，且大致可分为计划管理、立法管理和综合管理三个阶段（刘险峰，2019）。在计划管理和立法管理阶段，我国节能规制以控制能源消费总量为主，严重依赖由政府主导的强制性规制措施和法律规范等手段。进入"十一五"时期，我国节能规制政策逐步转向综合管理阶段，合同能源管理机制等市场化节能工具也逐步得到推广。同时，"十一五"规划纲要也提出了能源"双控"目标，通过中央政府的统筹规划，强化了各省、直辖市、自治区以及重点用能单位的节能减排责任。然而传统规制措施虽在短期内能够有效减少能源消费总量，但难以使用能主体形成节能减排的自主约束机制，难以改变以煤炭为主的能源消费结构和环境污染的基本格局，对经济社会全面绿色低碳转型构成长期制约（李少林和毕智雪，2022）。

为了推动能源革命，加快全面绿色低碳转型，我国以《生态文明体制改革总体方案》与"十三五"规划纲要为指导思想，着手完善以实现能源"双控"为目标、促进可持续发展的用能权交易制度。2016年7月，国家发展和改革委员会发布《用能权有偿使用和交易制度试点方案》，宣布在四川省、浙江省、河南省和福建省四个地区先行开展用能权交易制度试点，鼓励各试点省份立足资源禀赋探索用能权交易的特色路径，并提出"引导能源向优势产业、企业等流动、集聚"的要求。该方案也明确了用能权交易试点的时间节点，规定各试点省份于2016年做好试点政策的顶层设计和准备，2017年正式启动用能权交易试点并适时调整改革方案，最后于2020年开展试点效果评估，为进一步推广用能权交易制度提炼经验。此后，四川省、浙江省、河南省和福建省四个地区均出台并完善了用能权交易制度方案和管理办法，形成了涵盖用能权初始分配、市场交易等各个环节的规则体系，为用能权交易制度辐射全国起到了良好的示范作用。随着试点经验日益丰富，越来越多的制度创新成果在全国范围内得以复制和推广，宁夏回族自治区、江西省、河北省、山东省、湖北省等地也纷纷开展用能权交易制度建设。用能权交易制度实施以来，各试点省份积极引导重点用能单位参与用能权交易，有效地推动了各试点省份实现能源"双控"目标和经济发展。然而，用能权交易制度能否使地区绿色全要素能源效率产生显著变化，以及产生怎样的变化，还有待展开进一步检验。

（二）文献回顾

1.关于环境规制与绿色全要素能源效率的研究

解决环境资源消费过程中的外部性问题，协调实现生态环境保护和经济发展已成为学术界和实务界的共同关切。传统政府干预理论认为，生态环境是一种具有非排他性和竞争性的准公共产品，市场机制无法解决环境资源消费的外部性问题。而政府作为一个具有完全信息的主体，充分发挥政府"有形之手"的作用，能够将环境资源消费的外部成本内部化，进而实现环境保护和经济发展的"双赢"。基于这一理论，Poter 等（1995）认为适度的命令控制型环境规制具有创新补偿效应，将诱导企业创新或技术进步，提升绿色全要素能源效率，即"波特假说"。Wang 等（2019）基于经济合作与发展组织国家工业部门的面板数据研究发现，一定程度的环境压力对绿色生产率增长有积极影响，支持了"波特假说"。基于中国样本数据的研究也不同程度地验证了环境规制具有改善环境和促进经济发展的双重红利（Ambec 和 Barla，2006；罗晓梅和张佳，2021；李少林和毕智雪，2022）。新古典经济学观点则认为，政府并不具有完备的信息，实施的命令控制型环境规制政策难以满足等边际原则，扭曲了企业资源配置结构，进而抑制技术创新，不利于绿色全要素能源效率的提升（Stavins，2003）。而基于市场机制设计的可交易污染许可证制度，能够通过市场价格机制明确排污主体的减排责任，将减排任务在排污主体间按照等边际原则分配，进而实现环境保护和经济发展的"双赢"。史丹和李少林（2020）研究发现，排污权交易制度可以通过市场机制发挥创新补偿效应，进而提升城市的能源利用率。同样，任胜钢等（2019）基于我国 A 股上市公司的样本研究发现，排污权交易制度能够优化企业间的资源配置，进而提升企业全要素生产率。

2.关于用能权交易制度的研究

用能权交易制度作为我国实现能源"双控"目标的重要抓手，引起了学术界的广泛关注，相应的研究大致可以分为以下两类。第一类是关于用能权交易制度的理论研究。部分学者对用能权交易的概念和法理属性进行了深入探析，并强调应尽快出台相关立法，明确用能权的制度定位、初始分配规则、交易规则、定价机制等内容（韩英夫和黄锡生，2017）。也有些学者则关注到用能权交易制度与节能量制度、碳排放权交易制度衔接等制度设计方面，认为合理的政策组合能够发挥出"1+1>2"的效果（陈志峰，2019；刘海英和王钰，2020）。第二类则是关于用能权交易制度政策效果评估的研究。基于数理模型推导，张宁等（2019）发现与命令控制型政策相比，用能权交易制度具有更高的平均经济潜力和节能潜力。王兵等（2019）发现在用能权交易模式下的能源强度相比于实际的能源强度下降约14.02%，总能耗下降7.07%。基于经验证据的研究发现，用能权交易制度能够有效促进企业绿色创新（罗晓梅和张佳，2021）、提升企业全要素生产率（李少林和毕智雪，2022）、推动工业低碳转型（黄和平和谢云飞，2023）以及降低省级能源强度（薛飞和周民良，2022）等。

基于上述分析可以发现，首先，关于环境规制对绿色全要素能源效率影响的研究已取得较为丰硕的成果，但尚未达成权威一致的结论。其次，在关于用能权交易制度的研究中，较少有文献将环境保护和经济发展纳入统一框架分析，且尚未从经验证据层面分析用能权交易制度对城市绿色全要素能源效率的影响。基于此，本文以全国271个地级及以上城市为样本构建准自然实验，运用双重差分模型，从理论和经验层面检验用能权交易制度对城市绿色全要素能源效率的影响及内在机制。

三　理论分析和研究假设

（一）用能权交易制度对绿色全要素能源效率的影响机制

用能权交易制度是中国以市场手段实现能源"双控"目标的一次重大制度创新。在能源"双控"目标下，基于 Coase（1960）定理设计的用能权交易制度能够通过市场机制明晰企业生产经营的活动边界，将用能主体产生的外部成本内部化，压实企业的节能减排责任，进而促进绿色全要素能源效率的提升。具体而言，用能权交易制度通过市场机制将企业依法取得的用能指标赋予商品属性，引导用能权从节能减排成本较高的企业向节能减排成本较低的企业流动。当节能减排技术水平较低的企业实际能耗超过其免费指标，企业可以通过购入用能指标的方式来保证生产规模，以免受政府的行政处罚或者被迫减产；而节能减排技术水平较高的企业可以通过用能权交易市场出售满足生产需要后额外的用能指标，将多余的用能指标变现以提高资产的流动性，进一步激发企业节能减排的动力。用能权的流动也意味着生产要素从边际回报低的企业向边际回报高的企业流动，从而提升整体绿色全要素能源效率（任胜钢等，2019）。换言之，用能权交易机制能够发挥资源的配置效应，最大化企业经济效益并提高绿色全要素能源效率。因此，在已有研究的基础上，本文提出一个分析框架阐述用能权交易机制的资源配置效应对绿色全要素能源效率的提升作用（刘小玲等，2022）。

假设某个城市中存在 N 种行业，在同一行业内部的所有企业生产函数都相同，而不同行业之间节能减排技术水平不同，生产函数也有差异，这就将城市内部复杂的生产问题抽象为行业间代表性企业的生产问题。城市劳动力要素总量 L、资本要素总量 K 及能源要素总量 E 由城市资源禀赋、经济发展水平等条件外生决定，每个企业进行生产必须同时拥有以上三种要素，并且各个企业的市场势力较小，只能被动接受市场给定的价格。假设行业 i 代表性企业具有柯布—道格拉斯型的生产函数，则生产函数可设为：

$$Y_i = F_i(A_i, K_i, L_i, E_i) = A_i K_i^{\beta_{K_i}} L_i^{\beta_{L_i}} E_i^{\beta_{E_i}} \tag{1}$$

其中，Y_i 表示企业的总产出，A_i 表示企业的节能减排技术水平，而 β_{K_i}、β_{L_i}、β_{E_i} 分别为投入要素资本 K_i、劳动力 L_i、能源 E_i 的产出贡献度。进一步，本文假设 $\beta_{K_i} + \beta_{L_i} + \beta_{E_i} = 1$，即企业生产的规模报酬不变。

事实上，在实行用能权交易制度后，企业的能源需求可以表示为政府分配的初始用能权额度与用能权交易市场上购入（售出）的和（差），则企业的能源需求函数可以表示为：

$$E_i^* = e_i + \Delta e_i \tag{2}$$

其中，e_i 表示初始用能指标，由政府依据一定标准和规则确定；Λe_i 表示可交易的用能指标，如果 $\Delta e_i > 0$ 则表示企业是用能权交易市场的需求方，如果 $\Delta e_i < 0$ 则表示企业为用能权交易市场的供给方。如此，企业的生产要素实际投入成本可以表示为：

$$C_i = p_{Y_i} Y_i - p_{K_i} K_i - p_{L_i} L_i - p_{E_i}(e_i + \Delta e_i) - p_{TE_i} \Delta e_i \tag{3}$$

其中，p_{Y_i} 是企业生产的产品价格，由产品市场的供求关系决定，p_{K_i}、p_{L_i}、p_{E_i} 分别为投入要素资本 K、劳动力 L、能源 E 的市场价格，p_{TE_i} 为用能权交易市场上用能指标的价格。那么行业 i 的代表性企业的利润函数可以定义为：

$$\varphi_i = p_{Y_i} Y_i - p_{K_i} K_i - p_{L_i} L_i - p_{E_i}(e_i + \Delta e_i) - p_{TE_i} \Delta e_i \tag{4}$$

对利润函数中 Δe_i 求一阶导可以得到企业的能源需求函数。

$$\frac{\partial \varphi_i}{\partial \Delta e_{ii}} = p_{Y_i} \frac{\partial Y_i}{\partial \Delta e_i} - p_{E_i} - p_{TE_i} - 0 \tag{5}$$

则能源需求函数为：

$$E_i^* = e_i + \Delta e_i = \left(\frac{\beta_{E_i} p_{Y_i} A_i K_i^{\beta_{K_i}} L_i^{\beta_{L_i}}}{p_{E_i} + p_{TE_i}} \right)^{\frac{1}{1-\beta_{E_i}}} \tag{6}$$

据此，对能源需求函数全微分可得：

$$\Delta E_i^* = \left(\beta_{E_i} p_{Y_i}\right)^{\frac{1}{1-\beta_{E_i}}} \left[\begin{array}{l} \dfrac{1}{1-\beta_{E_i}} K_i^{\frac{\beta_{K_i}}{1-\beta_{E_i}}} L_i^{\frac{\beta_{L_i}}{1-\beta_{E_i}}} \left(\dfrac{1}{p_{E_i}+p_{TE_i}}\right)^{\frac{1}{1-\beta_{E_i}}} A_i^{\frac{\beta_{E_i}}{1-\beta_{E_i}}} \Delta A_i \\[12pt] + \dfrac{\beta_{Ki}}{1-\beta_{E_i}} A_i^{\frac{1}{1-\beta_{E_i}}} K_i^{\frac{\beta_{K_i}+\beta_{E_i}-1}{1-\beta_{E_i}}} L_i^{\frac{\beta_{L_i}}{1-\beta_{E_i}}} \left(\dfrac{1}{p_{E_i}+p_{TE_i}}\right)^{\frac{1}{1-\beta_{E_i}}} \Delta K_i \\[12pt] + \dfrac{\beta_{Li}}{1-\beta_{E_i}} A_i^{\frac{1}{1-\beta_{E_i}}} K_i^{\frac{\beta_{K_i}}{1-\beta_{E_i}}} L_i^{\frac{\beta_{L_i}+\beta_{E_i}-1}{1-\beta_{E_i}}} \left(\dfrac{1}{p_{E_i}+p_{TE_i}}\right)^{\frac{1}{1-\beta_{E_i}}} \Delta L_i \\[12pt] - \dfrac{1}{1-\beta_{E_i}} A_i^{\frac{1}{1-\beta_{E_i}}} K_i^{\frac{\beta_{K_i}}{1-\beta_{E_i}}} L_i^{\frac{\beta_{L_i}}{1-\beta_{E_i}}} \left(\dfrac{1}{p_{E_i}+p_{TE_i}}\right)^{\frac{2-\beta_{E_i}}{1-\beta_{E_i}}} \Delta p_{E_i} \\[12pt] - \dfrac{1}{1-\beta_{E_i}} A_i^{\frac{1}{1-\beta_{E_i}}} K_i^{\frac{\beta_{K_i}}{1-\beta_{E_i}}} L_i^{\frac{\beta_{L_i}}{1-\beta_{E_i}}} \left(\dfrac{1}{p_{E_i}+p_{TE_i}}\right)^{\frac{2-\beta_{E_i}}{1-\beta_{E_i}}} \Delta p_{TE_i} \end{array}\right] \quad (7)$$

式（7）表明，在考虑用能权交易制度的影响下，行业 i 的代表性企业对能源消费的变动 ΔE_i^* 来自五个部分，分别为企业的技术水平变化量 ΔA_i、用能权交易价格的变动量 Δp_{TE_i}、市场上能源价格的变化量 Δp_{E_i}，以及其他投入要素的变化量。当能源要素市场不存在扭曲时，每个企业面对的市场价格是统一的能源价格 p_{E_i}，如果企业技术水平 A_i 的提升（$\Delta A_i>0$）将使能源需求量提升（$\Delta E_i^*>0$），即理想状态下能源要素将配置于节能减排技术水平较高的企业；如果此时用能权交易价格上升（$\Delta p_{TE_i}>0$）将使能源需求量降低（$\Delta E_i^* <0$），即不论是节能减排技术水平较高的企业还是较低的企业，用能权交易价格的上升均会使其能源需求降低，可能的原因在于用能权交易价格上升，会使节能减排技术水平较高的企业出售用能权以获得更多的收益，节能减排技术水平较低的企业则面临更大的成本压力，即降低能源消费量均符合企业自身利润最大化条件。

进一步，本文借鉴薛飞和周民良（2022）的研究构建能源效率函数，当城市中能源效率达到最优时能源要素的配置情况如下：

$$\text{MAX: } TE = \left(\sum_{i=1}^{n} A_i K_i^{\beta_{K_i}} L_i^{\beta_{L_i}} E_i^{\beta_{E_i}} \bigg/ \sum_{i=1}^{n} E_i\right) \quad (8)$$

利用拉格朗日乘数法，可得任意两个行业代表性企业间的能源要素配置情况：

$$F(E_1, E_2, E_3, \cdots, E_i, \lambda) = (\sum_{i=1}^{n} A_i K_i^{\beta_{K_i}} L_i^{\beta_{L_i}} E_i^{\beta_{E_i}} \Big/ \sum_{i=1}^{n} E_i) + \lambda(\sum_{i=1}^{n} E_i - E) \quad (9)$$

对 E_i 求偏导可得：

$$\left[\frac{A_i\left(p_{E_j} + p_{TE}\right)}{A_j\left(p_{E_i} + p_{TE}\right)}\right]\left(\frac{K_i}{K_j}\right)^{\beta_K}\left(\frac{L_i}{L_j}\right)^{\beta_L} = \left(\frac{E_i}{E_j}\right)^{\beta_E} \quad (i \neq j) \quad (10)$$

要素错配主要由能源价格扭曲引起，如果假设能源市场是一个完全竞争市场，行业 i 代表性企业拥有较高的节能减排技术水平，那么两个企业将面临相同的市场价格（即 $p_{E_j} = p_{E_i}$），在市场机制下的能源要素配置是有效率的，技术水平与能源要素占有水平成正比，行业 i 代表性企业占有更多的能源要素。但是，当能源要素价格存在扭曲时，两个企业面临不同的能源要素价格，达到均衡状态时能源要素配置将不是最优。以 $p_{E_i} > p_{E_j}$ 情况为例，即行业 j 代表企业能以更低的价格获取更多的能源要素，这和效率最优状态相悖，将造成整体能源效率的无谓损失。在实行用能权交易机制的情境下，即用能权交易制度能够缓解由能源要素配置扭曲带来的损失，就算高能耗部门占有更多的低价能源要素，但由于用能权指标的约束，高能耗企业必须在用能权交易市场为购买额外用能指标付费，而低能耗企业也能通过出售用能指标受益，进而改善由资源配置机制失灵导致的后果。基于上述分析，本研究提出如下假设。

假设1：用能权交易制度能够通过优化资源配置提升绿色全要素能源效率。

政策协同理论认为，公共政策系统由无数个子系统组成，增加子系统之间的协同合作程度，有利于提高行政效率，以及助力政策目标的顺利实现。对生态环境治理而言，不同类型的环境规制政策及多元主体之间的协同合作可以提高政策资源的利用效率，进而推动节能减排目标实现（张国兴等，2014）。从我国节能减排的实践来看，为实现能源"双控"及绿色发展目标，通常采取多种环境规制政策，如命令控制型环境政策、市场激励型环境政策等，政策的叠加通常能发挥出更显著的节能减排效果（陶长琪等，2018）。具体而言，首先，依靠行政手段的命令控制型环境规制能够灵活地弥补用能权交易制度的监管短板。吴茵茵等（2021）研究发现在市场激励型环境规制尚未完全有效建立时，市场机制难以发挥应有的政策效应，此时政府在节能减排目标的压力下，有动力强化命令控制型环境规制协同推动目标的顺利实现。其次，用能权交易政策制度红利的有效实现，依赖于规制主体的参与程度。加大命令控制型环境规制的力度，不仅有利于培养企业遵守规定的习惯、提高其规章意识和遵从度，还将改善用能权交易制度的实施环境（钟成林和胡雪萍，2019），进而有利于提升城市绿色全要素能源效率。

然而，有学者认为，部分地方政府在治理过程中通常只注重政策工具的有效性和易操作性，在政策工具的选择上具有不确定性和主观性等特点，忽略了政策组合的合理性，使得政策难以统筹协调，从而给环境造成负面影响（Kern 等，2017）。具体而言，首先，严苛的命令控制型环境规制会侵蚀用能权交易制度发挥红利的基础土壤。用能权交易制度作为一种市场激励型环境规制，强调从生产源头对能源要素进行合理配置，进而推动节能减排目标的顺利实现。但其能否发挥要素的配置效应，能否顺利在交易市场进行公开、公平以及合理的交易，与当地政商关系、要素市场培育程度等因素密切相关（史丹和李少林，2020）。依赖行政手段的命令控制型环境规制通常采取运动化、变通化的策略执行方式，强制干扰企业生产经营活动，使得要素市场难以反映企业真实的供需关系，降低要素流通的便利程度，进而阻碍用能权交易制度发挥应有的政策红利（周杰琦和韩兆洲，2020；周行和马延柏，2023）。其次，环境规制政策的叠加可能会过度地增加企业负担，从而遏制绿色全要素能源效率的提升。陈雨露和马勇（2013）认为简单清晰的政策规则往往是最优的，针对同一目标的政策叠加可能导致规制主体反应过度。严格的命令控制型环境规制和用能权交易制度叠加，将给企业带来过重的成本负担，降低企业的资源配置能力和创新能力，直接抑制城市绿色全要素能源效率的提升。基于上述分析，本研究提出如下假设。

假设2a：用能权交易制度与命令控制型环境规制协同提升绿色全要素能源效率。

假设2b：命令控制型环境规制会削弱用能权交易制度对绿色全要素能源效率的影响。

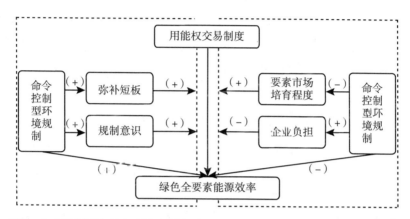

图1　命令控制型环境规制在用能权交易与绿色全要素能源效率间影响的框架

（二）用能权交易制度对绿色全要素能源效率影响的异质性：资源型城市和省会都市圈

根据《全国资源型城市可持续发展规划（2013—2020年）》，资源型城市可划分为成长型、成熟型、衰退型和再生型四类，不同类型资源型城市的资源禀赋、环境治理压力等特征差异极大（刘小玲等，2022）。对资源型城市而言，环境规制对企业清洁生产技术研发和发展战略的影响取决于资源开发所带来的利润与污染治理成本（史丹和李少林，2020）。首先，当资源禀赋较高时（成长型资源型城市和成熟型资源型城市），资源开发所带来的利润远远高于环境治理成本，此时资源开发类企业大量涌入，使得该类城市普遍形成了以低端资源型密集产业为核心的经济格局，不利于城市低碳转型。同时丰裕的自然资源使得政府监管积极性不高，政府给予的用能权配额与用能需求接近，绝大多数企业实现用能权自给，导致用能权交易制度难以发挥应有的政策红利。其次，当资源禀赋较低时（衰退型资源型城市和再生型资源型城市），较易开采或者开采成本较低的资源几乎枯竭，资源开发带来的环境治理成本逐渐高于所得利润，此时地方政府为寻求可持续发展的长效机制，将减少企业用能权指标配额，倒逼企业开展清洁生产技术研发，促进产业绿色低碳转型（黄清子和马亮，2021）。最后，与资源型城市相比，非资源型城市市场化水平更高，现代产业体系更完备，并且绿色全要素能源效率相对较高。引入用能权交易制度可以促使具有创新和减排优势的企业出售用能权，进而获得经济利润。这种市场机制激励了企业进行技术创新和环境保护，促进了清洁生产技术的发展和应用，进而提升了绿色全要素能源效率。

推动城市集群发展，释放都市圈经济活力，已成为中国城市化下半程发展的重要方向。省会都市圈是指以省会城市为核心，在经济、文化等方面具有较高的连通性和集聚效应的区域，而劳动力、产业等集聚会对城市绿色发展产生正向带动作用（刘强等，2023）。在省会都市圈视角下，用能权交易制度影响绿色全要素能源效率的异质性主要体现在：①与非省内其他城市相比，省会都市圈内的城市承担了部分省会城市功能，能够依托省会城市政策和资源优势对周围其他城市人才、资金等形成虹吸效应，由此产生的集聚效应将对技术进步和绿色全要素能源效率产生正向影响（张航和丁任重，2020）。②省会都市圈内的城市往往也是省内生态文明建设的中心，同时相较于其他地区经济发展程度更好，居民对环境质量的诉求更高。因此，在用能权交易制度实施后，都市圈内的城市相较于非都市圈内的城市能够凭借资源优势向企业提供更多的政策支持和激励措施，从而促进绿色全要素能源效率的提升。基于上述分析，本研究提出如下假设。

假设3：用能权交易制度能够提升非资源型城市、衰退型和再生型资源型城市的绿色全要素能源效率，而对成长型和成熟型资源型城市的影响不显著。

假设4：相较于非省会都市圈内城市，用能权交易制度对省会都市圈内城市的绿色全要素能源效率影响更显著。

四 研究设计

（一）数据样本

在数据来源方面，首先，各个省份的能源消费数据均通过《中国能源统计年鉴》整理收集获得，夜间灯光数据来源于全球夜间灯光数据库（Global Night-time Light Database, GNLD），这是基于美国国家海洋与大气管理局（NOAA）的 DMSP/OLS 影像数据和 VIIRS/DNB 影像数据开发而成的，目前主要反映中国各省、地级市及县区夜间灯光数据和"一带一路"沿线国家的夜间灯光数据情况。其次，计算绿色全要素能源效率的投入产出变量以及其余各变量数据均来源于《中国统计年鉴》、《中国城市统计年鉴》、CSMAR 数据库、EPS 统计数据库等。在数据处理方面，考虑到统计年鉴的数据均为名义值（即以当年价格计算国内生产总值），所以本文利用国家统计局公布的国内生产总值指数，以 2010 年作为基期来计算实际地区生产总值，以减少数据测量误差导致的内生性偏误。同时，为消除极端值的影响，本文对所有变量都进行了缩尾处理，对于小于 1% 的数用 1% 的值赋值，对于大于 99% 的数用 99% 的值赋值。

（二）变量定义

1.被解释变量

本文主要被解释变量为绿色全要素能源效率，现有文献主要从单要素或全要素两个方面测算能源效率。林伯强和杜克锐（2013）认为单要素能源效率指标，一般只考虑能源投入和产出之间的关系，忽略了其他生产要素对产出的贡献和不同生产要素之间的替代效应，这可能导致估计偏误；而全要素能源效率能将其他生产要素也纳入分析框架之中，是充分考虑了要素间替代效应的综合评价结果，使得结论更具一般代表性（史丹，2006）；同时，单要素能源效率忽略了能源消费对环境的影响。近年来，环境污染越来越受到社会公众的广泛关注，绿色全要素生产率更能体现政府节能规制政策的政策效果及不足。因此，本文参考马晓君等（2017）使用非期望 SBM 模型评价我国各城市的绿色全要素能源效率（*TE*），参考史丹和李少林

（2020）、黄和平和谢云飞（2023）的研究选取资本存量（K）、劳动力（L）、能源消费（E）作为模型的投入指标；期望产出以城市实际GDP衡量；各城市工业二氧化硫（SO_2）、工业烟粉尘（Smoke）和二氧化碳（CO_2）排放量作为非期望产出。需要说明的是，本文借鉴吴健生等（2014）的研究利用省级能源消费数据和城市夜间灯光数据推演出的城市能源消费数据以及碳排放数据，其基本逻辑是城市夜间灯光亮度与城市能源消费可能存在线性关系、指数关系或对数关系等，也就是说城市灯光越亮，消费的能源可能越多。绿色全要素能源效率测算公式如下：

$$TE_{it} = 1 - \frac{LEI_{it}}{AEI_{it}} \tag{11}$$

式中TE_{it}表示i城市第t年的绿色全要素能源效率，LEI_{it}为i城市t年损失的能源投入量，AEI_{it}为i城市t年能源实际投入量。

2. 控制变量

参考王兵等（2019）和孙浩等（2022）的研究，本文选取了一些地区特征变量和对地区绿色全要素能源效率具有较大影响的变量作为控制变量，以消除遗漏变量带来的估计偏误。①富裕程度（RGDP），本文使用各地区人均GDP作为该地区富裕程度的代理变量，用以衡量一个地区的经济发展程度。②对外开放程度（FDI），本文使用外商实际投资总额的自然对数来衡量该地区的开放程度。外商直接投资作为某地区承接产业转移与技术扩散的重要形式，其对该地区能源效率的影响也引起学术界的广泛讨论。根据"污染天堂"假说，一般而言，发达国家的环境规制压力大于发展中国家，因此发达国家的污染和能耗密集型产业会向发展中国家转移，外商直接投资将降低该地区的能源效率和加剧环境污染；而"污染光环"假说则认为跨国公司在对外投资时，也会为发展中国家带来先进的环境管理体系和清洁能源技术，提高该国环境质量（邵朝对等，2021）。③产业结构（IS），使用地区第三产业增加值与GDP的比值乘以100作为产业结构的代理变量，反映产业结构的变动对地区绿色全要素能源效率的影响。④能源消费总量（ENG），利用城市夜间灯光数据反演获得，用以反映城市能源消费变动情况。⑤财政支出（GOVE），使用城市财政预算内支出与城市GDP的比值衡量。⑥人口密度（*DEN*），以地级市人口除以城市行政区域面积衡量，反映城市人类活动规模的差异。⑦金融发展水平（*FD*），使用城市金融机构各项贷款余额与城市生产总值的比值衡量，以反映城市间金融发展水平差异。⑧研发支出（*RS*），以地方财政支出中科学技术支出的比值作为城市研发投入的代理变量。⑨要素流通（*IF*），使用公路货运量自然对数衡量，以反映地区间要素流动的便捷程度。

（三）识别策略及模型设定

为检验用能权交易制度对绿色全要素能源效率的影响，本文以国家发改委于2016年9月刊印的《用能权有偿使用和交易制度试点方案》构建准自然实验，将四川省、浙江省、河南省以及福建省设置为实验组，其余省、直辖市和自治区设置为控制组。构建以下双重差分模型：

$$TE_{it} = \alpha_0 + \alpha_1 E_i \times after_t + X_{it}\boldsymbol{\gamma} + u_i + \varphi_t + \varepsilon_{it} \tag{12}$$

在式（12）中，TE_{it} 表示省份 i 在第 t 年的绿色全要素能源效率；$after_t$ 设定为时间虚拟变量，本文将时间虚拟变量 $after_t$ 在2016年及之后赋值为1，之前则赋值为0。E_i 设定为处理组虚拟变量，表示城市 i 是否属于用能权交易制度试点的省份，若属于试点省份则赋值为1，否则赋值为0。$E_i \times after_t$ 即表示为双重差分的交互项，用于估计用能权交易制度实施的政策效应。u_i 和 φ_t 分别用于控制城市固定效应和时间固定效应，ε_{it} 为随机误差项。X_{it} 表示由一系列控制变量所组成的控制变量矩阵，$\boldsymbol{\gamma}$ 为该控制变量的估计系数向量。

五　实证结果及稳健性检验

（一）主要变量的描述性统计

本研究所涉及的绿色全要素能源效率（*TE*）、富裕程度（*RGDP*）、产业结构（*IS*）以及对外开放程度（*FDI*）等变量的描述性统计结果汇报在表1中。表1显示研究样本期内各城市绿色全要素能源效率（*TE*）的最大值为1，最小值为0.127，而该变量的平均值为0.502，这表明各城市的绿色全要素能源源效率（*TE*）之间存在较大差距，并且大部分城市绿色全要素能源效率处于一个较低的水平，具有较大提升空间。对外开放程度（*FDI*）和富裕程度（*RGDP*）的情况与绿色全要素能源效率（*TE*）的情况相似，表明不同城市间吸引外资的能力差异较大，这也符合中国区域经济发展不平衡的特征事实。

表1　主要变量的描述性统计

变量	观测值	平均值	方差	最小值	最大值
绿色全要素能源效率（*TE*）	2981	0.502	0.184	0.127	1.000
富裕程度（*RGDP*）	2981	5.594	5.276	0.520	54.853
对外开放程度（*FDI*）	2981	9.978	1.941	0.693	14.941
产业结构（*IS*）	2981	41.305	9.872	14.36	83.87
财政支出（*GOVE*）	2981	0.079	0.053	0.003	1.266
人口密度（*DEN*）	2981	0.044	0.033	0.001	0.272
能源消费总量（*ENG*）	2981	6.727	0.784	4.414	8.767
金融发展水平（*FD*）	2981	0.992	0.627	0.118	9.622
研发支出（*RS*）	2981	0.044	0.047	0.000	1.029
要素流通（*IF*）	2981	8.903	1.374	0.000	13.225

（二）双重差分模型适用的前提条件：平行趋势检验

使用双重差分模型的前提是保证研究对象能够通过平行趋势检验，其核心要义是在外生冲击发生前，实验组和对照组的变动趋势保持相对一致，即两者的变动趋势不存在显著差异。结合本文的研究主题，就是要满足用能权交易制度实施前，实验组和对照组的绿色全要素能源效率保持相对一致的变化趋势。因此，本文参照 Beck（2010）的研究构建以下模型用于检验平行趋势：

$$TE_{it} = \beta_0 + \beta_1 D_{it}^{-6} + \cdots + \beta_2 D_{it}^{-1} + \beta_3 D_{it}^{1} + \beta_4 D_{it}^{2} + \cdots + \beta_5 D_{it}^{4} + d_i + u_t + \varepsilon_{it}$$

$$(13)$$

在式（13）中，$D_{it}^{(-/+)m}$ 表示用能权交易制度实施前/后 m 年 $E \times after$ 的虚

拟变量，为了准确识别用能权交易制度实施前，实验组和对照组的绿色全要素能源效率的变动趋势是否保持一致以及避免虚拟变量陷阱，本文将用能权交易制度实施当年 D_{it}^0 作为基准组，用 W_{it} 对 D_{it}^{-6}、$\cdots$、D_{it}^{-1}、D_{it}^1、D_{it}^2、$\cdots$、D_{it}^4 进行回归。回归结果表明，在用能权交易实施前6年 $E_i \times after_t$ 的系数均在0附近且不显著，这意味着用能权交易政策实施以前实验组和对照组的绿色全要素能源效率变动趋势保持一致，而在用能权交易制度实施之后第一年和第二年 $E_i \times after_t$ 的系数并不显著异于零，此后 $E_i \times after_t$ 系数开始显著异于零，这表明用能权交易制度实施的政策效应存在约两年时滞，可能的原因在于，用能权交易制度正处于政策规划期中，并未正式要求企业参与用能指标交易。因此，本文认为平行趋势检验通过，使用双重差分模型评估用能权交易制度对绿色全要素能源效率的政策效应是可行的。

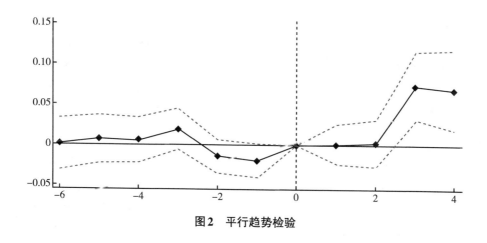

图2 平行趋势检验

（三）基准回归

基准回归结果如表2所示，列（1）和列（2）展示了单变量回归结果，而列（3）和列（4）则加入了一系列控制变量以消除遗漏变量的影响，在第（2）和第（4）列中进一步加入了城市固定效应和年份固定效应，以控制不随时间变化的城市特征和样本期间潜在的随机冲击对回归结果的影响。从拟合优度来看，在加入一系列控制变量及控制城市和年份固定效应以后，在一定程度上降低了遗漏变量的潜在影响，使模型具有更好的解释力。并且列（1）～

列（4）的结果均显示核心解释变量 $E_i \times after_t$ 的系数显著为正，即用能权交易制度能够有效提升城市绿色全要素能源效率，这与理论分析相符合。

表2　基准回归

变量	(1) TE	(2) TE	(3) TE	(4) TE
$E_i \times after_t$	0.0543***	0.0257***	0.0536***	0.0205***
	(0.0109)	(0.0087)	(0.0090)	(0.0078)
富裕程度（RGDP）			0.0143***	0.0254***
			(0.0010)	(0.0027)
人口密度（DEN）			0.0101***	0.0039**
			(0.0020)	(0.0020)
产业结构（IS）			0.0037***	−0.0001
			(0.0004)	(0.0007)
财政支出（GOVE）			−0.0632	0.0290
			(0.0644)	(0.0488)
对外开放程度（FDI）			0.0653	1.3064***
			(0.0958)	(0.3758)
能源消费总量（ENG）			−0.1625***	−0.1318***
			(0.0047)	(0.0107)
金融发展水平（FD）			−0.0354***	−0.0232***
			(0.0069)	(0.0079)
研发支出（RS）			−0.1461***	0.0850*
			(0.0437)	(0.0443)
要素流通（IF）			0.0008	0.0024*
			(0.0019)	(0.0014)
Constant	0.4978***	0.5004***	1.4973***	1.1472***
	(0.0035)	(0.0017)	(0.0311)	(0.0792)
城市固定效应	否	是	否	是
年份固定效应	否	是	否	是
样本量	2981	2981	2981	2981
调整 R^2 值	0.0069	0.7551	0.4563	0.7992

注：括号内为稳健标准误；***、**、*分别表示在1%、5%、10%的显著性水平上显著。

在控制变量中，本文发现富裕程度能够显著提升绿色全要素能源效率，这背后可能的逻辑是越富裕的地区能源基础设施发展的融资渠道越广泛或者更有资源引进绿色技术，改善能源基础设施，优化能源消费结构，促进绿色全要素能源效率不断提升；人口密度也能显著提升绿色全要素能源效率，这可能是由于人口集聚能够加速人力资本积累，促进创新和技术进步，提升绿色全要素能源效率。同时，对外开放程度对绿色全要素能源效率的影响显著为正，这在一定程度上佐证了"污染光环"假说。而金融发展水平与绿色全要素能源效率显著负相关，这可能是因为城市金融发展推动了地方工业化和城市化进程，能源消费需求增加，城市绿色全要素能源效率降低。

（四）稳健性检验

1.安慰剂检验

为避免其他未知因素对用能权交易制度试点城市选择造成的内生性影响，确保本文结果的有效性，需要进行安慰剂检验。传统安慰剂检验只是在样本内随机抽取实验组和对照组进行虚拟实验，而没有关注到政策是否实施产生的潜在影响。因此，参考卢盛峰等（2021）的做法，通过随机抽样的方式，构建受用能权交易制度实施影响的虚拟实验组和对照组并随机选取政策冲击的年份，据此构造了时间—城市两个维度的虚拟实验。具体而言，从总体样本中随机抽样，将抽样所得子样本按照式（13）进行回归，并绘制核心解释变量 $E_i \times after_t$ 的虚假估计系数分布图，基于此来验证绿色全要素能源效率是否显著受其他未知因素的影响。若虚拟实验结果表明 $E_i \times after_t$ 的估计系数集中分布在0附近，则意味着本文所得结论不存在由样本选择偏误或遗漏重要因素导致的错误估计。图3报告了安慰剂检验结果，纵轴表示估计系数密度分布，横轴表示虚假估计系数，结果表明不论是随机抽样500次或者1000次，虚假估计系数都集中分布在0附近，即本文核心结论仍旧稳健。

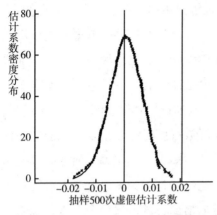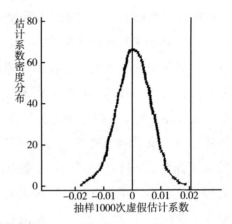

图3　安慰剂检验

注：X轴代表随机构建的时间—城市两个维度的虚拟实验所估计得出的 $E_i \times after_t$ 系数值，Y轴代表其相应的密度值，曲线代表核密度估计的系数值分布。

2.倾向得分匹配—双重差分法（PSM-DID）

通过基准回归初步表明用能权交易制度对绿色全要素能源效率具有提升效应，但要使DID方法估计的结论有效且可靠，就必须满足实验组和对照组之间的差异尽可能小。本文的研究样本涵盖了全国271个地级及以上城市，各城市间地理位置、经济发展水平、自然资源禀赋等条件都具有较大差异，这很可能会存在"样本选择偏误"问题，从而使估计结果与现实存在差异。因此，为解决这一问题，本文进一步采用倾向得分匹配分析法对实验组和对照组进行筛选，以确保实验组和对照组之间的差异控制在可接受范围内，并在此基础上重新对式（12）进行回归。具体做法如下：将城市富裕程度、产业结构、财政支出等作为协变量，通过Logit模型，使用最近邻1∶4匹配法和核匹配法筛选出差异较小的实验组和对照组。表3中第（1）列和第（2）列分别汇报了采用最近邻1∶4匹配法和核匹配法匹配后的回归结果，可以发现核心解释变量 $E_i \times after_t$ 的系数为正且显著，这论证了本文核心结论的稳健性。

3.剔除其他环境和能源政策的影响

从中国的实践来看，20世纪80年代起就开始采取了大量环境和能源政策交叉或并行推进能源体系变革。也就是说，在推行用能权交易制度的同时，还实施了一些直接或者间接影响绿色全要素能源效率的政策，不同政策的作用相互交织又互相影响。这就要求在评估用能权交易制度的政策效应时，必须排除其他相关的环境或能源政策的潜在影响。已有研究发现2010年、2012年和2017年开展的三批次低碳城市试点（张明斗和闫昱睿，2023），2011年在北京、天津、上海、福建等7省市开展的碳排放权交易制度试点（张琨和蔡树勋，2022），2017年在浙江、江西等"五省（区）八地"设立的绿色金融改革创新试验区（刘自敏等，2023）以及2018年实施的环境保护税法改革均有可能影响试点城市的绿色全要素能源效率。因此，为减少这些试点政策对主要估计结果的潜在影响，本文将进一步在式（13）中对这些政策加以控制。具体做法如下，将2010年、2012年和2017年纳入低碳城市试点政策的城市构建虚拟变量加入模型进行控制；剔除参加碳排放权交易制度试点的城市；对2017年被纳入绿色金融改革创新试验区的"五省（区）八地"构建虚拟变量纳入模型进行控制（新疆的数据缺失）；借鉴王娟和陈卓（2023）的研究将2018年提高二氧化硫税额的北京市、天津市、河北省、江苏省等13个省份作为实验组，其余省份作为对照组，构建虚拟变量纳入模型，以控制环境保护税法的政策冲击。回归结果报告在表3的第（3）~（6）列之中，从回归结果可以发现在控制了这一系列相关的政策后，本文所关注的核心解释变量 $E_i \times after_t$ 系数均显著为正，与基准回归结果基本保持一致。因此本文的核心结论具有稳健性。

4. 剔除部分特殊样本的影响

本文选取了全国271个地级及以上城市作为研究样本，但城市间经济社会发展程度、自然资源禀赋和行政地位等条件的差异，都会导致政府针对其制定某些特有的政策措施，这可能会对绿色全要素能源效率产生影响。因此，为尽可能排除这些潜在的干扰因素，本文参考吴茵茵等（2021）的研究，将这些特殊样本进行剔除。第一，剔除省会城市和直辖市样本。省会城市通常是一个国家或地区的政治、经济、文化以及生态环境保护中心，在样本期内其很有可能还执行了其他严格的节能减排政策。第二，剔除老工业基地城市样本。2013年国务院批准的《全国老工业基地调整改造规划（2013—2022年）》中指出要积极推进节能减排、提高资源利用率和加强生态环境整治修复。回归结果汇报在表3的第（7）列中，可以看出在剔除老工业基地和省会或直辖市样本后，核心解释变量 $E_i \times after_t$ 系数依然显著为正，这表明本文的结论是稳健的。

表3 稳健性检验

变量	(1) TE	(2) TE	(3) TE	(4) TE	(5) TE	(6) TE	(7) TE
$E_i \times after_t$	0.0174**	0.0165**	0.0206***	0.0163*	0.0205***	0.0186**	0.0226**
	(0.0086)	(0.0078)	(0.0078)	(0.0083)	(0.0078)	(0.0077)	(0.0104)
$car_i \times after_t$			0.0007				
			(0.0079)				
$gre_i \times after_t$					−0.0016		
					(0.0432)		
$tax_i \times after_t$						0.0201**	
						(0.0079)	
Constant	1.2293***	1.1382***	1.1468***	1.1459***	1.1470***	1.1680***	1.0958***
	(0.1137)	(0.0945)	(0.0795)	(0.0831)	(0.0787)	(0.0790)	(0.1140)
控制变量	是	是	是	是	是	是	是
城市固定效应	是	是	是	是	是	是	是
年份固定效应	是	是	是	是	是	是	是
样本量	1954	2788	2981	2486	2981	2981	1877
调整 R^2值	0.8176	0.8034	0.7992	0.8244	0.7992	0.7998	0.7909

注：括号内为稳健标准误；***、**、*分别表示在1%、5%、10%的显著性水平上显著。

5. 工具变量回归

双重差分法能有效克服内生性问题，但前提是要保证用能权交易制度试点城市的选择是随机的。而现实情况却是地方政府积极性、地方资源保障能力等相关因素都可能导致试点的选择并不随机，正如《方案》中明确提到"选择在已有一定的工作基础，开展试点工作积极性较高，具有代表性的浙江省、福建省、河南省、四川省开展用能权有偿使用和交易试点"。这些潜在的因素很可能对双重差分的估计结果产生潜在扰动。因此，本文参考 Hering 和 Poncet（2014）的研究选择空气流通系数年均值作为是否被选入用能权交易制度试点的工具变量，进一步解决政策内生性问题。使用工具变量法必须要满足两个前提条件。第一，满足相关性假设。空气流通系数被定义为风速和边界层高度的乘积①，其中风速代表了空气中污染物的扩散速度，风速越快污染物扩散速度也就越快，边界层高度表示某地区污染物在大气中的垂直分布情况，边界层越高表示大气中污染物的分布越分散，即在污染物排放总量一定时，空气流通系数越小，地区污染程度越高。我国历来高度重视环境污染问题，更是将生态环境保护纳入地方行政官员升迁考核体系之中，因此地方行政官员必须要兼顾经济发展和生态环境保护。而相较于传统命令控制型环境规制容易造成资源错配、权力寻租等问题，用能权交易制度通过市场机制在生产端激励企业节能减排更能兼顾环保和经济发展。因此，在污染物排放总量一定时，空气流通系数越小的城市环境保护压力越大，这些城市的行政官员更有动力去争取用能权交易制度试点政策以实现环境保护和经济发展双重目标。空气流通系数满足工具变量相关性假设。第二，与随机扰动项不相关。一个地区的空气流通系数是由自身地理条件和大气循环等外生因素决定的，满足工具变量外生性假设。工具变量回归结果汇报在表4中，第一阶段工具变量与核心解释变量 $E_i \times after_t$ 的回归结果显示，$iv_i \times after_t$ 回归系数显著且F值大于10，表明工具变量满足相关性假设。第二阶段回归结果显示核心解释变量 $E_i \times after_t$ 的系数为正且在5%的水平上显著，这说明在考虑内生性的影响后用能权交易制度确实能够提升绿色全要素能源效率，这与基准回归结果一致。

---

① 本文计算空气流通系数所需要的风速和边界层高度数均来源于欧洲中级天气预报中心（ECMWF）ERA。

表 4　工具变量回归

变量	(1) $E_i \times after_t$	(2) TE
$E_i \times after_t$		0.0846**
		(0.0374)
$iv_i \times after_t$	−0.002***	
	(0.0001)	
Constant	−1.3284***	1.2634***
	(0.1721)	(0.0955)
控制变量	是	是
城市固定效应	是	是
年份固定效应	是	是
样本量	2981	2981
调整 R^2 值	0.2921	0.2425
第一阶段 F 值	127.58	

注：括号内为稳健标准误；***、**、*分别表示在 1%、5%、10%的显著性水平上显著。

六　影响机制验证：资源配置效应和命令控制型环境规制视角

通过双重差分模型估计结果和一系列稳健性检验，本文证实了用能权交易制度能够有效提升城市绿色全要素能源效率，但这种效应的内在机理是什么，还需要进一步分析。理论分析和研究假设部分提出了用能权交易制度可能通过资源配置效应和命令控制型环境规制等影响城市绿色全要素能源效率的理论假说。但用能权交易制度作为我国环境规制市场化改革的一次重大创新，能否实现《方案》中明确提出的"推动能源要素向优质项目、企业、产业流动和集聚"，通过实现资源有效配置进而提升绿色全要素能源效率？命令控制型环境规制在这一过程中能否协同推进绿色全要素能源效率的提升或是产生阻碍作用？本文将对上述问题进行考察。

用能权交易制度通过要素配置效应提升城市绿色全要素能源效率。为检验这一机制是否成立，本文借鉴任胜钢等（2019）的研究使用两种方法对要素配置效应进行检验。第一，将城市当年绿色专利申请数量与专利申请总量的比值作为控制变量加入式（12）进行回归，用以控制绿色技术进步的潜在影响。从表5第（1）列可以看到，当技术进步效应被控制后，本文关注的核心解释变量$E_i \times after_t$的系数为正且在1%的水平上显著。第二，本文借鉴江艇（2022）的研究，采用机制分析法构建以下模型检验资源配置效应的影响。

$$EM_{it} = \alpha_0 + \alpha_1 E_i \times after_t + X_{it} \boldsymbol{\gamma} + u_i + \varphi_t + \varepsilon_{it} \tag{14}$$

式（14）中，EM_{it}表示资源错配指数，囿于数据可获得性，本文参考白俊红等（2016）的研究构建资本错配指数和能源错配指数表征资源错配。其他变量的含义与式（12）相同，本文就不在此赘述。回归结果如表5第（2）列和第（3）列所示，核心解释变量$E_i \times after_t$的系数为负且均在1%的水平上显著。上述检验与理论预期一致，这表明用能权交易制度的实施能够缓解资源错配，实现要素有效配置，进而提升城市绿色全要素能源效率。正如上文所言，用能权交易制度作为一种典型的市场激励型环境规制，旨在利用市场机制推动能源要素向优质项目、企业、产业集聚，当用能指标从节能边际成本高的企业流向节能边际成本低的企业时，企业间的其他生产要素随之重新配置，从而提高城市整体绿色全要素能源效率（任胜钢等，2019）。同时，用能权交易制度形成的成本压力，将改善企业管理者的预期偏好，激励企业优化资源配置、减少污染物排放，推动绿色全要素能源效率提升。

命令控制型环境规制会影响用能权交易制度对城市绿色全要素能源效率的提升效应。本文借鉴史丹和李少林（2020）的研究，将影响绿色全要素能源效率的命令控制型环境规制嵌入基准回归模型中进行影响机制的显著性考察，模型设定如下：

$$TE_{it} = \alpha_0 + \alpha_1 E_i \times after_t + \alpha_2 E_i \times after_t \times Moderator_i + \alpha_3 Moderator_i + X_{it} \boldsymbol{\gamma}$$
$$+ u_i + \varphi_t + \varepsilon_{it}$$
$$\tag{15}$$

式（15）中，$Moderator_i$表示命令控制型环境规制强度，本文借鉴叶琴等（2018）的研究以城市各类污染物排放量的综合指数来衡量命令控制型环境规制强度，$Moderator_i$ 的值越大则表明 i 城市的命令控制型环境规制越强。本文主要关注 $E_i \times after_t \times Moderator_i$ 的系数 α_2，其表示命令控制型环境规制影响用能权交易制度对城市绿色全要素能源效率提升效应的程度。其他变量及含义与本文基准回归模型式（12）一致。回归结果汇报在表 5 的第（4）列中，结果显示 $E_i \times after_t \times Moderator_i$ 的系数为负且在 5% 的水平上显著。以上检验与假设 2b 的理论分析一致，即命令控制型环境规制强度提升会削弱用能权交易制度的政策红利。正如前文所言，作为顺应市场化改革新趋势下产生的用能权交易制度，其政策红利受到要素市场培育程度、政府与市场关系等因素的影响。但是命令控制型环境规制往往通过行政手段直接干预企业经营活动，使要素市场发生扭曲，降低了资源要素从节能边际成本较高部门流向节能边际成本较低部门的便利化程度，从而削弱用能权交易制度的政策红利（周杰琦和韩兆洲，2020；周行和马延柏，2023）。并且，依赖于行政手段的命令控制型环境规制将过度增加企业面临的规制成本负担，降低企业的市场竞争力和创新水平，直接抑制绿色全要素能源效率的提升。

表5　机制分析

变量	（1） TE	（2） 资本错配指数	（3） 能源错配指数	（4） TE
$E_i \times after_t$	0.0204***	−0.0414***	−0.1070***	0.0306***
	(0.0078)	(0.0088)	(0.0214)	(0.0107)
技术创新（LNP）	−0.0512			
	(0.0698)			
$E_i \times after_t \times Moderator_i$				−0.1811**
				(0.0837)
$Moderator_i$				−0.0579
				(0.0365)
Constant	−0.4093**	0.3698***	2.6375***	1.1559***
	(0.1930)	(0.0860)	(0.2074)	(0.0806)
控制变量	是	是	是	是

变量	(1)	(2)	(3)	(4)
	TE	资本错配指数	能源错配指数	TE
城市固定效应	是	是	是	是
年份固定效应	是	是	是	是
样本量	2981	2981	2981	2937
调整R²值	0.7992	0.9587	0.9343	0.7996

注：括号内为稳健标准误；***、**、*分别表示在1%、5%、10%的显著性水平上显著。

七 异质性分析：基于资源型城市和省会都市圈视角

（一）资源型城市的异质性影响

资源型城市是指以依赖本地区矿产、森林等自然资源开发和利用为主要经济支柱的城市，同样也是我国重要的能源资源战略保障基地。但已有研究发现，资源丰裕会造成提高资源环境效率的激励不足，对该地的绿色经济增长造成"诅咒"（李江龙和徐斌，2018）。市场化的用能权交易制度能否显著提升资源型城市的绿色全要素能源效率，事关资源型城市能否实现高质量发展。因此，本文基于《全国资源型城市可持续发展规划（2013—2020年）》（国发〔2013〕45号）确定的126个资源型城市名单，将样本数据按照是否属于资源型城市分组，并进一步将资源型城市样本按照成长型、成熟型、衰退型和再生型分类，使用基准回归模型进行回归分析。从表6关于资源型城市的异质性分析结果可以看出，用能权交易制度的实施能够显著提升非资源型城市的绿色全要素能源效率；而在资源型城市样本中，成长型和成熟型资源型城市核心解释变量 $E_i \times after_t$ 的系数值不显著；而在衰退型和再生型资源型城市中核心解释变量 $E_i \times after_t$ 的系数值显著为正，也就是说用能权交易制度能够促进衰退型和再生型资源型城市绿色全要素能源效率的提升，而不能显著提升成长型和成熟型资源型城市的绿色全要素能源效率。可能的原因有，第一，丰富的自然资源使成长型和成熟型资源型城市较少受到能源不足的制约，企业使用能源的价格相对优惠，因此参与用能权交易的积极性不高，提高能源使用效率的激励不足。第二，资源丰富地区更多的是发展资源密集型产业，并形成路径依赖和锁定效应，这种产业结构决定了能源的大量消耗和浪费，即使引入用能权交易制度，也无法从根本上改变经济结构和能源消耗模式。第三，衰退型资源型城市和再生型资源型城市正面临资源日益枯竭、经济增长乏力的困境，为寻求产业绿色转型升级，政府更有意愿推动企业参与用能权交易制度，进而提升绿色全要素能源效率。

（二）省会都市圈和非省会都市圈的异质性影响

从政策执行方面看，虽然省份内部实行一样的政策措施，但各个城市政治地位、资源禀赋、地理条件和经济发展程度等因素的不同也会导致政策实施效果出现差异。事实上，我国许多省份都期望通过打造强省会的方式来带动整个省份的经济发展，但也拉大了省会城市与其他城市在政治、经济以及基础公共设施等方面的差异，对全省能源利用率的提升造成阻碍（张航和丁任重，2020）。因此，为进一步探明用能权交易制度的政策实施效果，本文依据四个试点省份的省会都市圈文件构建两组准自然实验。首先，本文以《杭州都市经济圈发展规划》中规定的杭州、湖州、嘉兴、绍兴、衢州、黄山六市，《成都都市圈发展规划》中规定的成都、德阳、眉山、资阳四个城市，《郑州大都市区空间规划（2018—2035 年）》中规定的郑州、开封、洛阳、平顶山、新乡、焦作、许昌、漯河、济源九市，《福州都市圈发展规划》中规定的福州、莆田、宁德、福安、南平、建瓯六市作为实验组，其他非试点省份的城市作为对照组构建准自然实验。其次，以试点省份非省会都市圈城市作为实验组，其他非试点省份的城市作为对照组构建准自然实验。从表6关于省会都市圈异质性分析的结果可以看出，省会都市圈样本的核心解释变量 $E_i \times after_t$ 系数为正且在 1% 的水平上显著，而非省会都市圈样本 $E_i \times after_t$ 的系数并不显著。这说明用能权交易制度对城市绿色全要素能源效率在省会都市圈内的城市样本中影响更大。可能的原因在于，一方面，相较于其他城市，位于省会都市圈内的城市更有机会分享省会城市在政治、经济、文化和基础设施建设等方面的独特资源，能够承担更多政策试错的机会成本，更愿意参与一些前景并不明了的政策试点。

另一方面，省会都市圈往往也是该省份生态环境保护中心，对环境质量的诉求更多，参与用能权交易市场的积极性更高，最终产生了绿色全要素能源效率提升的结果。

表6　异质性分析

变量	(1) 成长型	(2) 成熟型	(3) 衰退型	(4) 再生型	(5) 非资源型	(6) 省会都市圈	(7) 非省会都市圈
$E_i \times after_t$	0.0536	−0.0181	0.0955***	0.0612***	0.0171*	0.0506***	0.0028
	(0.0426)	(0.0172)	(0.0284)	(0.0200)	(0.0102)	(0.0118)	(0.0092)
Constant	1.5487***	1.3433***	1.8818***	0.2284	0.8992***	1.0415***	1.1746***
	(0.4010)	(0.1660)	(0.2497)	(0.2351)	(0.1107)	(0.0852)	(0.0804)
控制变量	是	是	是	是	是	是	是
城市固定效应	是	是	是	是	是	否	是
年份固定效应	是	是	是	是	是	否	是
样本量	154	638	242	154	1793	2607	2761
调整R²值	0.7233	0.8145	0.8554	0.9501	0.7823	0.7980	0.7980

注：括号内为稳健标准误；***、**、*分别表示在1%、5%、10%的显著性水平上显著。

八　研究结论及政策启示

（一）研究结论

绿色全要素能源效率提升始终是节能减排与工业绿色转型发展等主题的关键研究领域，而用能权交易制度作为推进能源"双控"目标和绿色发展的一项重大制度创新，能否对城市绿色全要素能源效率产生积极影响，对我国城市实现绿色高质量发展具有重要意义。因此，本文以2010~2020年中国271个地级及以上城市的面板数据为研究样本，利用双重差分模型就用能权交易制度对绿色全要素能源效率的影响进行了全面细致的研究。研究结论如下，第一，研究发现用能权交易制度能够显著提升城市绿色全要素能源效率，该结论在经过平行趋势检验、安慰剂检验、倾向得分匹配—双重差分法（PSM-DID）、剔除其他环境和能源政策以及工具变量法等一系列稳健性检验后仍然成立。第二，从资源配置和命令控制型环境规制两个角度考察了用能权交易制度的内在机理，研究发现用能权交易制度能通过发挥资源配置效应提升城市绿色全要素能源效率；而命令控制型环境规制则会阻碍用能权交易制度发挥政策红利。第三，异质性分析显示，用能权交易制度有助于提升非资源型城市、衰退型和再生型资源型城市的绿色全要素能源效率，而对成长型和成熟型资源型城市的影响不显著。第四，用能权交易制度能够提升试点省份的省会都市圈内城市的绿色全要素能源效率，而对其他城市的影响不显著。

（二）政策启示

本文从绿色全要素能源效率的新视角对用能权交易制度的政策效应进行了详尽全面的研究，并对资源配置和命令控制型环境规制等内在机理、资源型城市和省会都市圈的异质性进行深入的剖析和研究。为进一步发挥用能权交易制度的节能减排和绿色发展效应、顺利实现能源"双控"目标提供有针对性的现实经验和政策启示。

第一，贯通要素流通渠道，充分发挥用能权交易制度优化资源配置的作用。在当今全球经济发展的背景下，能源资源的有效配置和能源市场的健康发展对促进经济增长和可持续发展至关重要。首先，推动要素流通便利化。建设高效能源基础设施是确保能源从产地到需求地高效输送的基础。通过加快基础设施建设，如电网、输油管道和天然气管网的扩展和更新，能够有效地减少能源输送中的损耗，提高能源的整体利用效率。同时，不同地区的资源配置差异性大，通过建设跨地区的能源互联互通网络，可以实现资源的优化配置，避免资源的浪费和过度集中。例如，通过建设跨区域的风电和太阳能发电项目，可以将可再生能源从资源丰富的地区输送到需求较大的地区，实现资源的优化配置。其次，用能权交易市场的发展对于优化能源资源配置具有重要意义。应进一步扩大用能权交易市场，降低用能权交易市场准入门槛，鼓励更多的企业和个体参与市场竞争，增加市场供给，提升市场活跃度。最后，加强信息共享和科技支撑。构建统一、开放、安全的信息共享平台，降低信息要素流通成本，提高市场信息透明度和效率；支持能源技术创新和数字化转型，如智能电网、能源存储技术和区块链技术在能源市场的应用，降低能源的生产和运输成本，从而推动市场的健康发展和经济的可持续增长。

第二，建立综合性环境规制政策框架，并通过科学的宏观调控方式使经济手段、法律手段和政策手段相结合，是实现可持续发展和环境保护的关键路径。传统命令控制型环境规制通过行政直接干预市场运行，通常包括设定严格的排放标准和污染物限额，虽然能在短期内有效的保护生态环境，但也可能导致市场运行效率低等问题。政府应当更明确地认识到科学宏观调控的角色定位，利用好经济手段、法律手段、政策手段"三位一体"的宏观调控体系，避免简单的"一刀切"等行政手段。同时，将其他环境规制与用能权交易制度相整合，形成一体化的政策框架，提升整体效率和加大执行力度。这种一体化的政策框架不仅能够降低企业因应对多重规制而面临的成本和复杂性，还能够在经济发展和环境保护之间取得更好的平衡。

第三，因地制宜发挥用能权交易政策的制度红利。随着用能权交易制度建设的不断推进与深入，其已逐渐从四个试点省份向全国辐射。因而，在未来各地的用能权交易政策推进中，有以下几个方面需要予以详细规划。首先，应进一步加强顶层设计，注意用能权指标分配的合理性和公平性，为各个地区制定合理的能源配额。每个地区的能源使用、经济结构、产业布局等存在差异，这意味着需要制定适合能源配额的方法和标准，以便各地能够有效管理和调度能源资源。其次，要充分明确不同类型城市的功能定位，注重不同城市地区间发展路径的差异性，实现因地制宜、特色发展。最后，用能权交易政策的推广还需要充分考虑到公众的接受度和参与度。教育和宣传活动可以帮助提高公众对能源消耗和环境保护的认识，同时也有助于减少社会对政策变革的阻力。地方政府可以通过多种渠道，如社区讲座、媒体宣传和互动平台建设，促进公众对用能权交易政策的理解和支持，确保政策的顺利实施和效果的可持续性。

参考文献

[1] 白俊红、卞元超，2016，《要素市场扭曲与中国创新生产的效率损失》，《中国工业经济》第11期。

[2] 蔡昉，2013，《中国经济增长如何转向全要素生产率驱动型》，《中国社会科学》第1期。

[3] 陈雨露、马勇，2013，《大金融论纲》，中国人民大学出版社。

[4] 陈志峰，2019，《能源消费税与用能权交易制度的协调使用》，《资源科学》第12期。

[5] 韩英夫、黄锡生，2017，《论用能权的法理属性及其立法探索》，《理论与改革》第4期。

[6] 黄和平、谢云飞，2023，《市场型环境规制促进了工业低碳转型吗？——来自用能权交易的证据》，《产业经济研究》第1期。

[7] 江艇，2022，《因果推断经验研究中的中介效应与调节效应》，《中国工业经济》第5期。

[8] 黄清子、马亮，2021，《环境规制破解资源诅咒的异质效应》，《中国环境科学》第7期。

[9] 李虹、邹庆，2018，《环境规制、资源禀赋与城市产业转型研究——基于资源型城市与非资源型城市的对比分析》，《经济研究》第11期。

[10] 李江龙、徐斌，2018，《"诅咒"还是"福音"：资源丰裕程度如何影响中国绿色经济增长?》，《经济研究》第9期。

[11] 李少林、毕智雪，2022，《用能权交易政策如何影响企业全要素生产率?》，《财经问题研究》第10期。

[12] 林伯强、杜克锐，2013，《要素市场扭曲对能源效率的影响》，《经济研究》第9期。

[13] 林伯强、吴微，2020，《全球能源效率的演变与启示——基于全球投入产出数据的SDA分解与实证研究》，《经济学（季刊）》第2期。

[14] 刘海英、王钰，2020，《基于历史法和零和DEA方法的用能权与碳排放权初始分配研究》，《中国管理科学》第9期。

[15] 刘寒波、牛晨、刘江浩，2022，《"省直管县"改革对县域资源错配的影响及其作用机制——来自湖南省"省直管县"财政改革的检验》，《经济地理》第12期。

[16] 刘险峰，2019，《从政府规制到多元治理：节能管理模式的发展与变革》，《求索》第2期。

[17] 刘小玲、唐卓伟、孙晓华、于润群，2022，《要素错配：解开资源型城市转型困境之谜》，《中国人口·资源与环境》第10期。

[18] 刘自敏、李娟、申颢，2023，《绿色金融政策与城市经济高质量发展——来自绿色金融改革创新试验区的证据》，《金融理论与实践》第5期。

[19] 刘强、王丽君、徐生霞，2023，《产业协同集聚对全要素生产率的影响研究——以制造业和生产性服务业为例》，《首都经济贸易大学学报》第1期。

[20] 卢盛峰、董如玉、叶初升，2021，《"一带一路"倡议促进了中国高质量出口吗——来自微观企业的证据》，《中国工业经济》第3期。

[21] 罗晓梅、张佳，2021，《用能权交易制度的波特效应——基于试点区域企业面板数据的实证》，《中国人口·资源与环境》第12期。

[22] 马晓君、魏晓雪、刘超、刘亚雪，2017，《东北三省全要素能源效率测算及影响因素分析》，《中国环境科学》第2期。

[23] 秦腾、佟金萍、支彦玲，2022，《水权交易机制对农业用水效率的影响及效应分析》，《自然资源学报》第12期。

[24] 任胜钢、郑晶晶、刘东华、陈晓红，2019，《排污权交易机制是否提高了企业全要素生产率——来自中国上市公司的证据》，《中国工业经济》第5期。

[25] 邵朝对、苏丹妮、杨琦，2021，《外资进入对东道国本土企业的环境效应：来自中国的证据》，《世界经济》第3期。

[26] 史丹，2006，《中国能源效率的地区差异与节能潜力分析》，《中国工业经济》第10期。

[27] 史丹、李少林，2020，《排污权交易制度与能源利用效率——对地级及以上城市的测度与实证》，《中国工业经济》第9期。

[28] 孙浩、郭劲光，2022，《环境规制和产业集聚对能源效率的影响与作用机制：基于空间效应的视角》，《自然资源学报》第12期。

[29] 米德勇、陈梅、朱文博，2022，《用能权交易制度是否实现了环境和经济的双赢?》，《中国人口·资源与环境》第11期。

[30] 陶长琪、李翠、王夏欢，2018，《环境规制对全要素能源效率的作用效应与能源消费结构演变的适配关系研究》，《中国人口·资源与环境》第4期。

[31] 王兵、赖培浩、杜敏哲，2019，《用能权交易制度能否实现能耗总量和强度"双控"?》，《中国人口·资源与环境》第1期。

[32] 吴健生、牛妍、彭建、黄秀兰，2014，《基于 DMSP/OLS 夜间灯光数据的 1995–2009 年中国地级市能源消费动态》，《地理研究》第4期。

[33] 吴茵茵、齐杰、鲜琴、陈建东，2021，《中国碳市场的碳减排效应研究——基于市场机制与行政干预的协同作用视角》，《中国工业经济》第8期。

[34] 王娟、陈卓，2023，《中国环境保护税的减排效应——基于提高污染物适用税额视角》，《中国人口·资源与环境》第2期。

［35］薛飞、周民良，2022，《用能权交易制度能否提升能源利用效率？》，《中国人口·资源与环境》第1期。

［36］叶琴、曾刚、戴劭勍、王丰龙，2018，《不同环境规制工具对中国节能减排技术创新的影响——基于285个地级市面板数据》，《中国人口·资源与环境》第2期。

［37］张航、丁任重，2020，《实施"强省会"战略的现实基础及其可能取向》，《改革》第8期。

［38］张琨、蔡树勋，2022，《碳排放权交易、能源利用效率与经济增长——基于异时DID方法的讨论》，《城市发展研究》第10期。

［39］张明斗、闫昱睿，2023，《低碳战略能否增强城市经济发展与生态环境的协调性——基于低碳城市试点的准自然实验》，《广东财经大学学报》第3期。

［40］张宁、张维洁，2019，《中国用能权交易可以获得经济红利与节能减排的双赢吗？》，《经济研究》第1期。

［41］张平淡、屠西伟，2023，《排污费征收标准调高、技术进步与企业能源效率》，《经济管理》第2期。

［42］张小筠、刘戒骄，2019，《新中国70年环境规制政策变迁与取向观察》，《改革》第10期。

［43］周行、马延柏，2023，《地方政府"减污降碳"协同治理的减排效应研究——基于环境规制策略的调节效应》，《经济与管理》第3期。

［44］钟成林、胡雪萍，2019，《异质性环境规制、制度协同与城市建设用地生态效率》，《深圳大学学报（人文社会科学版）》第6期。

［45］张国兴、高秀林、汪应洛、刘明星，2014，《政策协同：节能减排政策研究的新视角》，《系统工程理论与实践》第3期。

［46］周杰琦、韩兆洲，2020，《环境规制、要素市场改革红利与绿色竞争力：理论与中国经验》，《当代财经》第9期。

［47］Ambec S., Barla P. 2006. "Can Environmental Regulations be Good for Business: An Assessment of the Porter Hypothesis." *Energy Studies Review* 14(2):33-51.

［48］Coase R. H. 1960. "The Problem of Social Cost." *Journal of Law and Economics* 3(1):1-44.

［49］Hering L., Poncet S.2014."Environmental Policy and Trade Performance: Evidence from China."*Journal Environmental Economics Management* 68(4): 296-318.

［50］Kasper D. H.2015."The Options of Local Authorities for Addressing Climate Change and Energy Efficiency Through Environmental Regulation of Companies." *Journal of Cleaner Production* 98(1): 175-184.

［51］Kern F., Kivimaal P., Martiskainen M.2017." Policy Packaging or Policy Patching? The

Development of Complex Energy Efficiency Policy Mixes." *Energy Research & Social Science* 23（1）：11-25.

［52］Lei W., Yangyang C., Thomas S. 2021. "Will Researching Digital Technology Really Empower Green Development？"*Technology in Society* 66（8）：101638.

［53］Porter M. E., Linde C. 1995. "Toward a New Conception of the Environment-Competitiveness Relationship."*Journal of Economic Perspectives* 9（4）：97-118.

［54］Zhou P., Ang B.W., Wang H.2012."Energy and CO_2 Emission Performance in Electricity Generation：A Non-radial Directional Distance Function Approach."*European Journal of Operational Research* 221（3）：625-635.

［55］Porter M.E.1991."America's Green Strategy."*Scientific American* 264（4）：4-96.

［56］Stavins R. 2003. "Experience with Market-Based Environmental Policy Instruments." *Handbook of Environmental Economics*（1）：356-435

［57］Tanushree B., Richa K.2012. "Energy Saving Instrument-ESCerts in India."*Renewable and Sustainable Energy Reviews* 16（2）：1311-1316.

［58］Thorsten B., Ross L., Alexey L.2010."Big Bad Banks? The Winners and Losers from Bank Deregulation in the United States."*Journal of Finance* 65（5）：1637-1667.

［59］Xiqian C., Yi L., Linhui Y.2016."Does Environmental Regulation Drive Away Inbound Foreign Direct Investment? Evidence from a Quasi-natural Experiment in China."*Journal of Development Economics* 123（1）：73-85.

［60］Wang Y., Sun X., Guo X. 2019. "Environmental Regulation and Green Productivity Growth：Empirical Evidence on The Porter Hypothesis from OECD Industrial Sectors." *Energy Policy* 132（1）：611-619.

［61］Zhang Yijun, Song Yi.2021."Environmental Regulations, Energy and Environment Efficiency of China's Metal Industries：A Provincial Panel Data Analysis."*Journal of Cleaner Production* 280：124437.

（责任编辑：唐跃桓）

企业诚信文化与金融资产投资

罗勇博*

摘　要：本文以2007~2020年沪深A股非金融上市公司为样本，基于上市公司年报文本，采用机器学习和文本分析方法，构建企业诚信文化词库用于度量企业诚信文化，并研究诚信文化对企业金融资产投资的影响。研究发现，诚信文化对企业的金融资产投资行为具有显著的负向影响，且上述效应在非国有企业、内部治理较为完善以及机构投资者持股比例较高的企业中表现更加明显。进一步研究表明，缓解企业融资约束、降低企业经营风险、抑制企业管理者短视与自利行为和改善上市公司信息环境是企业诚信文化影响企业金融资产投资行为的重要路径。本文还发现，企业诚信文化作用的发挥离不开完善合理的公司治理结构；只有独立的机构投资者才能起到有效的外部监督作用；诚信文化主要是抑制基于"蓄水池"动机而不是"投资替代"动机的金融资产投资并优化了企业金融资产投资的结构。

关键词：诚信文化　金融资产投资　上市公司

一　引言

非金融企业金融化指的是非金融类企业将大量资金配置于金融资产，基于金融渠道的利润日渐成为企业盈利的主要渠道。近年来，中国非金融

---

* 罗勇博，博士研究生，中南财经政法大学金融学院，电子邮箱：roy_lyb@yeah.net。感谢匿名审稿专家的宝贵意见，文责自负。

企业金融化水平不断提高，引起了政府以及学术界的广泛关注[①]。已有研究表明企业过度金融化会减少企业的生产性投资（张成思和张步昙，2016），甚至引发严重的经济危机（彭俞超和黄志刚，2018），这无疑不利于我国经济尤其是实体经济的发展与稳定。党的二十大报告中明确指出，要增强投资对优化供给结构的关键作用，依法将各类金融活动全部纳入监管，守住不发生系统性风险底线，坚持把发展经济的着力点放在实体经济上。在2023年5月5日召开的二十届中央财经委员会第一次会议上，习近平总书记也强调，要加快建设以实体经济为支撑的现代化产业体系，坚持以实体经济为重，防止脱实向虚。

防止经济"脱实向虚"必须弄清楚企业金融化的原因及影响因素。对于企业金融化的动机，学术界主要有两种看法：一是"蓄水池"动机，以预防和储备为目的（胡奕明等，2017）。二是"投资替代"动机，以提升利润为目的（张成思和郑宁，2020；段军山和庄旭东，2021）。对于企业金融化的影响因素，目前文献主要集中在企业管理者特征、外部环境和资本市场等视角（杜勇等，2019；步晓宁等，2020；徐寿福等，2022），鲜有文献研究企业文化，尤其是诚信文化对企业金融资产投资行为的影响[②]。对于处于经济转型期的中国来说，营造诚信文化环境已然上升为国家发展的战略目标之一。如何推动诚信文化在现代经济发展中的重要作用，促进经济平稳高效发展成为亟须解决的重要问题。鉴于此，本文基于企业文化视角，研究诚信文化对企业金融资产投资行为的影响，并厘清背后的作用机制。

根据利益相关者理论（Stakeholder Theory），利益相关者指的是包括雇员、债权人、消费者、供应商、政府部门、本地居民、本地社区、媒体、自然环境在内的压力集团，他们与企业的生存和发展密切相关。本文认为诚信文化可以起到调节企业股东与各利益相关者关系的作用。具体地，在内部利益相关者方面，具有诚信文化的企业可以减少股东与管理层的委托代理问题（Koehn，2005），这将通过抑制企业管理者的短视与自利行为弱

---

① 据邹美凤等（2024）的统计，我国资产端的企业金融化程度（金融资产占总资产比例）达21.49%，收益端的企业金融化程度（金融收益占营业利润比例）达25.56%。

② 在本文中，企业金融化与企业金融资产投资是一个意思，文中交替使用这两种说法。

化企业金融资产投资的"投资替代"动机。在外部利益相关者方面，具有诚信文化的企业可以增加利益相关者的信任度（Jiang 等，2019）；有着更加和谐的劳资关系、更加稳定的客户关系、更加紧密的合作伙伴关系等（Guiso 等，2015a；Hsu，2007），这将通过缓解企业融资约束、减少企业经营风险、弱化企业金融资产投资的"蓄水池"动机。此外，具有诚信文化的企业往往有着更高的信息披露质量（姜付秀等，2015），这一方面可以通过缓解企业融资约束弱化企业金融资产投资的"蓄水池"动机；另一方面提高了企业管理者实施短视与自利行为的难度和代价，从而也将通过抑制企业金融资产投资的"投资替代"动机降低金融资产投资水平。

为验证上述理论推断，本文基于 A 股 2007~2020 年非金融上市公司年报文本，利用机器学习和文本分析方法，构建了"企业诚信文化"指标，系统考察了企业诚信文化对企业金融资产投资的影响。相较于已有研究，本文的贡献主要体现在以下几个方面。第一，率先基于文本分析和机器学习方法构建了中文企业诚信文化词库，提出了基于机器学习的能够直接衡量中国企业诚信文化的文本指标。这为企业诚信文化的后续相关研究提供了便利，也为企业诚信文化的量化提供了重要参考依据。第二，拓展了企业金融化影响因素的相关研究。在"蓄水池"动机和"投资替代"动机假说的基础上，已有研究从企业内部和外部多个维度考察了企业金融化的影响因素，但鲜有文献关注与上市公司行为密切相关的企业文化因素的影响。本文从企业文化的角度切入，探讨诚信文化对企业金融资产投资行为的影响，拓展了企业金融化影响因素的研究视角。第三，丰富了企业文化经济后果的相关文献。企业文化作为企业的重要特征，对上市公司绩效和行为存在重要影响，这已被诸多文献证实。然而，由于企业文化难以度量、定义模糊等原因，既有关于企业文化经济后果的研究仍较稀少。本文从一个新的视角实证检验了企业文化对金融资产投资行为的影响，剖析了诚信文化影响企业金融资产投资的内在机制，同时还检验了企业特征和外部环境在其中所起的调节作用，从而对于企业文化影响企业行为的作用情境有了更为深入的了解。此外，本文也从金融化视角为企业诚信文化在构建和谐社会与促进经济发展中的积极作用提供了经验证据。

二 文献综述与理论分析

（一）企业诚信文化的相关研究

由于测量困难和定义模糊，文化长期以来都处于被忽视的地位（Zingales，2015）。直到 2006 年，在经济学中被广泛接受的文化定义才被 Guiso 等（2006）提出，即"种族、宗教和社会群体代代相传的基本不变的习俗信仰和价值观念"。此后，与文化相关的研究呈现出爆发性增长趋势，并涌现出许多优秀成果。例如，Guiso 等（2009）研究发现，当对一国人民信任程度越低时，与该国的贸易、组合投资及直接投资就越少。基于国际财团贷款数据，Giannetti 和 Yafeh（2012）发现借贷双方的文化差异越大，贷款的数额越小、利率越高且往往需要第三方担保。Ahern 等（2015）发现，当国家之间的文化差异更大时，跨国并购的数量会降低。近年来，企业文化成为文化研究的重心，这不仅是因为微观企业有能力重塑自身文化取向，使得文化的内涵特征会随时间的推移而变化；而且微观企业数量庞大，能够为研究提供充足样本（Guiso 等，2015b）。

总的来说，现有关于企业诚信文化的研究可以分为四个部分。一是企业诚信文化的有效性，这主要与企业诚信文化的度量相关。例如，使用公司网站上有关文化论述的文本，Guiso 等（2015a）发现企业"自我宣扬"的文化不影响公司绩效。基于美国企业年报中的管理层讨论与分析内容，Breuer 等（2020）利用文本分析方法度量企业诚信文化，发现"诚信"的企业有着更低的投资效率与更差的经营表现，说明管理层对诚信文化的宣扬仅仅是一种投机行为。但姜付秀等（2015）通过公司官网、企业年度报告、企业内部控制自我评价报告以及媒体报道进行文本分析却发现，"诚信"的企业有着更低的盈余管理水平[①]。二是企业诚信文化的一致性。心理学研究

[①] 可见，简单地使用文本分析方法衡量企业诚信文化容易受到管理者机会主义的影响。本文借鉴 Li 等（2021）的研究，使用了最新的机器学习技术之一——词嵌入模型来衡量企业诚信文化，并且对年报文本中出现的诚信相关词语频率使用了 TF-IDF 加权方式，这进一步减小了上述影响。此外，后文对诚信指标的验证也证明了本文指标构建的有效性。

表明，在不同情景下，人的表现具有不一致性（Mischel，1968），这意味着文化特质也很可能存在不一致性。幸而，情况并非如此。例如 Davidson 等（2015）发现，高管过去的不良行为（如酒后驾车的定罪记录）与财务报告风险存在正相关性，而与高管"节俭程度"呈负相关性。Biggerstaff 等（2015）也发现高管股票期权回溯的企业与夸大的企业收益之间存在相关性。三是企业诚信文化对内部交易成本的影响。如 Guiso 等（2015a）认为企业诚信文化有助于组织内部的协调，可以指引和约束无法事先规定的行为，且基于雇员调查数据发现员工感知到的公司诚信文化越高，企业的生产效率越高、盈利能力越强、劳资关系更加和谐以及对求职者的吸引力越强。四是企业诚信文化对外部交易成本的影响。如翟胜宝等（2015）发现诚信导向的企业能够有效增加其所获得的商业信用；Jiang 等（2019）发现企业诚信文化对投资—现金流敏感性具有显著的负向影响；Dikolli 等（2020）发现企业诚信可以降低审计费用。但目前为止，尚未有学者研究企业诚信文化对企业投资行为，尤其是金融资产投资行为的影响。

（二）企业金融化的相关研究

目前对于企业金融化的研究主要分为三类：企业金融化的动机、后果以及影响因素。对于企业金融化的动机，学术界主要有两种看法：一是"蓄水池"动机，以预防和储备为目的（胡奕明等，2017）。二是"投资替代"动机，以提升利润为目的（张成思和郑宁，2020；段军山和庄旭东，2021）。对于企业金融化的后果，不同学者有不同的切入角度。目前文献主要探讨了企业金融化对实业投资率（张成思和张步昙，2016）、企业创新（王红建等，2017）、主业未来发展（杜勇等，2017）、企业股价崩盘风险（彭俞超等，2018a）、生产效率（胡海峰等，2020）、商业信用融资（白雪莲等，2022）、企业转型升级程度（张悦玫等，2022）等的影响。对于企业金融化的影响因素，总的来说可以分为两大类，即微观和宏观因素。微观因素有企业股东价值最大化观念（邓超等，2017）、企业主营业务利润率（邓超等，2017）、CEO 金融背景（杜勇等，2019）、企业社会责任（顾雷雷等，2020）、企业不确定性感知（聂辉华等，2020）、企业数字化转型（李万利等，2022）、企业股票流动性（徐寿福等，2022）等等。宏观因素有宏观经济环境（邓超等，2017）、经济政策不确定性（彭俞超等，2018b）、金融监管（李青原等，2022）、人口老龄化（咸金坤等，2022）、贸易政策不确定性（黄新飞等，2022）、贷款利率下限放开（安磊等，2022）等等。但由于文化测度较为困难等因素，目前尚未有学者研究企业文化对金融资产投资行为的影响。

（三）理论机制与假说分析

1.企业诚信文化对金融资产投资的影响分析

在利益相关者理论框架下，本文认为企业诚信文化将通过抑制金融资产投资的两种动机降低企业的金融资产投资水平，具体分析如下。

第一，企业诚信文化影响企业金融化"蓄水池"动机的作用机制。具有诚信文化的企业往往有着更高的透明度与信息披露质量，能够通过提高利益相关者的信任度集聚更加广泛的金融资源，缓解企业面临的融资约束问题（Jiang等，2019），从而弱化企业通过金融资产投资进行预防性储蓄的动机，降低企业的金融资产配置水平。此外，一般来说诚信的公司员工忠诚度、社会评价更高，有着更加和谐的劳资关系、更加稳定的客户关系和更加紧密的合作伙伴关系（Guiso等，2015b），因而在经济下行或者行业前景走弱时面临的不确定性更低（Zuckerman，2002；Sorensen，2002），这也弱化了企业通过金融资产投资进行预防性储蓄的动机，降低了企业的金融资产配置水平。以上分析表明，企业诚信文化能够通过改善上市公司信息环境、缓解企业融资约束、降低企业经营风险来弱化企业持有金融资产的"蓄水池"动机，从而抑制金融资产投资。

第二，企业诚信文化影响企业金融化"投资替代"动机的作用机制。大多数学者认为"投资替代"动机是企业过度金融化的主要原因，考虑到两种不同动机造成的经济后果截然相反，诚信文化是否能够以及在多大程度上能够通过抑制"投资替代"动机进而降低企业金融化水平显得尤为重要。基于委托代理理论，短视的管理者将选择配置更多高收益的金融资产（余琰和李怡宗，2016），以期在短期内促进企业绩效提升。尤其是当企业盈利能力下降并导致资产负债表恶化时，管理层为迎合投资者利益以及维护自身地位，倾向于投资短期收益率较高的金融资产以达到隐藏负面信息的目的。诚信的公司会通过抑制管理者短视以及自利行为来降低企业的金融化水平。首先，与诚信的公司管理者相比，不诚信的公司管理者更易剥削员工，制造假冒伪劣产品，进行盈余管理，在合作过程中"搭便车"以及承担更少的社会责任等（Erhard 等，2010），这虽然能够使公司在短期获利，却不利于公司的长期发展，反映了企业管理者的短视（Guiso 等，2015a）。而诚信的企业管理者目光长远，能够抵制短期利润增长的诱惑，克服急功近利的心理，对员工、客户、债权人、合作伙伴和社会负责，脚踏实地地做好自身的产品与服务（Koehn，2005）。其次，诚信文化对企业行为具有指引和约束功能（O'Reilly 和 Chatman，1996）。指引功能是指诚信文化所包含的信任、社会规范和高道德标准等要素会潜移默化地影响管理者的行为；约束功能是指在诚信导向的企业中，企业对自身行为和道德标准有着更严格的要求，在进行决策时会受到内部员工、公众、同行以及其他合作者的监督，这两种功能都会减少管理者的自利行为。最后，诚信的公司往往有着更高的透明度与信息披露质量，在这种情况下，管理者的任何短视与自利行为都更容易被投资者发现，提高了企业管理者实施短视与自利行为的难度和代价，因而能够抑制管理者短视与自利行径，进而减少其金融资产投资水平。以上分析表明，企业诚信文化能够通过减少管理者短视与自利行为、改善上市公司信息环境来弱化企业持有金融资产的"投资替代"动机，从而抑制金融资产投资。

综上分析，本文提出如下假设。

H1：企业诚信文化可以通过缓解企业融资约束、降低企业经营风险、抑制企业管理者短视与自利行为和改善上市公司信息环境降低企业金融资产投资水平。

2.企业诚信文化对金融资产投资影响的异质性分析

与非国有企业相比，国有企业进行金融资产投资的动机较弱。首先，国有企业能够获得政府支持与隐性担保，具有较强的融资优势与更多的资源，能够以较低的成本获得充裕的资金，在经营活动中面临的不确定程度也较低。其次，国有企业经营需兼顾社会效益，并对经济发展起到示范作用，因此其投资决策需要考虑企业的可持续发展，不会过度追求短期经济绩效。最后，国有企业需要受到政府严格的监督，运行较为公开透明，这也将减少管理者盈余管理等自利行为。根据本文理论机制与假说分析中的内容，企业诚信文化通过缓解企业融资约束、降低企业经营风险、减少管理者短视与自利行为和改善上市公司信息环境来抑制企业金融资产投资。国有企业融资约束、经营过程中面临的不确定性、管理者短视与自利程度和信息不透明度都较低，因此按照本文的分析，企业诚信文化对非国有企业金融资产投资的影响将更为显著。

综上分析，本文提出如下假设。

H2：企业诚信文化对非国有企业金融资产投资的影响将更为显著。

公司治理水平会对"企业诚信文化—金融资产投资"关系产生影响，一方面，完善的公司治理结构可以抑制管理层的短视与自利行为（胡楠等，2021），这可能会替代企业诚信文化所起的作用。第一，高水平的公司治理可以起到监督管理层的效果，缓解企业所有人和管理层以及大股东和中小股东的委托代理问题，从而抑制公司高管的机会主义行为。第二，有效的公司治理结构能够使公司所有者与高管的利益趋于一致，起到激励管理层的作用，这也将抑制管理层的短视与自利行为。另一方面，企业诚信文化作为一种"非正式制度"（Putnam，1993），其作用的有效发挥也依赖于完善合理的公司治理结构。高效的公司治理结构意味着健全的公司治理架构、有效的权力制衡机制以及清晰的职责边界，是公司有序运转的必要条件，也是企业文化等价值观念被广大员工接受、认同并内化为企业行为的前提。因此，治理结构既可能替代也可能强化企业诚信文化对金融资产投资的作用。

综上分析，本义提出如下假设。

H3A：企业诚信文化对金融资产投资的影响在公司治理水平更低的企业中更为显著。

H3B：企业诚信文化对金融资产投资的影响在公司治理水平更高的企业中更为显著。

有效的外部监督可以抑制企业管理者的短视与自利行为。本文分别用分析师关注度、机构投资者持股比例以及研究报告关注度衡量企业的外部监督程度。首先，分析师关注度越高，企业管理者的短视与自利行为越易受到约束。一方面，分析师具备专业的信息搜索和处理能力，能够根据海量信息对企业价值做出预测和评级，一旦分析师发现管理者有短视等机会主义行为，则会降低公司股价和市场价值估值（Chauvin 和 Hirschey，1993），这将使管理者的机会主义行为受到约束。另一方面，当分析师关注度越高时，管理者隐藏的信息就越易被揭露，企业也越易暴露于利益相关者的监督之下（胡楠等，2021），从而使管理者短视主义行为受到约束。其次，机构投资者持股比例越高，企业的短视与自利行为也越易受到约束。相较于个人投资者，机构投资者往往资金规模大、专业知识强，对企业管理者的影响力也更强。他们通常奉行价值投资理念，有更强的动机去关注和获取企业的长期价值信息，而不是过分依赖于短期业绩信息（Stein，1989）。因此机构投资者通常被认为会有效地监督管理者，促进企业的长期行为。

但是，分析师和机构投资者不一定能够发挥外部监督作用，从而抑制企业金融资产投资行为。一方面，分析师关注度给企业管理者带来了更大的来自外部的业绩压力（He 等，2013），促使管理者进行金融资产投资，修饰短期业绩，推高短期股价以迎合分析师评价。此外，分析师还容易受到基金经理、上市公司和券商内部利益关联方的影响而做出与事实不符的股票评级与推荐，利益关联的分析师甚至存在与高管合谋的可能性，如在公司内部信息披露前发布虚假报告，待消息披露后通过交易获利（吴超鹏等，2013）。另一方面，机构投资者持股比例大不一定会抑制企业金融资产投资行为。第一，根据机构投资者持股"无效监督假说"，机构投资者的薪酬主要依赖于季度业绩，其更加注重企业经营的短期成果，缺乏对企业长远发展的关心（Chen 等，2007）。第二，机构投资者的双重代理问题以及追求获利的投资目标强化了管理层进行盈余管理的动机（杨海燕等，2012）。第三，机构投资者出于个人利益考虑，可能与管理层合谋进行内幕交易，帮助管理层隐藏负面消息等。

因此，如果分析师与机构投资者能够通过抑制企业管理者的短视与自利行为减少企业的金融资产投资，那么应当观察到企业诚信文化对金融资产投资的影响在外部监督效率较低的企业中更为显著，否则说明分析师和机构投资者不能有效发挥监督作用。

综上分析，本文提出如下假设。

H4A：企业诚信文化对金融资产投资的影响在外部监督程度更低的企业中更为显著。

H4B：企业诚信文化对金融资产投资的影响在外部监督程度更高的企业中更为显著。

三 研究设计

（一）样本选取和数据来源

基于数据可得性和研究的时效性，本文的实证样本为2007~2020年中国非金融类上市公司数据，除企业诚信文化数据为通过机器学习和文本分析方式获得之外，其余数据均来源于CSMAR数据库。同时，本文还对样本进行如下处理：①删除金融及保险行业的上市公司；②删除ST和*ST的公司；③删除关键变量缺失的样本。此外，本文对所有的连续变量均在1%和99%分位数上实施了缩尾处理。本文最终构建出的包含所有主要变量的样本中共有27115个企业—年份观测值。

特别地，本文为训练Word2Vec模型而进行的数据处理过程如下：①利用Python从上交所和深交所网站爬取2000~2020年所有上市公司PDF版年报。②将所有的PDF版年报转换成TXT文档[1]，并剔除缺失或者乱码文件[2]。③以句号为分隔符，将TXT文档处理成一行一句的形式，并将所有的TXT文档整合成一个文本文档，用作Word2Vec模型的训练语料[3]。在此过程中需要对年报文本进行分词并去除停用词，本文使用Jieba以及基于搜狗词库"财会词汇大全"的自定义词典对年报文本进行分词；使用哈工大停用词表去除停用词。

---

① 有的PDF版年报进行了加密，本文先对其进行解密，再转换成TXT文档。

② 最终获得42408份文本。

③ 语料规模约11GB。

（二）模型设计与变量定义

根据研究假设，本文构建如下模型：

$$Fin_{i,t} = \alpha_0 + \alpha_1 Integrity_{i,t} + \sum \alpha_k Controls_{i,t} + Year_t + Firm_i + \varepsilon_{i,t} \qquad (1)$$

其中，i 和 t 分别代表企业和年份，Fin 为被解释变量企业金融化，$Integrity$ 是核心解释变量企业诚信文化，$Controls$ 为控制变量。此外，模型中还控制了企业个体（$Firm$）和年度（$Year$）固定效应[①]。

1. 被解释变量

企业金融化（Fin）：关于企业金融化当前尚未有统一的定义，已有研究主要从资产配置和投资收益角度进行度量。本文认为第二种方法，即使用金融渠道获利（通常是投资损益和公允价值变动损益等）占息税前利润绝对值或营业利润绝对值之比并不能真实度量企业金融化水平，原因在于投资收益、公允价值变动损益等与企业金融化之间没有直接关系，"金融渠道获利"占比越大并不意味着金融化相关的金融资产投资占总资产的比重就越大。此外，企业当年的投资收益和公允价值变动损益等可能互相抵消，进而使得其不能反映企业的真实金融化水平。因此，本文将企业金融化界定为企业进行相应的金融资产配置，将公司相关资源用以金融投资。具体地，本文选用金融资产投资占比（Fin）作为被解释变量，用企业金融资产除以企业总资产进行衡量，并且参考张成思和张步昙（2016）、张成思和郑宁（2020）等有关企业金融化的计算方法，使用"货币资金""交易性金融资产""持有至到期投资"

---

① 值得一提的是，大部分研究企业文化的文献仅控制了行业固定效应，而本文之所以能够控制企业固定效应以进一步减轻遗漏变量偏误的影响是因为应用了新兴的机器学习方法来衡量企业文化。与其他常用的衡量企业文化的方法相比（如调查问卷法、流行病学方法、基于地理近邻性构建文化变量等），本文使用的机器学习方法能够更加精细地衡量企业文化。由于企业文化主要取决于企业的领导者（Kotter 和 Heskett，1992；Baron 和 Hannan，2002；O'Reilly 等，2014；Guiso 等，2015a；Graham 等，2022），而在本文研究时期内绝大部分企业均经历了至少一次的企业领导人（董事长）变更，这就使得企业层面的文化发生变动（本文将企业诚信文化对董事长固定效应进行回归也发现董事长固定效应能够解释企业诚信文化变动的近60%）。另外，本文也对企业诚信文化的变动进行了组间与组内的分解，发现其组内组间变动大小相差无几，即在组内诚信文化也有相当的变异性，这也使得本文能够控制企业固定效应。

"可供出售金融资产""投资性房地产""应收股利""应收利息"来度量企业持有的金融资产。

2. 核心解释变量

度量企业文化是对企业文化进行研究的前提。早期通常通过代理变量、调查问卷或者访谈的方式来衡量企业文化，虽然使用调查问卷或者访谈的形式衡量企业文化有着能够直接和相关者进行沟通的优势，但往往存在问卷回复率低、回复带有主观认知偏见等问题（Cycyota 和 Harrison，2006），且只能获得截面数据，样本量较为有限。随着计算机技术的发展，越来越多的学者使用文本分析技术来衡量企业文化，但直接、简单地使用词典决文本分析（基于人工构建词典的关键词词频统计）度量企业文化有以下缺点：一是人为定义词表的主观性（Illia 等，2014）；二是选择用于衡量企业文化的词集不够全面，不能与时俱进（Li 等，2021）；三是选择用于衡量企业文化的词语可能不适合财经文本情景（胡楠等，2021）；四是容易受到企业管理者"自吹自播"或投机行为的影响（Guiso 等，2015a；Breuer 等，2020）。

而利用 Word2Vec 机器学习的方法可以有效弥补上述缺点（Li 等，2021），一方面，使用训练好的 Word2Vec 模型进行相似词扩充的同时，可以验证用于代表企业诚信文化词语的有效性和准确性，避免人为定义词表的主观性与任意性①；另一方面，公司吹嘘自身诚信文化时更容易使用常见的词语，如本文下面给出的种子词"诚信""诚实"等，而 Word2Vec 机器学习的方法可以将代表企业诚信文化的词集扩充至成百乃至上千个，企业诚信文化得分将取决于整个能够代表企业诚信文化的词集，而不仅仅是公司管理者的常用词语。此外，与人工构造的词典相比，最新训练语料的使用能够使得诚信文化词典与时俱进。因此，本文结合已有的中英文"诚信文化"词集、上市公司年报语料特点以及 Word2Vec 机器学习模型制定出能够反映企业"诚信文化"的中文词集，随后通过词典法构建企业诚信文化指标。

具体来讲，本文企业诚信文化指标的构建过程如下。

---

① 可以利用训练好的 Word2Vec 模型相似词扩充的方式检验种子词的有效性和准确性，如果某个词的扩展词大都与企业诚信文化无关，则可认为其不适合代表企业诚信文化，同时这种方法也可用于检验衡量企业诚信文化的词语是否符合财经文本情景。

（1）种子词的选取。借鉴姜付秀等（2015）、唐玮等（2020）和Li等（2021）构建的中英文"诚信文化"词集，本文制定出中文年报中有关"诚信文化"的种子词集，并利用Word2Vec模型验证了种子词集的有效性和准确性，最终获得的种子词集包括"诚信""诚实""真诚""虔诚""道德""信誉""信任""透明度""竭诚""正直""公平""言行一致"。

（2）利用训练好的Word2Vec模型扩充种子词。使用基于2000~2020年A股所有上市公司年报文本训练好的Word2Vec模型进行相似词扩充，并去除不合适的相似词①，最终得到包括"以诚相待""与人为善""重合同""敬业""公正""坦诚""务实""感恩""友善""声誉""口碑""信赖""双赢""透明性""责任感""认同感"等共91个扩展词。另外，本文还使用了文构财经文本数据平台②验证了Word2Vec模型训练得到的拓展词的有效性，发现本文的拓展词与该平台较为一致，说明本文的Word2Vec模型训练效果较好。

（3）基于种子词与扩充词构建诚信文化词典，并使用TF-IDF（Term Frequency-inverse Document Frequency， TF-IDF）加权方式衡量企业诚信文化，即通过下式计算代表企业诚信文化的词语在某年报文本中的重要程度。

$$w_{i,j} = tf_{i,j} \times \log\left(\frac{N}{df_i}\right) \tag{2}$$

其中，i代表词语，j代表年报文本，$w_{i,j}$代表了企业诚信文化词语i在年报文本j的重要程度。$tf_{i,j}$代表了单词i在文本j的出现次数，N是总年报文本数量，df_i是含有单词i的年报文本数量。与等权重相比，TF-IDF加权方式对于在所有文档中出现频率较高的词语给予更低的权重，使得频繁出现的词语对企业诚信文化的影响更小，可以有效缓解管理者"自吹自擂"问题（Li等，2021）。本文将所有代表企业诚信文化的词语$w_{i,j}$进行加总，并使用年报文本总词数进行标准化，最终再乘以100得到我们的企业诚信文化指标

---

① 比如余弦相似度过低、不符合财经文本情景、仅仅适用于某个行业的词语等。

② 文构财经文本数据平台是中国首家基于上市公司披露文本的人工智能财经数据平台，已有多篇文章利用该平台进行数据处理（如胡楠等，2021），具有一定的参考价值。

Integrity。该指标越大，代表企业诚信文化氛围越浓厚。

3.控制变量

借鉴已有文献（杜勇等，2019；李万利等，2022），我们选择了如下控制变量，具体包括：企业层面特征（财务杠杆、成长机会、流动资产比例、有形资产比例、总资产收益率、资产规模和总资产周转率）、公司治理变量（股权集中度、管理层持股比例、管理层薪酬激励、独立董事比例、董事会规模和两职合一）以及管理者背景特征（董事长年龄、董事长任期、董事长学历、董事长性别），具体变量定义参见表1。

表1　变量定义

变量名	变量符号	变量定义
企业金融化	*Fin*	金融投资资产/总资产
企业诚信文化	*Integrity*	经TF-IDF调整的企业文化词集词频占年报总词频的比例×100
财务杠杆	*Lev*	总负债/总资产
成长机会	*Growth*	营业收入增长率
流动资产比例	*Liq*	流动资产/总资产
有形资产比例	*Tang*	有形资产/总资产
总资产收益率	*Roa*	净利润/总资产
资产规模	*Size*	年末总资产的自然对数
总资产周转率	*Turnover*	营业收入/平均资产总额
股权集中度	*Top*1	第一大股东持股比例
管理层持股比例	*Manhol*	管理层持股数量/总股数
管理层薪酬激励	*Mansal*	公司金额最高的前三名高管薪酬总额的自然对数
独立董事比例	*Inddir*	独立董事数量/董事会规模
董事会规模	*Boardsize*	董事会人数
两职合一	*Duality*	1=兼任董事长和CEO，0=非兼任董事长和CEO
董事长年龄	*Age*	董事长的年龄
董事长任期	*Tenure*	董事长在该职位上任期的月数
董事长性别	*Gender*	1=男性，0=女性
董事长学历	*Degree*	1=中专及以下，2=大专，3=本科，4=硕士，5=博士

（三）描述性统计分析

表 2 报告了主要变量的描述性统计结果，可以看到企业金融化（*Fin*）均值为 0.23，最小值是 0.02，最大值是 0.74，意味着中国企业的金融化水平整体偏高，且不同企业金融化水平相差较大，与张成思和郑宁（2020）以及乔嗣佳等（2022）的测算结果基本一致。*Integrity* 的均值、最小值、最大值和标准差分别为 0.06、0.01、0.20 和 0.04，表明企业诚信文化指标有充分的变异性。其他控制变量的描述性统计结果与已有研究基本保持一致。

表 2 主要变量描述性统计结果

变量名	观测值	均值	标准差	最小值	中位数	最大值
Fin	27115	0.227	0.155	0.020	0.185	0.741
Integrity	27115	0.062	0.035	0.006	0.056	0.201
Lev	27115	0.426	0.210	0.054	0.418	0.976
Growth	27115	0.179	0.432	−0.608	0.112	2.966
Liq	27115	0.572	0.209	0.090	0.587	0.971
Roa	27115	0.045	0.064	−0.253	0.042	0.222
Size	27115	22.040	1.281	19.349	21.865	25.930
Tang	27115	0.373	0.184	0.025	0.357	0.847
Turnover	27115	0.675	0.456	0.073	0.570	2.669
Inddir	27115	0.373	0.054	0.091	0.333	0.800
Mansal	27115	14.267	0.746	12.283	14.271	16.265
Boardsize	27115	8.680	1.724	5.000	9.000	15.000
Manhol	27115	0.071	0.140	0.000	0.000	0.611
*Top*1	27115	0.348	0.148	0.091	0.329	0.750
Duality	27115	0.265	0.441	0.000	0.000	1.000
Gender	27115	0.951	0.216	0.000	1.000	1.000
Age	27115	52.690	7.221	24.000	53.000	84.000
Tenure	27115	60.952	41.799	1.000	51.000	181.000
Degree	27115	3.406	0.934	1.000	4.000	5.000

四 实证结果分析

（一）企业诚信文化指标有效性的验证

为了确保本文构建的企业诚信文化指标可真实地度量企业诚信文化，而不是企业的策略性披露行为，如为了迎合股东对诚信的需求或迫于股东的压力而更多地在公开文件中使用诚信及其相近词语，本文使用以下方法进行验证或缓解。

1. 机器学习以及 TF-IDF 加权方式的应用

本文构建企业诚信文化变量时所使用的机器学习方法有助于缓解企业管理者"自吹自擂"的问题。首先，企业吹嘘自身文化时更容易使用常见词，如前文定义的诚信文化种子词，而本文使用的机器学习 Word2Vec 模型可以将种子词进行大量扩充，使得企业的诚信文化得分取决于整个诚信文化词集，而不仅仅是常用词（Li 等，2021）。其次，本文使用的 TF-IDF 加权方式对于在所有文档中出现频率较高的词语给予更低的权重，使得频繁出现的词语对企业诚信文化的影响更小，进而有效缓解管理者"自吹自擂"的问题（Li 等，2021）。

2. 使用一系列被广泛认可的指标进行验证

使用如下模型验证本文构建的企业诚信文化指标的有效性：

$$Validation_{i,j,t+1} = \alpha_0 + \alpha_1 Integrity_{i,j,t} + \sum \alpha_k Controls_{i,j,t} \\ + Year_t + Industry_j + \varepsilon_{i,j,t} \tag{3}$$

其中，i、j、t 分别代表企业、行业及年份。$Validation$ 是用于验证企业诚信文化有效性的一系列指标，包括 $Restate\_dummy$（虚拟变量，取 0 时表示企业 i 在 $t+1$ 年没有财务重述现象；否则为 1）、$Restate\_count$（企业 i 在 $t+1$ 年财务重述的次数）、$Opacity$（信息披露质量，来源于深交所、上交所信息披露考核结果，共有四个等级：1=优秀，2=良好，3=及格，4=不及格）、$AbPerks$〔高管超额在职消费，参照权小锋等（2010）方法构建〕以及 $Abcomp$〔高管超额薪酬，参照罗宏等（2014）方法构建〕。

Controls 是一系列控制变量，同主回归模型（1）。此外，模型还控制了行业、年份固定效应。如果企业诚信文化的估计系数 α_1 在第（1）~（5）列显著为负，则表明本文构建的企业诚信文化指标是有效的，不受企业管理者"夸大吹嘘"的影响。表 3 列示了回归结果，可见，企业诚信文化的估计系数在第（1）~（5）列均显著为负，证明了本文诚信文化指标的有效性。

表3　企业诚信文化指标有效性的验证

变量	(1) *Restate_dummy*	(2) *Restate_count*	(3) *Opacity*	(4) *AbPerks*	(5) *Abcomp*
Integrity	-1.783**	-0.614*	-2.926***	-0.025***	-0.152**
	(-2.389)	(-1.921)	(-4.112)	(-3.486)	(-2.133)
控制变量	是	是	是	是	是
行业固定效应	是	是	是	是	是
年份固定效应	是	是	是	是	是
样本量	9864	9866	16990	22307	22860
调整 R^2 值	0.139	0.282	0.123	0.073	0.948

注：除第（1）列、第（2）列、第（3）列分别采用 logit、poisson 以及 ologit 模型回归外，其余各列均为 OLS 回归。*、**、***分别表示在 10%、5%、1% 水平上显著，括号内为经公司聚类标准误调整后的 t 值。

3.探究管理者固定效应对企业诚信文化变动的解释力度

企业文化主要决定于企业高管（Kotter 和 Heskett，1992；Baron 和 Hannan，2002；O'Reilly 等，2014；Guiso 等，2015a；Graham 等，2022），因此如果企业管理者固定效应能够解释企业诚信文化指标的大部分变动，那么说明本文讨论的企业诚信文化度量的是企业管理者的内在特征，而不是策略性披露。参照 Bertrand 和 Schoar（2003）、Hassan 等（2019）的研究，本文将诚信文化对董事长固定效应进行回归，发现董事长固定效应能够解释企业诚信文化变动的 57%，而在这基础上加入企业、年份及行业固定效应仅能将模型对企业诚信文化的解释力度提升至61%，证明了本文指标构建的合理性。

4.探究企业诚信文化是否在面临更大的股东压力后增加

如果本文衡量的企业诚信文化反映了企业管理者的策略性披露行为，如为了迎合股东对诚信的需求或迫于股东的压力，那么应该观察到企业诚信文化在面临更大的股东压力后会增加。为对此进行验证，本文将$t+1$年的诚信文化对t年的企业亏损状况Loss（虚拟变量，取1时表示企业在该年度亏损；否则取0）、违规情况Violated（虚拟变量，取1时表示企业在该年度存在违规情况；否则为0）以及财务重述Restate_dummy（虚拟变量，取1时表示企业在该年度存在财务重述现象；否则为0）进行回归。回归结果均不显著，证明了本文指标构建的合理性。

（二）企业诚信文化对金融资产投资的影响

表4报告了企业诚信文化对企业金融化的回归结果。从第（1）列可以发现，在不加入任何控制变量时，企业诚信文化Integrity对企业金融化Fin的影响系数为-0.006，即企业诚信文化的提高可以降低金融资产投资水平，但不显著。第（2）列在第（1）列的基础之上，加入了企业财务特征变量，可以看到，企业诚信文化Integrity的估计系数为-0.062，且在5%的水平上显著。第（3）列、第（4）列进一步地在第（2）列的基础上加入了企业公司治理变量与管理者背景特征变量，企业诚信文化Integrity估计系数分别为-0.062和-0.061，依然在5%的水平上显著。从经济意义角度来看，以第（4）列为例，企业诚信文化每提升1个标准差，将导致非金融企业金融资产投资水平下降幅度约达到其均值的1%（=-0.0610×0.0348/0.2268）。以上结果表明，越诚信的企业，其金融资产投资水平越低，验证了本文假设H1。

表4　企业诚信文化与金融资产投资

变量	(1) Fin	(2) Fin	(3) Fin	(4) Fin
Integrity	−0.006	−0.062**	−0.062**	−0.061**
	(−0.158)	(−2.217)	(−2.235)	(−2.202)
Lev		−0.178***	−0.177***	−0.176***
		(−15.682)	(−15.730)	(−15.665)
Growth		0.003	0.002	0.002
		(1.543)	(1.218)	(1.071)
Liq		0.422***	0.415***	0.411***
		(26.817)	(26.259)	(26.039)
Roa		0.087***	0.077***	0.076***
		(4.651)	(4.145)	(4.061)
Size		−0.010***	−0.008***	−0.007**
		(−3.243)	(−2.838)	(−2.399)
Tang		−0.331***	−0.332***	−0.331***
		(−21.266)	(−21.450)	(−21.440)
Turnover		−0.057***	−0.055***	−0.055***
		(−10.251)	(−10.128)	(−10.059)
Inddir			−0.039*	−0.040*
			(−1.712)	(−1.794)
Mansal			−0.005*	−0.005*
			(−1.905)	(−1.941)
Boardsize			−0.001	−0.001
			(−0.851)	(−0.916)
Manhol			0.063***	0.064***
			(4.534)	(4.600)
Top1			0.069***	0.064***
			(3.860)	(3.601)
Duality			0.002	0.001
			(0.781)	(0.293)
Gender				−0.008
				(−1.261)
Age				−0.000**
				(−1.968)
Tenure				−0.000***
				(−3.097)
Degree				−0.002
				(−1.183)
企业固定效应	是	是	是	是
年份固定效应	是	是	是	是
样本量	27115	27115	27115	27115
调整 R^2 值	0.520	0.712	0.714	0.714

注：*、**、***分别表示在10%、5%、1%水平上显著，括号内为经公司聚类标准误调整后的 t 值。

（三）内生性分析

前文结果可能受到内生性问题的影响，如企业诚信文化和金融资产投资决策可能受到遗漏的共同作用因素的影响或者存在潜在的互为因果问题。为此，本文利用2015年7月和2016年4月国家发展和改革委员会、中国人民银行公布的"全国创建社会信用体系建设示范城市"试点政策作为外生冲击，引入工具变量来克服内生性问题。具体而言，为进一步推动我国社会信用体系建设，营造更加浓郁的诚信氛围，国家发改委、中国人民银行于2015年和2016年在全国范围内先后设立了43个"全国创建社会信用体系建设示范城市"。一方面，企业不是一个孤立的个体，其文化必然会受到外部环境的影响，而且居民以及企业的诚信状况也是城市信用的重要组成部分；另一方面，"全国创建社会信用体系建设示范城市"的选取取决于城市的总体信用状况，如信用信息基础设施建设、诚信监管、信用体系与诚信文化宣传、企业及居民信用，与城市的经济状况或企业财务特征无关。

基于以上分析，本文根据企业所在地区在不同时间入选"全国创建社会信用体系建设示范城市"这一外生事件构建了工具变量*Policy*：如果样本期间内企业所在城市被评选为"全国创建社会信用体系建设示范城市"，则该地区企业样本在入选当年及以后年份的工具变量取值为1，否则取值为0。

表5展示了回归结果，第（1）列报告的是第一阶段回归结果，第（2）列报告的是第二阶段回归结果。第一阶段回归结果表明，工具变量的系数在1%的水平上显著为正，意味着"全国创建社会信用体系建设示范城市"试点政策实施后，试点地区的企业的诚信水平显著提高，并且第一阶段的F值大于经验法则建议的10。第二阶段回归结果显示诚信文化将显著降低企业的金融资产投资水平。上述结果表明，在引入工具变量减轻反向因果等内生性问题的影响后，本文的主要结论依然成立。

表5　工具变量法

变量	第一阶段回归结果 （1） Integrity	第二阶段回归结果 （2） Fin
Policy	0.003*** (3.671)	
Integrity		−2.527** (−2.252)
控制变量	是	是
企业固定效应	是	是
年份固定效应	是	是
样本量	27715	27115
调整 R² 值	0.431	0.303
第一阶段 F 值	13.500	

注：IV 2SLS 标准误为稳健标准误，其余同表4。

（四）稳健性检验

1. 替换解释变量

本文使用的企业诚信文化指标 Integrity 是基于企业诚信文化词集（含种子词和拓展词），通过 TF-IDF 加权方式计算得出。为保证本文结果的稳健性，使用了两个替代指标，一是以等权重加权方式重新计算企业诚信文化 Integrity2；二是仅基于种子词使用 TF-IDF 加权方式计算企业诚信文化 Integrity3。回归结果如表6的第（1）列、第（2）列所示，替换解释变量并不影响本文结论的稳健性。

2. 替换被解释变量

本文使用"货币资金""交易性金融资产""持有至到期投资""可供出售金融资产""投资性房地产""应收股利""应收利息"来度量企业持有的金融资产，然而上市公司财务报表中可能还存在一些其他的可以代表企业金融化的会计科目及报表项目，如"衍生金融资产""其他应收款""买入返售金融资产""一年内到期的非流动资产""其他流动资产""发放贷款及垫款""长期股权投资""其他非流动资产"（顾雷雷等，2020）。因此，本文加入这些指标以重新衡量企业的金融资产投资水平。回归结果如表6的第（3）列所示，可见，替换被解释变量并不影响本文结论的稳健性。

表6 稳健性检验：替换解释变量、被解释变量与更换研究样本

变量	(1) Fin	(2) Fin	(3) Fin2	(4) Fin	(5) Fin
Integrity2	−0.084* (−1.839)				
Integrity3		−0.044** (−2.455)			
Integrity			−0.063** (−2.195)	−0.057* (−1.734)	−0.050* (−1.803)
控制变量	是	是	是	是	是
企业固定效应	是	是	是	是	是
年份固定效应	是	是	是	是	是
样本量	27115	27115	27115	23447	26020
调整R²值	0.714	0.714	0.798	0.707	0.720

注：同表4。

3.更换研究样本

2008年的国际金融危机对中国企业的金融资产投资造成较大且持续的影响，本文剔除掉国际金融危机发生当年及之后两年的数据，考察样本子区间的模型估计效果。此外，考虑到房地产行业的特殊性，本文参照已有文献做法（张成思和张步昙，2016；彭俞超和黄志刚，2018；顾雷雷等，2020），将剔除房地产行业之后的样本进行回归。结果如表6的第（4）列、第（5）列所示，模型估计结果与之前的结论保持一致，体现了研究结论的稳健性。

（五）异质性分析

1.企业性质的异质性分析

根据本文假说分析，企业诚信文化通过缓解企业融资约束、降低企业经营过程中面临的不确定性、减少管理者短视与自利行为以及改善上市公司信息环境来抑制企业金融资产投资。由于国有企业融资约束、经营过程中面临的不确定性、管理者短视与自利程度、信息不透明度等都较低，按照本文的分析，企业诚信文化对非国有企业金融资产投资的影响更为显著。

为验证假设H2，本文基于企业性质进行了分样本回归。回归结果如表7所示，第（1）列与第（2）列分别基于非国有企业和国有企业子样本。可以看到，在第（1）列中，企业诚信文化 *Integrity* 的估计系数为−0.110，且在1%的水平上显著，而在第（2）列中，企业诚信文化 *Integrity* 的估计系数为0.021，且不显著。这验证了本文假说H2，即企业诚信文化对金融资产投资的影响存在明显的企业性质差异，同时也为本文的机制分析提供了支持。

表7　基于企业性质的异质性分析

变量	（1） 非国有企业 *Fin*	（2） 国有企业 *Fin*
Integrity	−0.110*** (−2.818)	0.021 (0.546)
控制变量	是	是
企业固定效应	是	是
年份固定效应	是	是
样本量	16805	10310
调整 R^2 值	0.701	0.750

注：同表4。

2. 公司治理的异质性分析

公司治理水平既可能替代也可能强化企业诚信文化对金融资产投资的作用，因此，为验证其效果，本文将独立董事占比、高管持股比例以及第二到第十大股东持股比例（S指数）高于同行业同年度中位数的企业视为公司治理效率较高的企业，并以此进行分组回归。

回归结果如表8所示。可以看到，第（1）列、第（3）列、第（5）列的企业诚信文化 *Integrity* 估计系数均不显著，而第（2）列、第（4）列、第（6）列的企业诚信文化 *Integrity* 估计系数均显著为负，说明对于治理水平低的公司，诚信文化对其金融资产投资的影响消失；而对于治理水平高的公司，诚信文化对其金融资产投资仍有显著的负向影响。这表明诚信文化作用的有效发挥依赖于合理的公司治理结构，且有效的公司治理结构可以强化诚信文化对金融资产投资的负向作用，假设H3B得到验证。

表8　基于公司治理的异质性分析

变量	(1) 独立董事 比例低 *Fin*	(2) 独立董事 比例高 *Fin*	(3) 高管 持股低 *Fin*	(4) 高管 持股高 *Fin*	(5) S指数低 *Fin*	(6) S指数高 *Fin*
Integrity	−0.027 (−0.767)	−0.102** (−2.307)	−0.049 (−1.282)	−0.073* (−1.794)	−0.035 (−0.982)	−0.087** (2.096)
控制变量	是	是	是	是	是	是
企业固定效应	是	是	是	是	是	是
年份固定效应	是	是	是	是	是	是
样本量	14642	11867	13590	13230	13389	13324
调整 R^2 值	0.733	0.711	0.728	0.744	0.737	0.737

注：同表4。

3. 外部监督的异质性分析

根据本文假说分析，如果分析师与机构投资者能够通过抑制企业管理者的短视与自利行为来减少企业的金融资产投资，那么应当观察到企业诚信文化对金融资产投资的影响在外部监督效率较低的企业中更为显著，否则说明分析师和机构投资者不能有效地发挥监督作用。

为了验证上述分析，本文将分析师关注度、机构投资者持股比例以及研究报告关注度高于同行业同年度中位数的企业视为外部监督程度较高的企业，并以此进行分组回归。回归结果如表9所示，第（1）列、第（3）列、第（5）列回归结果分别基于分析师关注度、机构投资者持股比例以及研究报告关注度低于同行业同年度中位数的企业，第（2）列、第（4）列、第（6）列回归结果分别基于分析师关注度、机构投资者持股比例以及研究报告关注度高于同行业同年度中位数的企业。可以看到，第（1）列、第（3）列、第（5）列企业诚信文化*Integrity*的估计系数均不显著，而第（2）

列、第（4）列、第（6）列企业诚信文化 *Integrity* 的估计系数除第（4）列显著为负外也均不显著，这表明分析师关注度与研究报告关注度对企业诚信文化对金融资产投资的影响没有作用，即分析师关注度与研究报告关注度并不能发挥出外部监督的效果。而第（4）列的估计系数显著为负说明机构投资者持股比例不仅没有起到外部监督的作用，反而加剧了企业管理者的金融资产投资行为。假设 H4B 部分得到验证。

表 9　基于外部监督的异质性分析

变量	(1) Fin	(2) Fin	(3) Fin	(4) Fin	(5) Fin	(6) Fin	(7) Fin	(8) Fin
Integrity	−0.050 (−1.253)	−0.036 (−0.840)	−0.030 (−0.792)	−0.074* (−1.957)	−0.024 (−0.606)	−0.056 (−1.278)	−0.029 (−0.783)	−0.067* (−1.671)
控制变量	是	是	是	是	是	是	是	是
企业固定效应	是	是	是	是	是	是	是	是
年份固定效应	是	是	是	是	是	是	是	是
样本量	8850	10111	13401	13407	9228	10016	13231	13214
调整 R^2 值	0.749	0.773	0.723	0.742	0.750	0.768	0.765	0.699

注：同表 4。

上述分析并没有对机构投资者进行区分，考虑到不同类型的机构投资者发挥的作用不同，如保险公司、信托公司和一般法人机构通常与被投资公司存在某类商业关系，该类机构投资者为了维系现有或潜在的商业关系往往缺乏监督管理层的强烈动机；而证券投资基金、社保基金和 QFII（合格境外机构投资者）作为独立的机构投资者，对上市公司的监督效应更明显（杨海燕等，2012）。因此，本文基于独立的机构投资者持股比例进行了分样本回归。按照上文的分析，仅起监督作用的独立机构投资者可以抑制企业管理者的短视与自利行为，因而企业诚信文化对金融资产投资的抑制作用应当在独立机构投资者持股更少的公司更显著。结果如表 9 所示。第（7）列、第（8）列分别是基于独立机构投资者持股比例高于样本中位数、独立机构投资者持股比例低于样本中位数的回归结果。可以看到，第（7）

列企业诚信文化 *Integrity* 的估计系数不显著，而第（8）列企业诚信文化 *Integrity* 的估计系数显著为负。这表明，独立的机构投资者可以起到有效的外部监督作用，企业管理者的短视与自利行为对企业金融资产投资水平的影响受到了抑制。

（六）机制分析

1. 基于缓解企业融资约束的路径检验

为验证企业诚信文化可以减轻其面临的融资约束，本文借鉴 Jiang 等（2019）的研究，使用如下带有企业诚信文化与现金流交互项的投资—现金流回归模型：

$$
\begin{aligned}
\frac{Investment_{i,j,t}}{Asset_{i,j,t}} = {} & \alpha_0 + \beta_1 \frac{Cashflow_{i,j,t}}{Asset_{i,j,t}} + \beta_2 \, Integrity_{i,j,t} \times \frac{Cashflow_{i,j,t}}{Asset_{i,j,t}} \\
& + \beta_3 \, Integrity_{i,j,t} + \sum \alpha_k \, Controls_{i,j,t} \\
& + Year_t + Industry_j + \varepsilon_{i,j,t}
\end{aligned}
\tag{4}
$$

其中，*Investment* 代表资本支出，本文借鉴吕长江和张海平（2011）的研究，按下式计算：企业当年资本性支出=购建固定资产、无形资产和其他长期资产支付的现金+取得子公司及其他营业单位支付的现金净额−处置固定资产、无形资产和其他长期资产收回的现金净额−处置子公司及其他营业单位收到的现金净额−（固定资产折旧+无形资产摊销+长期待摊费用摊销）。*Asset* 代表年末总资产，*Cashflow* 是经营活动产生的现金流量净额，*Integrity* 是企业诚信文化，*Controls* 是一系列控制变量。此外，模型还控制了行业（*Industry*）和年度（*Year*）固定效应。如果在现金流（*Cashflow/Asset*）可以显著正向影响企业资本支出（*Investment/Asset*）的基础上观察到企业诚信文化与现金流交互项的估计系数 β_2 显著为负，则说明企业诚信文化弱化了现金流对企业长期投资的影响关系，即诚信的公司有着更低的投资—现金流敏感性，这侧面说明了企业诚信文化可以减轻企业面临的融资约束。

表 10 报告了回归结果，第（1）列是标准的投资—现金流回归模型，第（2）列在第（1）列的基础上加入了企业诚信文化与现金流的交互项。可以看到，在第（1）列中，现金流（*Cashflow/Asset*）的估计系数显著

为正，表明企业资本支出高度依赖于经营活动产生的现金流量，与以往
结论一致。在第（2）列中，企业诚信文化（*Integrity*）的估计系数显著为
正，表明企业诚信文化会增加企业的长期投资①。特别地，企业诚信文
化与现金流的交互项（*Integrity×Cashflow/Asset*）估计系数显著为负，这验
证了上文的分析，表明企业诚信文化可以缓解企业面临的融资约束，进
而弱化其持有金融资产的预防性储蓄动机，从而降低金融资产投资
水平。

为进一步验证此渠道，本文依据企业的融资约束程度（SA指数）将所
有企业分成融资约束高和融资约束低两组。若企业诚信文化对金融资产投
资的负向作用在高融资约束组中更加显著，则验证了企业诚信文化通过缓
解融资约束降低企业的金融资产投资水平这一机制。回归结果如表10的第
（3）列、第（4）列所示，企业诚信文化对金融资产投资的负向作用在融资
约束高组中显著，而在低融资约束组中不显著，这进一步证明了本文机制
分析的正确性。

表10 基于缓解企业融资约束的路径检验

	(1) *Investment/* *Asset*	(2) *Investment/* *Asset*	(3) 融资约束低 *Fin*	(4) 融资约束高 *Fin*
Cashflow/Asset	0.028*** (4.008)	0.046*** (3.654)		
Integrity×Cashflow/Asset		−0.292* (−1.717)		
Integrity		0.071*** (4.532)	−0.057 (−1.161)	−0.117*** (−2.852)
控制变量	是	是	是	是
行业固定效应	是	是	是	是
年份固定效应	是	是	是	是

---

① 胡楠等（2021）发现企业管理者的短视主义会导致企业的长期投资减少，而本文发现企业
诚信水平提升有利于长期投资增加，这与理论分析中"企业诚信文化降低管理者的短视程
度"结论一致。

	（1） Investment/ Asset	（2） Investment/ Asset	（3） 融资约束低 Fin	（4） 融资约束高 Fin
样本量	25997	25997	13558	13557
调整 R^2 值	0.103	0.104	0.374	0.536

注：同表4。

2. 基于降低企业经营风险的路径检验

为检验此路径，本文使用盈利波动性来衡量企业经营过程中面临的不确定性。参照王竹泉等（2017）的做法，本文使用 $t-2$ 到 $t+2$ 年的经行业均值调整的资产回报率的标准差（$Risk1$）和 $t-2$ 到 $t+2$ 年的经行业均值调整的资产回报率的极差（$Risk2$）来衡量企业的经营风险。

企业经营风险对企业诚信文化的回归结果如表11所示，第（1）列、第（2）列展示了企业诚信文化对企业经营风险的影响，可以看到，企业诚信文化的估计系数分别为-0.047和-0.114，且均在5%的水平上显著，表明诚信的企业有着更低的经营风险，而这将弱化其持有金融资产的预防性储蓄动机，从而降低金融资产投资水平。

另外，企业经营绩效的波动容易受到外部环境的影响，而已有文献发现诚信文化的作用也会受到外部环境的影响（Sorensen，2002），因此本文没有直接对经营风险进行分样本检验，而是计算了企业的特质性风险（Idiosyncratic Risk）指标。特质性风险指的是企业股价收益波动中可以归结为企业自身原因的部分（Khieu等，2023），根据市场模型回归残差的标准差计算（即将股票的周收益率对市场的周收益率回归，并计算残差的标准差）。表11的第（3）列、第（4）列展示了根据特质性风险进行分样本检验的结果，发现诚信文化对金融化的影响在经营风险更高的企业中更加显著，这进一步支持了本文的机制分析。

表11 基于降低企业经营风险的路径检验

变量	(1)	(2)	(3) 特质性风险低	(4) 特质性风险高
	Risk1	*Risk2*	*Fin*	*Fin*
Integrity	−0.047**	−0.114**	−0.105*	−0.208***
	(−2.154)	(−2.233)	(−1.860)	(−4.184)
控制变量	是	是	是	是
行业固定效应	是	是	是	是
年份固定效应	是	是	是	是
样本量	26636	26636	6417	6417
调整 R² 值	0.111	0.116	0.422	0.432
P 值			0.020	

注：系数组间差异检验的 P 值采用费舍尔组合检验（抽样 1000 次）计算得到，其余同表4。

3. 基于抑制企业管理者短视与自利行为的路径检验

为验证"企业诚信文化—管理者短视与自利"这一路径，本文参照王治等（2022）的研究使用了如下指标：管理层短视（*Myopia*）、高管超额在职消费（*AbPerks*）与超额薪酬（*Abcomp*）。其中，管理层短视指标来自胡楠等（2021）的研究，该指标基于中国 A 股上市公司年报的 MD&A 章节，通过文本分析和机器学习方法确定企业管理者"短期视域"词集，然后采用词典法构建，并且通过了一系列指标有效性检验，能够有效反映企业管理者的短视程度。高管超额在职消费与超额薪酬分别参照权小锋等（2010）和罗宏等（2014）的方法构建。回归结果如表12的第（1）~（3）列所示，可以看到企业诚信文化的估计系数均显著为负，说明企业诚信文化可以抑制管理者的短视与自利行为，进而减少基于"投资替代"动机的金融资产投资。

此外，当企业所处行业的竞争较为激烈时，企业高管在业绩下滑时更有动机掩盖主营业务利润下降的信息，通过金融资产投资来实施盈余操纵，即行业竞争激烈时，管理者更容易基于短视与自利动机进行金融资产投资。

因此，为了进一步验证诚信文化会通过抑制企业管理者短视与自利行为减少金融资产投资，本文依据企业所在行业的赫芬达尔指数（HHI）将全样本分为高市场竞争和低市场竞争两组。如果企业诚信文化对金融资产投资的负向作用在高市场竞争组中更为显著，则进一步证明了"企业诚信文化—管理者短视与自利"这一路径。回归结果如表12的第（4）列、第（5）列所示，与本文分析一致。

表12　基于抑制企业管理者短视与自利行为的路径检验

变量	(1) Myopia	(2) AbPerks	(3) Abcomp	(4) 低市场竞争 Fin	(5) 高市场竞争 Fin
Integrity	-0.038^* (-1.719)	-0.021^{***} (-2.936)	-0.360^* (-1.770)	-0.073 (-1.634)	-0.106^{**} (-2.378)
控制变量	是	是	是	是	是
行业固定效应	是	是	是	是	是
年份固定效应	是	是	是	是	是
样本量	26526	24521	25199	13641	13471
调整R^2值	0.103	0.073	0.044	0.478	0.442

注：同表4。

4.基于改善上市公司信息环境的路径检验

企业诚信文化可以通过改善上市公司信息环境抑制管理者机会主义行径，进而减少企业金融资产投资水平。本文使用深交所、上交所信息披露考核结果（Opacity）与会计稳健性（CScore）衡量企业的信息环境。其中，Opacity共有四个等级：1=优秀，2=良好，3=及格，4=不及格；CScore参照Khan和Watts（2009）方法构建。回归结果如表13的第（1）~（2）列所示，可以看到企业诚信文化的估计系数在第（1）列显著为负，在第（2）列显著为正，说明企业诚信文化可以改善上市公司信息环境，进而削弱其持有金融资产的"投资替代"动机，从而减少金融资产投资水平。同时，

213

对企业信息环境进行的分样本检验也显示企业诚信文化对其金融化的影响在信息环境更差的企业中更加明显，与本文分析一致。

表 13　基于改善企业信息环境的路径检验

变量	(1)	(2)	(3)	(4)	(5)	(6)
			Opacity 低	Opacity 高	CScore 低	CScore 高
	Opacity	*CScore*	*Fin*	*Fin*	*Fin*	*Fin*
Integrity	−0.793***	0.369*	−0.005	−0.103***	−0.118**	−0.085
	(−4.571)	(1.650)	(−0.062)	(−2.980)	(−2.343)	(−1.606)
控制变量	是	是	是	是	是	是
行业固定效应	是	是	是	是	是	是
年份固定效应	是	是	是	是	是	是
样本量	19644	21758	3741	23374	5442	5437
调整 R^2 值	0.201	0.097	0.490	0.452	0.460	0.361

注：同表 4。

（七）进一步分析：区分基于"蓄水池"动机与基于"投资替代"动机的金融资产投资

参照彭俞超等（2018b）的研究，本文将企业的金融资产投资分为基于"蓄水池"动机的金融资产投资与基于"投资替代"动机的金融资产投资。具体地，本文将货币资金、持有至到期投资、衍生金融资产、长期股权投资视为出于"蓄水池"动机而持有的金融资产；将交易性金融资产、可供出售金融资产、投资性房地产视为出于"投资替代"动机而持有的金融资产。根据前文分析，企业诚信文化将通过抑制企业持有金融资产的"蓄水池"动机和"投资替代"动机降低企业的金融资产投资水平。因此，可以预见，企业诚信文化将对出于"蓄水池"动机而持有的金融资产与出于"投资替代"动机而持有的金融资产产生负向作用。本文分别将基于"蓄水池"动机与基于"投资替代"动机的金融资产投资对企业诚信文化进行回归，回归结果如表 14 第（1）列、第（2）列所示，企业诚信文化对出于"蓄水池"动机以及出于"投资替代"动机而持有的金融资产都产生了显著的负向作用，与本文分析一致，并且企业诚信文化 *Integrity* 在第（1）列、第（2）列估计系数上的差异表明企业诚信文化主要是通过"蓄水池"动机而不是"投资替代"动机影响企业金融资产投资。

另外，为了进一步探究企业诚信文化对金融资产投资结构的影响，本文将基于"蓄水池"动机的金融资产投资比例与基于"投资替代"动机的金融资产投资比例对企业诚信文化进行回归。回归结果如表14第（3）列、第（4）列所示，可见企业诚信文化提高了基于"蓄水池"动机的金融资产投资比例，降低了基于"投资替代"动机的金融资产投资比例，即企业诚信文化优化了企业金融资产投资结构。

表14 进一步分析：区分基于"蓄水池"动机与基于"投资替代"动机的金融资产投资

变量	（1）"蓄水池"动机	（2）"投资替代"动机	（3）"蓄水池"动机比例	（4）"投资替代"动机比例
Integrity	−0.104***	−0.046***	0.108**	−0.108**
	(−2.588)	(−2.585)	(2.165)	(−2.165)
控制变量	是	是	是	是
行业固定效应	是	是	是	是
年份固定效应	是	是	是	是
样本量	27115	27115	27115	27115
调整 R^2 值	0.422	0.164	0.134	0.134

注：基于"蓄水池"（"投资替代"）动机的金融资产投资由基于"蓄水池"（"投资替代"）动机的金融资产投资/总资产计算；基于"蓄水池"（"投资替代"）动机的金融资产投资比例由基于"蓄水池"（"投资替代"）动机的金融资产投资/（基于"蓄水池"动机的金融资产投资+基于"投资替代"动机的金融资产投资）计算，其余同表4。

五 研究结论与政策启示

（一）研究结论

随着文化与金融相关研究的兴起，文化如何影响公司行为成为一个重要的研究话题。本文以2007~2020年沪深A股非金融上市公司为样本，基于上市公司年报文本，采用机器学习和文本分析的方法构建了度量企业诚信文化的指标，实证考察了企业诚信文化对金融资产投资行为的影响。本文的主要结论如下：第一，企业诚信文化对企业的金融资产投资行为有负向抑制作用，且这一结论在控制内生性问题以及进行一系列稳健性检验后依然成立。第二，企业诚信文化对金融资产投资的抑制作用在非国有企业、公司治理较为完善以及机构投资者持股比例较高的企业中更为显著。特别地，本文发现企业诚信文化作用的发挥离不开完善的公司治理结构；分析师关注度与研报关注度并不能发挥外部监督的作用；机构投资者不仅不能发挥外部监督的作用反而会强化企业的金融资产投资行为，只有独立的机构投资者才能起到外部监督的作用。第三，企业诚信文化通过缓解企业融资约束、降低企业经营风险、抑制企业管理者短视与自利行为和改善上市公司信息环境来弱化企业持有金融资产的动机，进而降低企业金融化水平。此外，本文发现企业诚信文化主要是抑制基于"蓄水池"动机而不是"投资替代"动机的金融资产投资并优化了企业金融资产投资结构。

（二）政策启示

基于本文结论有以下几点启示。第一，推动中国优秀传统文化的传承与发展，有利于促进我国经济高质量发展。在研究企业金融化这个问题上，已有研究都是基于企业内部财务特征、外部环境、资本市场等视角，鲜有文献研究企业文化，尤其是作为我国优秀传统文化之一的诚信文化对金融资产投资行为的影响。而本文的研究表明企业诚信文化可以打破经济"脱实向虚"的困局，通过缓解企业融资约束、降低企业经营过程中面临的不确定性、抑制企业管理者短视与自利行为和改善上市公司信息环境来降低企业金融化水平。因此，为了遏制普遍出现的非金融企业金融化趋势，使金融更好地服务于实体经济，守住不发生系统性风险底线，必须在全社会大力培育和弘扬诚信文化，建立企业及个人诚信档案，严惩失信行为人，建立跨部门的诚信监管机制等，充分发挥诚信文化在构建和谐社会与维护经济发展中的积极作用，有效推动中华优秀传统文化创造性转化和创新性发展。特别地，本文还发现"全国创建社会信用体系建设示范城市"试点政策能够显著提升试点地区企业的诚信水平，因此建议有关部门一方面要加强原有试点城市的建设，另一方面也要有序推进新的城市试点，进而提升社会整体信用水平。

第二，重视诚信文化对企业的积极影响，营造良好的组织文化氛围。已有文献表明过度金融化将抑制企业创新，不利于企业转型升级，提高企业股价崩盘风险，降低企业生产效率，减少企业商业信用融资等。而本文研究发现，企业诚信文化能够显著降低企业的金融化水平。除此之外，现有研究还发现诚信文化能够给企业带来其他积极影响，如缓解企业融资约束、降低审计费用、提高生产效率、增强盈利能力、缓和劳资关系、对求职者的吸引力更大等。因此，企业应当重视诚信的影响，积极培育诚信文化，发挥好企业诚信文化的各种积极作用。此外，本文还发现高效的公司治理结构可以促进企业诚信文化作用的发挥，因此要强化企业内部监督，完善企业的治理结构，如充分发挥上市公司股权激励的长期效应，弱化管理层薪酬对短期股价的敏感性，从经理人自身利益的内在角度降低管理层对短期盈余和股价的关注程度。

第三，建立健全协同高效的外部监督机制，切实降低企业金融化水平。本文发现，在当前情况下，证券分析师和机构投资者并不能有效监督企业管理者，进而降低企业金融化水平，这表明，证券分析师和机构投资者往往会因为利益关联等原因而无法有效发挥外部监督作用，只有独立的机构投资者才能有效发挥外部监督的作用，抑制企业管理者的短视与自利行为。因此要建立健全协同高效的外部监督机制，积极倡导长期投资和价值投资理念，大力发展长期机构投资者，有效发挥机构投资者与证券分析师在公司治理和稳定资本市场中的积极作用。为此，监管机构应加强对证券分析师和机构投资者的监管，确保其行为符合法律法规和职业道德标准，防止利益冲突和内幕交易；加强对证券分析师独立性的要求，确保其研究报告和投资建议不受上市公司或其他利益相关方的不当影响；在金融行业中培养一种以诚信、责任和公平为基础的文化，鼓励所有市场参与者遵守高标准的职业道德。证券分析师和机构投资者应建立内部的利益冲突管理机制，对可能存在的利益关联进行识别、披露和管理；提高信息披露的透明度，包括交易、持股情况、潜在的利益关联等，以便市场参与者能够做出更加明智的决策。

参考文献

[1] 安磊、鄢伟波、沈悦，2022，《贷款利率下限放开抑制了企业金融化吗?》，《统计研究》第8期。

[2] 白雪莲、贺萌、张俊瑞，2022，《企业金融化损害商业信用了吗? ——来自中国A股市场的经验证据》，《国际金融研究》第9期。

[3] 步晓宁、赵丽华、刘磊，2020，《产业政策与企业资产金融化》，《财经研究》第11期。

[4] 邓超、张梅、唐莹，2017，《中国非金融企业金融化的影响因素分析》，《财经理论与实践》第2期。

[5] 杜勇、谢瑾、陈建英，2019，《CEO金融背景与实体企业金融化》，《中国工业经济》第5期。

[6] 杜勇、张欢、陈建英，2017，《金融化对实体企业未来主业发展的影响：促进还是抑制》，《中国工业经济》第12期。

[7] 段军山、庄旭东，2021，《金融投资行为与企业技术创新——动机分析与经验证据》，《中国工业经济》第1期。

[8] 顾雷雷、郭建鸾、王鸿宇，2020，《企业社会责任、融资约束与企业金融化》，《金融研究》第2期。

[9] 胡海峰、窦斌、王爱萍，2020，《企业金融化与生产效率》，《世界经济》第1期。

[10] 胡奕明、王雪婷、张瑾，2017，《金融资产配置动机："蓄水池"或"替代"? ——来自中国上市公司的证据》，《经济研究》第1期。

[11] 黄新飞、林志帆、罗畅拓，2022，《贸易政策不确定性是否诱发了企业金融化? ——来自中国制造业上市公司的微观证据》，《经济学（季刊）》第5期。

[12] 胡楠、薛付婧、王昊楠，2021，《管理者短视主义影响企业长期投资吗? ——基于文本分析和机器学习》，《管理世界》第5期。

[13] 姜付秀、石贝贝、李行天，2015，《"诚信"的企业诚信吗? ——基于盈余管理的经验证据》，《会计研究》第8期。

[14] 李青原、陈世来、陈昊，2022，《金融强监管的实体经济效应——来自资管新规的经验证据》，《经济研究》第1期。

[15] 李万利、潘文东、袁凯彬，2022，《企业数字化转型与中国实体经济发展》，《数量经济技术经济研究》第9期。

［16］罗宏、黄敏、周大伟、刘宝华，2014，《政府补助、超额薪酬与薪酬辩护》，《会计研究》第1期。

［17］吕长江、张海平，2011，《股权激励计划对公司投资行为的影响》，《管理世界》第11期。

［18］聂辉华、阮睿、沈吉，2020，《企业不确定性感知、投资决策和金融资产配置》，《世界经济》第6期。

［19］彭俞超、黄志刚，2018，《经济"脱实向虚"的成因与治理：理解十九大金融体制改革》，《世界经济》第9期。

［20］彭俞超、倪骁然、沈吉，2018a，《企业"脱实向虚"与金融市场稳定——基于股价崩盘风险的视角》，《经济研究》第10期。

［21］彭俞超、韩珣、李建军，2018b，《经济政策不确定性与企业金融化》，《中国工业经济》第1期。

［22］乔嗣佳、牟扣庆、佟成生，2022，《党组织参与治理与国有企业金融化》，《金融研究》第5期。

［23］权小锋、吴世农、文芳，2010，《管理层权力、私有收益与薪酬操纵》，《经济研究》第11期。

［24］唐玮、蔡文婧、崔也光，2020，《"诚信"文化与企业创新》，《科研管理》第4期。

［25］王红建、曹瑜强、杨庆、杨筝，2017，《实体企业金融化促进还是抑制了企业创新——基于中国制造业上市公司的经验研究》，《南开管理评论》第1期。

［26］王治、谭欢，2022，《儒家传统文化会降低企业权益资本成本吗》，《会计研究》第7期。

［27］王竹泉、王贞洁、李静，2017，《经营风险与营运资金融资决策》，《会计研究》第5期。

［28］吴超鹏、郑方镳、杨世杰，2013，《证券分析师的盈余预测和股票评级是否具有独立性?》，《经济学（季刊）》第3期。

［29］咸金坤、汪伟、兰袁，2022，《人口老龄化加剧经济"脱实向虚"了吗? ——来自中国上市企业的微观证据》，《投资研究》第7期。

［30］徐寿福、叶永卫、陈晶萍，2022，《股票流动性与企业金融资产投资》，《财贸研究》第8期。

［31］杨海燕、韦德洪、孙健，2012，《机构投资者持股能提高上市公司会计信息质量吗? ——兼论不同类型机构投资者的差异》，《会计研究》第9期。

［32］余琰、李怡宗，2016，《高息委托借款与企业盈利能力研究——以盈余持续性和价值相关性为视角》，《审计与经济研究》第4期。

［33］张成思、郑宁，2020，《中国实体企业金融化：货币扩张、资本逐利还是风险规

避?》,《金融研究》第9期。

[34] 张成思、张步昙，2016，《中国实业投资率下降之谜：经济金融化视角》,《经济研究》第12期。

[35] 张悦玫、丛龙娇、方聪聪，2022，《制造业企业金融化对其转型升级程度的影响——基于风险与收益的中介效应检验》,《投资研究》第7期。

[36] 翟胜宝、李行天、徐亚琴，2015，《企业文化与商业信用："诚信"起作用吗》,《当代财经》第6期。

[37] 邹美凤、张信东、刘维奇，2024，《供应商集中度与企业金融化："风险效应"还是"协同效应"?》,《中国管理科学》第3期。

[38] Ahern K. R., Daminelli D., Fracassi C. 2015. "Lost in Translation? The Effect of Cultural Values on Mergers Around the World." *Journal of Financial Economics* 117(1):165−189.

[39] Baron J. N., Hannan M. T. 2002. "Organizational Blueprints for Success in High-Tech Start-Ups: Lessons from the Stanford Project on Emerging Companies." *California Management Review* 44(3): 8−36.

[40] Bertrand M., Schoar A. 2003. "Managing with Style: The Effect of Managers on Firm Policies." *Quarterly Journal of Economics* 118(4):1169−1208.

[41] Biggerstaff L., Cicero D., Puckett A. 2015. "Suspect CEOs, Unethical Culture, and Corporate Misbehavior." *Journal of Financial Economics* 117(1):98−121.

[42] Breuer W., Knetsch A., Salzmann A. J. 2020. "What Does It Mean When Managers Talk About Trust?" *Journal of Business Ethics* 166(3):473−488.

[43] Chauvin K. W., Hirschey M. 1993. "Advertising, R&D Expenditures and the Market Value of the Firm." *Financial Management* 22(4):128−140.

[44] Chen X., Harford J., Li K. 2007. "Monitoring: Which Institutions Matter." *Journal of Financial Economics* 86(2):279−305.

[45] Cycyota C. S., Harrison D. A. 2006. "What (not) to Expect When Surveying Executives: A Meta-Analysis of Top Manager Response Rates and Techniques Over Time." *Organizational Research Methods* 9(2):133−160.

[46] Davidson R., Dey A., Smith A. 2015. "Executives 'Off-the-Job' Behavior, Corporate Culture, and Financial Reporting Risk." *Journal of Financial Economics* 117(1):5−28.

[47] Dechow P. M., Sloan R. G., Sweeney A. P. 1995. "Detecting Earnings Management." *The Accounting Review* 70(2):193−225.

[48] Dikolli S. S., Keusch T., Mayew W. J., Steffen T. D. 2020. "CEO Behavioral Integrity, Auditor Responses, and Firm Outcomes." *The Accounting Review* 95(2):61−88.

[49] Erhard W., Jensen M. C., Zaffron S. 2010. "Integrity: A Positive Model that Incorporates the

Normative Phenomena of Morality, Ethics, and Legality Abridged." Harvard University Working Paper.

[50] Giannetti M., Yafeh Y. 2012."Do Cultural Differences Between Contracting Parties Matter? Evidence from Syndicated Bank Loans."*Management Science* 58(2): 365–383.

[51] Graham J.R., Grennan J., Harvey C.R., Rajgopal S. 2022. "Corporate Culture: Evidence from the Field." *Journal of Financial Economics* 146(2):552–593.

[52] Guiso L., Sapienza P., Zingales L. 2006. "Does Culture Affect Economic Outcomes?" *The Journal of Economic Perspectives* 20(2):23–48.

[53] Guiso L., Sapienza P., Zingales L. 2009. "Cultural Biases in Economic Exchange?" *Quarterly Journal of Economics* 124(3):1095–1131.

[54] Guiso L., Sapienza P., Zingales L. 2015a. "The Value of Corporate Culture." *Journal of Financial Economics* 117(1):60–76.

[55] Guiso L., Sapienza P., Zingales L. 2015b. "Corporate Culture, Societal Culture, and Institutions." *American Economic Review* 105(5):336–339.

[56] Hassan T.A., Hollander S., Van Lent L., Tahoun A. 2019. "Firm–Level Political Risk: Measurement and Effects." *Quarterly Journal of Economics* 134(4):2135–2202.

[57] He J., Tian X. 2013. "The Dark Side of Analyst Coverage: The Case of Innovation." *Journal of Financial Economics* 109(3):856–878.

[58] Hsu S.H. 2007."A New Business Excellence Model with Business Integrity from Ancient Confucian Thinking."*Total Quality Management and Business Excellence* 18(4):413–423.

[59] Illia L., Sonpar K., Bauer M.W. 2014. "Applying Co–occurrence Text Analysis with ALCESTE to Studies of Impression Management."*British Journal of Management* 25(2): 352–372.

[60] Jiang F.X., Kim A., Ma Y.B., et al. 2019."Corporate Culture and Investment–Cash Flow Sensitivity."*Journal of Business Ethics* 154(2):425–439.

[61] Khan M., Watts R.L. 2009."Estimation and Empirical Properties of a Firm–year Measure of Accounting Conservatism." *Journal of Accounting and Economics* 48(2–3):132–150.

[62] Khieu H., Nguyen N.H., Phan H.V., Fulkerson J.A. 2023. "Political Corruption and Corporate Risk–Taking." *Journal of Business Ethics* 184(1):93–113.

[63] Koehn D. 2005. "Integrity as A Business Asset." *Journal of Business Ethics* 58(1–3): 125–136.

[64] Kotter J.P., Heskett J.L. 1992. *Corporate Culture and Performance.* New York, NY: The Free Press.

[65] Li K., Mai F., Shen R., Yan X.Y. 2021. "Measuring Corporate Culture Using Machine

Learning." *Review of Financial Studies* 34(7):3265–3315.

[66] Mischel W. 1968. *Personality and Assessment*. New York, NY: Wiley.

[67] O' Reilly C., Chatman J. 1996. "Culture as Social Control: Corporations, Cults, and Commitment."*Research in Organizational Behavior* 18:157–200.

[68] O' Reilly C.A., Caldwell D.F., Chatman J.A., Doerr B. 2014."The Promise and Problems of Organizational Culture: CEO Personality, Culture, and Firm Performance." *Group & Organization Management* 39(6):595–625.

[69] Putnam R. 1993. "The Prosperous Community: Social Capital and Public Life." *The American Prospect* 4(13):35–42.

[70] Sorensen J. B. 2002. "The Strength of Corporate Culture and the Reliability of Firm Performance."*Administrative Science Quarterly* 47(1):70–91.

[71] Stein J. C. 1989. "Efficient Capital Markets, Inefficient Firms: A Model of Myopic Corporate Behavior." *Quarterly Journal of Economics* 104(4):655–669.

[72] Zingales L. 2015. "The 'Cultural Revolution' in Finance." *Journal of Financial Economics* 117(1):1–4.

[73] Zuckerman A. 2002. "Strong Corporate Cultures and Firm Performance: Are There Tradeoffs?" *The Academy of Management Executive* 16(4):158–160.

（责任编辑：许雪晨）

行业溢出视角下绿色债券发行对企业ESG的影响研究

陈　震　黄琳芮　吴年年　阳艳梅*

摘　要：绿色金融工具能否发挥示范功能，引领和推动更大范围内企业绿色低碳发展？这是健全绿色金融体系需要回答的问题，更是推动经济绿色低碳发展需要解决的问题。本文以2010~2022年沪深A股非金融类上市公司为样本，研究绿色债券发行对企业ESG表现的行业溢出效应及其作用机理。研究发现，企业发行绿色债券会显著提升同行业其他企业的ESG表现。机制检验表明，企业发行绿色债券会加剧行业竞争并带动同行业其他企业采取更多有利于环境保护的行动从而提升ESG表现。异质性检验表明，小规模企业、低融资约束企业以及低碳企业的溢出效应更显著。本研究不仅拓展了企业ESG表现影响因素等相关研究，也深化了对绿色债券发行经济后果的认识，为绿色债券市场的发展与政策制定提供有益的参考。

关键词：绿色债券　ESG　溢出效应

---

* 陈震，讲师，重庆工商大学，电子邮箱：chenz@ctbu.edu.cn；黄琳芮（通讯作者），硕士研究生，重庆工商大学，电子邮箱：505282816@qq.com；吴年年，讲师，重庆工商大学，电子邮箱：wnn@ctbu.edu.cn；阳艳梅，硕士研究生，重庆工商大学，电子邮箱：2212612073@qq.com。本文获得国家社会科学基金青年项目（22CJY054）的资助。感谢匿名审稿专家的宝贵意见，文责自负。

一　引言

中国式现代化是人与自然和谐共生的现代化，推进中国式现代化必然要求经济社会发展方式绿色化、低碳化。实现绿色低碳发展是一场广泛而深刻的经济社会系统性变革，既要有调整产业结构、优化能源结构、提升能源效率等一系列举措，又需要绿色金融的大力支持（臧传琴等，2023）。党的二十大报告明确指出，完善支持绿色发展的财税、金融、投资、价格政策和标准体系。2023 年 7 月，习近平总书记在全国生态环境保护大会上进一步明确"要完善绿色低碳发展经济政策，强化财政支持、税收政策支持、金融支持、价格政策支持"。包括绿色债券在内的绿色金融工具有利于促进企业环境治理方式转变，有利于激发社会资本参与环境治理和分摊企业环境治理成本，有利于分散企业环境风险（孟维福和刘婧涵，2023）。绿色债券是实现绿色低碳发展的专项"市场型"绿色金融工具（陈奉功和张谊浩，2023a），是绿色金融体系的重要组成部分（Flammer，2020）。绿色债券可被视为一种市场引导型环境政策，即采用激励而非强制性的手段引导市场主体自主实施环境保护相关行为，引导各类资金投向绿色产业。绿色债券从资本市场的角度为环境保护提供了新思路。得益于我国绿色金融体系"自上而下"顶层设计与"自下而上"市场激发相结合的特征，我国绿色债券市场迅速发展。根据 Wind 统计，截至 2022 年底，国内已发行绿色债券共 933 只，发行量近 1.3 万亿元，累积发行规模位居世界第二。可见，绿色债券已经成为中国绿色金融发展中的一支重要力量，研究其发行后果具有较强的理论价值和现实意义。

现有文献对绿色债券的经济后果等展开了大量的研究，但是较少分析绿色债券对企业 ESG 的影响，特别是行业溢出视角的文献较少。纵观现有研究，学者多分析绿色债券自身的定价和发行的经济后果，如分析其是否存在绿色溢价（Larcker 和 Watts，2020；周冬华等，2023）、对企业价值的促进（王倩和李昕达，2021）、对企业绿色创新的激励（王营和冯佳浩，2022）等。也有部分文献对绿色债券的环境绩效进行了研究，绿色债券发行代表着企业对环境的承诺（Flammer，2021），能够改善发行企业的环境表现（Zerbib，2019）。

作为绿色债券的行为主体之一，企业是债券市场中的需求方，更是我国绿色低碳发展的微观基础。近年来全球范围内兴起的 ESG 体系为企业的绿色低碳发展提供了基本框架。ESG 是环境（Environmental）、社会（Social）和治理（Governance）的缩写，其所强调的保护生态环境、履行社会责任、提高治理水平，是企业绿色低碳发展的重要指标。绿色债券作为绿色低碳发展的重要支持工具和举措，能否有效的改善企业的 ESG 表现，特别是改善同行业其他企业的 ESG 表现，关系到包括绿色债券在内的绿色金融工具能否"动员和激励更多社会资本投入绿色产业"这一绿色金融体系构建的初衷。然而，当前围绕绿色债券对同行业其他企业 ESG 表现的影响缺乏明确的经验证据。

基于此，本文选取 2010~2022 年沪深 A 股非金融上市企业相关数据为研究样本，分析发行绿色债券对同行业其他企业 ESG 表现的影响，并进一步分析其潜在影响渠道。研究发现：第一，绿色债券发行存在行业溢出效应，即企业发行绿色债券后会显著提升同行业其他企业的 ESG 表现。第二，企业发行绿色债券后会提升行业竞争程度并激励同行业其他企业实施绿色行为、树立绿色形象，进而提高 ESG 表现。第三，异质性分析表明，当同行业其他企业为小型企业、融资约束程度低的企业、低碳企业时，发行绿色债券的溢出效应更强。

本文的贡献可能有以下三个方面：第一，丰富了绿色债券溢出效应研究。现有关于绿色债券的研究主要集中在绿色债券发行对企业的经济效果和环境效果（祁怀锦和刘斯琴，2021；宁金辉和王敏，2021；Wang 等，2022），而对于绿色债券的溢出效应则关注较少。本文聚焦后者，考察企业发行绿色债券是否能产生外溢性效果，拓宽了绿色债券发行的影响等相关研究。第二，拓展了企业提升 ESG 表现的可行治理路径。同行业其他企业主要通过实施绿色行为、参与行业竞争等来提升 ESG 表现，丰富了绿色债券与同行业企业 ESG 表现之间的内在机理的理解。第三，研究结论具有一定的实践价值。绿色债券作为绿色金融体系的重要组成部分，是实现碳达峰碳中和目标的重要工具之一。发行绿色债券具有引领作用，对激励更多的企业将环保因素纳入业务战略，并投资于绿色项目具有重要意义。微观上，为如何改善企业 ESG 表现提供了新的工具。宏观上，为绿色债券政策框架的设计和调整提供了经验证据。

二 文献综述与研究假设

（一）文献综述

纵观已有文献，学者们主要从发行定价和发行后果两个方面对绿色债券进行研究。在绿色债券发行定价方面，不同学者对绿色债券与普通债券定价是否存在显著差异持有不同看法。Zerbib（2019）和 Baker 等（2018）研究认为，与普通债券相比，绿色债券发行存在显著的绿色溢价现象。Larcker 和 Watts（2020）则认为当风险和收益不变时，绿色债券发行并不存在显著的溢价情况。Hyun 等（2020）认为绿色债券发行仅存在条件溢价，即仅在发行人为政府和超国家机构等信用风险较低主体时或发行经过权威的第三方绿色认证时才存在显著绿色溢价。国内学者同样对绿色溢价的存在与否进行了探讨。张丽宏等（2021）发现绿色债券有显著的负溢价，并且未经过第三方认证的绿色债券的负溢价幅度更大。祁怀锦和刘斯琴（2021）研究发现绿色债券存在显著的绿色溢价，能够享受更低的融资成本；这可能是得益于我国自上而下的发展模式，由各类政策推动的绿色债券发行能够使得各大公共部门为其背书（陈奉功和张谊浩，2023b）。

关于绿色债券经济后果的研究，分为环境后果研究和经济后果研究。绿色债券作为一种专门用于绿色融资的工具，其绿色属性对于节能减排有着积极作用。绿色债券代表着企业对环境的承诺，能够吸引那些具有环境投资偏好和秉持价值投资理念的绿色投资者。绿色投资者的存在对企业开展绿色治理起到激励作用（Flammer，2021）。相比于传统的融资工具，绿色债券的发行确实可以明显改善企业的环境表现（Zerbib，2019）。此外，企业发行绿色债券会产生溢出效应，显著带动同行业其他企业采取更多有利于环境保护的行动，增加环境绩效（吴育辉等，2022）。经济后果分为短期市场反应和长期财务绩效两个方面。短期来看，股票市场对绿色债券发行的反应是积极的，企业发行绿色债券、积极承担社会责任能够显著提升公司股价，获得超额收益（Flammer，2020；陈淡泞，2018）。Flammer（2021）进一步研究发现，对于由独立第三方认证的绿色债券和首次发行的绿色债券而言，这种反应更为强烈。类似地，Wang 等（2020）基于中国绿色债券样本研究发现，绿色债券发行公告期间股票的累计超额收益率显著为正。长期来看，绿色债券募集资金按照监管要求投向对环境产生积极效益的绿色项目或绿色产业，能吸引绿色投资者与秉持可持续原则的机构投资者持股（Tang 和 Zhang，2021）。绿色债券发行向市场传递的是企业转型升级和高质量发展的信号，投资者在接收和关注到这种信号之后，会改变对于企业长期经营绩效的预期，有助于提升企业经营绩效（祁怀锦和刘斯琴，2021；Tan 等，2022），企业价值也得以显著提高（吴世农等，2022）。绿色债券具有募集资金规模较大、期限偏长等特点，与绿色项目较长的投资回报期相对匹配，企业发行绿色债券，有助于优化资本结构和债务结构，抑制企业投融资期限错配，降低企业经营风险（宁金辉和王敏，2021）。

作为绿色债券的行为主体之一，企业是债券市场上的需求方，更是我国绿色低碳发展的微观基础。近年来全球范围内兴起的 ESG 体系为企业绿色低碳发展提供了基本框架。ESG 所强调的保护生态环境、履行社会责任、提高治理水平，是企业绿色低碳发展的重要指标。在"双碳"目标下，为构建绿色低碳循环经济体系，我国政府积极推动企业开展 ESG 实践，倡导 ESG 投资理念，企业 ESG 表现越来越受到社会各界的重视。有学者从绿色金融的角度探究如何提升企业 ESG 表现。Zhang（2023）研究发现绿色金融为企业开展绿色项目提供资金支持，缓解企业的"漂绿"反应，对改善 ESG 表现起到有效的激励作用。Zheng 等（2023）从缓解融资约束的经济效应角度分析绿色债券对企业 ESG 的影响，发现发行绿色债券可以提高企业 ESG 表现。Chen 等（2023）研究发现绿色债券的发行对企业的 ESG 表现有积极的影响，通过促进环境信息披露、提高绿色创新能力和提升声誉三个方面来提升企业 ESG 表现。然而，关于绿色债券如何改善企业 ESG 表现的研究仍较少，具体机制的研究还需要进一步深入。

最近的研究发现，企业的资本结构、融资行为、信息披露等活动都可能产生行业溢出效应。Leary和Roberts（2014）研究发现公司会参考同行其他公司的资本结构，对本公司的财务政策进行调整。Francis等（2016）探讨了同行效应在公司融资决策中的影响，研究结果显示，公司的融资行为受到所在行业同行资本结构变化的影响，倾向于模仿同行其他公司的融资策略。Bonsall等（2013）研究发现，公司可以通过同行企业的盈余预测、销售预测和资本支出信息来制定更准确的投资方案。在高质量发展的时代背景下，企业是推动经济高质量发展的核心，企业ESG表现直接关系到我国能否实现经济高质量发展。因此，探索发行绿色债券对于同行业企业ESG表现是否具有溢出效应有重要的理论与现实意义。绿色债券作为兼顾"绿色"与"金融"特点的新型融资工具，其重要性与日俱增，虽然绿色债券作为一种绿色金融工具有潜力推动企业ESG表现提高，但其对同行业其他企业ESG表现的影响缺乏明确的经验证据。

（二）研究假设

绿色债券是指将募集资金专门用于支持符合规定条件的绿色产业、绿色项目或绿色经济活动，依照法定程序发行并按约定还本付息的有价证券。绿色债券作为绿色金融工具，积极发挥资源配置职能，引导资金流向绿色领域，有利于企业改善环境效益，减少潜在的环境风险。发行绿色债券的企业会获得有环境偏好的投资者更多的关注，更容易获取其支持与信任，进而为提高企业ESG表现提供必要的支撑。绿色债券除了可以发挥绿色资金融通这一基本职能，还可以起到信息传递的作用，向市场传递绿色信号。已有研究发现，股票市场会对企业发行绿色债券做出积极反应（Flammer，2021；Tang和Zhang，2020），随着绿色投资理念的兴起，投资者对企业价值的评价不只局限于经济效益，还注重环境效益，绿色债券提供了企业对环境承诺的信号，环境效益偏好较强的投资者甚至愿意牺牲部分财务回报而投资于绿色发展项目。企业发行绿色债券释放的绿色信号可能在行业内进行传播，并对同行业其他企业的行为产生积极影响，带动其他企业ESG表现提升，可能的逻辑如下。

第一，发行绿色债券的企业向行业内传递了绿色信号，激励同行业其他企业的绿色行动，从而产生 ESG 行业溢出效应。企业发行绿色债券，不仅响应了环境制度规范要求，还满足了社会环境期望，由此带来债务融资成本下降、股票市场表现良好、市场声誉和价值提升等积极的市场反馈（陈奉功和张谊浩，2023a；柴宏蕊等，2023；王倩和李昕达，2021）。这些正面反馈会让同行业其他企业认识到绿色领域可能存在巨大的商机和可持续发展的潜力，认识到实施绿色行为不仅有助于实现环境目标，还能够获得积极的市场反馈，从而有意愿进行效仿。一方面，同行业企业的战略选择往往彼此影响。同行业企业经营和财务行为具有相似偏好，面临相似的发展机遇和竞争风险，因此它们的经营方式和发展战略往往相似（Leary 和 Roberts，2014；陆蓉等，2017；王晓亮等，2022）。在信息不对称的环境下，一些企业可能掌握着更多的信息和资源，而其他企业可能存在信息不足的劣势。为了缓解这种信息差，后者观察和学习同行业其他企业的经营与决策行为（Beatty 等，2013；Kaustia 和 Rantala，2015），快速获取有关行业趋势、市场反馈和竞争策略等方面的有效信息，从而提高自身的决策水平，避免可能的失败。这种战略性的模仿学习可以为企业带来价值的提升，帮助它们更好地应对不确定性（Ellison 和 Fudenberg，1995；刘霞和陈建军，2012）。另一方面，发行绿色债券的企业为同行业企业提供了学习和借鉴的机会。绿色债券发行人信息披露要求严格，包括资金用途、环境风险评估、社会效益和监测报告等。这样的披露不仅有助于提高绿色行为的透明度，减少信息不对称，也为其他同行业企业提供了学习和借鉴的机会。发行绿色债券标准较高、程序复杂，对企业来说有一定门槛，故企业愿意从绿色行为开始模仿，从而提升自身的环境表现，如披露环境信息、进行绿色创新、减少污染物排放等（吴育辉等，2022）。同行业其他企业通过分析相关信息，了解到成功实施绿色项目的标准以及相关的实践经验，能够更好地规划和实施自身的绿色行为，从而提高自身的绿色表现水平。企业的绿色行为彰显其承担社会责任和践行绿色发展理念的积极承诺和美好愿景，有助于塑造企业的正面形象，获得社会的赞誉和信任，增进投资者的信任，降低自身声誉风险，进而提高 ESG 表现。

第二，发行绿色债券的企业扩大了竞争优势，加剧了行业竞争，行业内其他企业为缩小竞争差距，积极提升ESG表现。在当前环保意识日益增强的市场环境下，消费者、金融机构等利益相关方对企业的绿色行为越来越关注，企业环境表现不佳将面临来自利益相关方的抵制，导致潜在收益损失。发行绿色债券的企业是行业内绿色发展的"领跑者"，有助于提高企业的品牌形象和声誉，并降低环境和法律合规风险，从而获得竞争优势。这对同行业其他企业形成"倒逼效应"，迫使其加强ESG建设，从而提高ESG表现。一方面，同行业其他企业为了维持行业内的竞争地位和减弱来自竞争对手的压力，倾向于提高社会责任表现。Porter（2008）从竞争战略视角指出企业谋求自身利益和兼顾社会利益将是一种双赢战略，企业只有找到与社会共同发展的契合点，才能踏上可持续发展之路。Mai等（2021）则从企业声誉角度进行研究，发现履行社会责任是塑造企业声誉的关键驱动力，能够使企业具有难以复制的竞争优势。企业履行社会责任，不仅能够满足投资者的期望，建立起良好的品牌形象，增强投资者对企业的认同感与忠诚度，还有助于建立与利益相关者之间的良好关系，增加与客户、供应商等利益相关者保持长期稳定合作的可能性，从而在竞争激烈的市场中脱颖而出。另一方面，企业所处的行业竞争越激烈，生存的压力越大，管理层越会在竞争压力下优化公司治理结构。行业竞争日益激烈，企业管理层面临着利益相关方绩效考核与雇佣风险的双重挑战，因此，管理层会迫于竞争压力而减少机会主义行为、提升管理效率。利益相关方关注企业环境与社会责任表现，促使企业管理层立足长远发展、践行可持续发展理念，在追求经济效益的同时对环境、社会以及治理问题给予关注，在治理体系、治理机制和治理决策中融入社会和环境因素，在企业内部形成ESG自我监督体系（王禹等，2022）。激烈的行业竞争使得企业提升ESG表现的动机增强，这种竞争性的追赶会进一步推动整个行业向更加环保和可持续的方向发展，形成绿色发展的良性竞争格局，实现企业发展和社会责任的双赢，进一步推动企业ESG表现的提升。

H1：企业发行绿色债券后，同行业其他企业的ESG表现会显著提升。

三　研究设计

（一）样本选择与数据来源

本文选取2010~2022年沪深A股非金融类上市企业为研究对象，我国上市公司从2009年开始陆续披露ESG信息，故样本期选择从2010年开始。按照以下原则对初始样本进一步筛选：①剔除在样本期内的*ST、ST、PT公司；②剔除样本缺失以及有异常值的公司；③基于样本数据的可获得性和准确性，剔除研究指标及数据不全的样本。同时，为避免离群值对研究结果的影响，对连续变量在1%和99%进行缩尾处理。在进行样本选取与筛选后，共获得30305个观测值。

（二）变量的选取与说明

1. 被解释变量

企业ESG表现（ESG）。本文参考Mu等（2022）、Chen等（2023）的数据来源，在基准模型中采用华证ESG评级数据作为本文的被解释变量。华证ESG评级分为9级且每个季度进行一次评级。本文采用九分制对企业ESG表现进行赋分，分数越高代表ESG表现越好。同时，将各季度评分按年取均值以衡量企业年度ESG表现。

2. 解释变量

解释变量为虚拟变量（$Green_i \times Time_t$），参考吴世农等（2022）、吴育辉等（2022）的做法，以行业内首次出现发行绿色债券的企业为冲击，$Green_i$为虚拟变量，如果某行业其他企业公开发行绿色债券，则企业$Green_i$取值为1，否则为0；若行业一直未有发行绿色债券的企业，$Green_i$取值为0。$Time_t$为时间虚拟变量，若行业内有企业在t年公开发行绿色债券，当年及其以后年度取值为1，否则为0。为避免发行绿色债券行为本身对企业ESG的影响，剔除在样本期内发行绿色债券的企业。

3. 控制变量

参考吴育辉等（2022）、王波和杨茂佳（2022）的做法，本文选择如下控制变量：资产负债率（Lev）、总资产净利润率（Roa）、固定资产占比（$Property$）、企业规模（*Size*）、托宾Q值（*TobinQ*）、营业收入增长率（*Growth*）、资产周转率（*Turnover*）、现金持有（*Cash*）等变量。主要变量定义如表1所示。

表1　变量定义

变量类型	变量名称	变量符号	变量衡量方法
被解释变量	企业ESG表现	*ESG*	华证ESG评级，赋值1~9
解释变量	行业内是否发行绿色债券	*Green*$_i$ × *Time*$_t$	*Green*$_i$为虚拟变量，如果某行业其他企业公开发行绿色债券，则企业*Green*$_i$取值为1，否则为0；若行业一直未有发行绿色债券的企业，*Green*$_i$取值为0。*Time*$_t$为时间虚拟变量，若行业内有企业在*t*年公开发行绿色债券，当年及其以后年度取值为1，否则为0
控制变量	绿色创新	ln*In*	绿色专利的申请数量加1取对数
	行业竞争	*COM*	1–赫芬达尔指数
	资产负债率	*Lev*	总负债/总资产
	总资产净利润率	*Roa*	净利润/平均资产总额
	固定资产占比	*Property*	固定资产与总资产的比值
企业特征控制变量	企业规模	*Size*	总资产取对数
	托宾Q值	*TobinQ*	市值/总资产
	营业收入增长率	*Growth*	（营业收入–上期营业收入）/上期营业收入
	资产周转率	*Turnover*	营业收入与总资产的比率
	现金持有	*Cash*	（货币资金+交易性金融资产）/总资产

4. 模型设计

本文参考 Beck 等（2010）、马亚明等（2020）的研究，基准回归模型设定为式（1）。同时，控制了年份固定效应（*Year*）和企业固定效应（*ID*）。如果回归系数β_1显著为正，则说明发行绿色债券能够提升同行业其他企业的 ESG 表现。

$$ESG_{i,t} = \beta_0 + \beta_1 Green_i \times Time_t + \sum_k \beta_k Controls_{i,t-1} + Year_t + ID_i + \varepsilon_{i,t} \quad (1)$$

其中，$Controls_{i,t-1}$ 为控制变量，i、t 分别为企业和年份，k 为控制变量数，$\varepsilon_{i,t}$ 为随机干扰项。考虑潜在的内生性问题，对控制变量滞后一期。

四　实证检验与结果分析

（一）描述性统计

表2报告了主要变量的描述性统计结果。ESG评分均值为4.160，中位数是4.000，超50%的上市企业的ESG评级并未达到平均水平，最小值为1.000，最大值为8.000，表明不同样本企业间ESG评级差距较大。行业内是否发行绿色债券（$Green \times Time$）的均值为0.190，表明在样本期间内平均有19%的企业会受到同行业发行绿色债券的影响。资产负债率（Lev）均值是0.420，多数企业的资产负债率偏低。企业总资产净利润率（Roa）均值在0.040的水平，说明大部分企业的盈利能力并不高。固定资产占比（$Property$）的均值为0.210，中位数为0.180，说明样本企业固定资产占比有较大的差异。企业规模（$Size$）均值22.230和中位数22.060相差不大。企业托宾Q值（$TobinQ$）的均值为2.040，大于中位数1.640，可见企业价值分布存在一定程度右偏。企业营业收入增长率（$Growth$）的均值为0.350。企业周转率（$Turnover$）的均值为0.620，大于中位数0.520。现金持有水平（$Cash$）的均值为0.200，大于中位数0.170。

表2　主要变量的描述性统计结果

变量	观测值	均值	标准差	最小值	中位数	最大值
ESG	30305	4.160	1.020	1.000	4.000	8.000
$Green \times Time$	30305	0.190	0.390	0.000	0.000	1.000
Lev	30305	0.420	0.200	0.050	0.410	0.890
Roa	30305	0.040	0.060	−0.230	0.040	0.200
$Property$	30305	0.210	0.150	0.000	0.180	0.670
$Size$	30305	22.230	1.230	19.950	22.060	25.910
$TobinQ$	30305	2.040	1.280	0.860	1.640	8.320
$Growth$	30305	0.350	0.890	−0.670	0.130	6.240
$Turnover$	30305	0.620	0.410	0.080	0.520	2.500
$Cash$	30305	0.200	0.140	0.020	0.170	0.720

（二）回归分析

为了检验上市企业发行绿色债券对同行业其他企业 ESG 表现之间的关系，利用模型（1）进行回归，结果如表 3 所示。其中，列（1）显示未加控制变量的结果，列（2）为加入控制变量的回归结果。从列（1）看出，*Green×Time* 的回归系数为 0.112 且显著为正，列（2）*Green×Time* 的回归系数为 0.072，在 1% 的水平上显著，说明企业发行绿色债券后，同行业其他企业的 ESG 表现也会随之提高。从经济意义上讲，企业发行绿色债券的概率每增加 1 个标准差，同行业其他企业的 ESG 表现会上升 38.235%（=0.390/1.020×100%）。假设 H1 得到验证。

表 3　绿色债券发行对同行业其他企业 ESG 表现的溢出效应

变量	ESG	
	（1）	（2）
Green×Time	0.112***	0.072***
	(6.81)	(4.51)
常数项	4.135***	0.062
	(845.77)	(0.22)
控制变量	否	是
年份固定效应	是	是
企业固定效应	是	是
调整 R^2 值	0.577	0.606
样本量	30305	30305

注：*、**、***分别表示在 10%、5%、1% 的水平下显著，括号中数据为 t 值。

五　机制检验

前文已经证明企业发行绿色债券会提升同行业其他企业的 ESG 表现，

本部分进一步探究这种溢出效应的内在机制。借鉴江艇（2022）提出的操作建议构建模型进行机制检验：

$$M_{i,t} = \beta_0 + \beta_1 Green_i \times Time_t + \sum_k \beta_k Controls_{i,t-1} + Year_t + ID_i + \varepsilon_{i,t} \qquad (2)$$

其中，M 为机制变量，$Controls_{i,t-1}$ 为控制变量，i、t 分别为企业和年份，k 为控制变量数，$\varepsilon_{i,t}$ 为随机干扰项。本文采用绿色创新和行业竞争作为机制变量。

第一，本文采用绿色创新作为机制变量。发行绿色债券传递了对环境承诺的可信信号，激励同行业企业采取包括绿色创新在内的绿色行动，从而产生ESG行业溢出效应。绿色创新是一种重要的绿色行为，是实现企业可持续发展目标的重要战略（Huang 和 Li，2017）。Angelo 等（2012）将绿色创新定义为"以环境为中心，对企业实施变革，使企业的产品、制造过程和营销活动等具有不同程度的新颖性，是一种更加关注环境绩效和社会绩效的创新"。短期的环境治理难以从根本上解决环境问题，这时企业倾向于选择开展绿色创新活动以寻求长期的环境效益提升。企业通过采用环保材料、先进的生产技术和节能设备，生产出低能耗、低污染绿色产品，减少资源和能源消耗，企业的经营活动满足环境规制的要求，其环境绩效也将得到改善。企业开展绿色创新活动、履行社会责任，满足了众多利益相关者的利益。越来越多的消费者出于环境压力或自身环境偏好，开始主动关注环境问题（Park 等，2017）。绿色创新正是对此问题的有效回应，企业将履行社会责任践行于产品生产过程中，并成为企业绿色创新的驱动力（肖小虹等，2021）。绿色创新能够通过提高能源效率、减少浪费和优化资源使用方式等，为企业降低运营成本提供可能。同时，绿色创新也有助于开发和提供新的、环保的产品和服务，增加产品的差异化优势，为企业增加新的利润来源，提升盈利水平。利润的增加使得企业有动力持续开展创新，从而形成正反馈，在谋求自身经济利润最大化的同时履行保护环境的社会责任。为了满足可持续发展的经营目标，企业需要进行动态治理。企业开展绿色创新这个过程并不仅是对环境友好，而且对企业自身的可持续发展而言也具有重要意义。企业绿色创新向市场传递承担社会责任信号的同时，可以获得公众的广泛关注，塑造良好的社会形象，赢得更多投资者的青睐，用持续优化的产品设计和生产流程来积累良好的声誉和品牌效应，使企业进入良性循环并形成市场优势，为改善公司治理奠定基础（李杰义等，2019）。因此，实施绿色创新是推动企业转型发展、提升企业 ESG 表现的重要途径。

第二，本文采用行业竞争作为机制变量。企业发行绿色债券加剧行业竞争，推动同行业其他企业加强 ESG 实践，从而产生 ESG 行业溢出效应。发行绿色债券是企业履行可持续发展承诺的一种方式，可以提升企业的竞争优势，并对同行业内未发行绿色债券的企业造成竞争压力，导致其竞争力相对下降。在竞争激烈的市场环境中，其他企业意识到，除了经济效益外，环境效益和社会效益同样重要。企业为了保持竞争力和顺应市场需求，不得不关注绿色发展，并意识到如果不采取类似的绿色行动，可能会失去市场份额。作为回应，同行业其他企业开始调整自己在环保层面的表现，积极践行绿色行动，包括减少污染物排放、发展循环经济、节约能源等。企业环保表现与社会责任表现之间密切相关，企业在提升环境表现的同时也会关注社会责任，通过积极主动地履行社会责任来获取投资者和利益相关者的青睐和认可，如实施提高产品质量、减少环境污染、进行慈善捐赠等社会责任行为（谭雪，2017）。行业竞争加剧使得原本无法直接观察到的管理层个人能力和努力程度更容易被准确识别，在行业竞争压力的驱使下，同行业其他企业管理层为了维护自己的职业地位和良好声誉，致力于改善公司治理（张胜强和肖盼盼，2022）。公司良好的治理结构，不仅能为其带来内部效率的提升，也能提升企业的市场声誉，从而更好地吸引和留住客户、供应商、员工和投资者。这种积极的态度和健全的治理机制使得企业得以在激烈的市场竞争中稳定发展，进而提升自身竞争力。因此，在行业竞争压力的驱使下，企业为缩小竞争差距，使自身能与竞争者处于相同的"起跑线"，会制定或调整自身的绿色发展战略，最终追随同行业的其他企业开展绿色活动，积极履行社会责任并且优化公司治理，以期在市场上获得竞争优势，提升 ESG 表现。

对于绿色创新的度量，参考陶锋等（2021）的做法，选取绿色专利申请数量来表示，考虑专利数据的右偏分布同时避免因零专利情况而丢失观测值，对所有专利数据加1后取对数。对行业竞争的度量，根据万良勇等（2016）的做法，采用赫芬达尔指数（HHI）来衡量，赫芬达尔指数是行业中各企业销售额占行业销售总额比例的平方和，值越大则表示行业竞争程度越小。考虑到赫芬达尔指数为竞争逆指标，为了让指标与行业竞争方向一致，本文用$COM=1-HHI$处理。

机制检验回归结果如表4所示。表4第（1）列的检验结果显示，$Green \times Time$ 系数显著为正，说明绿色债券的发行激励了同行业其他企业进行绿色创新，从而获得有竞争力的环境溢价。企业开展绿色创新活动不仅能带来经济效益，还能提高在利益相关者中的声誉，树立良好的品牌形象，获得绿色投资者的支持，进而提高企业的可持续竞争优势，改善企业ESG表现。表4第（2）列的检验结果显示，$Green \times Time$ 的回归系数为0.016，且在1%的水平上显著为正，表明企业发行绿色债券提升了行业竞争水平，进而产生了溢出效应。行业竞争程度加剧，企业对政策实施和市场变化有着更强的敏锐度，为了维持自身的竞争优势，企业将采取更为合理的资源配置战略，出于竞争性模仿动机会更加关注同行业其他企业的决策。履行环境责任已经成为企业更好获得合法性与利益相关者认可的重要途径，推进绿色战略有助于企业在同行业中形成差异化的竞争优势，而同行业其他企业为了跟进竞争，也可能会对其绿色战略进行模仿，进而提升自身的ESG表现（张弛等，2020）。

表4　机制检验回归结果

变量	(1)	(2)
	lnIn	COM
$Green \times Time$	0.029***	0.016***
	(2.77)	(8.18)
常数项	−0.438**	1.062***
	(−2.56)	(32.88)
控制变量	是	是
年份固定效应	是	是
企业固定效应	是	是
调整 R^2 值	0.747	0.793
样本量	30305	30305

注：*、**、***分别表示在10%、5%、1%的水平下显著，括号中数据为t值。

六 异质性检验

（一）基于企业规模的分组研究

企业规模可能会影响绿色债券发行对同行业企业 ESG 表现的溢出效应。本文基于行业平均企业规模，将企业规模平均数以上的企业视为大型企业，而将低于平均数的企业视为小型企业，并对两组样本分别进行多元线性回归，结果如表5中列（1）和列（2）所示。在大型企业中，$Green×Time$ 的系数为0.038，但不显著；而在小型企业中，$Green×Time$ 的系数为0.067，且在1%的水平上显著。这说明绿色债券发行对小型企业 ESG 表现有更强的激励作用。这可能是因为资本市场对绿色发展的需求不断增加，小型企业为了在激烈竞争的市场立足，更加注重回应公众期待，在同行业其他企业发行绿色债券的推动下，小型企业更愿意开展绿色活动，以吸引更多投资，增强自身的可持续竞争力，提升 ESG 表现。

表5　异质性检验回归结果

变量	大型企业	小型企业	融资约束程度高	融资约束程度低	高碳企业	低碳企业
	(1)	(2)	(3)	(4)	(5)	(6)
$Green×Time$	0.038	0.067***	0.023	0.116***	0.064*	0.086***
	(1.61)	(2.75)	(1.07)	(4.58)	(1.68)	(4.73)
常数项	−0.519	0.970*	−1.008**	0.059	−0.849	−0.026
	(−1.12)	(1.84)	−0.798*	0.249	(−0.99)	(−0.09)
			(−1.91)	(0.55)		
控制变量	是	是			是	是
$Between-group\ variation$	0.070*		0.000***		0.000***	
年份固定效应	是	是	是	是	是	是
企业固定效应	是	是	是	是	是	是
调整 R^2 值	0.622	0.610	0.625	0.617	0.558	0.619
样本量	13984	16321	15311	14994	4861	25444

注：*、**、***分别表示在10%、5%、1%的水平下显著，括号中数据为 t 值。

（二）基于企业融资约束程度的分组研究

ESG强调环境保护、社会责任履行以及公司内部治理的完善，而达到这些目标都需要投入大量资源，因此，融资约束便成为制约企业提升ESG表现的关键因素。为考察融资约束如何影响发行绿色债券对同行业企业ESG表现的溢出效应，参考吴世农等（2022）的做法，采用SA指数的绝对值衡量企业所面临的融资约束，SA绝对值越小说明企业面临越紧的融资约束。根据同行业该年度SA指数绝对值的平均数进行分组，回归结果如表5中列（3）和列（4）所示。融资约束程度低的组 *Green×Time* 的回归系数为0.116，在1%的水平上显著，融资约束程度高的组 *Green×Time* 的回归系数则不显著。这说明对于融资约束程度低的企业而言，发行绿色债券的溢出效应更强。当融资约束程度较低时，意味着企业在资金的筹集方面面临较小的压力，能够获得更多的资金来实施绿色项目或其他环境友好型举措，企业开展绿色活动的动机增强，这不仅减少了对环境的负面影响，还为企业带来了经济效益和竞争优势的提升，有助于提升企业ESG表现，进一步增强发行绿色债券的溢出效应。反之，当企业面临较高的融资约束程度时，企业会优先将资金投向收益快且风险低的业务，以确保能够在短期内实现投资回报，由于缺乏资金支持，企业可能降低对绿色活动的预期和实施的积极性，发行绿色债券的溢出效应较弱。

（三）基于行业碳排放强度的分组研究

根据2021年4月中国生态环境部对高耗能和高污染行业的界定，以及上海环境能源交易所2021年6月发布的《关于全国碳排放权交易相关事项的公告》，被纳入中国碳市场的高能耗行业有八个，包括电力、石化、化工、建材、钢铁、有色金属、造纸和民航。因此将样本中属于这八个行业的企业界定为高碳企业，其余企业界定为低碳企业。表5中列（5）和列（6）报告了碳排放分组检验结果。可以看出，高碳企业组 *Green×Time* 的系数为0.064，在10%的水平上显著，低碳企业组 *Green×Time* 的系数为0.086，在1%的水平上显著，经验p值表明，以上两类分组的各组间估计系数差异显著。这可能是因为低碳行业正处于高速发展阶段，其整体ESG表现相对较好（郑梦和常哲仁，2023）。低碳企业更倾向于采用清洁能源、高效能源以及环保技术等，从而降低碳排放、节约资源和改善环境绩效，因此，低碳企业已经在企业 ESG 表现方面取得了较大的进展。高碳企业倾向于依赖化石燃料、高碳技术和传统生产方式，这种路径依赖使得这些企业在 ESG 方面缺乏足够的关注行动（王海军等，2023）。高碳企业的绿色转型任重道远，其 ESG 表现与全社会的期望之间存在较大的差距。因此，发行绿色债券给高碳企业所带来的溢出效应会更弱一些。

七 稳健性检验

（一）平行趋势检验

应用双重差分模型的先决条件是当对照组和实验组符合平行性趋势假定时，交乘项系数才能准确反映处理效应。本文参考 Beck 等（2010）、马亚明等（2020）的方法，使用平行趋势图检验研究样本是否满足平行趋势（见图 1）。具体而言，本文设定了当年为 1、其他年份为 0 的时间虚拟变量，并与行业内未发行绿色债券企业的分组虚拟变量进行交乘。然后，以发行绿色债券的前一年（2015 年）为基期，将这些交互项放入回归方程中进行估计。如果在发行绿色债券年份前的交互项显著，则说明对照组与实验组在受到政策冲击前的变化趋势存在显著差异。如果发行绿色债券年份之前的交互项不显著，同时发行绿色债券年份当年或之后的交互项显著，则表明平行趋势假设成立。

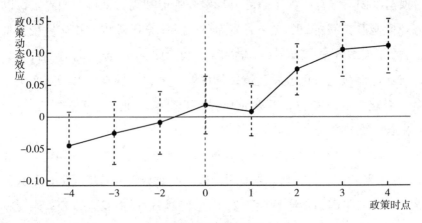

图 1 平行趋势检验

图1为平行趋势检验结果，横轴表示样本企业发行绿色债券前后的时间变量，纵轴表示双重差分回归系数的估计值，垂直虚线表示置信区间。若置信区间与横轴有交点，则表明交互项系数不显著。由图1可知，在绿色债券发行前，交互项系数均不显著，表示在绿色债券发行之前，对照组与实验组的企业在ESG表现上没有明显的差异，平行趋势假设成立。在绿色债券发行之后，交互项的估计系数均显著大于0，说明绿色债券的发行对企业ESG表现有明显的溢出效应。

（二）安慰剂检验

在前文研究绿色债券对同行业其他企业ESG表现的影响过程中，本文使用的双重固定效应模型在一定程度上有助于解决遗漏变量的问题。但是，仍然不能排除可能存在一些难以观测的变量对回归结果的可靠性产生影响。为此，采用随机抽样的检验方式对回归结果进行稳健性检验。首先，在研究样本中随机抽取个体作为处理组。其次，在研究样本中随机抽取年份变量作为发行债券的时点。最后生成"伪交互项"（*Green×Time*）进行回归分析，并重复1000次。将回归所得到的1000个估计系数绘制成分布曲线，其对应的p值绘制成散点图，如图2所示。

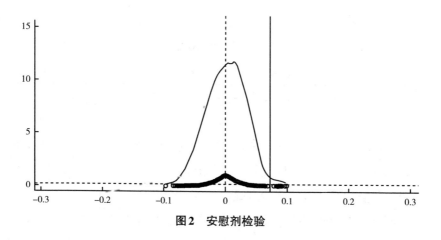

图2　安慰剂检验

由图2可知，大多数估计系数集中分布在0附近，本文真实估计系数0.072是一个明显的异常值。同时，估计系数的p值大多大于0.1，即在10%

的水平上不显著，这表明估计结果不太可能是偶然得到的。因而本文结果不太可能受到其他政策或者随机性因素的影响，这验证了模型（1）设定的合理性，结果具有稳健性。

（三）缩短样本期

基准分析的样本期为 2010~2022 年，中国绿色债券发展始于 2016 年，当年即成为全球最大的绿色债券发行国，因此本文选取 2016 年前后 3 年作为新的样本期，重新回归，回归结果见表 6。

表 6 　缩短时间样本回归结果

变量	ESG	
	(1)	(2)
$Green×Time$	0.106***	0.071***
	(4.28)	(2.92)
常数项	4.105***	0.459
	(790.68)	(1.06)
控制变量	否	是
年份固定效应	是	是
企业固定效应	是	是
调整 R^2 值	0.632	0.651
样本量	16630	16630

注：*、**、***分别表示在 10%、5%、1% 的水平下显著，括号中数据为 t 值。

结果表明，企业发行绿色债券对同行业其他企业 ESG 表现影响的估计系数依然显著为正，本文基准回归结果稳健。

（四）更换解释变量的衡量方式

以行业内首次同年发行绿色债券的规模之和（单位为亿元）替代行业内其他企业公开发行绿色债券的虚拟变量，行业内发行绿色债券企业的虚拟变量由 $Green$ 变为 $Green\_Size$，未发行绿色债券的企业发行额取值为 0，$Time$ 为时间虚拟变量，若行业内有企业在 t 年公开发行绿色债券，当年及其以后年度取值为1，否则为0。二者相乘（*Green_Size×Time*）为考虑发行绿色债券规模的替代变量。用*Green_Size×Time*进行稳健性检验，回归结果如表7所示，替换解释变量后结论不变。

表7　更换解释变量的衡量方式回归结果

变量	ESG	
	（1）	（2）
Green_Size×Time	0.002**	0.002**
	(2.47)	(1.97)
常数项	4.152***	0.074
	(975.44)	(0.26)
控制变量	否	是
年份固定效应	是	是
企业固定效应	是	是
调整 R² 值	0.577	0.606
样本量	30305	30305

注：*、**、***分别表示在10%、5%、1%的水平下显著，括号中数据为 t 值。

八　研究结论与政策建议

（一）研究结论

近年来在我国大力倡导绿色低碳发展的背景下，绿色金融发展迅速，其中为绿色项目提供融资的绿色债券受到越来越多的关注。本文从企业发行绿色债券的视角出发，探究其对企业ESG表现的影响及作用机制。首先，基于2010~2022年沪深A股非金融类上市企业数据，研究了企业发行绿色债券的行业溢出效应。其次，构建"企业发行绿色债券—同行业其他企业践行绿色行为—同行业其他企业ESG表现提升"和"企业发行绿色债券—提升行业竞争程度—同行业其他企业ESG表现提升"两个理论框架，检验机制变量在其中发挥的作用。再次，基于企业规模、企业融资约束程度、行业碳排放差异等具体情境研究了绿色债券发行溢出效应的异质性。最后，针对上述回归结果进一步展开稳健性检验，以验证结论的可靠性。研究主要发现如下。

第一，发行绿色债券能够促进同行业其他企业 ESG 表现提高。企业发行绿色债券能够向同行业其他企业传递保护环境的积极信号，激励其他企业模仿学习发行绿色债券和实施更多环境保护行动，从而满足了利益相关者的环保诉求，有助于企业履行社会责任、树立绿色环保的正面形象。同时，激烈的行业市场竞争也将促使企业更加注重形象，倒逼其实施绿色行为以获得经济社会环境方面的综合收益，以保持竞争优势，从而提升 ESG 表现。

第二，机制分析表明，企业发行绿色债券的溢出效应主要通过践行绿色创新行为、提高行业竞争程度两个渠道来实现。首先，企业通过发行绿色债券向市场传递积极信号，表明其开展绿色治理和保护环境的决心与意愿，这能够提高企业声誉。这一正面举动无疑会带动同行业其他企业践行绿色创新行为，改善环境绩效，向市场展现良好的经营面貌和传递绿色的经营理念，增强投资者对企业的信任感与认同感，进一步提高企业 ESG 的表现。其次，在市场高度竞争时，利益相关方的抉择对企业影响大，激烈的行业竞争增强了投资者对企业 ESG 表现的敏感性，ESG 表现较差的企业将遭到抵制。高度竞争的市场会促使企业开展各项绿色活动寻求绿色转型，积极承担社会责任，提高自身声誉，实现企业经济效益与环境效益的"共赢"，促进企业 ESG 表现的提高。

第三，异质性检验发现。小型企业、融资约束程度低的企业、低碳企业发行绿色债券对同行业其他企业 ESG 表现的提升作用更显著。小型企业为了在激烈的市场立足，更愿意开展绿色活动，以吸引更多投资，增强自身可持续竞争力，提升 ESG 表现。当企业面临较松的融资约束时，其进行环境投资的外源融资需求得到满足，进而 ESG 表现提升。低碳企业的绿色转型较高碳企业更为容易，可以较好地兼顾经济增长与环境保护的双重需求，溢出效应更明显。

（二）政策建议

第一，进一步健全绿色债券信息披露制度。进一步健全并统一绿色债券的披露标准、披露内容、披露方式、披露周期、披露频率等要素。严格规范绿色债券披露募集资金的使用情况、偿还借款与置换债务比、项目进展和环境效益等内容。打造统一的信息披露平台，推动信息披露数字化、智能化，促进企业信息披露便利化、及时化，方便投资者及时查询。鼓励第三方机构定期对绿色债券项目进行鉴证监督，探索投资者付费鉴证监督机制，防范鉴证监督的利益冲突风险。从严打击绿色债券信息披露造假等行为，防范污染企业通过伪造和虚报环境绩效募集绿色债券资金，避免出现"漂绿""洗绿"等现象，确保社会资本真正流向绿色产业。

第二，进一步落实绿色债券的多元化激励政策。进一步落实针对发行绿色债券企业的财政贴息、税费减免、资金奖励、专项资金支持等政策，降低企业发行绿色债券的融资成本。此外，通过设立专门的政府担保基金为绿色债券提供增信等，并对投资者给予一定的税收优惠。对购买绿色债券的机构投资者在增值税、企业所得税方面给予优惠，吸引投资者投资。探索建立绿色债券环境绩效积分制度，对于发行主体环境绩效积分较高、具有绿色债券发行经验的发行主体，优化审核安排，参照知名成熟发行人标准简化发行流程等方面的要求，提高发行效率。鼓励投资机构以绿色债券指数为基础开发绿色理财、绿色基金等绿色金融资产管理产品。

第三，充分考虑地区以及行业的异质性，进一步扩大绿色债券市场规模。首先，对于小型企业，要积极发挥政府的引导和支持作用，提供更加优惠的贴息政策支持，鼓励小型企业发行绿色债券，引导其参与国家重大环保投资项目。其次，推动面临更高融资约束的企业积极发行绿色债券，营造出良好的绿色环保行业氛围和市场环境，使企业从被动的绿色转型转为主动的绿色发展，改善 ESG 表现。再次，充分发挥绿色企业的示范作用，激发高碳企业的绿色转型和发展意愿，投入更多资源到基础设施改造、技术创新、产业链升级等方面，在保护环境的同时实现经济增长，平稳的完成企业绿色转型的目标。最后，引导企业参与发行绿色债券。绿色债券具有积极的市场外部性，对发行人所在行业能够带来正面的溢出效应。因此，提高绿色债券的市场可见度，进一步引导企业发行绿色债券，有利于提升社会公众对于绿色债券的关注度，增强社会的环境保护意识，促进绿色债券市场持续发展。

第四，推动企业践行 ESG 理念，积极推动 ESG 信息披露。鼓励企业将 ESG 理念提升至企业战略层面，将 ESG 理念进一步落实到企业内部，积极参与环境保护、气候治理、慈善捐赠等活动。加强 ESG 信息披露标准化建设，完善企业 ESG 信息披露机制，逐步引导企业改善 ESG 表现并自觉公开 ESG 信息，提升信息披露的透明度和可比性，使社会公众更加全面了解企业的 ESG 表现。此外，为保证 ESG 评级结果的公正客观性和权威性，政府相关职能部门还应与环保部门共享数据，以确保评级结果的权威性和信息披露的客观性，对虚假信息披露、信息欺诈等扰乱市场秩序的行为实施严格的处罚制度。推动银行、基金等投资机构和信用评级机构，在内部风险评定和信用评级的过程中将发行人的环境、社会和治理（ESG）因素纳入其信用风险考量，并作为投资和信用评级等级确定的重要因素。

参考文献

[1] 柴宏蕊、赵锐、方云龙，2023，《"双碳"背景下的绿色债券发行与"绿色"激励效应研究》，《统计与信息论坛》第9期。
[2] 陈淡泞，2018，《中国上市公司绿色债券发行的股价效应》，《山西财经大学学报》第S2期。
[3] 陈奉功、张谊浩 a，2023，《绿色债券发行、企业绿色转型与市场激励效应》，《金融研究》第3期。
[4] 陈奉功、张谊浩 b，2023，《企业发行绿色债券的经济与环境后果研究》，《广东财经大学学报》第3期。

［5］江艇，2022，《因果推断经验研究中的中介效应与调节效应》，《中国工业经济》第5期。

［6］李杰义、张汞、谢琳娜，2019，《环境知识学习、绿色创新行为与环境绩效》，《科技进步与对策》第15期。

［7］刘霞、陈建军，2012，《产业集群成长的组织间学习效应研究》，《科研管理》第4期。

［8］陆蓉、王策、邓鸣茂，2017，《我国上市公司资本结构"同群效应"研究》，《经济管理》第1期。

［9］马亚明、胡春阳、刘鑫龙，2020，《发行绿色债券与提升企业价值——基于DID模型的中介效应检验》，《金融论坛》第9期。

［10］孟维福、刘婧涵，2023，《绿色金融促进经济高质量发展的效应与异质性分析——基于技术创新与产业结构升级视角》，《经济纵横》第7期。

［11］宁金辉、王敏，2021，《绿色债券能缓解企业"短融长投"吗？——来自债券市场的经验证据》，《证券市场导报》第9期。

［12］祁怀锦、刘斯琴，2021，《中国债券市场存在绿色溢价吗》，《会计研究》第11期。

［13］谭雪，2017，《行业竞争、产权性质与企业社会责任信息披露——基于信号传递理论的分析》，《产业经济研究》第3期。

［14］陶锋、赵锦瑜、周浩，2021，《环境规制实现了绿色技术创新的"增量提质"吗——来自环保目标责任制的证据》，《中国工业经济》第2期。

［15］万良勇、梁婵娟、饶静，2016，《上市公司并购决策的行业同群效应研究》，《南开管理评论》第3期。

［16］王波、杨茂佳，2022，《ESG表现对企业价值的影响机制研究——来自我国A股上市公司的经验证据》，《软科学》第6期。

［17］王海军、王淞正、张琛、郭龙飞，2023，《数字化转型提高了企业ESG责任表现吗？——基于MSCI指数的经验研究》，《外国经济与管理》第6期。

［18］王倩、李昕达，2021，《绿色债券对公司价值的影响研究》，《经济纵横》第9期。

［19］王晓亮、王进、李颖，2022，《企业金融投资的同群效应研究——基于会计信息可比性视角》，《审计与经济研究》第1期。

［20］王营、冯佳浩，2022，《绿色债券促进企业绿色创新研究》，《金融研究》第6期。

［21］王禹、王浩宇、薛爽，2022，《税制绿色化与企业ESG表现——基于〈环境保护税法〉的准自然实验》，《财经研究》第9期。

［22］吴世农、周昱成、唐国平，2022，《绿色债券：绿色技术创新、环境绩效和公司价值》，《厦门大学学报（哲学社会科学版）》第5期。

［23］吴育辉、田亚男、陈韫妍、徐倩，2022，《绿色债券发行的溢出效应、作用机理及绩效研究》，《管理世界》第6期。

[24] 肖小虹、潘也、王站杰，2021，《企业履行社会责任促进了企业绿色创新吗?》，《经济经纬》第3期。

[25] 臧传琴、林安冉、张晏瑞，2023，《绿色金融与企业全要素生产率：一个倒"U"形关系——来自中国上市公司的经验证据》，《中国经济学》第7期。

[26] 张弛、张兆国、包莉丽，2020，《企业环境责任与财务绩效的交互跨期影响及其作用机理研究》，《管理评论》第2期。

[27] 张丽宏、刘敬哲、王浩，2021，《绿色溢价是否存在?——来自中国绿色债券市场的证据》，《经济学报》第2期。

[28] 张胜强、肖盼盼，2022，《基于代理问题的行业竞争影响企业现金持有研究》，《财会通讯》第2期。

[29] 郑梦、常哲仁，2023，《绿色低碳转型与企业环境社会责任——基于低碳城市试点的准自然实验》，《经济与管理研究》第7期。

[30] 周冬华、周花，2023，《绿色债券获得投资者偏好了吗?——基于信用利差的视角》，《外国经济与管理》第11期。

[31] Angelo D.F., Jabbour C.J., Galina V. S.2012. "Environmental Innovation: in Search of A Meaning." *World Journal of Entrepreneurship* 8(2/3): 113–121.

[32] Baker M., D. Bergstresser, Serafeim G. 2018. "Financing the Response to Climate Change: The Pricing and Ownership of US Green Bonds."NBER Working Paper 25194.

[33] Beatty A., Liao S., Yu J.J. 2013. "The Spillover Effect of Fraudulent Financial Reporting on Peer Firms' Investments."*Journal of Accounting and Economics* 55(2–3):183–205.

[34] Beck T., Levine R., Levkov A. 2010. "Big Bad Banks? The Winners and Losers from Bank Deregulation in the United States."*The Journal of Finance* 65(5):1637–1667.

[35] Bonsall Iv S. B., Bozanic Z., Fischer P. E. 2013. "What Do Management Earnings Forecasts Convey about the Macroeconomy?" *Journal of Accounting Research* 51 (2): 225–266.

[36] Chen Z., Huang L. R., Wu N.2023. "The Positive Impact of Green Bond Issuance on Corporate ESG Performance: From the Perspective of Environmental Behavior." *Applied Economics Letters* 1–6.

[37] Ellison G., Fudenberg D. 1995. "Word-of-Mouth Communication and Social Learning." *The Quarterly Journal of Economics* 110(1): 93–125.

[38] Flammer C. 2020. "Green Bonds: Effectiveness and Implications for Public Policy." *Environmental and Energy Policy and the Economy* 1(1):95–128.

[39] Flammer C.2021. " Corporate Green Bonds." *Journal of Financial Economics* 142(2): 499–516.

［40］ Francis B., Hasan I., Li L. 2016. "A Cross-Country Study of Legal-System Strength and Real Earnings Management." *Journal of Accounting and Public Policy* 35(5):477-512.

［41］ Huang J. W., Li Y. H. 2017. "Green Innovation and Performance: The View of Organizational Capability and Social Reciprocity." *Journal of Business Ethic* 145: 309-324.

［42］ Hyun S., Park D., Tian S. 2020. "The Price of Going Green: The Role of Greenness in Green Bond Markets." *Accounting & Finance* 60(1):73-95.

［43］ Kaustia M., Rantala V. 2015. "Social Learning and Corporate Peer Effects." *Journal of Financial Economics* 117(3):653-669.

［44］ Larcker D. F., Watts E. M. 2020. " Where's the Greenium?" *Journal of Accounting and Economics* 69(2-3):101312.

［45］ Leary M. T., Roberts M. R. 2014. "Do Peer Firms Affect Corporate Financial Policy?" *The Journal of Finance* 69(1):139-178.

［46］ Mai N. K., Nguyen A. K. T., Nguyen T. T. 2021. "Implementation of Corporate Social Responsibility Strategy to Enhance Firm Reputation and Competitive Advantage." *Journal of Competitiveness* 13(4):96-114.

［47］ Mu W., Liu K., Tao Y. 2023. "Digital Finance and Corporate ESG." *Finance Research Letters* 51:103426.

［48］ Park S., Song S., Lee S. 2017. "Corporate Social Responsibility and Systematic Risk of Restaurant Firms: The Moderating Role of Geographical Diversification." *Tourism Management* 59: 610-620.

［49］ Porter M. E. 2008. "On Competition." *Bottom Line* 13(1):137-145.

［50］ Tan X., Dong H., Liu Y. 2022. "Green Bonds and Corporate Performance: A Potential Way to Achieve Green Recovery." *Renewable Energy* 200:59-68.

［51］ Tang D. Y., Zhang Y. 2020. "Do Shareholders Benefit From Green Bonds?" *Journal of Corporate Finance* 61: 101427.

［52］ Wang C., Wu Y., Hsieh H. 2022. "Does Green Bond Issuance Have an Impact on Climate Risk Concerns?" *Energy Economics* 111:106066.

［53］ Wang J., Chen X., Li X. 2020. "The Market Reaction to Green Bond Issuance: Evidence from China." *Pacific-Basin Finance Journal* 60:101294.

［54］ Zerbib O. D. 2019. "The Effect of Pro-environmental Preferences on Bond Prices: Evidence from Green Bonds." *Journal of Banking & Finance* 98:39-60.

［55］ Zhang D. 2023. "Does Green Finance Really Inhibit Extreme Hypocritical ESG Risk? A Greenwashing Perspective Exploration." *Energy Economics* 121:106688.

［56］ Zheng J., Jiang Y., Cui Y. 2023. "Green Bond Issuance and Enterprise ESG Performance: Steps

Toward Green and Low-Carbon Development."*Research in International Business and Finance* 66:102007.

（责任编辑：陈星星）

平台直播生态的自组织演化与价值共毁治理路径

陈　锋[*]

摘　要： 平台直播生态（Platform Live-streaming Ecology，PLE）在注意力经济的催化之下繁荣发展。然而，PLE中多元化主体对异质化资源的整合难免存在资源滥用，引发价值共毁。本文旨在揭露PLE自组织的演化机制，强化PLE价值共毁的治理，从自组织理论入手，对PLE的自组织演化过程展开探讨，并且提出治理路径规避价值共毁的发生。研究发现，PLE内部存在开放性、动态性、协同性、创新性的相互作用；维持机制与创新机制构成了PLE的演化过程；内外部动力推动PLE的走向——价值涌现。同时，发现资源滥用是PLE价值共毁的核心原因。在此基础上，本文提出了一个治理价值共毁的系统路径模型，包括微观治理与宏观治理两条主体路径，以及信息技术生态治理路径和保障机制治理路径。本文关注异质性主体所引发的价值共毁风险，利用管理研究提出治理模型能够进一步推进管理学的现实应用。

关键词： 平台直播生态　自组织理论　价值共毁　价值涌现

一　引言

大数据、物联网、人工智能、AR等数字技术的发展，推动了以数字为主的平台生态系统崛起，改变了组织的形态以及商业逻辑（Ben等，2018）。而针对开放式创新（Randhawa等，2018）、平台生态系统治理（Tiwana，2013）

---

[*]　陈锋，硕士研究生，北京外国语大学国际商学院，电子邮箱：chenfengibs@bfsu.edu.cn。感谢匿名审稿专家的宝贵意见，文责自负。

的进一步研究，让学者们关注到平台生态系统已经成为互联网变革下的全新业务模式（Tiwana，2013）。与此同时，在"类像社会"的不断渲染之下，一个由真实符号取代现实的仿真时代开启了。平台直播生态（Platform Live-streaming Ecology，PLE）就是促使社会大众沉浸在"类像社会"之中的核心产物。PLE不仅包含管理机构、行业协会、直播平台、用户等多元焦点行动者的主体要素，同时包含物联网、人工智能、AR等技术要素。它不仅仅具有企业组织的属性，同时也具有市场属性。在市场层面，直播平台成为一种促成双方的现实与虚拟市场空间（徐晋和张祥建，2006）。在企业层面，基于交易成本理论，企业是一种节约交易成本的治理结构（徐万里和孙海法，2008）。PLE利用高互动的数字化经济优势（Armstrong，2006），通过精准的算法在一定程度内减少了交易成本，最终成为一种外向化的治理结构。PLE在经历了游戏直播、秀场直播、电商直播等直播模式之后迅猛发展（郑宇和杨素，2022）。全民直播下的PLE将现实中的分散个体塑造成"场景共存"的生态体系。多元且复杂的生态体系在价值共创的路径中也面临着多维度价值共毁风险。如何进一步优化PLE价值共毁的治理路径成为重要的课题。

价值共毁是价值共创的反面。价值共创是PLE系统发展的核心。在进行资源整合的过程中，假如平台生态系统的某一方滥用资源，那么最终将可能导致价值共毁（Grönroos和Voima，2013）。2023年央视"3·15"晚会，情感主播欺骗老人、直播评论操纵等直播乱象引发社会热议；无独有偶，2023年5月，针对新浪微博直播、斗鱼直播等平台涉嫌的色情、低俗等严重生态问题，国家网信办进行了约谈。以上直播乱象可能进一步引发平台直播生态的价值共毁。PLE的发展过程是以焦点行动者为核心的资源整合过程。资源整合的失败势必造成不同子系统相互作用下涌现的失败性（Ramaswamy和Ozcan，2018），最终导致市场以及监管失灵。在信息技术发展的背景下，针对网络平台价值共毁的研究也逐渐受到关注。比如，Camilleri和Neuhofer（2017）通过在线内容分析对爱彼迎的价值共毁形式进行了分析。不过，当前对平台价值共毁问题的研究相对缺乏，尤其是缺少平台组织治理视角的研究，现实中多种形式的平台经济和共享经济均存在价值共毁（肖红军，2020）。而针对 PLE 系统价值共毁治理的研究更为缺乏。学术界没有形成系统化的模型为价值共毁治理提供理论以及实践指导。

相较于其他平台组织，PLE 的核心特点在于，其已经在信息技术的引领下，超越了直播平台本体的媒介特性，塑造了一个虚实结合的媒介生态（王建磊，2021）。PLE 不仅包含其他平台组织具备的去中心化的个人行动、具备博弈张力的群体作用，还独特性地涵盖了虚实交融的交往文化（王喆和贺果沙，2024）。而正是虚拟与现实的复杂交互促成内部个人行动以及群体博弈的无序性，PLE 相对其他平台组织的治理更为复杂，以至于当前 PLE 乱象日益严重。同时，PLE 的治理机制涉及政府职能部门、行业机构、平台组织、主播、顾客等多元化主体。这使得 PLE 的治理面临严重挑战。对于价值共毁的治理问题，首先需要系统归纳其内在的逻辑演化机制。PLE 内部多元行动者之间的相互作用引发价值取向的差异性，进而决定了其价值共毁发生的必然性。复杂系统演化的规律化、系统化能够为治理价值共毁提供理论支持。实际上，对 PLE 演化机制的研究能够解答其价值共创（Vargo 和 Lusch，2016）的本质，为价值共毁治理的路径归纳提供科学的支撑。PLE 是一个多元学科的研究，从技术发展的角度包含了信息技术领域的特征（Cennamo 和 Santaló，2019），同时 PLE 的生态特点也涉及生态系统战略（Adner，2017）。但是这些单一化的理论无法协同解释平台生态系统中不同成分之间动态的、协同的、创新的相互作用（Vargo 等，2004）。学术界需要从一个复杂的角度审视 PLE 系统内在演变的复杂性以及涌现性，进而为其价值共毁治理路径的构建提供支撑。自组织理论以耗散结构论、协同论为核心，关注突变论、超循环论、分形学等系统科学理论的内容。它能够多元化地解读焦点行动者之间资源互动的开放性、动态性、系统性以及创新性。自组织理论将 PLE 作为一个整体，系统地诠释了管理机构、平台、用户、内外部环境等的复杂作用之下的涌现性，能够进一步呈现 PLE 价值取向差异所导致的涌现失败，即价值共毁。在谷歌学术、WOS 等学术平台进行检索发现，一方面，以组织视角对 PLE 进行分析的研究鲜少涉及；另一方面，对 PLE 价值共毁治理的研究也仍未开展。本文基于自组织理论构建 PLE 的演化模型，最终提出 PLE 价值共毁治理的模型，旨在促进 PLE 的有序发展。

鉴于此，本文系统的研究聚焦三个层面的内容。第一，系统化揭露 PLE 自组织演化的模式。本文从系统科学研究视角，以自组织理论为切入口，描述性地分析 PLE 自组织的演化逻辑。为此，本文引入生态学的生态系统理论，构建一个演化的模型，通过对模型从局部到整体、从外部到内部的系统分析，揭露 PLE 自组织演化的模式。

第二，进一步挖掘 PLE 自组织演化中价值共毁的原因。本文基于价值共毁的内涵，结合 PLE 自组织的演化逻辑，进一步揭露 PLE 价值共毁的原因及其表现。

第三，通过构建治理路径规避 PLE 价值共毁风险。本文结合 PLE 自组织的演化模型与价值共毁的原因，构建多元化的治理路径来规避 PLE 价值共毁风险，为 PLE 的未来发展提供理论依据。

总体来看，本文主要的理论贡献在于：聚焦 PLE 价值共毁治理路径，提出了多元化治理机制以保障 PLE 自组织的持续性演化。为了进一步理清 PLE 价值共毁机制，为治理路径的构建提供逻辑依据，本文系统归纳了 PLE 内部多元行动者之间的自组织演化规律，构建演化模型揭露演化目标的涌现性，进而呈现涌现过程中由价值取向的差异所导致的涌现失败，即价值共毁。

二　理论基础

（一）平台生态系统

每一个宏观发明的技术范式都需要特定的机制设计。作为演化经济学模式下的宏观发明，平台生态系统则是在移动互联等信息技术背景下的发展新范式。在新制度经济学背景下，组织在不同交易平台扮演着制度要素以及制度机制的不同角色（卢现祥，2003）。而平台生态组织是由焦点平台组织通过大数据、物联网等信息系统进而搭建的系统组织（张佳佳和王新新，2018）。

生态系统代表生物个体在一个复杂的环境中与其他单元进行交互的过程，环境是整个系统的载体，时刻影响着内部每一个行动者的价值获取（Nambisan 等，2017）。生态系统的研究方法为平台经济的发展提供了新的视角。平台生态系统是一个跨学科的多元化理论框架。在信息系统层面，关注平台生态的功能特点（Nambisan 等，2017）、生成性（Yoo 等，2012）；在战略管理中关注平台生态的结构属性、治理机制、竞争战略；在营销服务学中关注平台生态的行动者参与、制度逻辑（王新新和张佳佳，2021）。平台生态系统将平台作为一个物理的、虚拟的节点，为生态系统内部的各成分发展提供结构化支持（Breidbach 和 Brodie，2017）。这种支持推进了系统内部元成分之间协同的演化，并最终推进系统向更高级的状态演进。总之，平台生态系统本质上是一个内部秩序不断优化的复杂适应系统（苗东升，2016）。这说明，平台生态系统内部的各成分要素既是系统的核心内容，又是推进系统发展的核心力量。PLE 的本质是从生态系统的角度入手，对内部多元行动者之间的合作与博弈进行讨论。

本文认为 PLE 系统是直播行业发展的制度性演化，是以直播平台为核心，借用大数据、物联网等信息技术构建的人为设计的直播主体与其生存环境所形成的复合体。PLE 系统中存在平台组织、主播、用户、行业组织与政府部门等多元化主体。在信息技术的助力之下，主播利用平台组织与用户建立良好的互动关系，在实名认证模式下进行直播，获取流量与打赏；行业组织与政府部门通过制定相关规则规范平台组织的行为；作为整个 PLE 系统的核心，平台组织不仅需要为主播提供良好的互动性场域，将不同精准化的直播内容推送给差异化用户，还需要承担起平台监管职责。作为一种制度性的演化，PLE 具有以下特点。

1. 锁定效应：PLE 是多元主体形成的智能化组织

媒介的发展改变了社会大众互动的方式（Dallas，1977）。信息流的传达为平台受众拓展、供需调适、规则制定、优化服务提供了基础（Waller 等，2016）。PLE 利用智能技术推进经济发展以及组织管理重塑。数字技术为 PLE 提供了强大的动力。可以说，数字技术为 PLE 的交互提供了通道。信息技术将 PLE 各参与者的目光锁定于平台之上，强调系统内部的自我作用与调整。在微观层面，PLE 的开展需要保障基本后端系统以及平台空间的系统构建。一方面，PLE 生态的构建需要光纤、网络的支撑；另一方面，PLE 生态需要大数据、云计算等大型算力优化内部服务器的承载力（王文喜等，2022），比如浪潮信息、阿里云等都提供这方面的技术支持。在宏观层面，一个完整的 PLE 需要行动者构建交互体系（曾雪云和费一洋，2023）。在此背景下，越来越多的数字人、虚拟接口出现并参与到 PLE 系统之中。PLE 将各种芯片技术、传感器技术、区块链加密技术等锁定于直播平台。同时，PLE 以直播平台为基点融合多主体之间的互动，强调系统内部的自我作用与调整。基于此，PLE 系统通过对技术以及主体的锁定完成系统各主体之间的互动，通过信息传递、共享、储存构建一个更加协同以及开放的智能化组织。

2. 平台效应：PLE 以平台行动者为核心构建制度标准

PLE 中的行动者有两种类型，分别是对等行动者（比如主播、用户等）与平台行动者（比如直播平台、支付平台等）。对等行动者通过互联网进行一系列的合作生产，同时通过平台行动者展开互动。平台行动者能够为对等行动者的互动提供一个虚拟接口。在虚拟接口的渲染下，平台行动者通过制定交易规则以及制度规范来维持交易秩序。最终平台行动者成为生态系统的主导者（Cennamo 和 Santalo，2019）。平台行动者能够利用数据控制权以及规范制定权增强自身的竞争优势，从而构建横向交易关系以及纵向管理关系。此时，平台行动者利用平台核心功能既能实现 PLE 系统下的共生共赢，也能利用平台的虚拟性进行"黑箱"操作，最终引发生态系统的价值共毁。

3. 生态效应：PLE 是基于网络技术的直播商业生态圈

PLE 是多元化主体要素与技术要素共生的复合体。它以直播平台为核心，以技术要素为支撑，借用内外部环境不断将直播服务延展到各类场景，形成一个互联网直播生态圈。将生物学融入直播平台的发展圈层，是直播行业发展下多元要素发展的必然。信息和通信技术（ICT）的发展，促成互联网生态链的形成。直播行业是一个由活性节点的网络连接而成的有机系统。直播商业生态圈的形成机理是，直播产业中管理机构、直播平台、用户、主播等合作伙伴之间形成共生共赢的关系。生态效应的成功在于如何进一步优化系统治理机制，从而吸引多元对等行动者参与，形成一个良性的互动社区。

4. 价值效应：PLE 的核心宗旨是价值共创

伴随着平台生态组织的共生性以及生态性，PLE 系统内部成员之间存在主体耦合性、资源共享性。这不仅能够显著降低交易成本，更有利于价值共创（李雪灵等，2022）。传统工业企业的价值实现是基于波特价值链式价值创造理论，但是 PLE 更多的是关注对等行动者协同非线性作用下的价值共享。传统工业企业关注不同主体在资源配置过程中解决方案的优化，在整个价值结构过程中，行动者单一化地发挥作用会影响最终价值实现情况。然而，PLE 价值实现的载体是网络化的生态系统。该系统脱离了价值链式价值实现的框架，更多地关注价值实现过程中用户、平台组织、产业等行动者之间微观的、中观的、宏观的相互作用。同时，PLE 内部多元主体之间的资源共享，能够进一步推进系统内部元素协同（Fehrer 和 Nenonen，2020）。此时，参与者对于资源的配置能够提升价值体验。这种基于资源整合而形成的价值体验是直播平台系统各成分发展的核心。

本文认为，PLE 系统是众多平台生态系统中的一类，以锁定效应为基础，以平台效应为中介，最终形成多边主体互补的生态效应，并产生价值效应，这也是 PLE 的基本商业逻辑。真正影响 PLE 系统的，并不是交易的内容及形式，而是多主体之间深度捆绑产生的互动效应。

（二）平台生态价值共毁

在服务生态系统的视角下，价值受生态系统内部动态的、复杂的相互作用影响，强调社会情境价值、文化情境价值以及价值的动态变化（张佳佳和王新新，2018）。而价值共毁基于企业与客户互动过程中互动价值（Interactive Value Formation）的动态性形成机制。这种机制可能是正向的结果，即价值共创，亦可能是负向的结果，即价值共毁（Echeverri 和 Skalén，2011）。Plé 和 Cáceres（2010）最早对价值共毁进行了界定，认为价值共毁是指在互动情境下，行动者由于资源滥用而造成的价值降低的情况。可见，行动者是价值共毁形成的关键。

平台生态价值共毁将价值共毁置于平台生态系统的内部，强调平台生态系统内部互动过程中价值动态性的变化情形。平台是互动价值持续性演化的介质。这种介质为多元行动者之间的互动提供了中介，其关注的不仅仅是某一个行动者的价值及福利的减少，更多的是将平台生态视作一个整体，关注生态系统的总体价值降低情况（肖红军，2020）。而对于 PLE 来说，其内部的生态效应、锁定效应、价值效应以及平台效应意味着任何一个行动者都可能对其他行动者产生影响，导致其价值获取的变化。因此，PLE 生态的价值共毁是单一行动者价值受损之后引发的系统总体价值产出或福利降低的情况。

当前，针对价值共毁的研究聚焦价值共毁的产生机制。单一行动者在价值探索的过程中，一方面会利用信息熵实现价值涌现，最终达到价值共创的目的；另一方面可能会忽视对信息熵的整合，因资源滥用、流程失调或者要素混乱而导致价值共毁（Vafeas 等，2016）。资源滥用是指在一方行动者不以满足另一方的期望为导向来整合操作性资源和对象性资源（Vafeas 等，2016）。流程失序是指一方行动者不以满足另一方的期望为导向来协调流程。要素混乱是指双方行动者缺乏沟通，最终导致错误地整合相关要素。

然而，关于平台生态系统价值共毁的成因与治理研究仍然处于起步阶段。肖红军（2020）认为当前针对平台生态系统价值的研究较为缺乏，然而现实中的共享经济与平台经济内部互动存在多样化的价值受损情形，需要从不同的视角展开探索。伴随着直播带货平台的持续发展，当前也有部分学者关注到直播带货平台的治理与发展问题。杨楠（2021）讨论了主播自身专业性对消费者购买的影响；Li 等（2018）从消费者视角探索信任是如何影响直播平台发展。不难发现，当前研究往往聚焦某单一行动者对互动过程的影响，并没有整体、系统地解读 PLE 内部价值共毁的发展以及治理机制。

由于直播的高度商业化与深度产业化，其传播主体多元复杂、个人情绪过度宣泄和对商业利益的过度追逐等，再加上现有网络直播管理机制体制尚不健全，造成乱象丛生，给社会造成恶劣的影响。如何进一步缓解价值共毁现象成为PLE发展的核心。自组织理论和PLE的结合是基于PLE所处的外部环境具有动态性和复杂性特征而进行的研究。本文将从自组织理论入手，构建一个演化模型，探讨PLE内在运行轨迹，进而提出价值共毁治理的模型路径，为直播生态发展提供指导。

三　自组织理论下平台直播生态的演化模型

PLE自组织结构的形成，是多元化序参量以及变量协同作用的结果。协同论通过序参量关注自组织宏观结构的发展；耗散结构利用系统的开放性、远离平衡态、非线性作用、涨落有序来探讨自组织的发展规律。PLE是一个具有生态效应、锁定效应、价值效应、平台效应的系统，其自组织演化过程具有复杂性、持续性以及涌现性。

（一）ODSI是平台直播生态演化的基础

PLE内部包含着系统的开放性（Openness，简写为O）、远离平衡态的动态性（Dynamics，简写为D）、非线性作用下的协同性（Synergy，简写为S）、涨落作用下的创新性（Innovation，简写为I）。ODSI的相互作用决定着PLE的运行轨迹。

第一，在自组织理论体系下，无论是耗散结构理论还是混沌思想，都极其关注组织初始的环境条件。开源的互联网平台保证了PLE处于一个开放的环境之中。PLE系统内部的能量转换过程，本质上是与外部环境资源相互作用的过程。PLE系统具有开放性。这种开放性致使PLE面临着产业边界模糊（王新新和张佳佳，2021）、生产者和消费者边界模糊等情况。

第二，在远离平衡态的作用下，PLE内部要素呈现出动态变化的趋势。一方面，技术要素不断进化推进着各种直播类型产品的动态迭代。同时，直播的长尾市场效应不断开拓新的利润空间。这不仅推动了系统内部行动者的创新以及动态化变革，也颠覆了企业参与市场竞争的模式。另一方面，高度竞争化的环境促使平台行动者利用差异化、动态化的服务占领市场。比如抖音主播不仅会在抖音平台发布一系列短视频作品，也会因平台组织的差异性特点而选择在B站、快手、新浪微博等平台发布相关作品。

第三，直播是基于互联网信息技术而产生的新业态。幂律分布的节点保障了系统内部保持着非线性的作用力。对等行动者（主播、用户等）以及平台行动者（直播平台、支付平台等）之间的异质性促使非线性作用下的协同性不断演化。比如，PLE内部的主播通过加入MCN（Muti-channel Network）机构来推进价值动态呈现；MCN机构会为旗下主播提供与主流文化更为契合的资源，对主播实施动态化管理，以资源的协同化整合效应推进主播在不同平台组织中的流量注入。

第四，涨落有序是自组织发展的重要诱因，而新系统的有序性创造则反映了PLE的创新性机制。创新性的涨落不仅仅能够推进PLE信息的有序化传递，也能够打破PLE系统的稳定状态。在直播过程中，用户关注、评论、转发等行为，能够加快对信息资源的整合，进而实现多信息的融合。创新则是在多源信息融合之下形成的新的有序结构和功能。

开放性是PLE演化的根本。较弱的开放性会阻碍PLE内部各种要素之间的动态性流动，限制不同要素之间的协同作用，最终限制创新现象的产生。动态性是系统演化的保障，协同性是系统演化的动力。三者之间持续循环的相互作用促进了创新性的产生。毋庸置疑，各种多源信息在ODSI的作用下，通过系统的反馈不断进行自我调节，通过系统化迭代推进着组织的演化发展（见图1）。

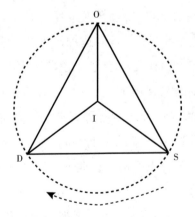

图1　PLE系统内部ODSI作用示意

当前最典型的开放性创新平台就是抖音直播开放平台。该平台通过构建开放的、优化的落地场景，为所有创作者提供创作工具以及互动模式，促进各行动者的价值获取。第一，抖音直播开放平台为中小创作者提供多端功能开放。在该种模式下，创作人员能够快速利用端口实现移动、网站以及小程序的开发，大幅提升创作效率，降低对接频次。第二，抖音直播开放平台强化业务能力开放。平台通过账号免登、内容同步、数据回流、用户管理等进一步优化整个平台运营，动态性地打通用户与主播之间的通道，引入流量，最终提升效率以及投资回报率。第三，抖音直播开放平台为各种小创作者提供丰富的解决方案。抖音直播开放平台整合不同技术提供商以及内容提供商之间的资源，协同性地发挥平台的中介效应。当前已经有众多开发者以及服务商进驻抖音直播开放平台。比如在开发者层面，苏州市广播电视总台在与抖音直播开放平台进行协同合作的基础上，通过大数据、人工智能以及区块链技术搭建了直播内容全网动态分发系统，并且通过互联网的开放端实现数字版权保护、内容优化。在服务商层面，星麦云商基于抖音直播开放平台，构建了用户、数据、内容、营销等一站式运营体系，提升了多元行动主体在直播过程中的价值体验；同时，星麦云商还为各大企业类客户提供抖音企业号管理、存量客户管理、用户内容管理、数据可视化管理等服务。不同PLE内部行动者通过开放性的平台网络，发挥动态性的协同作用，不断推进价值体验及运营效率的提升。

（二）内外部动力机制是平台直播生态演化的势能

PLE的自组织演化受到内外部动力机制的影响。外部动力聚焦PLE与社会关系的互动。外部动力主要包括直播产业发展对于PLE的拉力；政府部门、行业组织、平台行动者等在政策、技术、资金等方面的支撑力；其他产业对于PLE的推动力。而内部动力聚焦内部系统的开放性、动态性、协同性和创新性。内部动力主要表现为主播、用户、直播平台等主体要素之间的相互作用。内外部系统的协同作用共同构成了PLE发展的动力机制（见图2）。

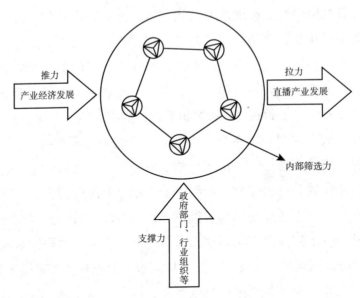

图 2   PLE 发展的动力机制

在外部动力层面，拉力、推力以及支撑力共同作用。首先，直播产业的发展拉动着 PLE 的发展。2016 年以来，我国直播产业呈现井喷式发展。在社会层面，直播以图像化的符号改变了社会群体对信息的接收方式。在政治层面，国家的政治力量规制着直播产业的有序发展。在经济层面，注意力经济的驱动力拉动了直播经济的繁荣发展。在文化层面，现代社会大众对虚拟社交以及情感交互的需求拉动了 PLE 的进一步发展。其次，产业经济的发展推动着 PLE 的发展。农业、旅游业、竞技业等不同产业的发展推动着"直播+农业""直播+旅游业""直播+竞技体育"等多元化直播业态的创新。这使得 PLE 的发展更加多元。最后，政府部门、行业组织以及平台行动者对系统内部物质要素的规制为 PLE 的发展提供了支撑。2016 年以来，我国颁布了一系列政策鼓励数字经济，为 PLE 技术发展、直播行业规范化提供了支撑力（见表 1）。

在内部动力层面，作为一个复杂的自组织系统，PLE 内部持续进行着熵增与负熵的相互作用。而正是对等行动者（主播、用户等）与平台行动者（支付平台、直播平台、监管平台等）利用数字技术强化互动以及连接

（Swaminathan 等，2020），产生开放性、动态性、协同性的相互作用，推进创新性的负熵以抵抗熵增的负面影响。而负熵抵抗熵增的过程则是 PLE 系统内部筛选力作用的过程，具体表现在以下几个方面，第一，内部筛选力通过 ODSI 淘汰以及革新核心要素产生负熵。比如直播平台将旧的组织模式淘汰，引入新的技术手段赋能组织变革，推进更加扁平化的组织发挥效能。第二，内部筛选力通过不同主体之间的博弈与合作产生负熵。比如直播平台之间的竞争（快手、抖音等）、直播平台与内容创作者平台之间的合作（微赞、易企秀等）。与此同时，这种负熵的内部筛选力是 PLE 中不同行动者、集合者之间上下游共同交互的结果。

表1   2016~2022年 PLE 相关政策

年份	政策	政策内容
2016	《"十三五"国家信息化规划》	企业信息化
2017	《云计算发展三年行动计划（2017—2019年）》	云计算行动规划
2018	《推动企业上云实施指南（2018—2020年）》	企业上云
2019	《国家数字经济创新发展试验区实施方案》	产业数字化
	《云计算发展白皮书（2020年）》	云计算
	《国家职业分类大典》	主播职业认证
2020	《关于以新业态新模式引领新型消费加快发展的意见》	支持直播发展
	《"十四五"软件和信息技术服务业发展规划》	现代化软件产业
2021	《网络直播营销管理办法（试行）》	直播行业规范出台
	《网络交易监督管理办法》	
2022	《不断做强做优做大我国数字经济》	数字经济
	《"十四五"数字经济发展规划》	

（三）维持机制与创新机制是平台直播生态演化的轨迹

He（2017）对自组织内部演化现象进行了研究，将自组织的机制分为维持机制与创新机制。维持机制是自组织维护自有的、相对稳定的状态，主要包括自修复和自复制。自修复主要指组织系统运行中不需借助外来力量来修复自身的缺陷；自复制指自组织系统在不借助外来力量的情况下产生与当下几乎相同的系统（苗东升，2016）。创新机制包括自创生、自生长和自适应。自创生是自组织系统内部力量相互作用形成的新系统；自生长是系统在无外力作用下的发育以及成长；自适应是系统在没有外力作用下适应外界环境的过程（苗东升，2016）。对自组织理论内部机制的划分有助于更加全面地理解自组织系统内部演化的轨迹。

同样，PLE 的组织演化是涨落有序的结果，在涨落演化的过程中存在维持机制与创新机制两种变化的状态。在 PLE 行动者的作用下，系统内部进行着微涨落与巨涨落、外涨落与内涨落的交叉变化。在第一阶段，假如平稳态（A）涨落的限度达到系统创新变化的触发点，那么系统进入触发态（B）。如果继续给予内外部动力刺激，那么 PLE 进入非稳定态（C）；反之，系统重新回归触发态（B）。处于非稳定态（C）的组织受到内外部动力刺激将进一步演化，最终进入新平衡态（D）；反之，系统重新回归非稳定态（C）。进入新平衡态（D）的系统在持续内外部动力的影响下进入下一次演化。由此，PLE 在持续动力的刺激下，形成演化循环。在整个创新性演化的过程中，对等行动者与平台组织者之间的联系发生了一定程度的变化，组织结构趋于复杂。

在整个演化过程中，A—B—A、A—B—C—B—A 的过程则是 PLE 的维持机制。系统内部进行着自复制与自修复，同时也进行着负反馈。负反馈是向 PLE 施加压力以抵抗系统变革。而 A—B—C—D 的过程，则是 PLE 的创新机制，也是系统正反馈的过程。一般来讲，在某个阶段要么维持机制占据主导地位，要么创新机制占据主导地位。但是真正决定系统处于何种状态轨迹的是系统内外部作用力。本文认为，平台组织发展需要强化内外部力的作用，规避陷入维持状态从而最终成为平庸的组织。创新机制是 PLE 巨涨之后的全新形态。这一形态使得系统偏离原来的结构，通过自创生、自生长和自适应来进一步优化 PLE 的发展。

当前，在内外部作用力的影响下，我国平台直播生态正在创新机制的步伐中不断演化。在外部作用力之下，我国社会经济对于直播生态发展的迫切需求推动着平台直播生态的发展，营销推广、培训会议、论坛活动等都依赖于平台直播生态提供技术以及场景支持；"直播+"产业的持续渗透提供着强有力的拉力；政府部门从不同主体入手为平台直播生态发展提供了支撑力，如用户层面的《关于进一步规范网络直播营利行为促进行业健康发展的意见》、主播层面的《网络主播行为规范》、平台层面的《网络直播营销管理办法（试行）》。而在内部作用力下，多元行动者之间的相互作用不断影响着平台直播生态自组织内部的演化，用户对直播"品质"的要求越来越高，服务于用户的直播平台与主播都尽最大能力满足用户的价值需求，在开放性系统的条件下，技术支持平台提供 AI、XR、MR 的技术保障。而平台直播生态在上述多重作用力的影响下从平衡态朝着非平衡态演化，最终达到新平衡态，同时从内容传播工具发展为虚拟融通的场景化体验状态。

（四）价值涌现是平台直播生态演化的目标

涌现是复杂适应系统的核心理论之一，当前已被普遍应用于物理学、哲学、管理学等不同学科领域。自组织系统本身就包含着涌现现象。涌现的特点主要包括：第一，涌现是系统内部多变量不断演化构成新系统的动态过程（Capra 和 Luisi，2014）。第二，系统中各个变量之间的作用，促进了涌现的形成（Kozlowski 和 Chao，2012）。第三，涌现之后势必会产生新的系统结构以及现象（Goldstein，1999）。

PLE 通过自组织的模式进行演化，最终演化出全新的特点以及功能。因此，本文认为 PLE 就意味着涌现的产生。PLE 的最终走向则是价值涌现。这是因为 PLE 的演化是由多变量通过互动来实现自主协作，最终达成涌现目标的过程。系统内部的主播、用户、直播平台的互动完全是为了满足自身的价值体验，且不受其他行动者的干预以及控制。可见，在 PLE 内部多元行动者进行着对等互动。在多元内外部作用力的影响下，对等互动加速了系统内部信息熵的整合，推进了内外部动力的演化，最终促进系统的涌现。这一涌现过程是在满足不同对等行动者的价值目标前提下出现的，该涌现形成的新结构以及新状态又满足了新的直播价值体验。比如，在旅游产业不断发展的外部推力下，形成的"直播+旅游"新业态，这一业态的涌现既满足了旅游产业新的直播价值需求，也满足了用户数字旅游的互动价值体验。

2016年以来，我国PLE经历了四次涌现，每一次涌现的过程都展现了内部多元行动者之间的协同作用。2016年，在5G网络以及信息技术的渗透下，直播平台持续发展，PLE中提供服务的企业达到200多家，市场规模超过250亿元。随着行业的发展，PLE逐渐分化，朝着精细化的方向涌现；越来越多的MCN（多频道网络）机构推进了PLE创新机制的形成，PLE进入第二阶段后，电商市场规模已达196.4亿元。2018年，我国PLE进入第二次涌现，行业链上下游进一步相互作用，资源整合效用逐渐加大；抖音、快手直播平台推进主播这一主体崛起，内外部双重作用力推进PLE进一步远离平衡态，2019年淘宝直播用户已经超过4亿个，成交额突破2000亿元，PLE成为全社会的"宠儿"。2020年，PLE进入第三次涌现，一方面，市场竞争以及用户对PLE的要求逐渐严格，另一方面，PLE乱象使得整个系统的负反馈逐渐增加，PLE的演化进程放缓，各大直播平台在行业竞争的影响下逐渐分化。2021年，PLE进入第四次涌现，直播电商高速发展，促使政府部门加快出台支持政策以及完善相关法律法规，越来越多的直播业态开始出现，PLE与实体经济日益融合。纵观我国PLE的发展史，是PLE一次又一次不断涌现的结果。其涌现过程中受到多元化作用力的影响。

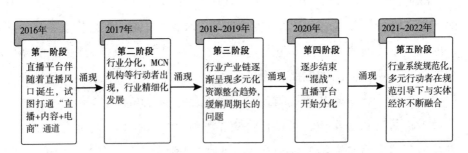

图3　我国平台直播生态价值涌现的进程

资料来源：信达证券研究报告。

综上所述，PLE基于与ODSI的相互作用，以引入内部的动力机制为势能，推进自身在维持机制下实现从平衡态到非平衡态的涌现，通过自修复以及自复制产生微涨落的效应；而在内外部作用力的进一步刺激下，PLE

持续涌现进入新平衡态，通过自创生、自生长、自适应产生巨涨落的效应。需要认识到，PLE内部多元行动者之间价值目标的差异性势必导致资源利用的竞争性，从而引发资源滥用以及流程失调风险，导致价值共毁。价值共毁所产生的互动价值持续受损将阻碍PLE从平衡态向触发态、从触发态向非稳定态的演化，使得系统从非稳定态回到触发态、从触发态回到平衡态。自组织理论下PLE的演化模型如图4所示。那么如何进一步优化多元行动者之间的交互，增强内外部作用力的效用，规避价值共毁风险，以此助力于PLE实现维持机制与创新机制的循环涌现成为PLE发展的关键。

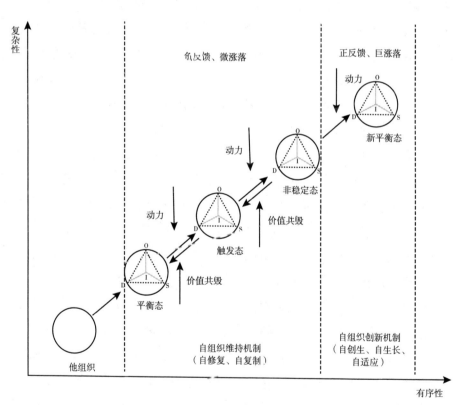

图4 自组织理论下PLE的演化模型

四　平台直播生态价值共毁的风险与治理路径

（一）平台直播生态的价值共毁风险

PLE 自组织演化是通过涌现推进组织互动价值持续性表达的过程，而涌现失败是互动价值持续性损失的表现方式。互动作为 PLE 自组织内部多元行动者相互作用的过程，其不同阶段的作用表现展现了价值共毁的产生机制。本文从互动前、互动中、互动后的角度进一步揭露 PLE 价值共毁风险。

第一，在互动前，PLE 价值共毁主要由缺乏信任、地位不对等以及缺乏资源导致。一方面，缺乏信任往往是出于行动者规避风险的心理需求（Vafeas 等，2016）。在 PLE 自组织演化中，价值共创的某种趋势形成序参量，它是组织内部开放性、动态性、系统性以及创新性相互作用的外在表现。在 PLE 中，管理机构、直播平台、主播、用户以及互联网基础设施等都属于该系统的子系统。在序参量的系统作用之中，各子系统之间一旦信任缺失则无法保证信息的纵向、横向流动，导致资源共享以及信息传递的失效，PLE 自组织维持机制向创新机制的递进出现裂痕，涌现失败，价值共毁发生。比如网民在自我保护意识影响下对平台数据安全、隐私保护的信任缺失，会加快 PLE 价值共毁的发生。另一方面，PLE 中互动需要对等的行动者。地位不对等将会进一步引发（Kashif 和 Zarkada，2015）PLE 内部行动者之间的协同性降低，组织内部趋于封闭，内外部动力机制失去效用，资源滥用持续发生，引发价值共毁。比如直播平台与主播的互动，一旦直播平台将自己放置于强势地位，那么将导致主播的积极性降低以及目标承诺减弱，最终引发价值共毁。同时，资源的缺失是由缺少某种资源引发的价值共毁现象。PLE 的涌现是多资源共同作用的结果，序参量内部的相互作用需要依靠多种资源，从而形成内外部的作用力以发挥效用。关键性操作资源的缺失势必会阻碍动力机制的生成，进而影响 PLE 自组织演化的创新机制。Vafeas 等（2016）指出缺少必要的知识和技能会降低产出的质量，言下之意是人力资本的缺少会造成资源滥用问题。比如直播平台技术不成熟导致的系统后台频繁崩溃，主播过程卡顿等问题会进一步引发价值共毁。

第二，在互动中，PLE 价值共毁主要由资源滥用以及流程失调导致。首先，资源滥用是阻碍 PLE 自组织内部维持机制以及创新机制持续性作用的"罪魁祸首"。资源是保障自组织涌现轨迹持续作用的负熵，资源的缺失将导致自组织内部熵增的持续性增加，进而导致涌现失败。具体表现为，直播平台、主播、用户对于资源的滥用将引发价值共毁。直播平台的资源滥用表现为消极监管、数据造假等。直播平台一旦存在资源滥用行为，那么将会导致主播以及用户的行为失调。比如直播平台的不作为导致主播为了流量进行低俗化直播。英国社会心理学家玛罗理·沃伯曾指出，越不用动脑筋、越刺激的内容，越容易被观众所接受和欣赏，这几乎是高收视率的一条铁律。而消极监管将会加剧这种媚俗化的直播态势。主播资源滥用表现为通过违规行为获取超额收益、消极面对平台管制等。主播滥用用户信任进行虚假宣传、传播恶俗信息等将会影响直播平台形象，制造焦虑情绪，最终降低直播平台流量（龚为纲，2023）。用户的资源滥用主要表现为恶意评论、个人信息泄露等。如果用户进行恶意评论、造谣，那么将会降低直播平台和主播的流量以及损害其形象。其次，互动过程的流程失调也将引发价值共毁。不同行动者的资源以及价值诉求存在异质性，因此冲突的产生不可避免。冲突导致了内部作用的协同性缺失，组织无法保障维持机制与创新机制的良性循环，从而涌现失败。一方面，直播平台希望通过积极监管优化平台使之有序发展，但是如果主播消极履职以及用户不作为，那么势必会引发价值共毁；另一方面，主播希望通过积极履职获得较大流量，但是假如直播平台无视部分主播的违规行为、用户的恶意评论，那么最终也将导致整个过程的价值共毁。

第三，在互动后，PLE 价值共毁主要由低水平的产出导致。低水平的产出通过降低行动者价值体验反向作用于价值共毁，并引发行动者的焦虑以及负面情绪（Prior 和 Marcos，2016）。这种负面情绪受行动者自身主观感知的持续影响，将使行动者消极参与，甚至采取一定的报复行为（Smith，2013），影响 PLE 维持机制与创新机制的运行轨迹，持续发生资源滥用情况，最终导致价值共毁。比如，在开源的PLE状态下，任何人只要注册就能成为主播，主播的素养不一、专业知识千差万别（陈世华，2022）。这些都将进一步引发非理性行为，滥用资源，最终导致PLE的价值共毁。

（二）平台直播生态价值共毁的治理路径

治理的核心是关注社会中多元化群体的效力，通过多中心治理的机制弱化政府部门权力效用，最终实现社会的自我治理（蔡益群，2020）。控制论的"必要多样性定律"（Law of Requisite Variety）指出，只有当控制系统的复杂多样性不低于被控制对象的复杂多样性时，才能实施有效的控制。PLE作为复杂的自组织系统，内部各要素混杂。单一化的治理机制无法保障不同利益主体的价值诉求，容易引发价值共毁，阻碍自组织迭代。区别于同质同构的规制体系，价值共毁治理与自组织的特征契合。PLE应该据此，构建全面且完善的价值共毁治理生态。本文构建平台直播生态价值共毁的治理路径如图5所示。

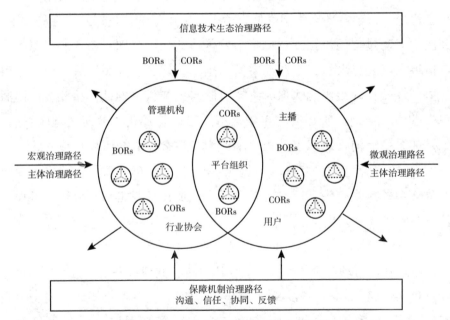

图5 平台直播生态价值共毁的治理路径

1. 双主体生态治理路径

互动仪式链是社会结构的基础，通过互动仪式可以实现微观社会学与宏观社会学的结合；社会学的研究需要从微观到宏观的仪式链变迁。PLE作为融合人类群体与社会行为的社会学科，需要在构建互动仪式链的过程中考虑所有微观以及宏观的行动者。同时，互动仪式链要构建统一的价值目标，通过个体情感意识以及集体情感体验的强化，塑造一个共生、共赢、共情的生态体系。通过价值共创来规避资源滥用。基于此，本文提出微观治理路径（PAC），主要由平台组织（Platform Organizations）、主播（Anchors）、用户（Consumers）构成；宏观治理路径（GIP）主要由管理机构（Government Agencies）、行业协会（Industry Associations）、平台组织（Platform Organizations）构成。各主体要素的基础性操作资源如表2所示。

表2 不同主体基础操作性资源

层面	主体要素（对等行动者）	基础操作性资源
宏观层面	管理机构	法律法规、普法教育、行政执法、行政监督、权力授予等
	行业协会	行业约束、行业监督、行业规范等
	平台组织（直播平台、支付平台、运营平台等）	技能培训、奖惩制度、主播审核制度、竞争超越制度、数据管理制度等
微观层面	主播	积极履责、直播技能、知识素养等
	用户	网络使用、个人数据、社会关系、个人素养、平台监督、自我约束等

在微观层面，构建平台组织+主播+用户的治理路径。首先，平台组织需要建立奖惩制度、主播多层次审核制度、竞争协作动态超越制度、数据管理制度等一系列制度，为价值共毁治理提供源源不断的基础操作性资源（BORs）。平台也需要积极探索构建平等、互动的社会主义价值导向配套机制，不断推动社会主义核心价值观的传播。比如，直播平台为主播提供一个良好的互动媒介的同时，也需要不断引导主播在媒介的信息交流中提供适应主流价值观念的内容，反对分裂主义、拜金主义等。其次，主播需要

积极履责、诚信直播、加强学习等，积极参与价值共毁治理。最后，用户需要科学地进行网络使用、自我管理、直播互动、信息传播等。用户需要主动参与整个 PLE 价值共毁的治理过程，围绕社会主义核心价值观不断参与整个直播生态的监管以及自管（朱江丽和郭歌，2023）。通过监管积极发现生态系统中资源滥用以及流程失调的现象，参与维权与治理；通过自管规范自身行为，明确自身在 PLE 之中的主体地位。

在宏观层面，构建管理机构+行业协会+平台组织的治理路径。首先，管理机构需要制定规则，保障 PLE 保持安全、开放，为自组织培育以及资源滥用的规制提供基础。一方面，法律需要明确相关规制模式，对平台监管行为进行实质性审查，避免平台组织出现过度监管以及消极监管的问题。比如，新梨网曾经起诉字节跳动在视频监管中的消极作为，导致一系列对其不利的消息在抖音被大肆传播。另一方面，政府部门需要通过填补漏洞的模式进一步规避平台对监管义务的消极履责。平台组织擅长通过用户协议等举措来逃避对相关义务的履行，比如抖音在"巨量星图平台服务协议"中声明，公司的审查行为并不构成对用户提交信息的连带责任。平台具有借助自身优势排除相关责任的可能，这样容易导致整个生态系统的流程失调。因此，政府部门有必要通过法律手段进一步规避平台组织消极履责的情况。其次，行业协会需要在管理机构法律规范的基础下，积极参与行业监督，弥补管理漏洞，防止流程失调的发生。行业协会可以坚持文化价值导向，从社会主义意识形态视角进行规制，定期组织相关讲座，推进 PLE 系统发展紧跟社会发展主旋律。比如作为我国广告行业的重要组织——中国广告协会，应该主动承担起引导 PLE 系统内部多元行动者有序发展、推进 PLE 系统健康发展的责任，主动加强与管理部门以及平台组织的沟通，起到促进整个系统有序发展的桥梁作用。最后，平台组织需要强化监管，发挥自身的中介作用，保障所有对等行动者互动有效。平台组织需要进一步强化实名审查机制。通过分层化管理模式对不同热度的主播进行监管。同时进一步加大对主播的资质审查力度，通过一定的考核机制保障主播"价值观"与"专业性"符合 PLE 发展要求。平台组织也需要进一步加大对主播诚信的审查力度，通过用户投诉审查机制、行为合规合法机制等一系列审查机制对主播诚信进行评估，对诚信指数较低的主播进行重点监管。

对等参与是PAC与GIP有效互动发展的核心，也是PLE价值涌现的基础。微观以及宏观不同角度BORs的输入与作用，是价值涌现的动力源泉。PLE的自组织演化过程是一个不断迭代的价值涌现过程。行动者之间需要持续进行对等互动，以保障行动者之间的BORs能够发生系统作用。自组织通过不断优化资源获取以及使用方式来避免资源滥用，促进序参量功能的发挥（苗东升，2016）。平台组织作为宏观层面与微观层面沟通的中介，首要任务就是连接不同对等行动者的BORs，保证内外部环境中资源的协同性。而不同BORs的整合又能够促使自组织形成新的组合型操作性资源（Composite Operational Resources，CORs）（王新新和张佳佳，2021），为PLE注入源源不断的负熵流。基于此，双主体生态治理路径需要以平台组织为中介，强化政策与相关规范的制定，其中平台组织为核心主体，其他生态参与者为外围主体。通过各种高匹配度的政策与规范规制PLE内部多元行动者资源滥用与流程失调的行为，规避价值共毁风险。

2. 信息技术生态治理路径

PLE与传统短视频等社交媒体业态最大的区别就在于利用技术实现了多元主体之间的互动（Xue等，2020）。自组织发育过程中内部非线性作用势必引发混沌态。而PLE内部包含着丰富的主体要素、技术要素等，各种信息交杂，加剧了生态系统混沌态的演化。此时，PLE应该关注技术要素对自组织价值涌现的效用。平台组织能够借用技术要素进一步规制PLE的资源滥用行为（Randhawa等，2018）。

第一，物联网、AI、大数据等技术要素能够帮助主播、平台组织等对等行动者解决所面临的各种技术障碍，并优化自组织迭代流程。一般来讲，技术要素主要包括数字化的人工制品（如虚拟主播）、流程类BORs（如WebRTC，一种由Google发起的视频通信解决方案）、接口类BORs（如E-CDN，可以向不同的地理位置提供内容的接点）。这三类技术要素能够帮助对等行动者进行资源整合，推进CORs的序参量发挥效用，减少混沌态的发生。比如，WebRTC的互动解决方案，能够满足主播提供无延迟的、高并发的直播的需求，降低直播平台成本，提升用户的体验感。

第二，PLE 利用技术要素能够进一步推进对等行动者营销运营的战略组合。PLE 内部具有大量的 BORs 与 CORs。大数据、AI 等信息技术能够对不同资源进行系统化分析，为不同行动者的营销运营提供数据支持，进而助力实现管理机构高效监管、平台组织精准营销、主播精准投送、用户精准观看。同时，平台组织能够利用各类技术要素开展新活动，以此刺激对等行动者之间的资源整合与作用。技术要素在资源整合以及作用过程中扫除了不同行动者的战略障碍，增强自组织价值涌现的动力。

基于此，PLE 内部平台组织与其他生态参与者要积极拥抱信息技术，通过信息技术来优化互动过程中资源整合的效能，强化流程控制，以此进一步规避价值共毁风险，推进 PLE 自组织的演化发展。

3. 保障机制治理路径

基于互动仪式链，PLE 价值共毁治理需要考虑多元化主体要素以及技术要素等不同内容。不同要素之间存在依赖关系。作为一个自组织系统，PLE 内部存在利益、资源等多元化差异。系统内部资源的非线性作用过程，势必伴随着多样化的利益冲突。PLE 价值共毁的治理需要在双主体生态治理路径、信息技术生态治理路径的基础上，构建多元主体自组织的生态治理机制。通过信息沟通、信任、协同、反馈等保障性的规范协调推进多主体互动，发挥管理机构、平台组织以及产业结构等内外部动力机制的协同作用，创建融合互补的内外共治体系。

第一，建立信息沟通保障机制。PLE 作为一个高度开放的生态系统，内部信息流的传递需要一个高效的沟通体系。一旦信息流通面临阻塞，那么系统的开放性将趋于表面化。网络的开放性与问题的纠正呈正相关关系（Gutierrez 等，2021）。PLE 需要通过内部持续的信息沟通保障系统较强的开放性。平台组织作为行动中介需要尊重主播与用户的异质性以及自主性，保持网络节点的畅通，积极发挥意见领袖的作用。

第二，建立信任机制。平台组织内部的序参量以及参数变量多元化，这些变量之间的整合保持动态性的前提是信任机制的建立。平台组织较易利用算法优势对生态系统进行技术遮蔽，导致消极监管、违规推广、虚假宣传等熵增的产生，加剧组织内部的混沌。平台生态应该利用信仕体系不断引入信息熵，抵抗熵增的产生。一方面，PLE建设完善且权威的征信体系。另一方面，PLE可以利用技术要素不断推进区块链的应用，建设直播行业大数据强化信息体系。PLE建设Fiduciary Relationship，推进实名认证、制度规制等，加快信任体系建设。

第三，建立协同保障机制。平台组织中的协同主要是序参量—价值共创的达成。将价值共创作为自组织的序参量，促使PLE内部各要素之间的协同关联，进一步推进组织的价值涌现及其演化。而序参量作用的发挥，需要推进主播健康信息生产，注重管理机构与行业协会的适度干预。PLE能够利用系统内部竞争与协同规制资源滥用行为，治理价值共毁。

第四，建立反馈保障机制。系统内外部的反馈机制不仅仅决定了组织内部资源流程的架构，也决定了组织资源获取及利用方式。基于此，通过构建完善的反馈机制能够避免价值滥用以及流程失调的发生，进一步推进创新的递进，主要原因在于利用反馈机制来推进PLE组织内部的调适，能够保障内外部不同节点的行为有效性。一方面，组织内部的信息反馈能够对内部资源整合以及流程发展做出反应，及时利用平台组织的中介效应调配不同对等行动者的资源，规避资源滥用以及流程失调。另一方面，组织外部的信息反馈能够推动内部行动者积极调动外部资源，优化资源整合方式。

综上所述，治理机制以网络状的自组织结构为依托，以对等公平的沟通、信任、协同、反馈等关系，倡导共享、共赢的价值共创。同时，PLE是一个自组织系统，本文多元协同治理路径强调组织的自发性治理以及复合型治理模式。其中，以双主体生态治理路径为核心，信息技术生态治理路径为手段，以沟通、信任、协同、反馈等治理路径为保障，推进PLE的价值共毁治理。自组织意味着系统内部不断持续进行着迭代以及演化，推进PLE内部行动者之间的合作与博弈、冲突与互动，形成自发的有序秩序，达到价值共创的目标。

五 总结与展望

PLE 在自组织的演化中不断跃进，实现价值涌现。自组织是 PLE 的生态结构与发展逻辑。这种结构以及逻辑不仅对 PLE 发展的脉络进行了理论解析，也为治理 PLE 价值共毁提供了方法。

（一）研究总结

本文从自组织理论的角度探讨 PLE 价值共毁的治理路径，并且构建了 PLE 的演化模型揭露了其内部多元行动者之间的互动过程。

第一，本文从自组织理论角度入手，构建模型揭露了 PLE 的演化机制。在 PLE 演化的过程中，系统内部持续保持着开放性、动态性、协同性、创新性的相互作用。系统外部拉力、推力及支撑力是涌现的诱因，内部筛选力是涌现的决定性力量。拉力表现为直播产业发展对 PLE 的拉力；推力表现为产业经济发展对 PLE 的推动力；支撑力表现为政府部门、行业组织、平台行动者等在政策、技术、资金等方面予以的支持。内部动力主要表现为主播、用户、直播平台等主体要素之间的相互作用。同时，PLE 内部系统演化伴随着维持机制与创新机制的协同，通过层次的跃迁实现价值涌现。

第二，本文从 PLE 内部多元行动者互动前、互动中、互动后角度探讨了价值共毁风险产生的必然性。PLE 内部多元行动者的异质性决定了价值取向的差异性，价值涌现随时可能失败，价值共毁亦会发生。在互动前，缺乏信任、地位不对等、缺乏资源将导致价值共毁。在互动中，资源滥用、流程失调将导致 PLE 的价值共毁。在互动后，PLE 价值共毁主要由低水平的产出导致。资源滥用以及流程失调是导致价值共毁的核心因素，因此，价值共毁治理需要从多角度规避资源滥用以及流程失调的情况发生。

第三，PLE 的价值共毁治理，需要遵从系统的生态特征以及治理规律，关注系统内部自组织的价值涌现特性。通过双主体生态治理路径、信息技术生态治理路径、保障机制治理路径构建科学化的治理体系。在双主体生态治理路径层面，本文从互动仪式链入手，关注微观及宏观层面主体的不同特质，以直播平台为中介构建PAC与GIP持续强化的多主体互动与资源整合模式。在信息技术生态治理路径层面，PLE应该以信息技术为工具，不断强化BORs与CORs的作用力，推进价值涌现。在保障机制治理路径层面，PLE需要构建沟通、信任、协同、反馈的机制体系，以此为资源整合提供良好的环境，规制资源滥用行为。

（二）管理启示

PLE是一个自组织的、不断迭代的复杂系统。系统在非平衡的状态下，不断通过开放的环境进行着非线性的协同。在这个过程中，内外部动力机制是决定性力量，这种演化呈现出渐变与突变、内部结构不断复杂的螺旋式迭代效应。基于此，本文认为PLE系统的发展需要关注以下内容。

第一，创造条件推进PLE的迭代演化。本文已经发现PLE系统内在持续性地进行着多元化互动的协同，应该创造更加开放的内外部环境，以强有力的动力机制推进系统的涌现，促使新业态的涌现。然而，当系统复杂性到达一定的程度，势必面临着内部结构的复杂性以及混乱性，此时要积极发挥自组织自我适应、自我演化的作用，基于PLE历次涌现的历史经验，形成规律性的认知，规避演化风险。同时，要及时关注经济体制以及产业结构变革对PLE演化的影响，积极调节各内部主体的结构，平台组织要及时发挥中介作用，避免因产业结构变化而冲击泯灭巨涨落、微涨落的效应。

第二，构建规范化的治理模式。PLE作为一个自组织系统，需要规范化的治理模式。本文提出三种多元化系统的价值共毁治理路径，但是需要认识到，规范性的治理路径在优化PLE自组织涌现的过程中能够进一步降低市场风险以及价值共毁风险；但是非规范性的治理路径在过度授予平台行动者过多权力的同时，也将进一步加剧对等行动者之间的不平等，最终引发一系列资源滥用以及流程失调问题。因此，不论何种治理路径，在对PLE系统发挥作用的同时要考虑其本身的规范性，不能通过非规范的机制引发价值共毁，阻碍PLE的涌现。

第三，形成系统的互动仪式链条力促治理效能发挥。PLE系统的演化过程是自组织内多元行动者之间持续互动进而涌现的结果，互动仪式成为 PLE 系统结构的基础，基于此，在 PLE 的结构下需要构建起完整的互动链条。本文提出三种治理路径，三者缺一不可。首先，PLE 需要利用技术要素大力推进区块链等人工智能技术对治理过程的渗透，为治理提供更为完整、精准的证据链，同时多元化主体在证据链视域下构建良好的沟通、信任、协同、反馈机制。其次，不断探索人工智能等技术在多元主体要素互动中的数据抓取作用，通过数据比对以及关联形成 PLE 的全景画像，以此对系统内部的直播行为、直播内容等进行数据感知，管控违规行为，利用人工智能最终实现 PLE 智慧共享、智慧共治。

（三）研究展望

本文跳出互联网直播的概念巢笼进而提出 PLE 的概念，通过一种新的维度重新解读 PLE 平台自组织演化迭代模型，更通过对我国 PLE 发展现状的剖析，分析资源滥用与流程失调对价值共毁的双重影响，最终形成平台治理的多元化协同模式路径框架。然而本文仍然存在诸多局限性，需要在未来的研究中不断深化。

第一，本文为了构建 PLE 价值共毁的治理框架，从自组织理论的角度探讨了 PLE 的涌现规律。但是对其内部行动者在 PLE 演化过程的作用的差异性以及独特性仍然有待进一步探讨。不同行动者之间的互动影响了 PLE 的涌现，那么行动者影响效应的差异性具体如何体现？价值涌现势必产生新资源、新价值，那么如何对新价值进行衡量？这些问题都需要进一步研究。同时，未来仍然可以采用问卷调查法、实验法等定量研究法探讨平台组织内部价值涌现过程中不同行动者的效用。

第二，本文理论性地分析了 PLE 在不同阶段价值共毁发生的逻辑，但是针对不同主体在演化过程中的不同策略选择（消极、积极）对价值共毁影响效用的定量分析，仍然有待进一步研究。PLE 系统内部主体的互动参与势必产生价值收益性，那么各主体对不同策略的选择势必会通过价值收益性表现对价值共毁产生影响。此时基于收益性构建模型参数来衡量 PLE 价值共毁演化的机理非常有研究意义。

第三，本文构建了多元协同治理路径来规避价值共毁的发生，但是需要认识到，PLE内部价值共毁是由多元行动者之间资源滥用、流程失调等导致的福利降低现象，那么治理过程需要进一步明确行动者之间的关系以及差异性变化对治理结果的影响。在内外部环境变化时，多元行动者之间如何进一步协调自身作用的发挥？单一行动者的规制对整体的影响效应如何？当不同主体制度逻辑以及价值取向发生冲突时，PLE如何优化内部的协同效应以解决这些冲突？这些都需要进一步研究。

参考文献

［1］蔡益群，2020，《社会治理的概念辨析及界定：国家治理、政府治理和社会治理的比较分析》，《社会主义研究》第3期。

［2］陈世华，2022，《赋能与纠偏：网络直播的多维审视》，《福建论坛（人文社会科学版）》第8期。

［3］陈伟、吴宗法、徐菊，2018，《价值共毁研究的起源、现状与展望》，《外国经济与管理》第6期。

［4］龚为纲，2023，《数字直播平台中的互动仪式与隐性支配——以A电商直播平台为例》，《中国社会科学评价》第3期。

［5］何跃、王爽，2017，《论自组织机制的创新性本质》，《系统科学学报》第3期。

［6］霍兰，2011，《隐性秩序：适应性造就复杂性》，上海科技教育出版社。

［7］李雪灵、刘源、樊镁汐、龙玉洁，2022，《平台型组织如何从新冠疫情事件中激活韧性？——基于事件系统理论的案例研究》，《研究与发展管理》第5期。

［8］卢现祥，2003，《西方新制度经济学》，中国发展出版社。

［9］苗东升，2016，《系统科学精要》，中国人民大学出版社。

［10］王建磊，2021，《从异化现实到超越拟态：后视镜视域下的网络直播》，《现代传播（中国传媒大学学报）》第1期。

［11］王文喜、周芳、万月亮、宁焕生，2022，《元宇宙技术综述》，《工程科学学报》第4期。

［12］王新新、张佳佳，2021，《价值涌现：平台生态系统价值创造的新逻辑》，《经济管理》第2期。

［13］王喆、贺果沙，2024，《从虚拟礼物到概率游戏：秀场直播平台"惊喜盒子"的交换网络与不确定性文化》，《中国青年研究》第2期。

[14] 肖红军，2020，《责任型平台领导：平台价值共毁的结构性治理》，《中国工业经济》第7期。

[15] 肖红军、阳镇，2020，《平台企业社会责任：逻辑起点与实践范式》，《经济管理》第4期。

[16] 徐晋、张祥建，2006，《平台经济学初探》，《中国工业经济》第5期。

[17] 徐万里、孙海法，2008，《经济组织的经济学分析——兼评威廉姆森交易费用经济学观点》，《现代管理科学》第2期。

[18] 杨楠，2021，《网红直播带货对消费者品牌态度影响机制研究》，《中央财经大学学报》第2期。

[19] 喻国明，2016，《互联网环境下的新型社会传播生态》，《中国广播》第9期。

[20] 曾雪云、费一洋，2023，《直播经济中的准社会交往机制——来自斗鱼平台的经验证据》，《财经研究》第12期。

[21] 张佳佳、王新新，2018，《开源合作生产：研究述评与展望》，《外国经济与管理》第5期。

[22] 郑宇、杨素，2022，《数字劳动、礼物交换与网络消费——中国网络直播经济研究反思》，《北方民族大学学报》第6期。

[23] 朱江丽、郭歌，2023，《治理媒介化：直播问政治理逻辑与路径优化》，《中国出版》第12期。

[24] Adner R. 2017. "Ecosystem as Structure: An Actionable Construct for Strategy." *Journal of Management* 431: 39–58.

[25] Armstrong M. 2006. "Competition in Two-sided Markets." *The RAND Journal of Economics* 37.

[26] Ben Arfi W., Hikkerova L., Sahut J. M. 2018. "External Knowledge Sources, Green Innovation and Performance." *Technological Forecasting and Social Change*, S00401 62517312349.

[27] Breidbach C. F., Brodie R. J. 2017. "Engagement Platforms in The Sharing Economy: Conceptual Foundations and Research Directions." *Journal of Service Theory and Practice* 274: 761–777.

[28] Camilleri J., Neuhofer B. 2017. "Value Co-creation and Co-destruction in the Airbnb Sharing Economy." *International Journal of Contemporary Hospitality Management* 29 (9): 2322–2340.

[29] Capra F., Luisi P. L. 2014. *The Systems View of Life: A Unifying Vision*. Cambridge University Press.

[30] Cennamo C., Santaló J. 2019. "Generativity Tension and Value Creation in Platform

Ecosystems." *Organization Science* 303：617–641.

[31] Cennamo C., Santaló J. 2019. "Generativity Tension and Value Creation in Platform Ecosystems." *Organization Science* 303： 617–641.

[32] Cilliers P.1998. *Complexity and Postmodernism: Understanding Complex Systems*. London： Routledge.

[33] Collins R. 2004. *Interaction Ritual Chains*. Princeton University Press.

[34] Cook W., Lovász L., Eds P. D. 1995. "Combinatorial Optimization." Papers from the DIMACS Special Year Vol. 20. American Mathematical Society.

[35] Dallas S. 1977. "Communication： Blindspot of Western Marxism." *Canadian Journal of Political and Society Theory* (3).

[36] De la Fuente I.M.,Martínez L.,Carrasco–Pujante J., Fedetz M., López J.I., Malaina I. 2021. "Self–Organization and Information Processing： From Basic Enzymatic Activities to Complex Adaptive Cellular Behavior." *Frontiers in Genetics* 12: 644615.

[37] Echeverri P , Skalén. P. 2011. "Co–creation and Co–destruction： A Practice–Theory Based Study of Interactive Value Formation." *Marketing Theory* 11(3)：351–373.

[38] Fehrer J. A., Nenonen S. 2020. "Crowdfunding Networks： Structure, Dynamics and Critical Capabilities." *Industrial Marketing Management* 88： 449–464.

[39] Goldstein J. 1999."Emergence as A Construct： History and Issues." *Emergence* 11： 49–72.

[40] Grönroos C., Voima P. 2013. "Critical Service Logic： Making Sense of Value Creation and Co–creation." *Journal of The Academy of Marketing Science* 41： 133–150.

[41] Gutierrez L. J. , Rabbani K. , Ajayi O.J , Gebresilassie S. K. , Rafferty J. 2021. "Internet of Things for Mental Health：Open Issues in Data Acquisition,Self–organization, Service Level Agreement, and Identity Management." *International Journal of Environmental Research and Public Health* 183： 1327.

[42] Jean Baudrillard. 1995. *Simulacra and Simulation*. University of Michigan Press.

[43] Kashif M., Zarkada A. 2015. "Value Co–destruction Between Customers and Frontline Employees： A Social System Perspective." *International Journal of Bank Marketing* 336： 672–691.

[44] Kozlowski S.W., Chao G. T. 2012. "The Dynamics of Emergence： Cognition and Cohesion in Work Teams." *Managerial and Decision Economics* 335(6)：335–354.

[45] Li D., Zhang G., Xu, Z., et al. 2018. "Modelling The Roles of Cewebrity Trust and Platform Trust in Consumers'Propensity of Live–streaming：An Extended Tam Method."

[46] Madhavaram S., Hunt S.D. 2008. "The Service–dominant Logic and A Hierarchy of Operant Resources： Developing Masterful Operant Resources and Implications for

Marketing Strategy." *Journal of The Academy of Marketing Science*(36):67-82.

[47] Nambisan S., Lyytinen K., Majchrzak A., Song M. 2017."Digital Innovation Management: Reinventing Innovation Management Research in A Digital World."*Mis Quarterly* 41(1): 223-238.

[48] Peters L. D. 2016. "Heteropathic Versus Homopathic Resource Integration and Value Co-creation in Service Ecosystems." *Journal of Business Research* 698: 2999-3007.

[49] Plé L., Cáceres R. C. 2010. "Not Always Co-creation: Introducing Interactional Co-destruction of Value in Service-dominant Logic." *Journal of Services Marketing* 246: 430-437.

[50] Prior D. D., Marcos-Cuevas J. 2016."Value Co-destruction in Interfirm Relationships: The Impact of Actor Engagement Styles."*Marketing Theory* 164:533-552.

[51] Ramaswamy V., Ozcan K. 2018. "What is Co-creation? An Interactional Creation Framework and Its Implications for Value Creation." *Journal of Business Research* 84: 196-205.

[52] Randhawa K., Wilden R., Gudergan S. 2018. "Open Service Innovation: The Role of Intermediary Capabilities."*Journal of Product Innovation Management* 355:808-838.

[53] Smith A. M. 2013."The Value Co-destruction Process: A Customer Resource Perspective." *European Journal of Marketing* 4711(12):1889-1909.

[54] Swaminathan V., Sorescu A., Steenkamp J. B. E., Guinn T. C. G., Schmitt B. 2020. "Branding in A Hyperconnected World: Refocusing Theories and Rethinking Boundaries." *Journal of Marketing* 842: 24-46.

[55] Tiwana A. 2003 . "Platform Ecosystems: Aligning Architecture, Governance, and Strategy." *San Francisco: Morgan Kaufmann*.

[56] Uhl-Bien M. , Arena M. 2017. " Complexity Leadership : Enabling People and Organizations for Adaptability." *Organizational Dynamics*.

[57] Vafeas M., Hughes T., Hilton T. 2016. "Antecedents to Value Diminution: A Dyadic Perspective." *Marketing Theory* 164: 469-491.

[58] Vargo S. L., Lusch R. F. 2004. "Evolving to A New Dominant Logic for Marketing." *Journal of Marketing* 681: 1-17.

[59] Vargo S.L., Lusch R.F. 2016. "Institutions and Axioms: An Extension and Update of Srvice-dominant Logic." *Journal of the Academy of Marketing Science* 44:5-23.

[60] Waller M.J., Okhuysen G. A., Saghafian M. 2016. "Conceptualizing Emergent States: A Strategy to Advance the Study of Group Dynamics." *The Academy of Management Annals* 101:561-598.

［61］ Xue J. L., Liang X. J., Xie T., et al. 2020. "See Now, Act Now: How to Interact with Customers to Enhance Social Commerce Engagement?" *Information & Management* 576: 1−26.

［62］ Yue He., Shuang W. 2017. "On the Innovative Nature of Self−organization Mechanism." *Chinese Journal of Systems Science* 25 (3): 6.

［63］ Yoo Y., Boland Jr R. J., Lyytinen K., Majchrzak A. 2012. "Organizing for Innovation in the Digitized World. " *Organization Science* 235: 1398−1408.

（责任编辑：张容嘉）

数据要素定价方法：研究评述与展望

邓　鑫　冯育宁　黎贤昶　张世奇[*]

摘　要：我国数据交易市场规模持续扩大、交易类型日益丰富，数据定价是数据交易的关键环节，一个合适的价格可以激励交易各方促进成交，使数据充分流动。数据要素定价是将数据看作商品，并使用具体模型对其进行定价的行为，涉及信息经济学、计算机科学与人工智能等交叉学科领域。本文首先从实践层面出发，分析数据交易平台现状，具体包括数据平台的不同模式、交易的数据产品类型以及定价方式。其次，从理论层面出发，梳理了数据和数据产品的概念，明确了数据要素定价的对象，并总结了数据要素的五大特征——非竞争性、非稀缺性、排他性、强协同性和价值异质性，这些特征决定了对数据要素进行定价的复杂性。再次，从数据要素价值评估的基本维度、主要数据定价技术以及数据交易市场的主要定价策略三个层面展开，评价了各数据定价方法的优势、局限性和适用性。最后，基于目前数据定价方法研究的不足以及实践中数据定价存在的问题提出区块链赋能实现数据要素使用权与所有权的分离定价、利用隐私保护技术实现数据的分类定价、多领域技术协同构建统一的数据要素价值评估体系以及完善数据交易市场的相关政策法规。

关键词：数据要素　数据定价　效用价值理论　博弈论　机器学习

---

* 邓鑫，教授，湖南工商大学财政金融学院，电子邮箱：sunnydoe@163.com；冯育宁，博士研究生，中国人民大学财政金融学院，电子邮箱：1293995898@qq.com；黎贤昶（通讯作者），硕士研究生，湖南工商大学财政金融学院，电子邮箱：lxttxz88@qq.com；张世奇，中国农业银行股份有限公司郑州分行。本文获得湖南省研究生科研创新项目（CX20231138）的资助。感谢匿名审稿专家的宝贵意见，文责自负。

一　引言

数字经济是以数据为关键生产要素、以现代信息网络为重要载体、以信息通信技术的有效使用为效率提升和经济结构优化的重要推动力的一系列经济活动。数字经济业已成为我国经济发展的强大引擎之一。《中国数字经济发展报告（2022）》提出，2021年我国数字经济规模达到45.5万亿元，占GDP的比重高达39.8%，规模仅次于美国，位居全球第二。数据是数字经济中的核心资源，根据国际数据公司（IDC）报告，到2025年，中国数据总量将达到41ZB，[①]约占全球数据总量的1/4，会成为世界规模最大的数据圈（即每年被创建、采集或复制的数据集合）。

在此背景下，党和国家高度重视数据要素市场的培育。党的十九届四中全会第一次将数据作为生产要素提出。习近平总书记多次强调，要发挥海量数据和丰富应用场景的优势，推动各类要素快速流动，不断做强做优做大我国数字经济。2020年4月，中共中央、国务院发布的《关于构建更加完善的要素市场化配置体制机制的意见》中提出要加快培育数据要素市场，提升社会数据资源价值。2022年1月，《"十四五"数字经济发展规划》进一步明确提出，鼓励市场主体探索数据资产定价机制，推动形成数据资产目录，逐步完善数据定价体系。2022年12月，《关于构建数据基础制度更好发挥数据要素作用的意见》首次确立了数据要素市场的数据产权、流通交易、收益分配、安全治理四大原则体系，标志着我国数据要素基础制度顶层设计开始启动。为建立健全数据要素定价机制，全国各地都纷纷建立数据交易所与交易平台。

我国数据交易市场呈现出交易规模持续扩大、交易类型日益丰富、交易环境不断优化的发展特点。2021年，我国数据要素市场规模约达815亿元，其中数据交易规模约为120亿元，截至2022年8月，全国已成立贵阳大

---

① ZB（Zettabyte），十万亿亿字节，为计算机存储单位。1ZB=1024EB，1EB=1024PB，1PB=1024TB，1TB=1024GB。

数据交易所等 40 家数据交易机构。①数据交易机构连接了数据需求方和数据供应方，使得数据在有买卖意愿的双方之间进行交易，不仅打破了"数据孤岛"，还盘活了海量数据，充分挖掘了各类数据的价值。数据定价是数据交易的关键环节，一个合适的交易价格不仅可以激励数据拥有者卖出数据，还可以保障数据消费者的需求被满足，对第三方数据平台来说，可以促进更大规模的数据交易，获得更大收益。然而，目前我国数据交易市场还未形成权威且通用的数据要素定价机制，大多数据交易平台以按次计费或协商议价的方式来确定数据价格。在这两种定价方法中，买卖双方存在严重的信息不对称，参与交易的各方很容易被误导，这扰乱了数据要素市场的有序运行（蔡莉等，2021）。因此，探索一套通用的数据定价方法事关数据要素市场的健康发展。

围绕数据要素定价问题，不同学科领域的学者展开了广泛的研究。具体来看，有学者尝试从理论视角解释数据要素的价值创造，如金骋路和陈荣达（2022）提出数据要素的商品属性和金融属性是其价值创造的来源；蔡继明等（2022）基于广义价值理论的一般均衡模型分析得出原始数据以及当期用于数据收集处理的劳动均参与价值创造。更多的学者基于不同的研究视角构建定价模型以期为数据产品确定合理的价格，如基于消费者异质性视角、个性化定价视角、数据价值网络视角（Ma 等，2022；林娟娟等，2023；程华等，2023；林常乐和赵公正，2023）。还有一些学者关注数据定价策略，基于具体的应用场景设计最优的数据交易双边定价策略，以实现参与交易各方的收益最大化，其中，基于数据产品供应链的定价策略被越来越多的学者所关注（Zhang 等，2020；郭鑫鑫等，2022；贾俊秀等，2024；喻海飞等，2023）。随着人工智能的迅速发展，机器学习、深度学习和区块链等技术也被应用于数据定价领域，作为底层技术支撑数据交易的高效运行、成本节约以及安全隐私保护，在具体定价过程中通常需要将其与其他定价方法相结合来形成交易模式（Cong 等，2022；Sim 等，2022；陈仲武和凌捷，2022）。上述研究为数据定价方法和机制的形成奠定了一定的

---

① https://www.cics-cert.org.cn/web_root/webpage/articlecontent_101006_1597772759436365826.html.

基础，但没有全面地对主要的数据定价方法进行综述并比较分析每种方法的适用性，而这可以为数据要素市场中各类数据的定价提供有针对性的建议。

本文首先从实践层面出发，分析目前国内外数据交易平台的发展现状，具体包括数据平台交易模式、交易的数据产品类型以及定价方式。其次，从理论层面出发分析数据要素定价的对象及难点所在，梳理数据要素的概念定义和特征等相关研究。从数据要素价值评估的基本维度、数据交易市场的主要定价技术以及主要定价策略三个层面展开，并评价了各数据要素定价方法的优势、局限性和适用性。最后，结合实践中数据定价方法的局限性和目前常用的数据定价思路，提出了研究展望。本文为未来实践中通用数据定价方法或定价机制的提出提供了参考。

二　国内外数据交易平台的发展现状

目前数据交易市场的规模已较为庞大。以美国为首的西方国家的数据交易市场发展较早，因此，国外的数据交易市场中美国所占份额最大，美国数据交易市场2021年规模达到306亿美元，稳居世界第一，占比过半，因此也有着更加完善的交易市场。我国2021年统计的数据交易市场规模仅有73亿美元，但发展潜力巨大，近几年涌现出了一批发展态势良好的数据交易平台，数据交易市场体系不断完善[1]。目前，我国数据交易市场进入快速发展阶段。2011~2014年，数据交易规模年均增速在20%左右，是我国数据交易发展的初始阶段。2015年，数据交易市场规模同比增长30.7%，2016年增速达到45%。

截至2022年8月，我国已成立了40家数据交易平台。[2]根据数据交易平台的性质，对国内外数据交易平台进行整理，按平台的交易模式分为以下几种。

---

① http://www.iii.tsinghua.edu.cn/info/1121/3157.htm.

② https://dsj.guizhou.gov.cn/xwzx/gnyw/202209/t20220906_76394528.html.

（一）大数据交易中心模式

大数据①交易中心模式是目前国内最主流的数据交易模式，基本是在国家和地方政府的支持下，由政府和有实力的大型国有企业合办，具体平台情况如表1所示。

表1　大数据交易中心模式下的数据交易平台

交易平台名称	交易的产品形态	行业领域	定价方式	网址
贵阳大数据交易所	数据产品和服务、算法工具、算力资源	工业农业、教育文化、财税金融、医疗卫生等	协商定价订阅	http://www.gbdex.com/website
东湖大数据交易中心	数据定制、API服务解决方案	气象、交通、企业、征信、电商、旅游、通信、医疗、能源、保险、互联网、政务	协商定价	http://www.chinadatatrading.com
上海数据交易所	数据集、数据服务	金融、航运交通	协商定价订阅	https://www.chinadep.com
华东江苏大数据交易中心	API接口、数据报告、离线数据包、数据应用方案、数据服务方案	人工智能、企业数据等	协商定价订阅	http://www.bigdatahd.com
北京国际大数据交易所	数据服务、API服务、AI模型、数据报告	政府/公共、交通/出行、能源/电力、气象/环境、金融、医疗/健康、运营商、互联网/IT/AI	协商定价订阅	https://www.bjidex.com/tradingPlatform
深圳数据交易所	API数据、数据集加密数据、数据分析报告、数据应用程序、数据服务、数据工具	银行、医疗、零售、物流、农业、气象、互联网等	协商定价订阅	https://www.szdex.com/sjsc

---

① 大数据（Big Data），是指在一定的时间范围内使用通常的软件工具捕获、管理和处理的数据集合。

（二）行业数据交易模式

在行业数据交易模式下，交易平台由不同行业建立，各平台只进行特定行业的数据交易。以企查查平台为例，对企业数据信息进行整合，经过机器学习，为客户提供全面、可靠的企业数据信息，并且为用户提供数据产品服务，如风险监控、寻找潜在商机等，广泛服务于投资机构。

（三）数据资源企业模式

在数据资源企业模式下，企业专门收集数据进行交易，如数据堂、发源地、Bluekai、Factual、Infochimps等。以数据堂为例，该平台主要利用人工智能技术，为客户提供涵盖语音、图像、文本等的数据定制服务及解决方案，推动数据价值最大化。

（四）互联网企业数据交易平台模式

互联网企业数据交易平台模式是由大型互联网公司搭建的数据交易平台，借助平台自身互联网优势，进行网络数据交易，如聚合数据、京东万象、数粮大数据交易平台、Datacoup、DirectMail、Azure、Book Your Data、BDEX、Mashape、Rapid API、Quandl、Data plaza等。以Datacoup为例，这个公司以打造能将应用程序和用户数据连接起来的交易平台为经营目标，以有广告需求的公司为销售对象，出售可能成为广告推广目标的个人数据。Datacoup的营销模式为，个人用户可以将个人数据出售给该公司的数据交易平台，平台会对收集到的数据进行处理，把那些极端隐秘的、广告商不需要的数据过滤掉。Datacoup将把这些数据出售给有数据需要的广告或者网络公司，如针对教育行业的公司，出售学生或家长的信息帮助公司用于广告推销。

表2　其他三种模式下的数据交易平台

模式	交易平台名称	交易的产品形态	行业领域	定价方式	网址
行业数据交易模式	Bloomberg	交易执行管理系统、金融数据管理、数据集	金融	订阅 协商定价	https://www.bloomberg.com

续表

模式	交易平台名称	交易的产品形态	行业领域	定价方式	网址
	Wind	金融解决方案、商业解决方案、数据库服务、数据接口服务、实时行情服务、ESG评级服务	金融	订阅协商定价	https：//www.wind.com.cn
	大数据挖掘模型交易平台	数据挖掘模型、数据分析服务	人工智能	订阅协商定价	https：//www.jubotech.com
	钱塘大数据交易中心	数据分析报告、数据应用方案	工业	订阅协商定价	https：//www.qtdsj.com
数据资源企业模式	数据堂	训练数据集、数据定制服务、行业解决方案	智能安防、手机应用、智能驾驶、智能家居、智能翻译	以项目为基础的定制化服务，价格根据项目而定	http：//www.datatang.com
	发源地	数据采集、数据清洗、数据分析、数据挖掘等数据服务	金融、医疗、教育、物流等	以项目为基础的定制化服务，价格根据项目而定	http：//www.finndy.com
	Infochimps	API接口、数据处理平台	金融、医疗、交通、资源环境、生活服务	按照订阅方式收费，具体价格需要咨询客服	http：//www.infochimps.com
	聚合数据	数据治理、数据输出、API接口、软件自动化	金融、医疗、教育、物流等	按照订阅方式收费，具体价格需要咨询客服	https：//www.juhe.cn
	天元数据交易平台	API接口、数据报告、数据集	电商、金融、医疗、交通、资源环境、木材、生活服务	订阅协商定价	http：//www.tianyuan-data.com
互联网企业数据交易平台模式	Datacoup	提供用户授权后的社交媒体和其他在线活动的个人数据收集和管理服务	社交媒体	按照订阅方式收费，具体价格需要咨询客服	https：//datacoup.com
	DirectMail	提供电子邮件营销工具和服务	金融、医疗、教育、物流等	按照订阅方式收费，具体价格需要咨询客服	https：//www.aliyun.comproduct/directmail

综上，目前的数据交易平台基本均以按次付费或协商定价的方式进行数据交易。一方面，按次付费的单价一般是数据平台根据数据提供者的报价、中介费用和平台管理成本等来确定的，所定价格可以实现数据提供者和数据平台的利益最大化，但可能无法同时实现数据消费者的效用最大化。另一方面，在协商定价过程中，数据买卖双方的信息严重不对称，很可能被利益相关者误导定价。

此外，随着数据交易市场的规模日益扩大，数据的权属问题是亟待解决的重要问题。随着数据的流动和共享变得越来越普遍，数据交易的复杂性日益凸显。例如，在交易完成后，数据购买方获得的究竟是数据的使用权还是所有权，对此，各个数据交易平台尚未达成统一的规定。这给数据交易市场带来了诸多挑战，从数据的价值评估到合同的签订，都存在不同程度的困难。因此，解决数据的权属问题，不仅是数据交易市场发展的关键，也是确保数据交易安全、公正和持续发展的重要一环。

三　数据要素定价的对象及复杂性

（一）数据要素定价的对象：数据与数据产品

2021年6月出台的《中华人民共和国数据安全法》中对数据的解释是"任何以电子或者其他方式对信息的记录"。国际标准化组织（ISO）将数据定义为信息的一种形式化方式的体现，以达到促进交流、解释或处理的目的。欧盟委员会出台的《数字市场法提案》从法律的角度将数据概括为行为、事实或信息的数字表现，包括以声音、图片、视频记录的形式。目前，学术界关于数据的定义尚未达成统一的认知，但基本都认同数据与信息之间存在重要的关联。Ackoff（1999）认为数据是表示物体和事件属性的符号，对数据进行处理可以增加其自身的可用性，信息由经过处理的数据所组成。Checkland 和 Holwell（2006）认为信息来源于具有特定目的的数据。Farboodi 和 Veldkamp（2020）认为数据是一种可以减少预测误差的信息。Jones 和 Tonetti（2020）将想法（Idea）和数据看作信息的类型，认为信息是由可以表示为 0 或 1 的序列的经济产品所组成，其中，想法是制造经济产品的指令，数据作为生产要素的价值在于促进新的想法产生。上述基于不同视角对数据的定义虽各不相同，但均反映出数据与信息之间存在密切联系，即数据是信息的载体和表现形式，而信息是数据的内涵。

数据产品是目前数据市场上的主要交易对象。美国白宫首席数据科学家 Patil（2012）将数据产品定义为"通过使用数据来促进最终目标的产品"。Yu 和 Zhang（2017）认为数据产品是指经过抓取、重新格式化、清洗、加密等其他方式处理后形成的可交易商品形式的数据集。Fricker 和 Maksimov（2017）认为数据所有者交易的可能是静态的历史数据或实时的在线数据，他们可以向数据需求者提供不同的访问模式，例如订阅、查询等，这就是数据产品。Pei（2020）将"从数据集中衍生出的产品和信息服务"定义为数据产品。王颂吉等（2020）认为数据产品由原始数据经过收集、存储、清理以及分析等环节转化而来，它可以作为数据要素投入最终产品的生产。欧阳日辉和龚伟（2022）认为数据产品是数据要素市场的主要交易对象和标的。还有学者将数据要素市场上交易的数据分为初级数据产品和高级数据产品两大类。其中，初级数据产品是指数据集、数据应用程序接口（API）和离线数据包等经过简单数据处理后的产品。对数据运用人工智能技术、算法模型和可视化技术等处理后生成高级数据产品，如可视化的数据分析报告、针对特定业务场景的数据应用系统与软件（欧阳日晖和杜青青，2022）。本文借鉴以上研究将数据产品定义为，以数据为原材料进行数据处理、分析应用后形成的数据集或数据服务。

（二）数据要素定价的过程及其难点

数据产品是一种虚拟物品，且数据来源日趋复杂，例如医疗健康、工业用电、交通数据等，同时，机器学习和数据挖掘等数据分析技术的进步赋予了数据产品巨大的潜在商业价值（He 和 Garcia，2009；Chen 和 Lin，2014），因此，数据要素定价的过程与传统商品有着很大的差异。

数据要素定价过程是数据所有者使用不同的定价模型来评估数据集，为每个数据集制定合理的价格以获得最佳利润的过程（Liang 等，2018），评估者要综合考虑数据的类型、存储方式以及应用场景来进行定价（Fricker 和 Maksimov，2017）。大多数学者都认为在数据交易中，数据只是信息的一种表现形式，数据本身并没有价值，只有对数据进行处理，才能揭示其蕴含的信息和价值。从数据交易的角度来看，王卫等（2019）采用文献调研法和网站调研法对 14 个国内大数据交易平台和 9 个国外大数据交易平台进行调研分析发现，数据交易平台的产品类型主要有 API、数据包、云服务、解决方案、数据定制服务。数据产品定价的难点主要来自其以下特征。

（1）非竞争性。数据在一方被使用，不会影响另一方的使用，有时也被称为非排他性。经济学中的大多数商品都是相互竞争的，例如汽车一次只能由一方使用。但数据可以被多个不同主体在多个场景同时使用，并且不会减少其他主体可用的数据量（Jones 和 Tonetti，2020）。从数据中获得的利益、效用也不会因多方使用而受到影响（Pantelis 和 Aija，2013；Acquisti 等，2016）。数据的非竞争性与规模效应使得数据在被使用后价值不被削弱反而实现增值，但这其中存在消费者对个人隐私数据的担忧与数据所有者广泛销售数据带来的经济效益之间的权衡问题。

（2）非稀缺性。数据规模呈爆炸式增长，且数据被使用之后仍然存在，并不会被消耗，可以循环多次利用（田杰棠和刘露瑶，2020）。这一特征也与数据易于被复制和分享有关，在数据产品完成首次创作后，除去数据的存储介质和电力的消耗，数据产品的再生产边际成本接近于零（Lerner 等，2006；Valdkamp 和 Chung，2019）。这一特性极大地降低了数据被不同主体使用的门槛，也是其非竞争性得以发挥作用的隐含前提。数据要素的非稀缺性决定了数据定价的困难。数据产品的生成涉及数据的采集、加工处理和挖掘分析等多个环节，每一阶段都可以产生阶段性成果以满足不同主体的需要。但是，并非每个阶段上的数据成果都可以做到价值最大化，数据价值会实时变化。因此，难以对数据要素的价值进行静态的评估衡量。

（3）排他性。用户对个人隐私数据的约束以及数据产品首次创作的成本使得数据产品的固定成本较高，但数据的易复制性又使数据产品的可变成本较低。这使得拥有数据的企业或机构没有动力去分享数据，而是选择"窖藏"数据（徐翔等，2021）。不同类型的数据，其排他性也不尽相同。具体来说，公共数据是非排他性的，它由个人或组织产生并由政府或地方当局收集和存储。开放数据具有部分排他性，对于每个人来说都是可用的，但其分发是由企业控制的。个人数据是排他性的，是私人拥有的，并由个人或企业控制（Pantelis 和 Aija，2013）。排他性使得数据所有权在数据交易过程中实现了转移，随之而来的是如何对数据进行分类定价的问题。

（4）强协同性。数据要素只有通过与资本、劳动力、技术等传统生产要素深度融合，才能发挥其促进生产率提高的作用（肖旭和戚聿东，2021）。强协同性也体现为依赖性。一方面，数据要素必须与其他要素结合才能创造自身的价值；另一方面，数据要素必须借助算法、算力等计算机技术才能实现交易和流通，相关技术的进步为数据创造更高的社会价值提供了必要条件。与之相关的另一个特性是规模报酬递增。Romer（1990）提出，知识的非竞争性意味着劳动力和知识的结合将产生规模报酬递增的效果。与知识相同，数据要素的规模报酬递增也需要与劳动力相结合才能体现出来（徐翔等，2021）。数据要素的强协同性要求数据要素与机器学习技术和区块链技术等计算机技术结合后进行定价，这是一个多方协作的过程，决定了数据要素定价的复杂性。

（5）价值异质性。数据要素的价值主要取决于使用者效用和实际应用场景，这是与传统生产要素的关键区别。数据只有被使用才会产生价值（Bergemann 等，2018）。对于同一个使用者来说，两个同样数据量的视频，一个可能是极有用的信息，另一个则可能是垃圾信息（田杰棠和刘露瑶，2020）。数据要素的价值异质性还体现在其对应用场景的高度依赖，脱离应用场景的数据要素无法实现自身价值（Koessler 和 Skreta，2016）。这一特性使得在对数据进行定价时，要综合考虑数据使用者的需求以及数据应用场景，导致了数据产品无法像其他传统商品一样由市场上的买卖方共同定价。

四　数据要素价值评估的基本维度

（一）传统会计学的资产视角

从会计核算的角度来看，数据资产属于无形资产。中国资产评估协会于 2019 年 12 月印发《资产评估专家指引第 9 号——数据资产评估》（以下简称"9 号文件"），指出数据资产估值可基于传统无形资产成本法，综合考虑数据资产成本与预期使用溢价，引入价值影响因素进行修正。传统会计学中，主要有成本法、收益法和市场法可以对数据进行定价。

成本法是将生产数据所需要的全部成本作为数据资产价值的基准，其计算公式可以表示为：数据资产价值评估值=重置成本×（1-贬值率）（鄢浩宇，2022）。重置成本主要包括生产数据所需投入的硬件设施费用、数据处理过程中所需的人工费用、利润和相关税费等。成本法易于操作且定价相对直观，比较适用于消费者异质性弱、供给竞争激烈的数据产品。在目前的数据交易平台中，大多平台以成本法进行数据定价，如 AggData 数据公司，以线性函数按比例出售位置数据；Facebook、谷歌等公司使用订阅的策略按月收费，其费用与数据成本相关。但数据成本与价值之间的对应关系较弱，仅靠成本并不能衡量其获益能力，因此成本法下估值可能偏低（刘枺等，2021）。

收益法是基于数据资产的预期应用场景，对数据资产预期产生的经济收益折现得出数据资产的合理价值（许宪春等，2022）。使用收益法对数据进行定价需要已知数据的预期收益、效益期限以及折现率，这三个因素决定了其在实际应用中的障碍（尹传儒等，2021；邹贵林等，2022）。首先，预期收益主要取决于数据对使用者的效用价值，对其进行评估的主观性较大；其次，鉴于数据极强的时效性特征，需要考虑在使用过程中的贬值问题，并且实际使用期限难以预测；最后，难以确定合理的折现率，不论是在实际的数据交易中还是理论的数据定价模型中，对数据折现率的研究均较少。

　　市场法是指参考市场上同类或类似数据资产的近期交易价格来估计目标数据资产的价值（许宪春等，2022）。该方法的优点在于买卖双方通过充分发挥市场对价格的决定作用，在一定程度上简化了数据价值的评估程序，减少了数据定价中因主观性而造成的价值偏差，所确定的价格能更准确地反映市场供需情况（鄢浩宇，2022）。市场法适用于拥有多数成交案例的高度活跃的数据市场，而我国目前处于数据要素市场的初级阶段，多数成交案例采用协商定价，主观性较强，缺乏公开透明性，市场法难以发挥实际的作用。此外，9 号文件也提出"收益法和市场法通常适用于交易性和收益性较好的数据资产评估"。

（二）信息论中的信息熵视角

　　信息熵是信息论中的基本概念，用于衡量信息源事件发生的不确定性，熵值越大，意味着不确定性越大（Shannon，1948），Giuasu（1971）定义了能体现信息重要程度的加权熵的概念。基于上述研究，姜丹（1993）提出了效用信息的测度函数——效应信息熵，以使信息熵既能反映信源的客观价值，又能体现信息对于接收者的主观效用。就数据而言，熵值可以反映数据集包含的信息量大小，因此，可以利用信息熵值来衡量数据价值。

　　Shen 等（2016）提出了一种基于信息熵的个人数据定价模型，并且可以实现无套利和动态定价。Li 等（2017）首次提出了基于信息熵的数据定价，验证了利用信息熵度量数据信息量这一方法的合理性，并提出了一种基于数据信息测量结果的定价函数。彭慧波等（2019）结合信息熵提出了一种分级的交易数据集隐私度量方法，并进一步提出了基于信息熵的数据定价模型。本文将 Li 等（2017）中关于信息熵的定价模型展示为：

$$H(Tup) = -\sum_{t_i \in Tup} p(t_i) \log_b(t_i) \qquad (1)$$

　　其中，$H(Tup)$ 为元组集 Tup 的信息熵，Tup 是数据集 D 的一个子元组集，$p(t_i)$ 表示元组 t_i 在 Tup 中出现的概率，b 为对数函数的底，由于计算机存储以二进制存储数据，b 通常为2。需要注意的是，上述熵的定义是基于元组集中所有元组都是离散的假设的，因此对于连续型的元组集需要将求和符号改为积分符号来重新定义。对于数据集 D，定价函数是函数 $pr(D)$：$D \to R+$，其中 $R+$ 为非负实数。基于数据信息熵的定价函数定义如式（2）：

$$pr(\cdot) \equiv l(H(\cdot)) \tag{2}$$

其中，$l(\cdot)$ 是一个非递减连接函数。

信息熵的引入是数据定价由策略原理定价向数理模型定价的转变，在数据定价的科学性与合理性上迈出了关键一步。基于信息熵的定价模型更加关注数据的数量及其分布，无法反映数据质量及数据价值。在实际中，单独依靠信息熵进行数据定价的说服力或许太过单薄，因此，可利用信息熵来衡量数据集的信息量，通过定价函数将数据信息量映射到合理的价格上，为数据的价值提供了一个可衡量的标准。

（三）信息科学中数据质量和效用视角

基于数据质量定价是数学模型中评分模型的衍生。数据质量是指数据的准确性、完整性、一致性、时效性等。高质量数据能够在最大程度上服务于数据消费者的目的及其隐含需求（Haug 等，2013；Gabr 等，2021）。当数据所有者希望以合理的价格出售数据时，首先要评估数据的价值，通常有以下两个维度：数据数量和数据质量。其中，对数据质量进行量化评估主要基于数据质量维度（Data Quality Dimensions），数据质量维度在相关文献中主要被划分为以下四大类：准确性（Accuracy）、完整性（Completeness）、一致性（Consistency）、时效性（Time-related Dimensions）（Wang 和 Strong，1996；Wang 和 Wang，1996；Naumann，2002；Batini 等，2009；Panahy 等，2013）。基于数据质量的定价模型依赖于效用价值理论。效用价值理论认为商品的价格由其使用价值决定。在数据市场中，不同的买方会有不同的数据质量需求，不同质量的数据对于同一买方能够发挥的价值也存在差异（Mehta 等，2021；Wang 等，2021）。

数据质量是数据本身所固有的，是决定数据价值的关键因素。早期有学者认为基于查询或订阅的定价方式比较笼统且不公开透明，定价并不能有效反映所售数据的价值（Tang 等，2013a）。随后，为了解决这一问题，Tang 等（2013b）引入了"数据质量折扣交易"的概念，相同的数据对于不同的消费者来说价值是不同的，因此该定价方法允许消费者通过降低所获数据的质量来拉低数据价格，消费者也可以直接提供自己的报价。这种由数据平台所有者和数据消费者共同驱动的定价方法能够在很大程度上促进数据市场交易。最初量化数据质量的模型以一般线性模型和评分模型为主。例如，Heckman 等（2015）构建了包含数据数量、准确性和时效性等特征的多维度线性模型，并发现大多数数据质量维度都会影响定价结果。Stahl 和 Vossen（2016）基于 Naumann（2002）所提出的 22 个数据质量特征，构建了一个数据质量评分模型，使用该模型可以比较来自不同数据供应商的相似数据的报价。同时，基于该模型还构建了线性加权打分模型，可以使数据消费者根据自身偏好为各数据质量维度赋予权重。该定价模型中的 7 个数据质量维度如下。

$$Q_d = \{ 准确性，完整性，冗余度，数据量，延迟，响应时间，时效性 \} \quad (3)$$

其中，Q_d 为数据质量，通常会基于此数据质量评价体系，进行赋权评分：

$$
\begin{aligned}
yscore = w_1 \times acc + w_2 \times com + w_3 \times red + w_4 \times vol + w_5 \times cra \\
+ w_6 \times res + w_7 \times trd
\end{aligned}
\quad (4)
$$

$$s.t. \quad w_1 + w_2 + \cdots + w_7 = 1$$

其中，$yscore$ 为数据质量，w_i 为维度 i 的权重，acc 为准确性，com 为完整性，red 为冗余度，vol 表示数据量，cra 表示延迟，res 为响应时间，trd 表示时效性。该定价模型能够挖掘消费者支付意愿——消费者愿意为产品支付的最高价格（Wertenbroch 和 Skiera，2002）。为了充分将消费者支付意愿引入数据定价模型，Stahl 和 Vossen（2017）提出了基于消费者支付意愿的效用函数，并根据某一消费者支付意愿所对应的实际质量分数来确定价格。通过这种方式，消费者能够以非常合理的价格获得相对高质量的数据产品，实现消费者效用最大化。但上述模型在依据各数据质量维度对数据质量进行评分时，均假设各数据质量维度是相互独立、互不影响的，这并不符合现实情况。例如数据的时效性可能是以牺牲数据的完整性换来的，要想同时提升数据的时效性和完整性需要更高的成本去收集、更新和存储数据，随着数据质量和成本的提升，数据价格不断提高。因此，各数据质量维度相互独立的假设会影响定价的准确性。Yu和Zhang（2017）构建了基于数据质量的双层规划模型，其中，第一层模型基于数据平台所有者的生产决策行为，考虑了各数据质量维度的相互作用，并提出了非线性数据综合价值评估方法，再根据数据质量决定数据版本数量以及价格。多版本策略使得数据平台所有者可以依据各数据质量维度将数据市场细分，实现利润最大化。第二层模型基于数据消费者的购买决策行为，消费者将根据自己的偏好或需求做出选择。同时满足数据平台所有者利润最大化和消费者效用最大化的最优解，即实际交易的版本数量、数据质量以及价格。

可以看出，在基于数据质量的定价模型中，数据消费者的支付意愿或偏好对定价过程及结果有重要影响。早在1998年Shapiro和Varian（1998）就表示企业应该根据顾客的需求定制信息产品，并鼓励顾客支付尽可能高的价格，以使整个市场收益最大化。这里需要提到与消费者偏好相关的另一个概念——版本控制（Versioning），它是信息产品市场中被广泛使用的差异化策略。在数据交易市场中，版本控制是指根据在各数据质量维度下的数据质量得分划分不同的版本，以此来满足不同消费者的偏好与需求（江东等，2023）。

随着基于数据质量的定价模型不断发展，效用函数被越来越多地引入到这类模型中，包括数据效用函数和消费者效用函数。其中，数据效用函数包括以数据数量为主、以数据质量为主、综合考虑数据数量和数据质量的函数。Niyato等（2016）首次提出基于机器学习的数据效用函数，在其构建的模型中，用于训练的数据数量越大、质量越好，模型的准确度越高，数据的效用就越高。利用机器学习模型的准确度表示数据效用，这一模型更加注重数据数量对数据效用的贡献。与之不同的是，Yang等（2019）基于机器学习模型，首次提出了数据质量的效用函数，并用机器学习模型的准确度来衡量数据质量的效用。目前已有学者结合数据数量与数据质量构建数据效用函数（刘枬等，2022）。林娟娟等（2023）首次提出涵盖数据质量、数据数量及其相互作用的数据资产综合得分的概念，构建了基于综合得分的效用函数。该定价方法认为消费者效用敏感度（Yang等，2019）会直接影响其支付意愿，并根据效用敏感度的异质性将消费者划分为三类，首次构建了适用于消费者具有异质性效用敏感度的多维度因素定价模型。

基于数据质量的定价模型的独特之处在于定价策略必须根据数据特征进行调整，更加全面地考虑消费者所关心的数据质量特征，并将数据效用函数和消费者效用函数引入定价模型中。基于该方法所确定的价格能够尽可能地实现数据平台所有者利润最大化和数据消费者效用最大化，可以在极大程度上促进数据交易。这种方法的局限性主要有以下几点：第一，目前关于数据质量维度的选择尚无权威、统一的标准，需要在数据定价时根据数据特征做决策，同时还需要考虑各数据质量维度间的相互作用，这使得数据质量的实际量化过程烦琐、低效，难以实现。第二，对于不同消费者而言，效用函数的选取也会有所不同，因此难以做到相对客观地衡量数据效用。第三，数据质量并不是影响数据价值的唯一因素，还应将数据数量对数据定价的影响引入模型中，目前这类文献相对较少。

表 3　数据要素价值评估的基本维度

定价方法	定价思路	适用情况
基于传统会计理论的定价	基于传统无形资产的会计核算角度，使用成本法、收益法、市场法定价	成本法适用于消费者异质性弱、供给竞争激烈的数据产品；收益法和市场法适用于交易性和收益性较好的数据资产评估
基于信息熵的定价	衡量数据集的信息量，通过定价函数将数据信息量映射到合理的价格上	消费者效用异质性弱，数据规模较大的产品
基于数据质量和效用理论的定价	数据质量和消费者效用异质性决定了使用价值，使用价值决定数据价格，由效用函数求解合理价格	数据质量维度较少，消费者异质性强，应用场景明确

五　数据交易市场的主要定价技术

(一) 基于查询的定价模型

查询是一个具有计算和条件检索功能的数据库的基本操作之一。用户可以通过在视图中设置查询条件选取数据。随着数据交易的发展，越来越多的商业利益集团在线购买数据，以促进市场研究、为商业决策提供信息或生成混合数据集。Koutris 等 (2012) 首次构建了查询市场的框架，提出了如下基于查询的定价方法：给定一个查询，算法会选择可用于回答该查询的价格最低的答案视图集，并将这些视图的价格之和作为查询的价格，所谓的查询市场是一个基于云的服务，供数据发布者出售数据和数据上的特殊视图，允许卖方将价格分配给由形式的选择谓词定义的视图，并允许买方在全连接查询的非平凡子集中购买任何查询，该子集包括所有路径连接查询、星形连接查询及其组合。

Balazinska 等 (2013) 提出了一种框架：买方可以购买其希望的任何查询表示的数据，卖方通过规定某些查询的价格来对数据定价，系统将从定价方案自动得出价格。Koutris 等 (2015) 在查询市场的基础上，提出的基于查询的数据定价模型，遵循无套利和无折扣的关键原则，该模型允许卖方仅在几个视图或多个视图集上设置明确的价格，同时允许买方发布和购买任何查询。查询价格从视图的显式价格中自动导出。该方法允许给定几个视图的价格，并且可以自动导出任何查询的价格，改善了之前买家只能从一组明确的视图中选择特定价格的情形。Dcep 和 Shaleen (2017) 提出了一种支持多类定价函数的新定价系统 Qirana，可以实现数据查询的无套利定价，也可以计算各种 SQL 查询的价格，并进一步有效地扩展到大型数据集场景。Chawla 等 (2019) 进一步研究了基于查询的定价环境下收益最大化问题，并将该问题转化为针对单个买家和无限供应的捆绑定价问题。Miao 等 (2022) 研究了不完整数据查询的定价问题，考虑了数据效应、数据完整性和查询质量，并提出了两个新的价格函数：效用和完整性感知价格函数与查询质量、效用和完整性感知价格函数。

上述文献展示了基于查询的数据价值评估模型经历了不同形式的演变，从最早的基础检索条件查询到后续实现无套利定价以及满足多种要求的个性化查询。目前，查询技术更多的是作为一种底层技术或框架，由此衍生出来的新技术和模型，大都是在查询的基础上嵌套其他技术来进行数据定价。

（二）基于元组的定价模型

元组是数据库中的基本概念，关系是一张表，表中的每行（即数据库中的每条记录）就是一个元组，每列就是一个属性。然而，目前各行业收集的信息大都是非结构化的，尽管部分非结构化数据可以表示为数据矩阵，但人们仍然难以直接获取数据矩阵中的结构关系和识别信息分布。因此，利用元组技术来进行数据定价可以更好的以定量的方式识别数据的价值并为数据匹配合理的价格。

Balazinska 等（2011）采用元组的方式提出了细粒度数据定价方案。该方案能够客观地计算导出数据的价值，数据消费者通过发出 SQL 查询读取数据，并为结果付费。Tang 等（2013b）应用数据溯源技术寻找与查询结果相对应的最小元组集合，并将其作为数据定价依据。Shen 等（2016）构建了基于元组粒度的个人大数据正向分级与反向定价模型，该定价模型可以动态调整。随着数据规模的增大，数据交易成本逐渐下降，与此同时，随着数据质量的不断提高，数据需求价格不断提高，而数据的供给也会不断增加。这将形成具有规模效应的数据交易环境，使利益相关者获得更多的利益，形成良性的数据交易生态系统。

以元组的方式量化数据集不同于用数据矩阵来计量信息熵的复杂方式，这一改变有利于数据资源的有效利用以及信息结构化，适用于可结构化的数据。

（三）基于机器学习技术的定价模型

机器学习是一种通过模式识别和统计分析来使计算机系统自动化学习的方法。将机器学习应用至数据定价中可以提高企业的盈利能力、市场竞争力和客户满意度等。因此，许多学者尝试将机器学习与数据定价相结合，优化数据交易和定价过程。

Tsai 等（2017）将机器学习的概念应用于时间相关智能数据定价（Time-dependent Smart Data Pricing，TDP），认为基于原始的数据集和机器学习模型的定价方法主要区别在于：机器学习模型通常出于特定目的而设计，模型训练的技术难度较大，对其实施差异化定价策略的难度更大，而前者可以根据粒度调整最终价格。Chen 等（2019）设计了基于机器学习技术的数据定价模型，认为模型准确性是影响价格的主要因素。Liu 等（2021）提出了一个包含数据所有者、模型购买者和经纪商的定价方案。首先，数据所有者根据隐私敏感度和 Shapley 值指定他们想要的补偿函数；其次，模型购买者根据 Shapley 值的覆盖率和为保护隐私而添加到模型中的噪声来衡量模型的相对效用，提供他们愿意支付的价格函数；最后，经纪商同时考虑隐私补偿和模型噪声，建立具有不同的 Shapley 值的覆盖率和定价参数的模型定价机制。针对联邦学习中的数据定价，Wang 等（2020）提出了联邦学习中的 Shapley 值，更加有针对性的评估了数据的价值。对于人工智能模型训练数据，Han（2020）构建了一个联邦模型来对数据价值进行评估，额外考虑了个人成本和消费者对高质量数据的追求。Fan 等（2021）为了保护数据隐私并激励数据所有者参与交易，基于联邦学习框架提出了一种新的数据价值评估方法——完全联邦 Shapley 值。该方法可以提高数据估值的公平性。

由于算法和技术等方面的局限性，一些基于计算机技术的定价模型暂时还无法找到实际应用的场景。例如，基于机器学习的定价模型，机器学习中的算法需要大量的历史数据作为训练集，而目前的数据交易市场还不够成熟和活跃，并没有足够多的历史数据用于学习，同时训练集中的历史数据缺乏市场反馈，无法评价原有定价模型的效果和质量，因此基于机器学习的定价模型的鲁棒性并不高。在已有的研究中，通常会将数据的定价策略与技术相结合以完成数据交易。如基于机器学习的定价模型通常会与博弈论相结合。通过将信息论、传统会计或信息科学的理论相结合构建定价模型，使用机器学习的技术在模型中寻求最优解，再结合博弈论中相关理论求得被交易数据的最优价格。

表 4　基于计算机技术的数据定价方法

定价方法	定价思路	适用情况
基于查询的定价	给定一个查询，算法会选择可用于回答该查询的价格最低的答案视图集，并将这些视图的价格之和作为查询的价格	结构化数据或非结构化数据库中易于查询的数据
基于元组的定价	以元组为单位设定价格	可结构化的数据
基于机器学习技术的定价	通过对历史数据的学习，构建定价模型，定价原始数据、数据标签，可以依据收益最大化、无套利等目标进行优化	已经拥有大量丰富的历史数据

六　数据交易市场的主要定价策略

（一）基于博弈论的定价策略

博弈论既是现代数学的一个新分支，也是运筹学的重要学科，已经成为经济学的标准分析工具之一。博弈是指在某一环境下，多个决策主体按照一定的规则选择实施不同的策略以互相制约，并最终使自身利益最大化（Neumann 和 Morgenstern， 1944）。在数据市场中，参与者的行为都是自私且理性的，以自身利益最大化为目标（Chai 等，2014），当前应用于数据定价领域的博弈论模型有以下两类。

第一类是合作博弈。在合作博弈过程中，假定所有参与者独立进行决策，每个参与者所作出的决策都致力于使自身收益最大化（Nash，1951）。在数据市场中，所有的数据卖家都要公布自己的定价策略，直到在其他卖家策略不变的情况下，没有一个卖家能够通过改变策略来提高自己的收益时，便达到了纳什均衡（Friedman，1988；Luong 等，2016）。该模型应用于数据定价中要求只存在唯一的纳什均衡（Liu 等，2012；Luong 等，2016；Li 等，2019）。

第二类是非合作博弈。使用非合作博弈模型对数据进行定价需要每个卖方都公布自己的定价策略，这在实际的数据交易市场中很难实现，并且卖方也无法计算得出唯一的纳什均衡点。在现实中最常见的情形是多个卖方中存在领导者和跟随者，即先公布定价策略的数据卖方为领导者，在他之后公布的为跟随者，跟随者根据领导者公布的定价策略对自己的策略进行调整，这就是Stackelberg博弈（Simaan 和 CruzJr, 1973）。Haddadi 和 Ghasemi（2016）提出在Stackelberg博弈中领导者可获得更大效用。目前非合作博弈模型在数据定价中的应用主要有以下三类。

（1）两阶段Stackelberg博弈模型。Liu等（2019）制定了两阶段Stackelberg博弈来解决数据消费者和市场代理机构的购买和定价问题。在第一阶段，市场代理机构给出赢者及其定价策略。在第二阶段，数据消费者决定其购买数据的数量。他们还提出了一个加强数据所有者竞争的定价方案。其定价模型如下所示：

$$p_i^* = F_i'(p) = \begin{cases} p_{\max}, z_i' > p_{\max} \\ z_i', c < z_i' \leqslant p_{\max} \\ c_i, z_i' \leqslant c_i \end{cases} \tag{5}$$

$$z_i' = -\cfrac{1}{\sqrt{\left(\sum_{j \neq i}\dfrac{q_j}{q_i p_j} + \dfrac{1}{c_i}\right)\left(\sum_{j \neq i}\dfrac{q_j}{q_i p_j} + \dfrac{1}{q_i \alpha_2}\right)} - \sum_{j \neq i}\dfrac{q_j}{q_i p_j}} \tag{6}$$

其中，p_i^*表示数据所有者i的最优价格；$F_i'(p)$表示数据所有者i的最优辅助定价模型；$p_{\max}$表示数据消费者的最高接受价格；z_i'表示数据所有者i的最优辅助定价函数Z的一阶导数；c_i表示数据所有者i的单位数据集成本；q_i和q_j分别表示数据所有者i和数据所有者j的数据质量，p_j表示数据所有者j的数据价格；α_2是数据质量模型的拟合参数。

Shen等（2019）将数据交易市场假定为一个完全信息的定价市场，即每个参与者都拥有市场中所有参与者的全部信息，建立了一个两阶段Stackelberg博弈模型来模拟数据提供商、服务提供商和买方三方之间的相互作用。在第一阶段存在一个非合作博弈，数据提供商和服务提供商决定价格数据和服务价格。在第二阶段，买方确定对服务和数据的需求，使自身效用最大化。最终推导出各子博弈的纳什均衡，揭示了数据提供商的最佳价格，买方的最佳需求，以及参与者的最佳利润。Xiao 等（2021）同样建立了一个由上述三方组成的数据市场模型，提出的两阶段 Stackelberg 博弈致力于使三方参与者均实现利益最大化。在第一阶段，买方和数据提供商分别决定数据价格和服务价格。在第二阶段，服务提供商决定数据效用，以使利润最大化。

（2）三阶段 Stackelberg 博弈模型。这一模型包含数据所有者、服务提供商以及数据买家，该定价方法致力于实现所有参与者的利益最大化。Xu 等（2020）提出了一个三阶段 Stackelberg 博弈模型，以获得最优的定价策略。在第一阶段，数据所有者决定原始数据的定价策略，服务提供商据此制定购买策略；在第二阶段，服务提供商对原始数据进行处理并为其定价；在第三阶段，数据买家根据服务提供商公布的数据菜单和价格选择需要购买的数据种类及大小。Chen 等（2023）提出了一种包括数据量、可用性以及完整性在内的多维数据效用评估方法，并构建了一种基于数据效用的三阶段 Stackelberg 博弈的最优数据定价方案。在第一阶段，数据所有者确定数据效用的单价。在第二阶段，基于给定的数据效用单价，服务提供商确定每单位数据效用的数据服务价格。在第三阶段，数据买家基于可实现利润最大化的最优订阅价格来确定数据效用需求。随着数据交易市场的快速发展，有学者认为数据市场不再销售原始数据给买家，而是销售具有不同精度选项的机器学习模型，并提出了基于模型定价（Model-based Pricing）的概念（Chen 等，2019），即将对数据的定价转向对模型的定价。张小伟等（2023）基于这一概念，提出了三阶段 Stackelberg 博弈的模型交易框架 MaSS，并采用 Shapley 值评估模型效用。在 MaSS 框架中，三阶段模型分别以数据买家的购买价格、服务提供商的收购价格、数据所有者的隐私保护等级作为自变量，构建个人的模型效应函数，最终求得满足各方需求的最优解，实现各方利益最大化。

（3）讨价还价博弈。讨价还价博弈是指买卖双方经过谈判，就最终交易价格达成协议。与其他博弈理论相似，数据供应商和消费者都需要提交各自的定价策略。卖方先出价，若买方接受，博弈终止；若买方拒绝，则进入下一个阶段。该阶段由买方来还价，若卖方接受，博弈终止；若卖方拒绝，则进入下一个阶段。如此往复，不论进行几轮议价，在博弈的最后一个阶段，若对方拒绝，则博弈终止；若对方接受，则完成交易，实现了纳什均衡（Liang等，2018）。Jung和Park（2019）提出把Rubinstein讨价还价模型应用在隐私数据损失的情形中，可以保障数据交易公平。讨价还价博弈是一种针对复杂谈判条件的定价方案，因此经常被用于提高数据拍卖效率（Berz，2016）、网络资源拍卖与共享（Azimi等，2016）以及能源效率管理（Yang等，2016）等场景。

基于博弈论的定价模型相较于其他定价方法所需要的条件假设较为苛刻，操作起来比较烦琐，偏向特殊情况下的交易分析，对数据本身的真实价值缺少深度挖掘，适用于数据供给或需求大的交易方。虽然难以实现，但博弈论理论着重考虑了多个市场对象的决策互动行为影响，适应于拍卖场景，若能与区块链、机器学习等技术相结合会有较好的定价效果。

（二）基于拍卖的定价策略

拍卖是指买卖双方在设定的规则内通过自主竞价赋予商品价格（McAfee，1992）。它可以将商品分配给估价最高的投标人。就数据交易而言，由于数据价值的不确定性，很难直接给数据确定一个合理的价格，利用拍卖机制可以使交易价格对买卖双方而言更具公平性。一般来说，参与拍卖过程的主体有投标方、拍卖商及卖方，在数据交易市场中分别对应数据买方、数据交易平台以及数据卖方。根据参与拍卖的卖方数量可以将拍卖分为单边拍卖和双边拍卖。若只有一个卖方，即为单边拍卖；若有多个卖方，即为双边拍卖。

在单边拍卖中，数据交易市场由一个数据卖方、多个数据买方和一个数据交易平台组成。单边拍卖中各数据买家一般是密封出价，根据拍卖的结算价格分为第一价格密封拍卖（出价最高的人获胜，支付最高价格获得商品）和第二价格密封拍卖（出价最高的人获胜，支付第二高的价格获得商品）。可以看出，基于单边拍卖的数据定价方法更加注重卖方的收益，可能会高估或低估数据本身的价值。并且有些买家可能会同时构建多个身份参与拍卖以操纵拍卖结果，这种行为被称为假名竞价（False-name Bids），对其他买方而言是不公平的（Wang 等，2016）。为了应对假名竞价的冲击，An 等（2017）提出了一种多轮假名证明拍卖方案（Multi-round False-name Proof Auction，MFPA）。在该方案中市场是由数据交易平台根据数据卖方和数据买方提交的要价和出价来操纵的，数据交易平台做出的决定能够实现买卖双方的效用最大化。由于单边拍卖只考虑数据买方之间的竞争，忽略了数据卖方之间的竞争以及竞拍数据的价值异质性，与实际情况不符，不能很好地应用于实际的数据交易市场中（Zhang 等，2013）。

双边拍卖是指多名数据卖方与多名数据买方同时向数据交易平台提供自己的要价和出价，将数据买方间和数据卖方间的竞争均考虑在内，更符合实际交易情况。Jiao 等（2017）结合数据效用提出了贝叶斯利润最大化拍卖模型，并通过求解该模型得出了服务提供商的最优服务价格和数据量，有效地解决了服务提供商的利润最大化问题。Shi 等（2019）提出了基于双边拍卖机制的传感器数据交易和定价方法，Duan 等（2022）结合数据量和数据买方的效用异质性，构建了一种能够实现社会福利最大化的双边拍卖定价模型。郭鑫鑫等（2022）采用迭代双边拍卖方法设计健康数据交易分配规则和定价及奖励规则，这种方法可以鼓励买方列出合理的价格。与单边拍卖相比，双边拍卖能够同时实现数据买卖双方的利益最大化，提高数据买方与卖方的匹配效率，为数据交易平台开展买卖双方撮合服务提供技术支撑。

但是在现有的数据拍卖模型中，买方、卖方和数据交易平台之间很难建立信任，开放和匿名的在线环境可能会使参与数据拍卖的主体合谋操纵数据拍卖，导致拍卖数据的价格无法达到其真实的水平。基于上述问题，Xiong（2020）首次提出了基于智能合约的反串谋数据拍卖机制，它可以使互不信任、理性的买卖双方在没有可信第三方的情况下，安全地参与数据拍卖，保证数据拍卖的公平与真实。但基于区块链的数据拍卖机制无法实现数据隐私保护，这会使数据所有者不愿意出售或共享自己的数据（Ghosh 和 Roth，2015），同理，也需要保护数据买方的出价隐私（Ni 等，2020）。Sohail 等（2020）提出了一种基于反向拍卖的去中心化数据交易模型，解决了投标方之间的信任问题。他们还设计了一个差异化的私有拍卖机制，以激励数据所有者参与数据共享。这一方案满足了拍卖过程中的数据隐私保护、激励兼容以及抵抗合谋的需求。

基于拍卖的定价方法的发展趋势是保护竞拍者在拍卖过程中的隐私问题，虽然拍卖能够以一种较为公平的方式让数据购买者参与竞争，但前提是其依赖于一套完整的章程和规则，已经存在的拍卖定价或多或少存在机制设置不全面、实施较为复杂的问题，并且目前数据并非极度稀缺的产品，可能并不适用于拍卖，以至于在实践中应用较少。在数据交易市场发展到一定程度后，具有特殊意义的数据产品或许更适用于基于拍卖的定价方法。

表5　数据交易市场的主要定价策略

定价方法	定价思路	适用情况
基于博弈论的定价	基于交易市场类型和参与方行为定价	市场类型明确，参与方较多，数据供给或需求规模较大
基于拍卖的定价	市场驱动交易各方在拍卖框架下进行竞拍，并赋予价格	具有完整的拍卖章程和规则的数据交易市场或平台，数据获取较难，需求方数量远大于供给方数量

七　总结与展望

（一）总结

现有数据定价模型的文献已做出了重要的贡献，但仍然存在待解决的问题。首先，一些理论上比较容易实现的定价模型，更多的是停留在理论模型讨论和推导的阶段，实践起来步骤较为烦琐，难以落地。例如基于博弈论和拍卖理论的定价模型，二者均偏向特殊情况下的宏观分析，很难适用于指导具体行业数据的定价。其次，由于算法和技术等方面的局限性，一些基于计算机技术的定价模型暂时还无法找到实际应用的场景。例如，基于机器学习的定价模型，机器学习中的算法需要大量的历史数据作为训练集，而目前的数据交易市场还不够成熟和活跃，并没有足够多的历史数据用于学习，同时训练集中的历史数据缺乏市场反馈，无法评价原有定价模型的效果和质量，因此基于机器学习的定价模型的鲁棒性并不高。最后，目前培育数据要素市场的相关政策和规章制度的实施尚处于初始阶段，且相关监管机构的职责尚未明确，导致数据交易并未规范化运行，各种数据定价方法也难以在实践中落地。

（二）研究展望

基于目前理论和实践中数据定价方法的不足和存在的问题，本文提出以下研究展望。

区块链赋能数据要素的使用权与所有权分离定价。龚强等（2022）通过理论分析表明，在进行数据交易时，相较于交易数据所有权，交易数据使用权对数据效用最大化、社会财富积累等有更好的效果。在安全隐私保护上，若交易数据使用权，则真正的隐私信息仅保存于数据所有者手中，在交易时可以利用隐私计算、数据脱敏等手段来转移部分数据的使用权。通过隐私计算，敏感数据可以在不暴露原始数据的情况下进行计算和分析，从而降低了数据被泄露和滥用的风险。此外，隐私计算能够充分保护原生数据所有者的隐私权，数据所有者的敏感信息不会被披露给计算方或第三方。以此，形成一种可用不可见的数据交易模式。在数据流转时，可以利用联邦学习和区块链实现数据使用权的流通。目前已有机构利用区块链技术初步实现了数据使用权与所有权的分离，如国家海洋科学数据中心利用区块链技术，自主研发了基于区块链的项目数据汇交平台，设计了汇交流程自动化控制、数据存证等智能合约，实现了数据文件的提交、审查、保存和出具证明等全流程上链留痕。但由于数据的可复制性和边际成本几乎为零的特性，数据使用权与所有权还无法实现完全分离。只要数据使用者接触到数据，那么该使用者就可以复刻这份数据，也可认为该数据使用者拥有了这份数据的所有权，此时上链后的数据与他人复刻的数据的差异仅在于有无证明，而数据的实际价值和对消费者的效用并无实质性的区别。因此，只有在数据使用权与所有权能做到完全分离时，才能最大化激励数据所有者将数据有偿分享。

利用隐私保护技术实现数据分类定价。不同的数据类型对数据交易的要求往往不相同，适用的数据要素价值评估方法也要体现其差异性。在数据要素市场化的过程中，数据交易双方对于数据产权的确立越来越关注，但关于数据确权的法律法规尚不完备，因此，从数据分类视角出发选择合适的定价模型可以很好地规避这一问题，也能更有针对性地保护数据所有者的隐私。当前数据定价研究所关注的数据类型大致可以分为两类。第一类是公共数据或通用数据，此类研究通常集中于数据库领域，大多是具有结构化、关系化特征的一般非敏感数据，如政府数据、企业数据以及社会化产业数据，不需要保护数据的隐私安全，在定价时不用专门考虑安全保护技术的成本，适用于基于会计法定价中的线性定价或者分段定价。以政府公开数据为例，这类数据通常由政府部门收集，具有公共物品的特殊属性，应当参考公共物品进行定价。第二类是个人隐私数据，这类数据对于隐私安全的要求较高，大多被高新技术产业企业收集。由于有数据安全保护的需求，对这类数据进行定价和交易时需要区块链、多方安全计算等技术的加持，再选择数据质量或拍卖等定价模型，以便更好地评估数据的价值。因此，将数据按照是否有隐私保护的需求进行分类，可以满足数据买卖双方的交易需求，使数据交易有更大的选择空间。

多领域技术协同构建统一的数据要素价值评估体系。在未来的数据要素定价模型发展中，对于数据价值的衡量将会出现更多的指标体系。就不同的行业而言，也需要依据不同的行业规则来选择合适的数据指标体系，再进行数据清洗。在确定指标体系的范围后，可以通过机器学习（如分类学习、回归）提取有效的数据价值评估指标，将各指标的权重最优化，以便更好的反映该指标对数据质量的影响。同时，监督学习、深度学习也将实现对数据价值的效果评估，进而优化数据质量评估维度。不仅如此，在数据交易中会更多的使用区块链技术作为底层技术，保障数据交易的效率、数据的安全隐私。多领域技术的协同能让数据定价模型的准确性更强、合理性更高，依靠单一学科或理论构建的模型难以在此基础上形成成熟的数据交易市场。因此，在未来仍然需要靠各学科领域的交叉发展来完善定价模型，数据交易以及数据的定价研究也将向多学科方向发展。

（三）政策建议

基于现有研究与国内数据交易市场的发展状况，本文关于促进数据交易市场发展的政策建议有以下三个方面。

一是健全数据交易平台的交易机制。目前我国的数据交易市场仍处于发展阶段，数据交易机制不够成熟，需要针对数据交易平台的功能、数据交易的安全性、数据交易行为的规范性等制定统一的国家标准，以破除数据跨区域流动壁垒和促进数据要素在更大范围内的不同主体之间的流通。出台相关文件助力数据产品标准化，统一数据格式和接口标准，在实现标准化之后，数据产品的可用性和流通性或许会大幅提升；同时，交易平台应该完善交易信息公开机制，定期公布数据产品的交易量、交易价格、交易主体等关键信息，确保市场参与者能够获得透明和及时的信息，助力减少信息不对称，同时减少市场操作行为，增强市场参与者对数据交易的信心，促进数据交易市场健康发展。

二是加强数据要素和数据资产的跨境流通。我国的数据规模位于全球前列，推动中国数据要素跨境流通是我国数字经济发展和对外开放的有效途径。首先，我国需要与其他国家和地区建立跨境数据流通合作机制，共同制定跨境数据流通的标准和规范，便于数据在全球范围内自由流动和共享。这将有助于打破国家之间的"数据孤岛"，提升数据资源的利用效率和市场价值。其次，我国相关机构可以参与国际数据治理组织相关标准的制定工作，借鉴国际先进经验，提升中国在全球数据治理中的话语权和影响力。最后，不同国家之间可以尝试建设数据交易网络，建立全球数据交易平台，推动数据资源在全球范围内的流通和共享。提升数据的全球价值，还能为中国企业提供更多的数据资源和市场机会。

三是建立健全数据交易的相关法律体系。对于数据交易，首先，最迫切的需求是制定与数据产权相关的法律，确保数据所有权、使用权和收益权的合法性和透明性。具体而言，数据确权法应明确数据所有者的权利和责任，保护数据所有者在数据交易中的合法权益，防止数据滥用和侵权。其次，需要加强数据安全与隐私保护立法。完善现有的数据安全法律，制定严格的数据安全标准和技术规范，防止数据在交易过程中出现被泄露、篡改和非法访问的风险。特别是在个人数据保护方面，需要制定个人隐私保护法，明确数据收集、存储和使用的合法范围和条件，确保个人隐私在数据交易过程中的安全。最后，迫切需要建立数据交易合同规范化机制，制定统一的合同范本，以便明确交易双方的权利和义务，保障交易的合法性和合规性。通过完善数据市场的相关法律体系，保障数据交易市场的合法性和安全性，促进数据要素的高效流通和市场化配置，推动数据交易市场的持续健康发展。

参考文献

［1］蔡继明、刘媛、高宏等，2022，《数据要素参与价值创造的途径——基于广义价值论的一般均衡分析》，《管理世界》第37期。

［2］蔡莉、黄振弘、梁宇等，2021，《数据定价研究综述》，《计算机科学与探索》第9期。

［3］陈仲武、凌捷，2022，《基于以太坊和动态定价的数据交易模式研究》，《计算机工程与应用》第21期。

［4］程华、武玙璠、李三希，2023，《数据交易与数据垄断：基于个性化定价视角》，《世界经济》第3期。

［5］第十三届全国人民代表大会常务委员会，2021，《中华人民共和国数据安全法》。

［6］龚强、班铭媛、刘冲，2022，《数据交易之悖论与突破：不完全契约视角》，《经济研究》第7期。

［7］郭鑫鑫、王海燕、孔楠，2022，《信息不对称下个人健康数据交易双边定价策略研究》，《管理工程学报》第4期。

［8］贾俊秀、王晨、吴涛等，2024，《考虑大众健康数据共享回报的数据定价决策》，《运筹与管理》第1期。

［9］姜丹，1993，《效用信息熵》，《中外科技信息》第5期。

［10］江东、袁野、张小伟等，2023，《数据定价与交易研究综述》，《软件学报》第3期。

［11］金骈路、陈荣达，2022，《数据要素价值化及其衍生的金融属性：形成逻辑与未来挑战》，《数量经济技术经济研究》第7期。

［12］林常乐、赵公正，2023，《数据合理定价：利用数据资产图谱解析数据价值网络》，《价格理论与实践》第3期。

［13］林娟娟、黄志刚、唐勇，2023，《数据质量、数量与数据资产定价：基于消费者异质性视角》，《中国管理科学》，网络首发文献，2023 年 3 月 10 日。

［14］刘枬、郝雪镜、陈俞宏，2021，《大数据定价方法的国内外研究综述及对比分析》，《大数据》第 6 期。

［15］刘枬、徐程程、陈俞宏，2022，《基于效用理论的数据定价方法研究》，《价格理论与实践》第 11 期。

［16］欧阳日辉、杜青青，2022，《数据要素定价机制研究进展》，《经济学动态》第 2 期。

［17］欧阳日辉、龚伟，2022，《基于价值和市场评价贡献的数据要素定价机制》，《改革》第 3 期。

［18］彭慧波、周亚建，2019，《基于隐私度量的数据定价模型》，《软件》第 1 期。

［19］田杰棠、刘露瑶，2020，《交易模式、权利界定与数据要素市场培育》，《改革》第 7 期。

［20］王颂吉、李怡璇、高伊凡，2020，《数据要素的产权界定与收入分配机制》，《福建论坛（人文社会科学版）》第 12 期。

［21］王卫、张梦君、王晶，2019，《国内外大数据交易平台调研分析》，《情报杂志》第 2 期。

［22］肖旭、戚聿东，2021，《数据要素的价值属性》，《经济与管理研究》第 7 期。

［23］徐翔、厉克奥博、田晓轩，2021，《数据生产要素研究进展》，《经济学动态》第 4 期。

［24］许宪春、张钟文、胡亚茹，2022，《数据资产统计与核算问题研究》，《管理世界》第 2 期。

［25］鄢浩宇，2022，《数据定价的机制构建与法律调节》，《金融经济》第 9 期。

［26］尹传儒、金涛、张鹏等，2021，《数据资产价值评估与定价：研究综述和展望》，《大数据》第 4 期。

［27］喻海飞、黄晋婷，2023，《基于闭环数据供应链的数据产品定价策略研究》，《管理工程学报》第 1 期。

［28］张小伟、江东、袁野等，2023，《Mass：基于单位数据贡献的模型定价框架》，《计算机科学与探索》第 9 期。

［29］中国信息通信研究院，2022，《2022 年中国数字经济发展报告》。

［30］中国资产评估协会组织，2020，《资产评估专家指引第 9 号——数据资产评估》。

［31］邹贵林、陈雯、吴良峥等，2022，《电网数据资产定价方法研究——基于两阶段修正成本法的分析》，《价格理论与实践》第 3 期。

［32］Ackoff R. L. 1989. "From Data to Wisdom." *Journal of Applied Systems Analysis* 16(1):3-9.

［33］Acquisti A., Taylor C.R., Wagman L.2016. "The Economics of Privacy." *Journal of Economic*

Literature 54(2):442-492.

[34] An D., Yang Q. Y., Yu W., et al. 2017. "Towards Truthful Auction for Big Data Trading." *IEEE 36th International Performance Computing and Communications Conference.*

[35] Azimi S. M., Manshaei M. H., Hendessi F. 2016. "Cooperative Primary-secondary Dynamic Spectrum Leasing Game via Decentralized Bargaining." *Wireless Networks* 33 (3) : 755-764.

[36] Balazinska M., Howe B., Dan S. 2011. "Data Markets in the Cloud: An Opportunity for the Database Community." *Proceedings of the VLDB Endowment* 4:1482-1485.

[37] Balazinska M., Howe B., Koutris P. 2013. "A Discussion on Pricing Relational Data." *In Search of Elegance in the Theory and Practice of Computation.*

[38] Batini C., Cappiello C., Francalanci C. 2009. "Methodologies for Data Quality Assessment and Improvement." *ACM Computing Surveys* 41(16):1-52.

[39] Bergemann D., Bonatti A., Smolin A. 2018. "The Design and Price of Information." *American Economic Review* 108(1):1-48.

[40] Berz G. 2016. Game Theory Bargaining and Auction Strategies: Practical Examples from Internet Auctions to Investment Banking. Berlin: Springer.

[41] Chawla S., Deep S., Koutris P., et al. 2019. "Revenue Maximization for Query Pricing." arXiv preprint arXiv:1909.00845.

[42] Checkland P., Holwell S. 2006. "Data, Capta, Information and Knowledge." Introducing Information Management: the Business Approach 47-55.

[43] Chen L., Koutris P., Kumar A. 2019. "Towards Model-based Pricing for Machine Learning in a Data Marketplace." The 2019 International Conference.

[44] Chen X. W., Lin X. 2014. "Big Data Deep Learning: Challenges and Perspectives." IEEE Access 2:514-525.

[45] Chen Y., Bai R., Wu Y. T., et al. 2023. "A Multidimensional Data Utility Evaluation and Pricing Scheme in the Big Data Market." *Wireless Communications and Mobile Computing.*

[46] Cong Z., Luo X., Jian P., et al. 2021. "Data Pricing in Machine Learning Pipelines." *Knowledge and Information Systems* 64:1417-1455.

[47] Deep S., Koutris P. 2017. "QIRANA: A Framework for Scalable Query Pricing." Proceedings of the 2017 ACM International Conference on Management of Data.

[48] European Union. 2021. "The Digtal Markets Act and Incentives to Innovate".

[49] Fan Z. N., Fang H., Zhou Z., et al. 2022. "Improving Fairness for Data Valuation in Horizontal Federated Learning." IEEE 38th International Conference on Data Engineering.

［50］ Farboodi M., Veldkamp L. 2020. "Long-run Growth of Financial Data Technology." *American Economic Review* 110(8): 2485–2523.

［51］ Fricker S. A., Maksimov Y. V. 2017. "Pricing of Data Products in Data Marketplaces." *Software Business* 304:49–66.

［52］ Friedman J. W. 1988. "A Non-Cooperative Equilibrium for Supergames." Cournot Oligopoly: Characterization and Applications 142–157.

［53］ Guiasu. 1971."Weighted Entropy. " Reports on Mathematical Physics 165–179.

［54］ Gabr M. Y., Helmy Y. M., Elzanfaly D. S. 2021."Data Quality Dimensions, Metrics, and Improvement Techniques." *Future Computing and Informatics Journal* 6(1): 25–44.

［55］ Ghosh A., Roth A. 2015."Selling Privacy at Auction." *Games & Economic Behavior* 91: 334–346.

［56］ Haug A., Zachariassen F., Van Liempd D. 2011."The Costs of Poor Data Quality." *Journal of Industrial Engineering and Management* 4(2): 168–193.

［57］ He H., Garcia E A. 2009. "Learning from Imbalanced Data." IEEE Transactions on Knowledge and Data Engineering 21(9):1263–1284.

［58］ Heckman J. R., Boehmer E. L., Peters E. H., et al. 2015. "A Pricing Model for Data Markets."*iSchools* 1–12.

［59］ International Organization for Standardization. 2015."Information Technology-Vocabulary."

［60］ International Data Corporation. 2018."The Digitization of the World From Edge to Core."

［61］ Jia X., Song X., Sohail M. 2022."Effective Consensus-based Distributed Auction Scheme for Secure Data Sharing in Internet of Things."*Symmetry* 14, 1664.

［62］ Jiao Y. T., Wang P., Niyato D. T., et al. 2017. "Profit Maximization Auction and Data Management in Big Data Markets." IEEE Wireless Communications and Networking Conference.

［63］ Jiao Y., Wang P., Niyato D., et al. 2021. "Toward an Automatedauction Framework for Wireless Federated Learning Services Market."IEEE Transactions on Mobile Computing 20(10): 3034–3048.

［64］ Jones C. I., Tonetti C. 2020. "Nonrivalry and the Economics of Data."*American Economic Review* 110(9):2819–2858.

［65］ Jung K., Park S. 2019. "Privacy Bargaining with Fairness: Privacy-price Negotiation System for Applying Differential Privacy in Data Market Environments." Proceedings of the 2019 IEEE International Conference on Big Data. Piscataway: IEEE Press. 1389–1394.

［66］ Koessler F., Skreta V. 2016. "Informed Seller with Taste Heterogeneity." *Journal of*

Economic Theory 165:456-471.

[67] Koutris P., Upadhyaya P., Balazinska M., et al. 2015. "Query-based Data Pricing." *Journal of the ACM* 62 (5):1-44.

[68] Koutris P., Upadhyaya P, Balazinska M., et al. 2012. "Querymarket Demonstration: Pricing for Online Data Markets." *Proceedings of the VLDB Endowment* 5(12):1962-1965.

[69] Lerner J., Tirole J., Pathak P. A. 2006. "The Dynamic of Open-Source Contributors." *American Economic Review* 96(2): 114-118.

[70] Li X. J., Yao J. G., Liu X., et al. 2017. "A First Look at Information Entropy-based Data Pricing." Proceedings of the 37th IEEE International Conference on Distributed Computing Systems. IEEE Computer Society.

[71] Li Y., Huang J., Qin S., et al. 2017. "Big Data Model of Security Sharing Based on Blockchain." 2017 3rd International Conferenceon on Big Data Computing and Communications.

[72] Li Z. N., Yang Z. Y., Xie S. L. 2019. "Computing Resource Trading for Edge-cloud-assisted Internet of Things." *IEEE Transactions on Industrial Informatics* 15(6):3661-3669.

[73] Liang F., Yu W., An D., et al. 2018. "A Survey on Big Data Market: Pricing, Trading and Protection." IEEE Access 6:15132-15154.

[74] Liu J., Lou J., Liu J., et al. 2021. "Dealer: An End-to-end Model Marketplace with Differential Privacy." Proceedings of the VLDB Endowment.

[75] Liu K., Qiu X., Chen W., et al. 2019. "Optimal Pricing Mechanism for Data Market in Blockchain-enhanced Internet of Things." *IEEE Internet of Things Journal* 6(6):9748-9761.

[76] Liu X. Y., Zhang R.T., Yu E.J.2012. "Competition and Cooperation between Participants of the Internet of Things Industry Value Chain." *Advances in Information Sciences & Service Sciences* 4(11):406-412.

[77] Luong N. C., Hoang D. T., Wang P., et al. 2016. "Data Collection and Wireless Communication in Internet of Things(IoT) Using Economic Analysis and Pricing Models: A Survey." *IEEE Communications Surveys & Tutorials* 18 (4):2546-2590.

[78] Ma B., Wang X. F., Li L. 2022. "How Does Consumer Privacy Affect Personalized Pricing? Analysis Based on Intertemporal Dynamic Game Model." *Journal of Circuits, Systems and Computers* 31(14):273-289.

[79] Mao J. Q., Tian L., Zhang J. C., et al. 2020. "Many-to-Many Data Trading Algorithm Based on Double Auction Theory." *Procedia Computer Science* 174:200-209.

[80] McAfee R. P.1992. "A Dominant Strategy Double Auction." *Journal of Economic Theory* 56

(2):434–450.

[81] Mehta S., Dawande M., Janakiraman G., et al. 2021. "How to Sell a Dataset? Pricing Policies for Data Monetization." *Information Systems Research* 32(4):1281–1297.

[82] Miao X. Y., Gao Y. J., Chen L., et al. 2022. "Towards Query Pricing on Incomplete Data." IEEE Transactions on Knowledge and Data Engineering 34:4024–4036.

[83] Nash J. F. 1950. "Equilibrium Points in N-Person Games." Proceedings of the National Academy of Sciences of the United States of America 36(1):48–49.

[84] Naumann F. 2002. "Quality-driven Query Answering for Integrated Information." Lecture Notes in Computer Science.

[85] Ni T., Chen Z., Chen L., et al. 2020. "Differentially Private Combinatorial Cloud Auction." IEEE Transactions on Cloud Computing 11:412–425.

[86] Niyato D. T., Alsheikh M. A., Wang P., et al. 2016. "Market Model and Optimal Pricing Scheme of Big Data and Internet of Things (IoT)." IEEE International Conference on Communications.

[87] Ormos M., Zibriczky D. 2014. "Entropy-based Financial Asset Pricing." *Plos One* 9(12): e115742.

[88] Panahy P. H. S., Sidi F., Affendey L. S., et al. 2013. "A Framework to Construct Data Quality Dimensions Relationships." *Indian Journal of Science and Technology* 6: 4422–4431.

[89] Pantelis K., Aija L. 2013. "Understanding the Value of (Big) Data." IEEE International Conference on Big Data.

[90] Patil D. J. 2012. "Data Jujitsu: The Art of Turning Data into Product."

[91] Pei J. 2020. "A Survey on Data Pricing: From Economics to Data Science." IEEE Transactions on Knowledge and Data Engineering 34:4586–4608.

[92] Romer M., Romer P. M. 1990. "Endogenous Technological Change." *Journal of Political Economy* 98(5):71–102.

[93] Shannon C. E. 1948. "A Mathematical Theory of Communication." *Bell System Technical Journal* 27(3):379–423.

[94] Shapiro C., Varian H. R. 2008. "Information Rules: A Strategic Guide to the Network Economy." *The Academy of Managemengt Review* 30(2).

[95] Shen B., Shen Y., Ji W. 2019. "Profit Optimization in Service-Oriented Data Market: A Stackelberg Game Approach." *Future Generation Computer Systems* 95:17–25.

[96] Shen Y. C., Guo B., Shen Y., et al. 2016. "A Pricing Model for Big Personal Data." *Tsinghua Science and Technology* 21(5):482–490.

［97］ Shi B., Song Z. X., Xu J. Q. 2021. "Trading and Pricing Sensor Data in Competing Edge Servers with Double Auction Markets." *Journal of Sensors* 9651117.

［98］ Sim R. H. L., Xu X. Y., Hsiang K. 2022. "Low Data Valuation in Machine Learning: 'Ingredients', Strategies, and Open Challenges." International Joint Conference on Artificial Intelligence.

［99］ Stahl F., Vossen G. 2016. "Data Quality Scores for Pricing on Data Marketplaces." Asian Conference on Intelligent Information and Database Systems.

［100］ Stahl F., Vossen G. 2017. "Name Your Own Price on Data Marketplaces." *Informatica* 28 (1):155–180.

［101］ Tang H., Wu Z., Bao S., et al. 2013a. "The Price is Right: Models and Algorithms for Pricing Data." Database and Expert Systems Applications: 24th International Conference DEXA, 2013, Prague, Czech Republic.

［102］ Tang R., Shao D., Bressan S., et al. 2013b. "What You Pay for is What You Get." Database on Expert Systems Applications: 24th International Conference,.

［103］ Tsai Y. C., Cheng Y. D., Wu C. W., et al. 2017. "Time-dependent Smart Data Pricing Based on Machine Learning." Canadian Conference on Artificial Intelligence.

［104］ Veldkamp L., Chung C. 2019. "Data and the Aggregate Economy." Society for Economic Dynamics.

［105］ Von Neumann J., Morgenstern O. 1944. "Theory of Games and Economic Behavior." Princeton University Press Princeton 26:131–141.

［106］ Wand Y., Wang R. Y. 1996. "Anchoring Data Quality Dimensions in Ontological Foundations." Commun. ACM 39: 86–95.

［107］ Wang Q., Ye B., Tang B., et al. 2016. "Robust Large-scale Spectrum Auctions Against False-name Bids." IEEE Transactions on Mobile Computing 16(6):1730–1743.

［108］ Wang R. Y., Strong D. M. 1996. "Beyond Accuracy: What Data Quality Means to Data Consumers." *Journal of Management in Formation Systems* 12(4): 5–34.

［109］ Wang Z., Zheng Z., Jiang W., et al. 2021. "Blockchain-enabled Data Sharing in Supply Chains: Model, Operationalization, and Tutorial." *Production and Operations Management* 30(7): 1965–1985.

［110］ Wang T., Rausch J., Zhang C., et al. 2020. "A Principled Approach to Data Valuation for Federated Learning." Federated Learning: Privacy and Incentive. 153–167.

［111］ Wertenbroch K., Skiera B. 2002. "Measuring Consumers' Willingness to Pay at the Point of Purchase." *Journal of Marketing Research* 39(2),228–242.

［112］ Xiao Z., He D., Du J. 2021. "A Stackelberg Game Pricing Through Balancing Trilateral

Profits in Big Data Market."IEEE Internet of Things Journal 8：12658–12668.

［113］Xiong W., Xiong L. 2020. "Anti–collusion Data Auction Mechanism Based on Smart Contract." *Information Science* 555：386–409.

［114］Xu C., Zhu K., Yi C., et al. 2020. "Data Pricing for Blockchain–Based Car Sharing：A Stackelberg Game Approach." 2020 IEEE Global Communications Conference.

［115］Yang C., Li J., Anpalagan A., et al. 2016. "Joint Power Coordination for Spectral–and–energy Efficiency in Heterogeneous Small Cell Networks：A Bargaining Game–theoretic Perspective."IEEE Transactions on Wireless Communications 15(2)：1364–1376.

［116］Yang J., Zhao C., Xing C. 2019."Big Data Market Optimization Pricing Model Based on Data Quality."Complexity 10：1–5964068.

［117］Yu H., Zhang M. 2017. "Data Pricing Strategy Based on Data Quality." *Computers & Industrial Engineering* 112：1–10.

［118］Yu H., Liu Z., Liu Y., et al. 2020. "A Fairness–aware Incentive Scheme for Federated Learning".Proceedings of the AAAI/ACM Conference on AI, Ethics, and Society 2020：393–399.

［119］Zhang Y., Lee C., Niyato D. T., et al. 2013."Auction Approaches for Resource Allocation in Wireless Systems：A Survey."IEEE Communications Surveys & Tutorials 15(3)：1020–1041.

［120］Zheng Z., Peng Y., Wu F., et al. 2020. "ARETE：On Designing Joint Online Pricing and Reward Sharing Mechanisms for Mobile Data Markets." IEEE Transactions on Mobile Computing 19(4)：769–787.

（责任编辑：焦云霞）

Table of Contents & Summaries

Chinese Path to Innovation Driven Development in the Past Decade of the New Era

YANG Qian[1] CHEN Xiaoying[2] TIAN Zhen[1] LIU Huajun[1]

(1.School of Economics, Shandong University of Finance and Economics; Center for High Quality Development, Shandong University of Finance and Economics; 2.College of Economic and Social Development, Nankai University)

Summary: Innovation is the primary driving force for development and the strategic support for building a modern economic system. In the decade from the 18th to the 20th National Congress of the Communist Party of China, China continues to implement the strategy of innovation-driven development, unswervingly follows the path of independent innovation with Chinese characteristics, and vigorously builds an innovation-driven country and a strong country in science and technology. Historic, overall and structural changes have taken place in China's science and technology industry. China has successfully entered the ranks of innovation-driven countries, and embarked on a development path from strong talent and technology to strong industry, strong economy and strong country. Further elucidating the basic logic of China's commitment to innovative development, systematically sorting out the practical history of China's innovative development in the new era in the past decade, and comprehensively presenting the major achievements of China's innovative development in the new era in the past decade, all of these are significant to build a modern socialist country in all respects and achieve the second centenary Goal.

This paper focuses on China's innovation and development in the new era in the past ten years, and systematically carries out the following three aspects of work: First, from the theoretical source, theoretical basis and realistic logic, it deeply answers the major understanding question of why China insists on innovation and development in the new era. Third, the use of objective and accurate original data and scientific and reliable quantitative analysis tools, from the global, national, regional, innovation highland and other different spatial levels of quantitative analysis, the real three-dimensional display of China's innovation development in the new era in the decade of major achievements. Based on the work carried out in the above three aspects, finally, facing the new tasks and new requirements for innovative development put forward by building a new development pattern and promoting high-quality development, the paper looks forward to how to further promote innovative development in the new era, and provides decision-making reference for building a world science and technology power.

In the past ten years, China's innovation input has continued to increase, innovation output has grown significantly, innovation environment has become increasingly perfect, innovation efficiency has been continuously improved, the contribution rate of scientific and technological progress has increased significantly, the development of digital economy has accelerated, the rise of innovation highland has accelerated, major progress has been made in building an innovation-oriented country, China's position in the global innovation map has been continuously enhanced, and important steps have been taken to build China into a world power in science and technology.

In view of the new tasks and requirements for innovative development put forward by building a new development pattern and promoting high-quality development, China should give full play to the advantages of the new national system, focus on accelerating scientific and technological innovation to enable high-quality development, promote R&D and brand strength at both sides, deepen the reform of the innovation system and mechanism, accelerate the construction of talent and innovation highland, and promote the opening-up of science and technology. It will provide stronger support for building a new development pattern and achieving high-quality development in the new era.

The possible marginal contributions of this paper include: first, focus on the decade of the New era, a landmark historical stage, and review the practice of China's innovative development. Second, the original data is used to visually and clearly show the major achievements of China's innovative development in the new era in the decade, which is a useful supplement to the existing literature using DEA model and index system method. Third, in the face of the new deployment proposed by the Party's 20th National Congress, the new tasks and new requirements for innovative development put forward by building a new development pattern and promoting high-quality development, the outlook on how to further promote innovative development in the new era provides decision-making reference for building a world science and technology power.

Keywords: Innovation Driven Development Strategy; Innovative Development; A Leading Power in Science and Technology

JEL Classification: C41; F14

Industrialization and the Changing of Carbon Emissions: International Lessons and Insights for "Dual Carbon" Goals

LI Jianglong[1] SUN Shiqiang[1] LIN Boqiang[2]

(1. School of Finance and Economics, Xi'an Jiaotong University; 2. China Institute for Studies in Energy Policy, School of Management, Xiamen University)

Summary: China is in a pivotal period of comprehensive climate governance, situated at a critical historical juncture of economic and social development, facing significant challenges.On one hand, based on the responsibility to promote the construction of a community of shared human destiny and meet the intrinsic requirements of sustainable development, China has solemnly committed to striving for carbon peaking by 2030 and making efforts to achieve carbon neutrality by 2060 (referred to as the "dual carbon" goals). On the other hand, as the world's largest developing country, development remains the top priority, and maintaining a trend of high-speed economic growth until the mid-century is crucial for achieving the "Two Centenary Goals." This necessitates not only an understanding of the driving sources of China's past carbon emission growth but also a rational and effective assessment and judgment of China's future carbon reduction path from an international perspective. Climate change is an urgent global issue faced by the international community, and though the developmental stages and specific national conditions vary, the achievement of carbon peaks in developed countries provides an international perspective and reference for China's active and prudent promotion of carbon peaking and carbon neutrality (referred to as "dual carbon"). Due to differences in economic and social development stages and corresponding industrialization processes, carbon emissions exhibit different trends and underlying mechanisms at different stages. Therefore, analyzing the driving directions and intensities of carbon emissions at different industrialization stages from a broader perspective is crucial for understanding how China can optimize the path to achieve the "dual carbon" goals.

In light of this, this paper first employs a comprehensive decomposition framework combining the Index Decomposition Analysis (IDA) and Production-theory Decomposition Analysis (PDA) to retrospectively decompose the carbon emission changes of major global emitters over the past two decades. The article also divides the industrialization stages of each country at multiple time points, focusing on the regular changes in carbon emission drivers with the progression of industrialization and dissecting the intrinsic mechanisms of carbon emission drivers during different stages of industrialization. The results indicate that, for all countries, economic output is the primary driving force behind carbon emission growth. China's extensive economic growth over the past decade has made the economic output effect far surpass that of other countries during the same period, becoming the greatest obstacle to carbon reduction in China. In addition, production technology-related drivers exhibit stage-specific characteristics, with the capital energy substitution effect being the most typical. In the phased results, capital energy substitution technology drove carbon reduction in post-industrialization stage countries during the first and second stages, becoming a key driver for countries like the United States and the United Kingdom to reach carbon peaks. With technological diffusion, capital energy substitution promotes carbon reduction in the later stages of industrialization during the third and fourth stages, slowing down the growth of carbon emissions in China and India, which have relatively lower industrialization levels.

Subsequently, this paper simulates the potential evolution path of China's carbon emissions from 2022 to 2060 and compares the contribution differences of various driving factors during the process of achieving the "dual carbon" goals. Diverging from existing literature's prospective decomposition frameworks, this paper takes the industrialization stage evolutionary characteristics of carbon emission driving factors as a starting point, conducting scenario analysis and prediction of the paths of various driving factors in the process of China's realization of the "dual carbon" goals, thus deriving China's carbon emission trajectory. The results indicate that significant differences in China's carbon emission evolution paths are observed under different scenarios. Due to the slow historical trend of energy structure adjustment, the application of advanced production technology is more likely to change China's carbon trajectory. If conservative emission reduction policies continue, achieving the 2030 carbon peaking target becomes challenging. In the most likely scenario, China is projected to peak in carbon emissions by 2028, reaching 102% of the 2022 emission level, while achieving carbon neutrality requires supporting negative carbon technologies. In this scenario, at least 3.836 billion tons of carbon dioxide negative carbon technology reserves will be needed by 2060 to achieve carbon neutrality across all three industries. Even under the assumption of aggressive technological breakthroughs, there remains a gap of about 2 billion tons for carbon neutrality. In the green development scenario, the key is the improvement in technological efficiency to advance the carbon peaking timeline, while the adjustment of energy structure becomes the main factor for transitioning from carbon peaking to neutrality. Despite the expected reduction in the role of capital energy substitution technology, it still bears the majority of emission reduction responsibility, posing challenges for China to achieve the dual carbon goals. To address the challenges of carbon reduction, it is also necessary to explore the emission factor effects and the emission reduction potential of economic output effects, requiring a shift in economic development towards quality improvement and efficiency enhancement, along with promoting the use of clean energy, improving energy efficiency, and making the power structure more energy-efficient and clean to reduce various energy-related emission factors.

This paper not only provides empirical evidence for a deeper understanding of the driving factors and evolutionary characteristics of China's carbon emission changes but also offers a meaningful reference for China to reasonably set stage-specific carbon reduction targets in line with its dynamic industrialization process. Prudently achieving the "dual carbon" goals requires timely adoption of carbon reduction strategies. In the short term, strengthening international exchanges and accelerating the diffusion and innovation of low-carbon technologies are imperative, while in the long term, gradual promotion of energy structure optimization adjustments from both supply and demand sides is essential.

Keywords: Carbon neutrality; Carbon peaking; IDA-PDA; Industrialization

JEL Classification: Q53; Q56; R15

Institutional Logic and Policy Effect Evaluation of High-quality Development of Small and Medium-sized Enterprises in China

ZENG Xueyun[1] DU Sheng[1] YANG Jingjing[2]

(1.School of Economics and Management, Beijing University of Posts and Telecommunications; 2.Department of Statistics, University of Warwick)

Summary: Amidst the impact of digital transformation and the COVID-19 pandemic, the development of small and medium-sized enterprises (SMEs) as the backbone of the national economy has been severely affected, requiring robust policy support. However, there is a lack of systematic review of national support policies, resulting in unclear institutional logic and policy focus for SME development. This study utilizes 439 SME support policy documents issued by central government departments from 1978 to 2022 as research materials. Based on intergovernmental relations theory, policy tools theory, and the lifecycle theory, an analysis framework incorporating "policy time domain-policy tool types-intergovernmental relations-lifecycle orientation" was constructed, and quantitative analysis of policy texts was conducted.

Firstly, this study summarizes the institutional logic of SME development, which reflects a logic of "development first, support later" across four historical stages of SME development. It highlights the "policy window effect" and "policy dividend effect". In terms of policy effect evaluation, quantitative analysis results indicate an overall spillover effect of supply-oriented and environment-oriented policy tools. However, there exist internal imbalances in technology and talent support, as well as imbalances in the overall structure of demand-oriented policy tools.

Secondly, this study examines the structural evolution of intergovernmental relations networks. Starting from the market-oriented reform with "multiple authorities" and "functional cross-overs", the network collaboration mechanism was established after the "delegation of administrative powers" reform, indicating increased connectivity and consistency in intergovernmental relations. However, the leading role of core departments in policy formulation and implementation still requires further strengthening to enhance policy effectiveness.

Thirdly, this study analyzes the distribution of policy tools throughout the SME lifecycle. The results show that over half of the policy tools target the entire lifecycle, with a greater influence on SMEs in the growth and maturity stages, while there is a lack of policy tools for the startup and seed stages. This highlights the prominent issue of unclear lifecycle orientation in existing support policies. Although the updating of SME classification criteria has enhanced policy targeting, it is still necessary to optimize policies in the context of the digital economy.

Finally, this study summarizes the development patterns of SMEs based on the effects of existing support policies. Firstly, there is the international economic and trade development line, where SMEs achieve growth by participating in the global division of labor and cooperative system. Private SMEs, having detached from the planned economic system earlier than state-owned large enterprises, exhibit more flexible and adaptive operational mechanisms, enabling them to integrate into the global market and align with the world economy. Secondly, there is regional cluster development, where SMEs form strategic alliances and regional clusters. Within these clusters, there is a high degree of specialization, collaboration, trust, and support among member enterprises. Proximity facilitates the establishment of reputation mechanisms and reduces transaction costs, accelerating the flow of knowledge and information and generating endogenous growth dynamics. Thirdly, there is development associated with state-owned enterprises, which manifests in supplier development models and contract-based development models centered around central enterprises. SMEs heavily rely on funding and business growth supported by these central enterprises. Fourthly, there is the overseas capital development line, where platform-based technology companies such as Tencent, Alibaba, Meituan, and Didi experience rapid growth and surpass internal limitations in the early stages of entrepreneurship with the support of foreign venture capital and technology. Lastly, there is the development line of national brands, exemplified by companies like Huawei and Haier, who have achieved significant growth from small and medium-sized to internationally renowned enterprises through continuous self-improvement.

In summary, the development of SMEs in China reflects the government's management intentions and embodies the development philosophy of self-reliance rooted in Chinese culture. To optimize policies, recommendations are as follows: Firstly, in terms of management systems, it is recommended to strengthen the core position of the Ministry of Industry and Information Technology in managing SMEs and policy formulation, enhancing comprehensiveness, synergy, and connectivity. Consideration can also be given to establishing an independent authority responsible for SME development and promotion, aiming to improve capacity building for SMEs and modern enterprise systems. Secondly, regarding policy tools, it is suggested to clarify the lifecycle orientation of policy tools to avoid mismatch between actual resource supply and target recipients, alleviate the inefficient accumulation of government support resources, and utilize digital technology to enhance the precision of policy targeting and effectiveness. Thirdly, in terms of policy recipients, embedding digital and information technology is recommended to create "enterprise profiles", conduct dynamic analysis, and provide targeted support. Furthermore, leveraging an intelligent government service system to transmit policy information to service recipients can increase information supply and transparency, facilitating the transformation of policy-oriented services into a digital support system characterized by information and resource services. Fourthly, in the aspect of innovation incubation, the introduction of digital virtual policy measures, breaking physical constraints, and creating virtual entrepreneurial parks can allow more start-up enterprises to benefit from national support policies. For example, the government can transition from being a resource allocation entity to a resource allocation coordinator. Regarding the definition of SMEs, the adoption of "and" instead of either revenue or personnel quantity can reduce inconsistencies in criteria selection and enhance the precision of credit support.

Keywords: Small and Medium-sized Enterprises; Policy Instruments; High-quality Development; Policy Effects

JEL Classification: D22; R1

The Economic Consequences of Urban Shrinkage: Evidence from 2,845 County-level Cities

CHEN Qifei[1] YUAN Jie[1] ZHANG Sai[1] YUE Zhonggang[2]
(1.School of International Business and Economics, Nanjing University of Finance and Economics; 2.School of Public Economics and Management, Nanjing University of Posts and Telecommunications)

Summary: Based on the data of 2845 county-level cities in China from 2001 to 2019 and the data of Chinese industrial enterprises from 2000 to 2014, this paper examines the impact of urban contraction on economic growth. The findings are as follows: first, urban contraction significantly inhibits economic growth. The economic growth rate of shrinking cities was 6.91 percent lower than that of expanding cities, the data showed. After subdividing industries, it is found that the added value of the primary industry, the secondary industry and the tertiary industry decreased by 12.1%, 18.2% and 30.5% respectively. This means that population loss affects not only the added value of the agricultural and industrial sectors; More serious is the negative impact on the service sector. Second, the financial crisis reinforced the negative impact of urban contraction on economic growth, which resulted in a 12.3% drop in GDP growth, higher than the average over the sample period. Third, mechanism studies show that urban contraction reduces R&D investment, inhibits firm entry, increases firm exit, and hinders total factor productivity. But shrinking cities will not dampen consumer spending. In addition, we also used a variety of robustness tests, the empirical results do not change. The study of this paper shows that population loss will cause irreversible economic decline, which requires the government to coordinate urban and rural development and regional balanced growth.

Keywords: Urban Contraction; Economic Growth; Total Factor Productivity; R&D Investment

JEL Classification: J11; J61; R11

The Urban Green Total Factor Productivity Enhancement Effect of the Energy Consumption Rights Trading System: A Theoretical and Empirical Analysis in China

GUO Sidai[1] WEN Yang[1] LEI Gaowen[2] YUAN Zihan[1]

(1. School of Economics and Management, Southwest University of Science and Technology; 2.School of Management, University of Science and Technology of China)

Summary: Energy is a crucial material foundation and power source for socialist modernization. Deeply promoting the energy revolution and accelerating the construction of a modern energy system are of significant practical importance for achieving China's goals of energy "double control" and green development. The "14th Five-Year Plan" clearly outlines the promotion of an energy consumption revolution, acceleration of green and low-carbon energy transformation, and comprehensive improvement of resource utilization efficiency. Improving green total energy efficiency is essential for addressing energy and climate change issues. Existing studies have concluded that enhancing green total factor energy efficiency can reduce non-desired outputs such as sulfur dioxide and carbon dioxide while achieving the same output targets, effectively mitigating the impacts of climate change and environmental pollution. In 2016, the Pilot Programme on Energy Right Trading System announced the pilot launch of the energy right trading system in four regions—Sichuan, Zhejiang, Henan, and Fujian Provinces—and proposed guiding energy flows towards advantageous industries and enterprises, setting the tone for the system's development during the 14th Five-Year Plan period. As a market-based environmental regulatory tool, can the energy trading system fully leverage the market mechanism's resource allocation effect to enhance green total energy efficiency, thereby achieving a win-win situation in energy saving, emission reduction, and economic development? The answer to this question remains uncertain.

Therefore, this paper takes the panel data of 271 cities at the prefecture level and above in China from 2010 to 2020 as the research sample and conducts a comprehensive and detailed study on the impact of the energy rights trading system on green total factor energy efficiency by using the double-difference model. The findings indicate that the energy rights trading system enhances the total energy efficiency of urban green factors via resource allocation effects. However, command-and-control environmental regulations may hinder the energy rights trading system from realizing its policy dividends. Heterogeneity analysis reveals that the energy-consumption rights trading system aids in improving the green total factor energy efficiency of non-resource cities, as well as declining and regenerative resource cities, but has an insignificant effect on growing and mature resource cities. The energy-consumption rights trading system enhances the green total factor energy efficiency in the metropolitan areas of pilot provinces' capitals, with less impact on other cities.

Policy implications include: connecting factor flow channels to maximize the energy-consumption rights trading system's role in resource allocation optimization; establishing a comprehensive environmental regulatory policy framework that emphasizes sustainable development and efficient resource use; tailoring the energy-consumption trading policy to local conditions to fully leverage its systemic dividends.

Keywords: Energy-consumption Rights Trading System; Resource Allocation; Green Total Factor Energy Efficiency; Command-and-control Environmental Regulation

JEL Classification: P20; H70

Corporate Integrity Culture and Financial Asset Investment

LUO Yongbo

(School of Finance, Zhongnan University of Economics and Law)

Summary: The financialization of non-financial enterprises refers to the allocation of a large amount of funds to financial assets by non-financial enterprises, and the profits based on financial channels have increasingly become the main channel for corporate profitability. In recent years, the level of financialization of non-financial enterprises in China has been continuously improving, which has attracted widespread attention from the government and academia. Existing research has shown that excessive financialization can reduce productive investment in enterprises and even trigger serious economic crises, which is undoubtedly detrimental to the development and stability of China's economy, especially the real economy. The report of the 20th CPC National Congress clearly pointed out that we should "enhance the key role of investment in optimizing the supply structure", "bring all kinds of financial activities under supervision according to law, and hold the bottom line of not causing systemic risks", and "stick to the focus of economic development on the real economy". At the first meeting of the 20th Central Committee for Financial and Economic Affairs held on May 5, 2023, the president Xi Jinping also stressed the need to "accelerate the construction of a modern industrial system supported by the real economy" and "adhere to the importance of the real economy and prevent the shift from the real economy to the virtual economy". In response to this issue, existing studies have investigated the cause of corporate financialization from multiple perspectives. Based on the perspective of corporate integrity culture, this article attempts to explore whether a company's integrity culture will have an impact on its financialization behavior.

This article elaborates on the internal mechanism of the impact of corporate integrity culture on financialization behavior and proposes relevant hypotheses. Specifically, our thesis uses data of A-share listed firms during 2007 to 2020, and based on the annual reports of listed companies, uses machine learning and text analysis methods to construct a corporate integrity culture vocabulary for measuring corporate integrity culture, and studies the impact of integrity culture on corporate financialization behavior. We have found that: (1) integrity culture has a significant negative impact on the financialization behavior of enterprises; (2) relieving corporate financing constraints, reducing operational risks, suppressing short-sighted and self-interested behavior of corporate managers, and improving the information environment of listed companies are important paths for corporate integrity culture to influence corporate financialization behavior; (3) the negative impact of integrity culture on corporate financialization is largely motivated by non-state-owned enterprises, enterprises with relatively sound internal governance, and enterprises with a higher proportion of institutional investors' shareholding; (4) the corporate integrity culture has optimized the structure of corporate financial asset investment; (5) the culture of integrity mainly suppresses corporate financialization based on the motivation of "precaution" rather than "speculation"; (6) the attention of analysts and the attention of research report cannot play the role of external governance; institutional investors not only fail to play the role of external governance, but also exacerbate the financialization behavior of enterprises. Only independent institutional investors can play the role of external governance.

Our contributions are as follows: firstly, based on text analysis and machine learning methods, a Chinese corporate integrity culture dictionary was first constructed, and text indicators that can directly measure Chinese corporate integrity culture were proposed. This provides convenience for subsequent research on corporate integrity culture and important reference basis for quantifying corporate integrity culture. Secondly, it enriches relevant literature on the economic consequences of corporate culture. Corporate culture, as an important characteristic of a company, has a significant impact on the performance and behavior of listed companies, which has been confirmed by many literatures. However, due to the difficulty in measuring and unclear definition of corporate culture, there is still relatively little research on the economic consequences of corporate culture. This article empirically examines the impact of corporate culture on financialization behavior from a new perspective, analyzes the internal mechanism of the impact of integrity culture on corporate financialization, and also examines the moderating role of corporate characteristics and external environment. This provides a deeper understanding of the context in which corporate culture affects corporate behavior. Thirdly, relevant research on the influencing factors of corporate financialization has been expanded. Based on the hypotheses of "reservoir motivation" and "speculation motivation", studies have examined the cause of corporate financialization behavior in detail, but there is little literature on the impact of corporate culture, which is closely related to the behavior of listed companies. This article explores the impact of integrity culture on corporate financialization behavior from the perspective of corporate culture, enriching our understanding about the cause of corporate financialization. In addition, this thesis also provides empirical evidence for the positive role of corporate integrity culture in building a harmonious society and maintaining economic development from the perspective of financialization.

Keywords: Corporate Integrity Culture; Financial Asset Investment; Chinese Listed Companies

JEL Classification: G30; G34; Z10

A Study on the Impact of Green Bond Issuance on Corporate ESG from the Perspective of Industry Spillover

CHENG Zhen[1] HUANG Linrui[1] WU Niannian[1] YANG Yanmei[1]

(1.School of Accounting, Chongqing Technology and Business University)

Summary: Chinese modernization inevitably requires the greening and decarbonization of economic and social development. Green bonds are a unique "market-based" green financial tool for achieving this development and form a significant part of the green financial system. By the end of 2023, China's total green bond issuance had reached nearly RMB 3.62 trillion, placing it second in the world. The question is, can green bonds lead and promote broader green and low-carbon development? This is a critical question for improving the green financial system and promoting green and low-carbon economic development.

This article explores whether the issuance of green bonds has a spillover effect on the green and low-carbon development of companies in the same industry. We take non-financial listed companies in the Shanghai and Shenzhen A-shares from 2010 to 2022 as samples. We treat the issuance of green bonds by companies in the industry as an exogenous shock, analyzing its spillover effect on enterprise ESG performance. We also explore the economic mechanism and heterogeneity of this spillover effect, providing empirical evidence for better serving green and low-carbon development in the green bond market.

Our research finds that the issuance of green bonds has a positive spillover effect on the green and low-carbon development of companies in the same industry. In other words, when a company in the industry issues green bonds, it significantly improves the ESG performance of other companies in the same industry. For every standard deviation increase in the probability of issuing green bonds, the ESG performance of other companies in the same industry increases by 38.24%. The mechanism test shows that the issuance of green bonds transmits credible signals of environmental commitments, encouraging companies in the same industry to adopt green actions, which results in ESG industry spillover effects. Companies that issue green bonds increase industry competition. Other companies in the industry actively improve ESG performance to narrow the competitive gap. Heterogeneity tests show that when companies are small-scale, have low financing constraints, and are low-carbon, the issuance of green bonds has a more significant impact on improving the ESG performance of other companies in the same industry.

This research helps us understand the positive externalities provided by green financial tools such as green bonds. It expands our knowledge of the economic consequences and environmental performance of issuing green bonds. It deepens research on factors affecting corporate ESG performance and provides financial solutions and Chinese wisdom for improving the green financial system, including the green bond market, and achieving green and low-carbon economic and social development.

Keywords: Green Bonds; ESG; Spillover Effect

JEL Classification: G20；G32；G39

The Self-organization Evolution Logic and Value Co-destruction Governance Path of the Platform Live-streaming Ecology

CHEN Feng

(International Business School, Beijing Foreign Studies University)

Summary: Platform Live-streaming Ecology (PLE) is thriving, catalyzed by the "eyeball economy". However, in PLE, the integration of heterogeneous resources by diversified subjects will inevitably lead to resource abuse, resulting in value co-destruction. This research aims to expose the evolution mechanism of the PLE and propose a governance model of value co-destruction. Self-organization theory focuses on dissipative structure theory and synergy theory, and focuses on the content of system science theories such as mutation theory, hypercycle theory, and fractal theory. It takes PLE as a whole and systematically explains the emergence between different components such as government agencies, platforms, consumers, internal and external environments, etc. Through the search of Google Scholar, WOS, and other academic platforms, on the one hand, the study of PLE analysis from the perspective of group organization has not yet been involved; And, the research on PLE value co-destruction governance has not yet been carried out. This research constructs the evolution model of PLE by using self-organization theory, and finally proposes a model of PLE value co-destruction governance, aiming to promote the orderly development of PLE.

Given this, this research constructs a completely new theoretical framework. The research designs a PLE self-organization evolution model starting from the self-organization theory. And, the research exposes the risk performance of PLE value co-destruction from the perspective of value co-destruction. Finally, starting from the self-organization theory, the research construct a governance model of value co-destruction.

Firstly, from the perspective of self-organization theory, the research constructs a model to reveal the evolution mechanism of PLE. In the process of PLE evolution, the system remains open, dynamic, synergistic and innovative. The external pull, thrust and support forces are the triggers of emerging, and the internal selection force is the decisive force for emerging. The system evolution process undergoes the synergy of the maintenance mechanism and the innovation mechanism, and the value emerges through the leap of levels.

Secondly, the value co-destruction governance of PLE needs to follow the ecological characteristics and governance laws of the system, and pay attention to the emerging characteristics of self-organization within the system. A scientific governance system is built through a dual-subject ecological governance path, an information technology ecological governance path, and guarantee mechanism paths. At the subject level, the research starts from the interactive ritual chain, pays attention to the different characteristics of the subject at the micro and macro levels, and proposes that the interaction and resource integration of multiple subjects should be continuously strengthened through the intermediary of the live-streaming platform. At the level of the information technology

337

ecosystem governance path, PLE should use information technology as a tool to continuously strengthen the role of BORs and CORs and promote the emergence of value. At the level of the governance path of the guarantee mechanism, PLE needs to build a mechanism system of communication, trust, collaboration, and feedback, to provide a good environmental guarantee for resource integration and regulate resource abuse.

Overall, this article mainly has the following significance. First, the research comprehensively analyzes the evolution mechanism of PLE by borrowing self-organization theory, exposes the value emergence, and further extends the theoretical research of PLE. Second, the research focuses on the governance of value co-destruction, introduces multiple theoretical foundations, and constructs a governance model, which provides theoretical and practical methods for PLE governance.

Keywords: Platform Live-streaming Ecology; Self-organization Theory; Value Co-destruction; Value Emergence

JEL Classification: L86；N7

Data Pricing Methods: Review and Prospect

DENG Xin[1] Feng Yuning[2] LI Xianchang[1] Zhang Shiqi[3]
(1.School of Finance, Hunan University of Technology and Business；
2. School of Finance, Renmin University of China；3. Agricultural
Bank of China Zhengzhou Branch)

Summary: Chinese data trading market continues to expand in size and increasingly rich in transaction types. Data pricing is a key aspect of data trading, and an appropriate price can motivate the trading parties to promote the transaction and make the data flow fully. Data pricing is the act of considering data as a commodity and pricing it using a specific model, which involves interdisciplinary fields such as information economics, computer science and artificial intelligence. In this paper, firstly, we analyze the current status of data trading platforms from the practical level, specifically including data platform models, types of data products traded and pricing methods. Secondly, from the theoretical level, it composes the concept of data and data products, clarifies the object of pricing data, and summarizes the five characteristics of data: non-competitiveness, non-scarcity, exclusivity, strong synergy and value heterogeneity, which determine the complexity of pricing data. Then we mainly from the following four aspects to research: the basic dimension of data value evaluation, the main pricing strategy of data trading market and pricing technology. Finally, based on the deficiencies of current data pricing methods and the problems existing in data pricing in practice, we put forward four prospects: blockchain enables the separation of pricing of the right to use data and ownership, the use of privacy protection technology to realize data classification pricing, the coordination of multi-field technology to build a unified data value evaluation system, and the improvement of relevant policies and regulations of the data trading market.

Keywords: Data Element; Data Pricing; Utility Value Theory; Game Theory; Machine Learning

JEL Classification: F29; F49

《中国经济学》稿约

　　《中国经济学》（Journal of China Economics， JCE）是中国社会科学院主管、中国社会科学院数量经济与技术经济研究所主办的经济学综合性学术季刊，2022年1月创刊，初期为集刊。《中国经济学》被评为社会科学文献出版社"优秀新创集刊"（2022），以及中国人文社会科学学术集刊AMI综合评价期刊报告（2022）"入库"集刊。

　　本刊以习近平新时代中国特色社会主义思想为指导，以研究我国改革发展稳定重大理论和实践问题为主攻方向，繁荣中国学术、发展中国理论、传播中国思想，努力办成一本具有"中国底蕴、中国元素、中国气派"的经济学综合性学术刊物。立足中国历史长河、本土土壤和重大经济社会问题，挖掘中国规律性经济现象和经济学故事，发表具有原创性的经济学论文，推动中国现象、中国问题、中国理论的本土化和科学化，为加快构建中国特色哲学社会科学"三大体系"贡献力量。

　　《中国经济学》以"国之大者，经世济民"为崇高使命，提倡发表重大问题的实证研究论文（但不提倡内卷式、思想重叠式的论文），注重战略性、全局性、前瞻性、思想性的纯文字论文，特别关注开辟新领域、提出新范式、运用新方法、使用新数据、总结新实践的开创性论文。本刊主要发稿方向包括习近平经济思想、国家重大发展战略、中国道路、国民经济、应用经济、改革开放创新重大政策评估、交叉融合问题、经典书评等。来稿注意事项如下。

　　1. 来稿篇幅一般不少于1.8万字。摘要一般不超过600字，包含3~5个关键词。请提供中英文摘要、3~5个英文关键词和JEL Classification。

　　2. 稿件体例详见中国经济学网站（http：//www.jcejournal.com.cn）下载

栏中的"中国经济学模板"。不需邮寄纸质稿。

3. 投稿作者请登录中国经济学网站作者投稿查稿系统填写相关信息并上传稿件。投稿系统网址：http：//www.jcejournal.com.cn。

4. 作者上传的电子稿件应为word（*.doc或者*.docx）格式，必须上传匿名稿（务必去掉作者姓名、单位、基金等个性化信息）和投稿首页，首页须注明中英文标题、摘要、作者姓名、工作单位、职称、通讯地址（含邮编）、电话和电子邮箱等。欢迎作者提供个人学术简介，注明资助基金项目类别和编号，欢迎添加致谢辞。

5. 稿件将实行快速规范的双向匿名审稿流程：初审不超过3周，盲审流程一般不超过2个月，编辑部电话：（010）85195717，邮箱：jce@cass.org.cn。

6.《中国经济学》定期举办审稿快线，每届审稿快线评出1篇《中国经济学》审稿快线"最佳论文"和2~4篇"优秀论文"。

7. 本刊不向作者以任何名义收取版面费，录用稿件会按照稿件质量从优支付稿酬，每年将评出3~5篇"《中国经济学》优秀论文"。

《中国经济学》杂志诚邀广大经济学专家、学者和青年才俊惠赐佳作。

图书在版编目（CIP）数据

中国经济学 . 2024 年 . 第 3 辑 : 总第 11 辑 / 李海舰

主编 . -- 北京 : 社会科学文献出版社 , 2024. 9.

ISBN 978-7-5228-3982-0

Ⅰ .F12-53

中国国家版本馆 CIP 数据核字第 2024324P3N 号

中国经济学　2024年第3辑（总第11辑）

主　　管 / 中国社会科学院

主　　办 / 中国社会科学院数量经济与技术经济研究所

主　　编 / 李海舰

出 版 人 / 冀祥德

责任编辑 / 吴　敏　陈　青

责任印制 / 王京美

出　　版 / 社会科学文献出版社

　　　　　地址：北京市北三环中路甲29号院华龙大厦　邮编：100029

　　　　　网址：www. ssap. com. cn

发　　行 / 社会科学文献出版社（010）59367028

印　　装 / 三河市龙林印务有限公司

规　　格 / 开本：787mm×1092mm　1/16

　　　　　印张：21.5　字数：331千字

版　　次 / 2024年9月第1版　2024年9月第1次印刷

书　　号 / ISBN 978-7-5228-3982-0

定　　价 / 128.00元

读者服务电话：4008918866